高等职业教育优质学校建设综论 2017

周建松 主编

浙江工商大学出版社 | 杭州
ZHEJIANG GONGSHANG UNIVERSITY PRESS

图书在版编目(CIP)数据

高等职业教育优质学校建设综论：2017 / 周建松主编. —杭州：浙江工商大学出版社，2019.1
ISBN 978-7-5178-3132-7

Ⅰ. ①高… Ⅱ. ①周… Ⅲ. ①高等职业教育－学校管理－研究－中国 Ⅳ. ①G718.5

中国版本图书馆 CIP 数据核字(2019)第 019272 号

高等职业教育优质学校建设综论 2017

GAODENG ZHIYE JIAOYU YOUZHI XUEXIAO JIANSHE ZONGLUN 2017

周建松 主编

责任编辑	张　玲
封面设计	林朦朦
责任印制	包建辉
出版发行	浙江工商大学出版社
	(杭州市教工路 198 号　邮政编码 310012)
	(E-mail:zjgsupress@163.com)
	(网址:http://www.zjgsupress.com)
	电话:0571-88904980,88831806(传真)
排　　版	杭州朝曦图文设计有限公司
印　　刷	虎彩印艺股份有限公司
开　　本	787mm×1092mm　1/16
印　　张	20
字　　数	474 千
版 印 次	2019 年 1 月第 1 版　2019 年 1 月第 1 次印刷
书　　号	ISBN 978-7-5178-3132-7
定　　价	59.00 元

编　委　会

优质高职院校建设重点与路径研究：

基于示范性高职院校建设计划到创新发展行动计划演进的视角(代序)

周建松

2015 年 10 月，教育部《高等职业教育创新发展行动计划(2015—2018 年)》(以下简称《行动计划》)发布后，各省级教育行政部门积极参与、认真部署，各项行动计划和具体工作正在稳步推进。截至目前，已有广东、河北、浙江、安徽、江西、湖南、海南、重庆、四川、贵州、云南、陕西、山东等 20 多个省份印发了本省市落实行动计划的实施方案，并相继启动了优质高职院校、骨干专业等项目遴选工作，其中，优质高职院校成为最为关注的重点乃至焦点。优质高职院校建什么，怎么建，更在广泛讨论和探索之中。本文拟从国家示范性高职院校建设计划的回顾开始，结合实际和思考，就优质高职院校建设进行探讨。

一、从示范到骨干、再到优质高职建设之路

在我国高等职业教育发展的道路上，最为敏感并具有影响力的要数 2005 年提出的、2006 年正式全面启动的"国家示范性高等职业院校建设计划"。尽管在此之前，国家发改委、财政部、教育部也曾实施过示范性职业院校建设项目，也给予了一定的经费支持，但从 2005 年《国务院关于大力发展职业教育的决定》(国发〔2005〕35 号)正式明确并作为国家重点投入的建设项目，其影响力之大，涉及面之广，也许是迄今为止高等职业教育发展最为关键的推手，由此带动的骨干高职院校建设项目，更使得高职教育影响力进一步提升，建设优质高职院校恐怕也是由此而起，或者说是国家示范性高职院校建设计划十年后的"再"。

(一)示范性高职院校建设的回顾

《国务院关于大力发展职业教育的决定》第十五条"加强示范性职业院校建设"明确指出：实施职业教育示范性院校建设计划，在整合资源、深化改革、创新机制的基础上，重点建设高水平的培养高素质技能型人才的 1000 所示范性中等职业学校和 100 所示范性高等职业院校。该项政策旨在大力提升这些学校培养高素质技能型人才的能力，促进他们在深化改革、创新体制和机制中起到示范作用，带动全国职业院校办出特色、提高水平。据此，教育部、财政部率先于 2006 年在高等职业教育领域开展行动，发布了《教育部财政部关于实施国家示范性高等职业院校建设计划，加快高等职业教育改革与发展的意见》(教高〔2006〕14 号)(以下简称《意见》)。《意见》明确提出，要选择办学定位准确、产学结合紧密、改革成绩突出、制度环境良好、辐射能力较强的高等职业院校，进行重点支持，带动全国高等职业院校办出特色、提高水平。《意见》将总体目标明确为：通过实施国家示范性高等职业院校建设计

划,使示范院校在办学实力、教学质量、管理水平、办学效益和辐射能力等方面有较大提高,特别是在深化教育教学改革、创新人才培养模式,建设高水平专兼结合专业教学团队、提高社会服务能力和创建办学特色等方面取得明显进展。同时也进一步明确了具体任务,主要包括重点支持 100 所学校,重点建设 500 个专业、4000 门课程、1500 种教材等。为保证目标的实现和任务的完成,《意见》又规定了示范建设的主要内容:一是提高示范院校整体水平,二是推进教学建设和教学改革,三是加强重点专业领域建设,四是增强社会服务能力,五是创建共享型专业教学资源库。进而又规定了入选院校的条件:一是领导能力领先,二是综合水平领先,三是教育教学改革领先,四是专业建设领先,五是社会服务领先。

应该说,国家示范性高职院校的建设内容还是很广泛的,但重点是围绕特色和水平而展开,比较注重领导能力、管理水平和服务能力,体现了改革理念,但在具体实施过程中,考虑到示范性和可监测性,示范建设重点抓了基于校企合作、工学结合专业人才培养模式改革和重点专业建设,并以教育教学改革为切入点来具体落实专业建设的改革、特色和创新,为整个高职教育改革创新奠定了基础。应该说以 443 个专业人才培养方案和建设过程总体报告公开上网接受验收和监测的做法,既考验了学校,也培养和造就了专业带头人,更彰显了示范建设的初步成效。

(二)骨干高职院校建设

为贯彻落实《国家中长期教育改革和发展规划纲要(2010—2020 年)》提出的创新高等职业教育办学体制机制,深化教育教学改革,提高人才培养质量和办学水平,全面提升服务经济社会发展能力的要求,在国家示范性高职院校实施近 4 年的基础上,教育部、财政部决定扩大重点院校数量,加快高等职业教育改革与发展,并为此印发了《教育部财政部关于进一步推进"国家示范性高等职业院校建设计划"实施工作的通知》(教高〔2010〕8 号)(以下简称《通知》)。《通知》明确指出,根据《意见》,示范建设院校在探索校企合作办学体制机制、工学结合人才培养模式、单独招生试点、增强社会服务能力、跨区域共享优质教学资源等方面取得了显著成效,引领了全国高职院校的改革与发展方向。据此,教育部、财政部决定,新增 100 所左右骨干高职建设院校,推进地方政府完善政策,加大投入,创新办学体制机制,推进合作办学、合作育人、合作发展、增强办学活力,以提高质量为核心,深化教育教学改革、优化专业结构、加强师资队伍建设、完善质量保障体系、提高人才培养质量和办学水平,深化内部管理运行机制改革,增强高职院校服务区域经济社会发展的能力,实现行业企业与高职院校相互促进,区域经济社会与高等职业教育和谐发展。具体内容包括:一是校企合作体制机制建设,二是政策支持与投入环境建设,三是专业建设与人才培养模式改革,四是师资队伍与领导能力建设,五是社会服务能力建设。

必须认识的是,从《通知》要求看,国家骨干高职院校建设并不是一个独立的计划,而是国家示范性高职院校建设计划的扩展和延伸,虽然名称上用了"骨干高职院校建设"字样,但要求上并非全然不同,其目标和内容非常具有综合性;当然,其更强调了校企合作体制机制,强调了政策支持与投入环境建设。但从实际情况看,骨干高职院校延续了示范性高职院校的传统,注重重点专业及专业群建设,特别是把合作办学和体制机制建设摆到了重要位置,甚至作为验收工作的重点内容之一。从中我们进一步认识到,校企合作确实是高职教育的重点,专业建设是高职教育的龙头。

(三)优质高职院校建设

在骨干高职院校建设过程特别是在验收结束后,人们一直在讨论一个问题,作为高水平高职院校的建设项目,还有没有一个更高层次的名称和项目或者接续项目?于是,卓越学校、特色学校等曾经引起了广泛讨论。有学者认为,卓越是指在示范和骨干建设基础之上,特色是循着示范、骨干之路走下去,一些省市据此也进行了探索。特别是在2014年全国职业教育工作会议以后,贯彻落实全国职业教育工作会议的举措和政策陆续出台,人们对此更寄予了愿望。2015年10月,教育部发布《高等职业教育创新发展行动计划(2015—2018年)》,人们翘首以待的项目——"优质专科高职院校"正式提出。根据《行动计划》,优质高职院校的基本内涵和要求为"坚持以示范建设引领发展,鼓励支持地方建设一批办学定位准确,专业特色鲜明,社会服务能力强,综合办学水平领先,与地方经济社会发展需要契合度高,行业优势突出的优质专科高职院校,持续深化教育教学改革,大幅提升技术创新服务能力,实质性扩大国际交流合作,培养杰出技术技能人才,增强专业教师和毕业生在行业企业的影响力,提升学校对产业发展的贡献度,争创国际先进水平"。

应该说,《行动计划》对优质高职院校的建设目标、含义和内容表达得还是较为清晰的,其中鼓励支持地方教育行政部门的倾向十分明确,坚持以示范引领发展的观念也十分清晰,在内容上也有一些实质性要求,如持续深化专业教学改革,大幅度提升人才培养质量,实质性推进办学体制机制创新,等等。这些都是在示范骨干项目基础上的进一步发展,而定位准确、特色鲜明、办学水平等仍然是建设的重点,争创国际先进水平则是一个新的提法。

二、优质高职院校地方建设的探索与实践

教育部在《行动计划》中已经比较明确地表达了优质高职学校的创建建设目标和机制,除了明确200所的数量指标和总体要求外,在项目和任务中,又进一步明确了将省级教育行政部门作为负责单位,并表达了鼓励支持地方建设的信号。正因为这样,一些省级教育行政部门适应新形势和新要求已经开始行动。在此,我们择要对有关省份的政策文本做下分析和解读。

(一)广东:《关于实施广东省一流高职院校建设计划的通知》

广东省教育厅、财政厅发布《关于实施广东省一流高职院校建设计划的通知》(粤教高函〔2016〕155号)(以下称"广东方案"),明确一流高职院校建设计划的依据是落实《行动计划》。广东省一流高职院校建设计划指导思想是:以邓小平理论、"三个代表"重要思想、科学发展观为指导,贯彻落实习近平总书记重要指示精神,服务"五位一体"总体布局和"四个全面"战略布局,以立德树人为根本,以服务发展为宗旨,以促进就业为导向,以打造广东高职教育品牌为目标,以综合改革、教师队伍建设、高水平专业建设、加强科学研究和社会服务为重点,建设15所左右全国一流、世界有影响的高职院校,推动广东省高职院校全面提升办学水平、人才培养质量和服务发展能力,为广东省实现"三个定位""两个率先"总目标提供坚实

的技术技能人才保障和强有力的技术支持。

"广东方案"进一步明确建设的基本原则是：一是服务发展，即主动面向经济社会发展的重点领域，服务创新驱动发展战略、智能制造发展规划、自贸区建设等重大发展战略，助力产业转型升级；二是改革驱动，即以协同创新、协同育人，以学生受益、学校发展为根本出发点，全面推进综合改革，突破制约学校办学水平，人才培养质量提高的体制机制障碍，加快构建充满活力、富有效率、更加开放，有利于学校科学发展的体制机制；三是争创一流，即支持部分办学实力强、社会认可度高的高职院校，汇聚优质资源、打造一流师资、建设一流专业、培养一流人才、产出一流成果，全面增强高职院校的国内和国际竞争力，全力创建全国一流、世界有影响的高职院校。

"广东方案"还明确了重点建设任务，即深化重点领域综合改革，加强教师队伍建设、推进高水平专业建设、加强科学研究和社会服务等四个方面。其中，重点领域综合改革包含了体制、内部管理、分配制度等诸多内容，在专业建设方面也提出了本科层次职业教育的实现形式，提出了服务发展、精致育人、强化特色、争创一流的要求，内容虽然只分为四个方面，但实质上十分丰富并具有很大的前瞻性。

(二)浙江:《关于在高职院校实施优质暨重点校建设计划的通知》

2016 年 9 月 25 日,浙江省教育厅、浙江省财政厅发布《关于在高职院校实施优质暨重点校建设计划的通知》(浙教高〔2016〕144 号)(以下称"浙江方案")。"浙江方案"明确提出要落实浙江省人民政府确定的"重点高校建设计划"和高职教育"三名工程",结合《行动计划》提出的"优质高职院校"建设要求,决定在高职院校实施优质暨重点校建设计划。

"浙江方案"明确了建设目标,即按照强化特色、培育优势的要求,支持一批办学基础好、服务能力强,与地方发展需要契合度高、行业优势明显的学校进行优质高职院校建设,重点是深入开展育人模式创新,加强优势特色专业和高素质人才队伍建设,增强人才培养质量和技术创新服务能力。在此基础上,选择若干所办学基础扎实,优势特色鲜明,改革意愿强烈且有明显成效的院校进行重点建设,打造具有较大国内外影响力的高职教育名校,引领和促进全省高职院校提升办学实力和综合竞争力,力争有若干所高职院校跻身全国前 30 位,力争有一批学校跻身全国 200 所优质高职院校行列,确保浙江高职教育在全国的领先地位,为全省经济社会发展提供更强大的综合服务能力。

"浙江方案"也明确了建设的基本原则,即学校为主、多方支持、竞争择优、动态管理、分类建设、重点突破。同时,"浙江方案"还明确各建设院校要履行建设主体责任,不同类型的学校要科学定位、错位发展、办出特色、办出水平,同时强调建设期间实行动态管理,以增强项目计划建设的绩效。

"浙江方案"还明确了建设的主要内容,主要体现在以下五个方面:一是推进管理体制创新,包括章程建设、学校治理体系建设、产教融合机制建设、混合所有制改革、现代学徒制人才培养等;二是加强优势特色专业建设,围绕浙江省主导与优势产业布局,重点选择若干专业和专业群、改善条件、深化改革,提高人才培养质量,同时改善实训条件、开发教学资源、建设共享型教学资源和精品资源共享课,推动教学创新;三是加强双师型教师队伍建设,实际上是要系统提高教师队伍素质,建立青年教师培养制度,培养和造就一批学术水平高、业务能力强、师德高尚、有行业影响力的专业带头人、骨干教师和教学名师；四是促进技术技能积累与服务，重点是推动与行业共建工艺和产品研发中心、公共实训平台、技能大师工作室等，引导教师面向行业企业开展技术革新与发展，为产业转型升级服务，增强学生的技术创新意识和能力；五是提升国际交流与合作水平，包括"引进来""走出去"，建立与国际先进标准对接的专业标准和课程体系，或联合共建专业、实验室或实训基地，适应"一带一路"倡议和"走出去"战略培养学生和员工，鼓励招收留学生和出国办学。

（三）山东：《关于实施山东省优质高职院校建设工程的通知》

山东是经济大省，也是职教大省，山东省教育厅和财政厅于 2017 年 2 月 15 日发布了《关于实施山东省优质高职院校建设工程的通知》（鲁教职字〔2017〕4 号）（以下称"山东方案"）。"山东方案"提出充分发挥优质教育资源的示范引领作用，加快发展现代职业教育，启动实施山东省优质高等职业院校建设工程。

"山东方案"明确了指导思想，即遵循职业教育发展规律，坚持整体设计、重点突破、示范引领、创新发展的原则，以立德树人为根本、以提高质量为核心、以专业建设为重点，建设一批办学定位准确、专业特色鲜明、产教融合紧密，与地方经济社会发展需要契合度高，社会服务能力强，综合办学水平领先的优质高职院校，引领山东省高等职业教育改革发展，推动具有山东特点、走在全国前列的现代职业教育体系建设。

"山东方案"也明确了优质高职院校建设的目标，即通过实施优质高等职业院校建设工程，促进项目建设院校持续深化教育教学改革，深入推进产教融合，大幅度提升技术创新服务能力，实质性扩大国际合作，培养高素质技术技能人才，提升学校对经济社会发展的贡献度，使之具有一流的专业、一流的师资、一流的管理、一流的条件、一流的社会服务。

"山东方案"还明确了优质高职院校建设的内容，包括九个方面：一是体制机制创新，除了校企合作、产教融合机制外，还包括集团化办学、特色二级学院、学校内部治理结构、内部考核办法等；二是一流专业建设，围绕专业建设要素，系统进行建设和推进；三是高水平师资队伍建设，包括教师的专业能力、实践创新能力、信息技术应用和教学研究能力，同时提高具备双师素质的专业课教师比例，落实教师培养体系；四是技术技能积累与社会服务，提高院校广泛开展企业职工培训和社区教育，提高对区域经济和行业发展的贡献度；五是信息化建设与应用，包括信息化环境、条件和教师信息技术素养；六是国际交流与合作，主要提高职业教育国际交流能力和水平，提高职业教育国际影响，服务国家"一带一路"倡议；七是质量管理与保证体系建设，落实教育部关于建立职业院校教学工作诊断与改进制度的有关要求，全面开展教学诊断与改进工作，构建内部质量保证体系，切实发挥学校的教育质量保证主体作用；八是特色文化建设，重点是充分发挥学校文化育人整体功能，营造良好的文化环境和"一训三风"建设，弘扬和传播中国优秀传统文化等；九是从学校自身实际出发的特色项目建设。

除了广东、浙江、山东三省以外，陕西、湖南等许多省份围绕优质高职院校建设的相关项目也在启动，其内容各有不同，各有特色，但总体上看，上述三省的方案具有一定的先进性，亦具有一定的代表性，反映了全国各省区市优质学校建设的大致情况。

三、关于优质高职院校建设重点和途径的思考

笔者通过回顾国家示范建设、骨干建设的历程，在研究教育部关于优质高职院校建设的要求和部分省份优质高职院校建设政策文本的基础上，审视优质高职院校建设的重点和基本路径。

（一）关于优质高职院校建设的时代背景

应该说，我们今天提出优质高职院校建设计划，与2005年提出开展国家示范性高职院校建设的条件和时机都有很大的差别。2005年，正是新高职发展初期，我们刚刚从1980年开始的18年"老高职"走来，从1998年开始的"新高职"才经历了7年左右时间，高等职业教育的定位、地位、特征尚在探索之中。正因为这样，当初开展示范高职建设主要是为了局部创新、带动整体发展，也许还有点超前，但我们千万不可忽视决策者的良苦用心和积极作为，更不可抹杀10年示范高职建设的历史作用。在中国高等职业教育发展史上，示范高职建设一定是浓墨重彩的一笔。一方面，在高等职业教育作为一个类型和层次确立之初就启动示范建设，有利于提升全社会特别是各级党委和政府对高职教育的关注和重视，应该说具有十分重大的普及作用，对调动和积聚各方资源支持和促进高等职业教育建设和发展意义更加重大；另一方面，在高职教育怎么办、高职院校怎么建尚未有十分定论的情况下，示范建设通过项目试点，对突破"压缩饼干式"人才培养模式、落实校企合作体制机制、落实专业建设为龙头的基本地位，落实双师型教师队伍建设机制，落实校内外实训基地建设模式等作用非常明显。因而我们可以这样说，事实上，示范建设的作用在于唤起重视、促进定型。

截至2015年底，全国已有1359所高职院校，近1000万名在校学生，国家对高等职业教育的投入政策等也已十分明确，高等职业院校的办学条件也大为改善。站在今天的时代背景下认识优质高职院校建设，应该说，人们对发展高等职业教育的重要性已普遍认同，对高职院校类型、层次、属性、定位的认识已逐步清晰。正因为这样，我们确实需要通过工程和项目引领，建设一批定位准确、特色鲜明、较高水平的国内一流、国际知名的高职院校，重点建设一流水平的优秀高职院校乃是工程和项目计划的重点。关于这一点，我们无须讳言，也就是说，在实现高等职业教育质量和水平整体提升的同时，我们需要建设一批高水平并具有引领和示范作用的优质学校，这是当前优质高职院校建设的时代背景，而探寻优质高职院校建设的时代背景和历史定位，能更加有效地推动优质高职院校项目实施。

（二）关于优质高职院校建设的历史方位

分析开展优质高职院校建设的历史方位，有助于我们进一步认识优质高职院校建设的重点及要求。如前所述，今天我们开展优质高职院校建设必须按照一流要求，要建一批标杆性学校。怎样才算标杆，我们要看清楚我们所处的时代，从历史方位去分析。党的十八大以来，以习近平同志为核心的党中央提出了一系列治国理政的新理念新思想新战略。在高等教育领域，提出了牢牢把握意识形态主导权，坚持和加强党的领导，加强和改进高校思想政治工作，坚持立德树人、德育为先等要求，强调素质教育与专业教育有机融合等，同时也提出

要培养"四有"教师和"四有"学生,使大学生真正成为中国特色社会主义的合格建设者和可靠接班人。习近平总书记在对职业教育的批示中明确强调要将其作为国民教育的重要组成部分,成为青年成才成长的重要通道,要坚持服务发展、促进就业的方向,坚持产教融合、校企合作,坚持工学结合、知行合一;强调人人皆可成才、人人尽展其才,为"两个一百年"的中国梦和中国民族伟大复兴提供人才保障。

高等职业教育兼具高教性和职教性双重属性,我们必须从国家全面提高高等教育质量和加快发展现代职业教育的两大重点任务这一历史方位出发,研究优质高职院校建设的原则和重点内容。基于这样的认识,笔者以为,必须坚持把正确的办学方向放在首位,把立德树人作为根本任务,把科学的办学定位放在重要位置,把加强素质教育贯穿人才培养工作全过程,把加强以党的领导为主要内容的治理体系建设和办学体制机制作为主要保障,同时要突出文化建设及文化育人工作,重视素质教育与专业建设的融合,重视师德高尚、教风优良、教艺精湛的师资队伍建设,与此同时,着力推动国际合作、构建信息化环境,加强质量保障体系建设,以解决好培养什么样的人、怎样培养人和为谁培养人的问题。

(三)关于优质高职院校建设的原则

搞清楚了优质高职院校的时代背景和历史方位,我们就可以从规律着手,具体来分析建设原则。

一是择优支持原则。优质学校建设必须是在示范和骨干建设基础之上,综合比较学校现有办学条件、优势特色、发展潜力等因素,通过竞争的方式,选择条件好的学校进行重点建设,就是锦上添花,即优质性。

二是一流目标原则。优质高职院校事实上是要建设一批全国较高水平的第一方阵的高水平学校,代表全国高职院校的第一层次和较高水平,在国际交流中代表中国水平,即高水准。

三是示范引领原则。优质高职院校不仅要有较好的办学条件、较高的教育水平、较强的社会服务能力、鲜明的办学特色和较高的人才培养质量,同时必须发挥对整个高职教育战线的示范引领和服务作用,在目标引领、理念引领、品质引领、服务引领、文化引领等方面发挥积极作用,也就是说,发挥示范引领作用也是建设重点和要求。

(四)关于优质高职院校建设的内容

学校是一个综合体,优质高职学校建设也应该是综合的、全面的,能展现其办学实力和办学水平。优质学校建设应该有基础条件,在综合实力较强的基础上,同时突出与学校发展和影响力相关的重点内容。笔者以为,优质高职院校的建设内容主要包括以下几个方面。

一是坚持正确的方向和办学定位。学校应当坚持高教性与职教性的统一,坚持服务区域或行业的定位,突出扎根中国大地办中国特色社会主义高校,牢牢把握办学方向,守好办学阵地,坚持党的领导,重视和加强思想政治工作,重视和加强素质教育,把立德树人落到实处。

二是建立产教深度融合机制。有专家认为,与国家示范、骨干院校相比,优质高职学校的建设应将重心放在产教深度融合,这是有道理的。产教融合、校企合作、工学结合、知行合一,应当成为办好高等职业教育的重要标准,也是考量一所高职院校办学水平的主要内容。

三是高水平专业建设。专业是高等职业教育的特征所在,一所好的高职学校,一定得有若干高水平专业来支撑,这些专业既是学校的主体专业,体现学校的基本定位,又能适应经济社会发展和产业需求,人才培养模式比较先进,招生就业两旺,培养质量较高,毕业生就业率就会高,毕业生在岗位上发展的情况也比较良好。

四是高水平教师队伍建设。所谓名师出高徒,一所高水平的学校,应当有一支素质精良、数量适当的教师队伍。从高等职业教育而言,它不仅要有一支专任教师队伍,有一个好的教师培养机制,还应该有一个好的行业、企业兼职教师聘用机制,构成双师结构教学团队,同时不断提升专任教师的双师素质。其中,高水平专业带头人尤为重要。

五是科研和社会服务能力。人才培养是高等学校的最基本职责,而科学研究和社会服务也是高职院校的重要使命。一所高水平的优质学校,应该有明晰的科学定位、较强的科研能力、较多的科研成果,有提升学校服务区域、行业和战线的能力。因此,科研和社会服务也应该是优质高职院校建设之重点内容。

六是文化校园建设与文化育人水平。高等职业教育经过30多年的发展,已大致定型并形成特色。正因为这样,作为内涵建设的重点内容之一,必须探索凝成自身的文化,包括物质、精神、制度、行为等各层面,据此推动以文化人,文化育人,提高人才培养质量和成效。

七是素质教育体系的构建。素质教育与专业建设相融合,是高等教育内涵建设的重要内容和途径,高职教育必须重视专业建设,以专业建设为龙头,以专业为主线统领学校工作、分配学校资源,但同时必须重视和加强素质教育,构建有自身特色且与专业协调的素质教育体系,并在实践中实现两者的有机融合。

八是学校治理体系和治理能力建设。高水平的学校应该有高水平的管理,要遵循高等职业教育运行规律,体现扎根中国大地办高等教育的宗旨,构建起完善的治理体系和治理机制,既把党委领导、校长负责、教授治学、民主管理的要求落到实处,又能有效激励全体师生和广大校友为学校发展贡献力量,创新工作。

九是信息化环境和水平。信息化既是办学理念,也是办学条件,更是发展趋势。一所高水平学校应适应信息技术日新月异、互联网发展应用广泛的特点,完善信息化设施,构建信息化环境,并充分运用信息技术改进和创新教学,改进和加强管理,提高教学和管理效能。

十是国际合作与交流水平。国家重点支持建设的优质高职院校,既应该是国家一流的,也必须是国际知名的,能够在国际职业教育界产生一定影响力,其至具备为其他国家培养人才的能力,能在"一带一路"倡议推进中积极发挥作用,这也代表了一所高职院校的办学水平、实力和影响力。

诚然,优质高职院校建设是一项系统工程,教育部支持地方积极开展建设,各地当有政策重点和具体特点,但围绕打造特色、提高水平、扩大影响力、增强贡献度这些方面是基本的,应鼓励各地、各校从实际出发、自主探索、总结提高。

目　录

第一编　优质高职院校建设

第二编　产教融合

第三编　互联网＋教学

第一编　优质高职院校建设

基于内涵发展的高水平高职院校建设

浙江金融职业学院　周建松

摘　要：党的十九大再次明确了教育优先发展的战略地位，提出了建设教育强国、深化教育改革、加快教育现代化、办好人民满意的教育等一系列战略目标。作为职业教育的重要层次和高等教育重要类型的高等职业教育，要以习近平新时代中国特色社会主义思想为指引，全面贯彻党的教育方针，抓改革、抓创新、抓质量，通过实施高水平高职院校建设计划，推进和实现高等职业教育内涵式发展。

关键词：高职院校；内涵发展；高水平学校建设；高水平专业建设

中国共产党第十九次全国代表大会开启了中国特色社会主义的新征程，在党和国家发展史上具有划时代意义。大会充分肯定党的十八大以来的五年工作和历史性变革，提出并确立了习近平新时代中国特色社会主义思想的指导地位，分析了我国当前主要矛盾的新变化，开启了建设富强、民主、文明、和谐、美丽的社会主义现代化强国的新征程，选举产生了以习近平同志为核心的新一届中央领导集体，为决胜全面建成小康社会、夺取新时代中国特色社会主义伟大胜利提供了坚强保证。

党的十九大报告强调建设教育强国是中华民族伟大复兴的基础工程，对优先发展教育事业做出新的全面部署，提出了建设教育强国、深化教育改革、加快教育现代化、办好人民满意的教育等一系列战略目标，并具体提出了实现高等教育内涵式发展，加快世界一流大学和世界一流学科建设等举措。高等职业教育作为职业教育的重要层次，也是高等教育的重要类型和组成部分，在推进和实现高等教育内涵发展的理念引领下，抓改革、抓创新、抓质量，实施高水平高职院校建设计划是重要而关键的一项举措，需要引起我们足够的重视。

一、从新时代主要矛盾发生变化看高等教育内涵式发展

(一)党的十九大对我国社会主要矛盾的新论断

十九大精神的主线和灵魂，是习近平新时代中国特色社会主义思想。这一思想的逻辑起点是中国特色社会主义进入新时代，我国社会主要矛盾已经转化为人民日益增长的美好生活需要和不平衡不充分的发展之间的矛盾。与此同时，我们必须认识到，我国社会主要矛盾的变化是关系全局的历史性变化，对党和国家工作提出了许多新要求，我们要在继续推动发展的基础上，着力解决好发展不平衡、不充分问题，大力提升发展质量和效益，更好地满足人民在经济、政治、文化、社会、生态等方面增长的需要，坚持以人民为中心，办好人民满意的

教育,让每个人都能享有公平且有质量的教育,更好地推动人的全面发展和社会全面进步。

(二)我国社会主要矛盾在高等教育领域的体现

联系我国高等教育发展实际,笔者认为,我国高等教育发展的主要矛盾也在发生深刻变化。回顾历史,自中华人民共和国成立后,我国建立了自己的高等教育体系,并不断加以完善,但总体而言,高等教育规模小、水平低的情况长期存在。改革开放以来,党和政府重视高等教育发展,增加了对高等教育的投入,特别是世纪之交做出推进高等教育大众化的决策以后,通过大学扩招、大力发展高等职业教育和鼓励引入民间力量发展高等教育等路径,使我国高等教育在规模上有了很大发展,高等教育毛入学率不断提高,截至 2017 年 6 月,高等教育毛入学率已达 42.7%,我国已建立起世界上最大规模的高等教育。应该说,适龄青年接受高等教育的目标虽还有差距,但已经基本实现,特别是在沿海经济发达地区和大中城市。

当前,我国的改革发展建设已经进入新时代。新时代高等教育的主要矛盾也逐步转变为人民群众对高质量高等教育的要求与高等教育发展不平衡、不充分之间的矛盾,主要表现在:一是高等教育在地区之间发展不平衡,这个问题过去虽有了很大的改善,但要从根本上扭转、实现平衡仍任务艰巨;二是高等教育发展水平不够,在办学模式、教育模式、创新创业教育等方面还有较大差距;三是 21 世纪以来,占据高等教育"半壁江山"的高等职业教育由于发展时间、发展速度、资金投入等办学体制机制方面原因,社会吸引力还不高,增强投入、创新机制、提升质量的空间还很大,以上构成高等教育主要矛盾的重要方面,必须得到切实重视和努力改进。

(三)适应新时代,解决新矛盾,推动高等教育内涵式发展

党的十八大以来,以习近平同志为核心的党中央坚持把教育摆在优先发展战略地位,强调扎根中国、融通中外、立足时代、面向未来,对教育工作做出一系列重大决策部署。党的十九大再次明确了教育优先发展的战略地位,从事物的发生发展看,随着决胜全面小康社会目标的实现和社会主义现代化建设新征程的开启,经济社会发展对人才的需求也会越来越高,人民群众对接受高等教育的要求也会越来越高,换言之,人民群众对更高质量的高等教育也会提出更新更高的要求。因此,我国高等教育必须适应新时代、新发展要求,在规模、结构、层次、质量等方面与时俱进加以改革和创新,在办学条件保障、教学设施现代化方面,尤其是在办学治校育人理念、师资队伍水平、学生个性化指导和帮扶、创新创业教育等方面更好地加以推进,真正体现适应新时代、迎接新需求、解决新矛盾,推动高等教育内涵式发展。

二、高职教育内涵建设是实现高等教育内涵式发展的重要方面

党的十九大做出了实现高等教育内涵式发展的重大决策。我们认为,实现高等教育内涵式发展不同于以往推进高等教育内涵式发展的提法,也不同于以往要实施从外延式发展向内涵式发展的转型,而是要在推动转型、推进建设的基础上,实现全方位全面的内涵式发展。

(一)实现高等教育内涵式发展应是全面的、全域的

我国高等教育是一个庞大的体系,从管理体制上既包括由教育部直属管理的高等学校,也有相关部委管理的高等学校,更有一大批省人民政府管理的高等学校,还有一大批市(地)人民政府的管理学校,也有一部分行业(企业)所属的高等学校,还有一大批社会力量举办的民办高等学校。从类型上看,既有培养科技型人才为主的高水平大学(一流大学),也有一大批以培养应用(技术)型为主的高等学校,更有一大批以培养技术技能型(职业化)人才为主的高等职业(技术)学院。因此,我们所说的实现内涵式发展必须是包括各级次、各类型、各层次学校,也包括全国各区域、各方位的学校,也就是说,我们应根据高等学校的不同类型分别制订内涵发展质量评价体系,明确其质量评价的内容及标准,有针对性地提出教育教学质量的评价要求。从总体上看,各级各类高等学校在内涵式发展上一个也不能少,一校也不能落下,要实现校校成功、鼓励人人成才。

(二)实现高等教育内涵发展是一项系统工程

在高等教育大发展初期,在推进高等教育从大众化向普及化的进程中,我们的质量观是首先要满足人民群众接受高等教育的愿望和要求,满足行业企业和社会对高等教育(大学生)的需求,满足急需就是质量、规模发展也是质量。但随着高等教育普及化的到来,特别是面向高等教育现代化的新要求,普及化、个性化、多样化、终身化成为必然,职业教育不能单纯把培养岗位技术能力作为自身所追求的唯一目标,还要从教育的总体目标和复杂的职业环境出发,实现个体的完整发展,指向主体的自我实现,这就要求我们从办学指导思想、人才培养模式、考核管理机制等方面进行根本性转变,真正在全面发展、特色发展、个性发展上进行考量,在关注和重视学生的个性化需求和发展方面下功夫,故而我们必须放弃征地建校舍、乱铺专业摊子等传统思维,真正来一次教育观念的创新和革命,抓住内涵的本质是立德树人,建立适需的质量观,突出结构优化,突出素质教育,突出终身学习。

(三)高等职业教育的内涵式发展必须摆上重要议程

我国的高等职业教育起步于20世纪80年代的短期职业大学,经历了曲折的发展历程,真正作为一个类型确立地位是在世纪之交,成为现代职业教育体系的重要环节和层次则是在2010年《国家中长期教育改革和发展规划纲要(2010—2020年)》颁布实施之后。无论是作为高等教育的一个类型或层次,还是作为现代职业教育的一个环节,高等职业教育的发展速度有目共睹。据统计,全国目前有高职院校1300多所,在校生规模超过1000万人,号称高等教育的"半壁江山",同时对我国职业教育的发展起着引领作用。但不可忽视的是,高等职业教育总体办学定位还很不合理,办学条件尚有许多薄弱环节,尤其是在师资队伍的数量、结构和质量,专业建设的布局、定位和水平,地区的平衡、协同和提升等方面差距更是明显,一些地区在高职院校总定位上有差距,办学场地有差距,经费投入和条件保障有差距,师资队伍水平和办学质量水平更有差距,这不仅与决胜全面建设小康社会目标有距离,与推进教育现代化的要求更有差距,要实现高等职业教育内涵式发展,必须全面贯彻党的教育方针,落实立德树人根本任务,深化产教融合、校企合作,完善职业教育和培训体系,加大应用

型、专业化人才培养力度,培养德智体美全面发展的社会主义建设者和接班人,服务区域经济社会发展、产业转型升级和脱贫攻坚。这就要求必须在高等职业教育领域来一次更大攻坚、来一个更大投入、来一项更大工程去推动。

三、高职院校高水平建设计划是引领高职教育内涵发展的重要抓手

近年来,党和国家在推进高等教育从大众化向普及化转变、提高高等学校办学质量和水平方面采取了许多有力的措施,特别是 2015 年以来,国务院制定了《统筹推进世界一流大学和一流学科建设总体方案》,教育部等三部委推出了引导部分本科院校向应用型转变,教育部出台了《高等职业教育创新发展行动计划(2015—2018 年)》,为高等教育内涵式发展提供了强大动力,现在一流大学和一流学科建设已经正式启动,应用型本科转型也正在有效实施,作为这项宏大系统工程不可或缺的一部分,高职教育需要在原有政策基础上加大推进力度。

(一)必须抓紧实施高水平高职院校建设这一重大计划

借鉴建设世界一流大学和一流学科的做法,2006 年以来国家示范性高职院校和国家骨干高职院校建设的经验,笔者认为,当前高职领域迫切需要一个重大计划来进行内涵推动,比较贴切的概念应是高职教育高水平学校建设和高水平专业建设,简称"双高"建设计划。一方面,它与大学"双一流"相对应,容易理解,便于记忆,更为重要的是,它有利于引导和鼓励部分高水平高职院校安于定位、办出特色、办出水平,发挥其对高职教育乃至整个职业教育的示范引领作用。从前期国家示范性高职院校和国家骨干高职院校建设的绩效看,中央财政投入杠杆效应明显,可以起到四两拨千斤的作用,因此,高水平高职院校建设应当由中央财政拉动。关于这一点,我们也欣喜地看到,《国务院关于印发国家教育事业发展"十三五"规划的通知》(国发〔2017〕4 号)已有明确表述,即"围绕深化产教融合、校企合作、工学结合主线,支持 10 所左右高等职业学校和 1000 所左右中等职业学校建设,改善基本办学条件和实习实训条件,强化国家重点领域产业和区域支柱产业相关专业建设,重点提升学校服务学历教育、社区教育、职工教育培训等能力,建成一批人才培养、科技创新、专业建设与产业融合发展的高水平职业学校",关键要紧抓配套政策落地,尽快出台具体实施意见,毕竟我们离决胜全面小康也只有 3 年时间了,时不我待。

(二)应形成高水平学校建设和高水平专业建设联动机制

国务院关于《统筹推进世界一流大学和一流学科建设总体方案》明确了"双一流"建设机制和办法。参照这一方案,笔者认为,在高职院校推进高水平建设中,必须进行双高联动,既要立足于建设一批高水平学校,也要立足于建设一批高水平专业。这是因为,第一,专业是高职院校的基本办学形态和载体,专业就是职业教育的代表性和标志性概念,通常来说,普通教育注重课程、大学教育注重学科、职业教育注重专业。第二,专业结构和水平体现着高职院校的办学特色和办学水平,服务方向和服务水平,是高水平高职院校的重要彰显点,十分重要。第三,抓好了一批高水平专业,就夯实了高职院校发展的基础,办好中国特色高职

教育也有了良好条件。第四,高职院校培养人才、服务产业发展的主要依靠力量在专业上,只有把专业办好了,才有可能把学校服务区域经济社会发展的作用更好地发挥出来。正因为这样,我们实施高水平高职院校建设方略必须立足于"双高"即建设高水平学校和高水平专业,尤其要把专业建设放到突出位置,在具体方法上,既可以选择一部分学校,也可以选择"学校+专业"双向驱动模式,即使在高水平学校建设中,应该以专业为基础,真正以高水平专业支撑和支持高水平学校建设。

(三)发挥高水平高职院校的重要引领作用和带头作用

2006年以来,我们支持建设了100所国家示范性高职院校,其后又支持建设了100所国家骨干高职院校建设。10年过去了,如果说当年示范建设主要是为了探索和创新,主要是为了形成高职类型特色,是建立起给人看的榜样;那么,我们今天要实施的高水平高职院校建设计划,应该是建一批对整个高等职业教育乃至整个职业教育有引领作用的标杆性学校,其基本目标和要求:一是必须坚持中国特色,按照在中国共产党领导下立足中国大地办中国特色社会主义高校的要求,培养中国特色社会主义建设者和接班人、博采众长、融合提炼,以我为主、自成一家,形成中国特色,创造中国模式。二是必须研究和实施办学理念引领,在办什么样学校、怎样办学校,办什么样的专业、怎样办专业,走什么样的定位、怎样科学合理定位,培养什么样的人、怎样培养人等问题上,形成科学的理论和理念,为引领发展奠定基础。三是研究和探索办学治校规律,贯穿高教性和职教性的要求,坚持以立德树人为根本、教学工作为主线、专业建设为龙头、优质就业为导向、产教融合为主线、全面发展为目标,并在这些方面形成独特的经验。四是坚持文化引领,大力加强高职院校文化建设,积极构建物质性、制度性、精神性、行为性、价值性文化,并逐渐从文化建设走向文化治理,切实提高办学治校水平。五是重点加强专业建设,围绕国家重点产业和区域支柱产生发展需求,建设一批有高等职业教育特点的专业和专业群,制订专业教学标准,开发专业教学资源,引领专业发展和专业人才成长。六是重点加强国际交流和合作,积极对接国际,探索具有中国特色能够与国际交流合作的中国高职教育话语体系和专业与教学模式,推进中国高等职业教育走向世界。

(四)高水平学校要引领高职教育,更要引领整个中国职业教育

按照党的十九大和全国职业教育工作会议的精神,发展中国职业教育要建立适应发展需求,产教深度融合、中职高职衔接、普教职教融通,具有中国特色、世界水平的现代职业教育体系。高等职业教育在高等教育发展中具有重要的结构功效,同时在现代职业教育体系中属于较高层次,担负着引领现代职业教育发展的重大任务,必须有这种使命与担当。一是要引领高水平中等职业学校建设,以100所高水平高职院校建设的新成果引领1000所高水平中等职业学校建设,树立高水平建设的榜样。二是积极探索现代职业教育体系建设工程,可通过五年一贯制、"3+2"等路径,通过建设职业教育集团,通过托管等方式引领我国中等职业教育实现内涵式发展。三是以学校教育带动职业培训,完善职业教育和培训体系是党的十九大的新要求,高职院校要充分利用专业资源和师资优势,在坚持做好全日制人才培养、科学研究和社会服务的同时,积极创造条件,在构建立体化、多样化培训体系上做文章,

通过培训体系建设,发挥对整个职业教育的全方位服务和引领。

习近平总书记指出:"办好我国高等教育,必须坚持党的领导,牢牢掌握党对高校工作的领导权,使高校成为坚持党的领导的坚强阵地。"实现高等教育内涵式发展必须坚持党的领导,学习宣传贯彻党的十九大精神即是题中之义。对此,我们必须以习近平新时代中国特色社会主义思想为指引,全面贯彻党的教育方针,提高认识、积极实践、从我做起、不断创新、久久为功,努力建设具有中国特色、世界水平的现代职业教育。

人工智能背景下如何建设世界一流职业院校

深圳职业技术学院 陈秋明

摘 要:新一轮世界科技革命和产业变革兴起,人工智能技术正渗透并重构生产、分配、流通、消费等经济活动环节,形成从宏观到微观各领域的智能化新需求、新产品、新技术、新业态,改变人类生活方式甚至社会结构。对此,高职院校需主动转型以适应时代要求。如何转型,能否在转型中建设世界一流职业院校,是新时代职教战线必须面对、必须回答的时代命题。深圳职业技术学院明确自身使命担当,准确把握人工智能条件下的职业教育发展方向,按照"一流贡献、一流模式、一流声誉、一流保障"的思路,建设中国特色世界一流职业院校,努力为国家职业教育改革发展创造新经验、新路径。

关键词:人工智能;世界一流;职业院校;建设路径

2014 年《国务院关于加快发展现代职业教育的决定》提出:"建成一批世界一流的职业院校和骨干专业,形成具有国际竞争力的人才培养高地。"这是我国首次在政策层面提出建设世界一流职业院校目标。如何落实这一重大战略决策,对高职院校来说,任务紧迫,形势严峻,亟待探索。科技是影响未来教育最重要的因素之一。当前,以人工智能为代表的新一轮世界科技革命和产业变革孕育兴起,正在给人类社会带来难以估量的作用和影响,将颠覆现有很多产业的形态、分工和组织方式,实现多领域融通,重构人们的生活、学习和思维方式,甚至改变人与世界的关系。习近平总书记在 2018 世界人工智能大会贺信中明确指出,新一代人工智能正在全球范围内蓬勃兴起,为经济社会发展注入新动能,正在深刻改变人们的生产生活方式。据麦肯锡研究,人工智能对世界经济增长的贡献率可达 1.4% 至 1.8%。面对人工智能发展大势,高职院校必须主动转型以适应时代的要求。如何转型,能否在转型中建设世界一流职业院校,是必须面对、必须答好的时代命题。深圳职业技术学院(以下简称深职院)明确自身使命担当,率先启动相关计划,编制了《深职院中国特色世界一流职业院校建设方案》并获深圳市委市政府批准通过,努力为国家职业教育改革发展探索新经验新路径。

一、人工智能为代表的新一轮科技革命和产业变革的特征

2016 年 3 月,谷歌公司开发的人工智能 Alpha Go 战胜韩国围棋世界冠军李世石,成为里程碑式公共事件。这一事件刷新了社会对人工智能的认知,成功使之再次成为社会话题的中心,掀起了人工智能热潮。从 1956 年达特茅斯会议开始,人工智能发展已 60 多年,目前正处在人工智能浪潮的第三波。和前两波不同,这一波人工智能热潮中,人工智能技术已

开始广泛渗入和应用于诸多领域,包括社交媒体、工业自动化、电子商务、交通出行和物流、安防、医疗和教育等,展现出巨大潜力。几乎所有人都隐约感觉到,一个新时代即将来临。在人类生产发展历史长河中,人类曾经用畜力、机械力、电力替代人力,而在即将到来的时代中,人类引以为傲的智力会被"外包"和替代,这种替代将以超越以往经验的速度发生,这将意味着什么?

(一)大量工作岗位会消失

世界银行《2016 年世界发展报告:数字红利》预测,中国目前 55%—77% 的就业岗位容易在未来因技能含量低而被人工智能技术取代,印度的比例为 43%—69%,经合组织国家为 57%。BBC 援引牛津大学学者 Osborne 等关于"人工智能对未来职业的可替代率"数据体系进行职业预测:不光那些可通过标准化训练的人才,如电话销售员会被大量替代(可替代率达 99.0%),连"程式化强、重复性高"的高级脑力工作如会计师也会被大量替代(可替代率达 97.6%),只有那些强调"创新、沟通和深入思考"的工作如软件开发人员被替代的可能性较低(可替代率仅 8.0%)。仔细观察和分析这些可能要消失的工作岗位,不难发现,职业院校目前培养的学生所从事的岗位与这些即将消失的岗位有很高重合度。更深层次的问题是,工作岗位大量消失之后,数量庞大的劳动者是否有途径通过再培训掌握新技能、重新就业?麦肯锡为中国发展高层论坛 2018 年会提供的报告指出,到 2030 年,多达 3.75 亿劳动者,或相当于 14% 左右的全球劳动力需要更换职业类型,而中国就有近 1 亿人。

(二)大规模个性化定制

手工业时代,个性化定制是最流行的生产方式。随着规模化、标准化流水线大工业生产的实现,围绕客户个性化需求的定制很难实现。当前,随着人们消费水平的提高和消费观念的升级,越来越多的消费者不再满足于千篇一律的标准化流水线制式,个性化、多样化消费需求渐成主流。这种情况下,适应消费者个性化需求的大规模、个性化定制越来越受到人们的关注和青睐。表面上,个性化制造模式下的客户需求是零散的、非标准的,但将规模巨大的需求整合起来之后,便可基于大数据技术分析、聚类并挖掘其中的深层次标准,将"零售"转化为"集采",并通过智能制造满足众多客户的个性化需求,达成定制领域难以实现的客户规模效应。可见,借助人工智能技术,可实现生产过程由单一、重复的流水线生产模式转变为大规模、个性化、自动化的智能制造模式。

(三)制造业服务化

从制造业发展看,无论是美国的先进制造业计划,还是德国工业 4.0,以及我国"中国制造 2025",都将服务型制造或制造业服务化作为未来制造业发展的方向之一。所谓服务型制造,是制造业企业从投入和产出两方面不断增加服务要素在生产经营活动中的比重,从而实现向消费者提供"制造＋服务"一体化解决方案、重构价值链和商业模式的全新生产经营方式,进而在产业层面表现为制造业与服务业融合发展的新型产业形态,这种新型产业形态既是基于制造的服务,又是面向服务的制造。如 GE 公司将大量传感器安装在飞机发动机上,运用最新人工智能技术,实行实时智能分析和智能控制,提供精准维修保养服务。在此基础上,GE 开展按小时支付的租赁服务模式,对发动机提供终身服务,企业从服务得到的盈利大幅提高。

(四)人类社会将进入精神世界

1999 年消费互联网刚兴起时,绝大多数人很难认识到未来 5—10 年互联网将彻底改变人类的生活和工作方式,衣食住行工作娱乐等各方面都将无法脱离互联网。这就是科技带来的颠覆性,未知远大于已知。由于智能制造、智能服务取代人类大量的工作岗位,而人工智能不需要休息、也不需要薪水,将大大提升企业运转效率,人类的物质财富将极大丰富。同时,人工智能可让人从繁重劳动中解放出来,闲暇时间将越来越多,人类有更多时间去思考哲学问题、陪伴家人、出门旅游,感受精神世界的美好,将物质财富的创造留给"更能干活"的机器。不妨大胆预测,未来人类社会将会超越物质世界进入精神世界。

二、人工智能给职业教育带来的机遇和挑战

面对人工智能的飞速发展,世界各国纷纷出台政策,以应对未来人工智能可能给社会发展带来的影响和变化。如美国发布了《为人工智能的未来做好准备》《国家人工智能研究与发展策略规划》《人工智能、自动化与经济》等系列报告。中国立足于自身国情和优势,出台了《新一代人工智能发展规划》《促进新一代人工智能产业发展三年行动计划(2018—2020年)》《高等学校人工智能创新行动计划》等系列文件。人工智能的冲击和影响可见一斑,不容小觑。2010 年诺贝尔经济学奖获得者斯托弗·皮萨里德斯认为,人工智能将在技术及应用层面对人才的硬性技术和软性素质两方面能力,特别是对人才的创造力、情感沟通能力、解决复杂问题能力提出更高要求。人工智能将给职业教育带来怎样的挑战呢?

(一)历次科技革命和产业变革都引起职业教育转型升级

职业教育作为人类社会技能传承的有效载体,必然会受到工业革命引起的技术革命的冲击,其办学主体、办学功能和具体形态都必将出现新的变化。手工业经济时代,以手工技艺为主要内容的职业教育在劳动现场开展,父子相继、世代"薪火相传",是学徒制教育形式,其职业教学内容与生产内容高度一致,教具即生产用具,教师即师傅。18 世纪英国工业革命兴起后,大工业机器生产需要大量技术技能人才,而传统学徒制无法提供大规模的技术技能人才,这为学校职业教育提供了可能。18 世纪中叶,俄德英法等西方发达国家相继开办现代意义的职业学校。19 世纪 60 年代后期的以"电气时代"为标志的第二次工业革命,对技术要求的升级颠覆了传统人才标准体系,英美国家开始通过立法(如 1889 年英国《技术教育法》)将职业教育列入正规教育制度的组成部分。20 世纪中后期,第三次工业革命出现,生产的主要特点是科学技术对生产的推动作用越来越明显,同时科学技术本身越来越复杂、越来越精密,生产对人才的要求也越来越趋向高技术、高素质,高等职业教育应势兴起。当前,新一轮科技革命和产业变革正在加速演进,职业教育面临新一轮转型升级(见表 1)。

表 1　历次工业革命引起的职业教育转型升级

	农业社会	第一次工业革命	第二次工业革命	第三次工业革命
生产主要特征	手工工场（小规模生产）	实现机械化（建立工厂制度）	实现电气化（大规模、流水线、标准化生产）	实现信息化（科学技术对生产的推动作用越来越明显,工作的技术含量越来越高）
职业教育形式	学徒制（父子相传、师徒授受）	早期职业学校应运而生	中等职业教育兴起	高等职业教育兴起

（二）人工智能给高职教育带来的十大挑战

历次科技革命和产业革命都对职业教育产生重大影响,职业教育只有通过自身转型顺应科技革命和产业革命的需要,才能找准自身发展正确历史方向。我们初步判断,这次以人工智能为核心驱动力的科技革命和产业革命将给职业教育特别是高职教育至少带来十大挑战:一是高职教育培养的人才所对应的岗位会大量消失;传统意义的白领和蓝领的界限会越来越模糊,与之对应的工程、技术、技能人才的界限也会越来越模糊;二是随着技术迭代速度加快,高职院校毕业生不仅要掌握一门高技术技能,其职业生涯拓展能力会越来越重要;三是随着物质极大丰富,闲暇时间越来越多,人类由物质世界进入精神世界,高职教育要关注学生的内心世界,关注学生的幸福感受,注重生活教育;四是随着大规模个性化定制到来,生产方式由标准化转向个性化,个性化人才培养越来越重要;五是随着生产方式由大规模标准化流水线工厂生产转向小批量个性化作坊式生产,决定创业能否成功的重要因素不再是生产要素的占有量,而主要是创新能力,因此创业门槛会大大降低;同时,由于就业机会越来越少,创业也许是很大一部分人实现人生价值的必然选择,创新创业教育会越来越重要;六是随着制造业服务化趋势越来越明显,技术技能人才不仅要与技术设备打交道,还要频繁与人打交道,其文化素质与综合素养将越来越重要;七是人工智能时代是技术创新决定一切的时代,科技研发和技术创新能力将成为决定一所高职院校地位的重要因素;八是随着技术迭代速度加快,工程技术人员再培训需求会越来越多,高职院校培训职能会越来越重要;九是随着科技和产业无国界的趋势越来越明显,高职教育仅服务于区域社会经济发展的传统将被打破,高职教育国际化步伐会越来越快;十是如何充分利用人工智能为学校管理及为教师教学赋能,如充分利用人工智能技术,使学校管理决策由传统经验决策转向科学精准决策。如以智能助手形式承担起教学环节当中可重复性的、程式性的、靠记忆、靠反复练习的教学模块,让教师有更多时间和精力承担"人类灵魂工程师"的职责。迎接人工智能挑战的过程,是高职院校寻找自身发展新机遇的过程,也可能给中国高职教育带来实现弯道超车的机会。

三、人工智能条件下世界一流职业院校建设思路

产业发展水平决定了职业教育的类型和层次,现代职业教育是工业化的产物。考察世界各国职业教育发展历程,职业教育的产生、发展和职能都是由工业化进程决定的。工业化背景下,世界一流职业教育公认在德国。当前,世界正处于工业化向智能化转型期,中国建设世界一流职业教育,不能按照工业化背景下的建设思路,因此不能简单对标照抄德国职业

教育模式。如果照搬德国模式,即使成功也只是德国模式的中国翻版,只能是二流,更何况在工业4.0条件下,德国职业教育正悄然转型,我们从照搬那天起就已经落后了。人工智能背景下,世界各国职业教育站在同一起跑线上。从人工智能产业发展来看,目前中国人工智能产业已处于世界人工智能产业发展的第一阵营,不比德国落后。因此,中国建设世界一流职业教育的逻辑起点是人工智能的科技和产业背景,其机遇存在于如何破解人工智能给高职教育带来的挑战之中。

普通高等教育的世界一流有公认的世界标准和评价指标体系,职业教育的世界一流却找不到世界公认的评价指标。那么,建设世界一流职业院校是否有径可循? 答案是肯定的。在工业化背景下,德国的职业教育之所以被公认为世界一流,其根本原因在于,职业教育为德国社会经济发展做出了世界公认的贡献。不管是德国"二战"后经济在战争废墟上快速崛起,还是2008年全球金融危机爆发后,在西方发达国家经济哀鸿遍野情况下德国经济一枝独秀的亮丽表现,其背后的秘密武器都是德国的职业教育。同时,德国人能将职业教育总结为"双元制"职教模式,且不遗余力将这一模式向全世界推广,赢得了良好国际声誉,世界很多国家都复制了德国"双元制"职业教育模式。

我们认为,中国建设世界一流高职院校的基本思路是:在人工智能背景下,在应对人工智能带来的挑战中,高职院校为社会经济发展做出世界公认的贡献,包括培养能适应智能时代要求的技术技能人才,培养大批"双创"人才,在科技研发和技术服务方面为中小微企业提供高质量服务,为技术技能人员再培训以及市民生活培训提供高质量服务等。在此基础上,总结凝练具有中国特色的高职教育办学模式和人才培养模式,将其向世界推广并赢得良好国际声誉且能够被一些国家和地区接受和复制。当然,高职院校要做出一流的贡献,赢得一流的国际声誉,必须有一流的保障条件。

四、深职院建设世界一流职业院校的路径与举措

自1993年建校以来,深职院始终高举改革创新这面大旗,始终坚持在服务国家战略和深圳经济社会发展中谋求自身发展。如今,站在新的历史节点上,面对前所未有的机遇和挑战,深职院提出要率先建成中国特色世界一流职业院校,为经济社会发展做出一流贡献,提升中国职业教育的国际影响力,为世界职业教育发展贡献"深职方案"。2019—2023年,是深职院中国特色世界一流职业院校建设第一阶段,学校按照"一流贡献、一流模式、一流声誉、一流保障"的思路,主要实施一流技术技能人才培养、一流创新创业教育、一流应用技术研发、一流社会服务、一流国际影响力、一流院校治理模式、一流师资队伍、一流基础设施和一流大学文化等九大一流行动计划,努力探索形成可复制可推广、具有中国特色的职业教育新模式,初步建成中国特色世界一流职业院校。

(一)为国家和区域经济社会发展做出一流贡献

1.将深职院建设成为适应智能时代的技术技能人才摇篮

适应智能时代的技术技能人才如何培养? 就是要从培养技能人才转向培养知识型、创新型技术技能人才,或者要从培养"机器的奴隶"(工业化时代人是围着机器转的)转向培养

"机器的主人"（智能时代机器是围着人转的）。具体来说：一是加快推动学科专业转型。核心是要与掌握前沿技术的一流公司合作，如深职院与华为、平安、招商港口、中兴、腾讯、比亚迪、阿里等紧密合作，共同制定专业标准，共同开发课程。一方面增设云计算、大数据、人工智能等新兴专业，另一方面加快传统专业的转型升级，如将金融类专业转型为金融科技类专业。同时，加强人工智能通识教育，将传统"计算机基础"课程改为"人工智能"通识课，每个专业的学生都要结合自己的专业学习人工智能的基础知识。二是加快推动人才培养方式转型。随着技术迭代速度加快，高职院校仅教会学生一门技术使其具备初次就业能力是远远不够的，除就业能力外，还要培养学生的职业生涯拓展能力及幸福生活创造能力，为此深职院实施"六融合"人才培养模式改革，以学生学习成效为导向（OBE），推进产教融合、职普融合（职业教育与普通高等教育的融合以应对白领与蓝领的融合）、理实融合（课程建设的理实一体化，以实现做中学、学中做）、教育与生活融合（教育即生活、学校即社会）、技术与文化融合（加强文化素质教育，提升学生文化素质和综合素养）、现代信息技术与教学融合。加快智慧校园建设，用 AI 技术解决阻碍教育走向个性化的关键问题，如通过智能搜索引擎解决培养方案个性化的问题，通过学习分析技术解决教学过程精准化的问题。到 2023 年，深职院60%的专业要与世界一流企业或行业领军企业合作，"六融合"人才培养效果明显，人才培养能基本适应人工智能的需要。

2.将深职院建设成为企业家的摇篮

在人工智能背景下，"双创"是部分高校毕业生的必然选择。深职院不仅要培养能就业的人才，还要培养能创造就业岗位的人才；不仅要让一部分学生能够创业，还要让一部分学生能以创业的精神投身就业。一是实施深化与专业教育深度融合的进阶式双创教育模式改革。践行"重心在教育、目标在万众、路径在分层、关键在实践、核心在创新"理念，建立健全从启蒙教育、预科教育、专门教育到指导创办企业的进阶式创业人才培养体系（见图1）。二是建设国际领先的技术技能人才创新创业课程体系和课程标准。实施双创教育标准开发、专创融合课程建设、"双百"创新型项目化课程开发、在线课程开发等 4 项计划。三是建立国际知名的创客项目遴选平台。与中兴、TCL、柴火空间等知名企业合作，举办产业互联、智能制造等专业型创客训练营。四是建立功能齐全的创客产品研发平台。首期建设智能制造、电子信息等 4 个创客产品试制技术中心，与中国电信、腾讯等合作构建公共服务云平台。五是建设深圳国际技术技能人才创业园。重点建设 10 个左右集实训教学、创新研发、创业孵化于一体的平台型众创空间。六是建立国际接轨的双创教育市场机制。将深职院华侨城校区打造成为教师、学生自主创业和师生联合创业的基地，探索通过股权配置、政府采购、校企智力资源"换购"等模式，吸引一批全球知名机构和业界大师参与创新创业教学与投资。力争到 2023 年，实现"六个一批"发展目标，即开发一批以创业意识和创业能力提升为导向的主干专业课程，打造一批专业型创新创业技术平台，构筑一批特色创新创业空间载体，培育一批具有广泛市场影响力的创客项目，形成一批产教融合的创新创业服务模式，培养一批又一批中小企业主，毕业生创业率达 15%。

3.将深职院建设成为中小微企业技术研发中心

在科技创新为王的时代，科技研发和技术服务能力是决定一所高校国际影响力的重要因素。学校坚持"教学是根本，科研创未来"理念，高度重视科技研发和技术服务工作，力争在科学技术化及技术产业化链条上找准自己的位置,坚持应用技术研发为导向,为中小微企业发展提供技术支撑。一是联合政府部门、世界一流企业及研究机构,组建十大技师工作站,建设十大应用技术创新中心,搭建十大公共技术服务平台,建立技术成果孵化、转移新体制,建立一流的职业教育发展智库。二是组建应用技术研发院、文化创意产品研发院、社会与经济发展研究院三大平台,整合校内科研资源,形成合力,提升科研攻关能力及行业影响力。三是加大高端平台(团队)引培力度。引进诺贝尔奖得主霍夫曼教授等一批重量级团队。力争到 2023 年,服务深圳地方高成长中小企业比例超过 10%。

4.将深职院建设成为市民终身教育学校

随着技术迭代速度的加快,技术人员接受再培训的需求越来越高。另外,随着物质财富越来越丰富及闲暇时间越来越多,市民接受生活教育的需求也越来越高。深职院始终坚持"深圳市民的需求在哪里,我们就把学校办到哪里",由原来只专注于学历教育转向学历教育与职业培训并举,全日制与非全日制并重,打破围墙走向社会,立志建成市民终身教育学校,办最接地气的高等教育。一是组建一批社区学院。联合市、区、街道,设立一批社区学院,探索设立"市民终身学习卡",建设"学分银行"与学分转换制度,为市民提供便捷、优质的职业教育服务。如与大鹏新区合作成立深职院大鹏新区社区学院,为大鹏新区的发展规划、技术人才培养培训、老年大学、党课进社区等提供支持。二是组建一批行业培训学院。联合有关政府部门、行业协会、龙头企业,建设一批高水平特色型行业培训学院,开展以提升职业能力为核心的多层次非学历与学历继续教育。如与深圳市民政局合作成立深圳健康养老学院,与深圳市司法局合作成立司法辅助人才培养学院,与深圳市公安局成立辅警学院,与行业协会成立跨境电商培训学院、VR 技术培训学院等。到 2023 年,年均市民培训达 3 万人次,年均技能鉴定和资格认证达 12 万人次,年均国内外职业教育师资培训达 3000 人次,国际职业资格认证项目达 85 种。

(二)在"走出去"战略中产生一流国际影响力

由于职业教育缺乏国际公认的评价指标体系,因此国际影响力和认可度就成为衡量一所职业院校是否达到世界一流水平的重要指标。加快推进高职院校的国际化进程,是建设世界一流职业院校的必由之路。

1.加强与职业教育国际组织的合作

经联合国教科文组织授权,深职院成立了联合国教科文组织职业教育计划亚非研究与培训中心,充分利用联合国教科文的国际组织体系,"借船出海",组建国际平台,举办国际论坛,向国际职业教育界发出"中国声音",展示"中国形象",输出"深职模式"。

2.充分利用职业教育"一带一路"职教联盟平台

加强与"一带一路"沿线国家职业教育机构合作,开展相关研究,出版《"一带一路"沿线国家职业教育概览》,做到知己知彼。定期举办"一带一路"职业教育国际研讨会,力争创办"一带一路"暨世界职业教育论坛,将其打造成为职教界的"达沃斯论坛"。加快成立"丝路学院",扩大丝路沿线国家和地区留学生与职业教育师资培训规模,为深圳企业"走出去"和已经"走出去"的深圳企业培育"种子"人才。

3. 加快推动跨境办学

马来西亚马六甲应用技术大学代表马来西亚全国应用技术类高校与深职院签约,建立双方紧密战略合作关系,建立深职院马来西亚职业教育培训中心,全面推广深职院课程标准。在中东欧保加利亚等国家建设汉语语言文化与职业技能培训中心,积极筹划在德国巴特符腾堡州建立职业教育培训中心,准备在非洲寻找合作伙伴建立深职院职业教育培训中心。总之,通过全球积极布点,推广职业教育"深职模式"和课程标准,扩大深职院的国际影响力。

4. 加快引进和开发一批国际教育教学标准

加快建设"中德智慧制造学院",成立"智能制造技术国际培训与职业能力评估中心",借鉴和吸收德国、瑞士等发达国家经验,开发一批职业教育标准、模式,为深圳高端制造、精密制造、智能制造培养一流技术技能人才。

5. 加快建设一批境外联合培养品牌项目

继续深化与澳大利亚联邦大学、北悉尼 TAFE 学院、美国西雅图城市大学的合作,扩大联合培养规模,提升金融与证券、物流管理、软件技术、国际商务等 4 个专业的合作办学质量。深化港澳台单独考试招生改革,开办"台湾班",加强与香港黄克兢专业教育学院合作,扩大港澳台学生学习和交流规模。加强与法国葡萄酒大学、英国林肯大学、英国苏格兰斯特林大学等合作,争取新增葡萄酒、旅游管理、数字印刷及出版等 3 个国际合作专业。力争到 2023 年,深职院的国际影响力和国际声誉得到提升,深职院办学模式、专业标准在 10 个以上国家或地区得到推广。

(三)为世界一流职业院校建设提供一流保障

1. 实施一流院校治理模式创新行动计划

以习近平新时代中国特色社会主义思想统领世界一流职业院校建设工作,全面加强党的建设和思想政治工作,培养德智体美劳全面发展的社会主义建设者和接班人。坚持党委领导下的校长负责制,充分发挥党委总揽全局、协调各方的领导核心作用。深化"政校行企四方联动"办学模式改革,建立校本部、国际职业教育集团两大管理架构,形成"法人化、总部型、集团式"治理体系,深化内部管理体制改革,厘清学术权与行政权,决策权、执行权与监督权,学校与二级学院的关系,依法办学,依法治校,推进学校治理体系和治理能力现代化,成为现代大学治理改革创新的先行者。

2. 实施一流"双师型"师资队伍建设计划

抓住深圳市人才发展机遇,设立引进高水平人才专项经费,设置"技术教授""课程教授"等特聘教授岗位,吸引一批高水平行业精英和企业技术骨干来校任职任教。研究制定高层次技能型教师标准、教师任职资格标准、职称评聘标准。实施"一师一企"计划,确保专任教师每 5 年在行业企业实践累计 1 年以上。完善岗位聘任与管理,探索实施准聘、长聘制度,健全流转退出机制。对专任教师实施分类管理,按照教学型、教学科研型、技术研发型三类研究制定不同准入条件、考评指标和发展通道。到 2023 年,力争引进 20—30 名行业杰出技能大师,引培 300 名兼任一流企业技术骨干与学校教师的"双师型"教师,将学校打造成具有全球影响力的技术技能大师集聚中心。

3.实施一流基础设施建设计划

坚持勤俭办学,建立政府投入、学校配套、社会支持的多渠道资金筹措体制,构建与世界一流职业院校建设相匹配的基础设施体系、仪器设备体系、数字化智慧校园体系、图书文献资源体系、后勤服务保障体系,满足教学科研和人才培养的需要,为建设世界一流职业院校提供基础保障。特别是要加快智慧校园和教育信息化云服务平台建设,提升智慧云校园发展内涵和服务教学科研水平,以信息化推动业务流程再造,实现资源的高效调配和有效共享,提高服务效能。

4.实施一流大学文化建设计划

扎根中国大地办世界一流。坚定中国特色社会主义文化自信,把社会主义核心价值观融入学校发展各方面,加快形成具有中国特色的一流大学文化。以办学理念为灵魂,制度文化为引领,校园景观文化为主体,校园文化活动为载体,全面推进职业教育标准、质量、品牌、文化一体化建设。加强思想政治工作,探索构建思政课、通识课、专业课三位一体的大思政教育课程体系。成立社会主义先进文化研究与传播中心,以深圳为样本,研究和传播社会主义先进文化。完善文化育人体系,继续落实《文化育人实施纲要》,制定《学校文化建设规划纲要》,大力弘扬劳动精神、劳模精神和工匠精神。

建设世界一流职业院校绝非一日之功,也绝非深职院一家之事。需要政府高度重视,建立健全职业教育国家制度框架,大力营造重视技术技能人才的良好社会环境;需要社会各界特别是企业积极支持参与,共同承担职业教育的社会责任,形成休戚与共的命运共同体;更需要学校正确把握"引进来"与"走出去"、软实力与硬实力、中国特色与世界一流的关系,坚持中国特色社会主义教育发展道路,全面贯彻党的教育方针,始终把培养德智体美劳全面发展的社会主义建设者和接班人作为根本任务,努力培养一代又一代拥护中国共产党领导和我国社会主义制度、立志为中国特色社会主义奋斗终生的有用人才。

[参考文献]

[1] 张靖雯.GES 2017 未来教育大会开幕 科技创新推动教育发展[EB/OL].(2017-11-29)[2018-11-21].http://www.xinhuanet.com//world/2017-11-29/c_129752483.htm.

[2] 周明阳.人工智能时代已经来临[N].经济日报,2018-03-25(05).

[3] 红杉研究报告:投资人力资本 拥抱人工智能[EB/OL].(2018-08-23)[2018-11-21].http://www.cdrf.org.cn/jjhdt/4633.jhtml.

[4] 吴晓如,王政.人工智能教育应用的发展趋势与实践案例[J].现代教育技术,2018(2):5-11.

[5] Solon.你都不知道? 个性化定制要这么做才"好玩"! [EB/OL].(2016-09-27)[2018-11-21]http://www.sohu.com/a/115192302_419534.

[6] 徐广林,林贡钦.工业 4.0 背景下传统制造业转型升级的新思维研究[J].上海经济研究,2015(10):107-113.

[7] 黄群慧.中国制造如何向服务化转型[N].经济日报,2017-06-16(14).

［8］王亚南,石伟平.职业教育应对第三次工业革命挑战的战略抉择[J].河北师范大学学报（教育科学版）,2017,19(4):64-70.

［9］刘杰,付晓春.浅析中国发展职业教育的意义维度[J].职业时空,2007(13):40.

［10］楼世洲.职业教育与工业化:近代工业化进程中江浙沪职业教育考察[M].上海:学林出版社,2008:2.

（本文刊载在《高等工程教育研究》2018 年第 5 期）

从示范到优质:我国高职院校发展模式的反思与前瞻

华东师范大学 郝天聪 石伟平

摘 要:在高等职业教育改革进入内涵提升的关键阶段之后,追求高等职业教育的精细化发展逐渐成为一股新的潮流,优质高职院校建设计划随之被提上日程。反思示范高职院校建设的经验与教训,有利于进一步明确优质高职院校建设的方向。其核心框架应为,紧扣项目建设初衷,建立以绩效评估为导向的拨款机制;优化项目验收标准,设计以软件建设为重点的指标体系;明确人才培养目标,贯彻以全体学生为中心的培养理念;构建多元治理结构,打造以名师团队为主体的治理模式;强化院校深度合作,形成以集团办学为载体的合作网络。

关键词:高职院校;示范;优质;发展模式

随着现代职业教育体系建设进程的推进,由规模式发展向内涵式发展转型成为高等职业教育发展的主导价值取向,也成为新一轮高等职业教育改革的主题。如今,高等职业教育改革已经进入内涵提升的关键阶段,其重要特征就在于追求高等职业教育的精细化发展。在此背景之下,国家适时推出优质高职院校建设计划。需要注意的是,建设优质高职院校并非是纯粹的政策驱动结果,而更多的是高等职业教育深化内涵式发展的必然选择。优质高职院校建设的目的在于集聚优质职业教育资源,激发高等职业教育办学活力,提升高职院校办学的效率与效益,从而在根本上提升职业教育吸引力。在这样一个高等职业教育内涵式发展的关键阶段,吸取示范高职院校建设的经验与教训,无疑有利于进一步明确优质高职院校建设的方向。

一、从示范到优质:深化内涵式发展的必然选择

长期以来,吸引力不足一直是我国高等职业教育改革发展的一大难题。20世纪末以来,在高等教育大众化影响下,我国高职院校的办学规模不断扩张,并逐渐占据高等教育的"半壁江山"。诚然,高职院校的不断扩张为更多人提供了接受高等教育的机会,但并未从根本上改变高职院校的"弱势群体"形象,也未能真正提升高等职业教育的吸引力。就质量而言,高等职业教育与普通高等教育仍然存在较大差距。为了解决高等职业教育吸引力不足的问题,我国高等职业教育改革的方向开始由规模式发展转向内涵式发展。2006年,教育部、财政部启动了"国家示范性高等职业院校建设计划";2010年,又在原100所国家示范高职院校的基础上,新增了100所骨干高职院校,以此来深入推进"国家示范性高等职业院校

建设计划"。从效果来看,示范高职院校的教育质量得到明显提高,并起到了一定的示范、引领作用。然而,示范高职院校在建设过程中也涌现出一系列问题,其实际效果与预期目标仍然存在较大差距,且对于高等职业教育吸引力的提升作用也比较有限。

为了深化高等职业教育的内涵式发展,真正从根本上提升高等职业教育的吸引力,优质高职院校建设计划逐步提上日程。2015 年,教育部发布了《高等职业教育创新发展行动计划(2015—2018 年)》,明确提出"坚持以示范建设引领发展,鼓励支持地方建设一批办学定位准确、专业特色鲜明、社会服务能力强、综合办学水平领先、与地方经济社会发展需要契合度高、行业优势突出的优质专科高等职业院校"。随后,教育部又发文指出,到 2018 年,将支持地方建设 200 所优质专科高等职业院校;北京、天津、浙江等 30 个省市今后 3 年预估投入 63.65 亿元建设 313 所优质高职院校。所谓优质高职院校建设,就是对准"世界先进水平的一流高职院校"这一理想目标,在国家示范院校建设基础之上,在先求全局做大(规模化发展),再求局部做强(国家示范性项目建设)之后,通过着力深化、转化和固化示范性建设成果,持续创新发展高职教育,最终实现高职院校的整体内涵做优,全面提升办学品质与境界。为了巩固示范高职院校的建设成果,使高等职业教育改革的红利惠及更多地区,让更多的人享受到优质高等职业教育资源,教育部适时推出优质高职院校建设计划不失为明智之举。

二、示范高职院校建设的实践反思

自 2006 年启动以来,国家示范高职院校建设项目已经推广了 10 余年,并取得不少成绩,最显著的变化是,对高职院校"本科压缩饼干"的诟病基本没有了。在深化推进高等职业教育内涵式发展的关键阶段,随着优质高职院校建设项目的启动,我们更需要在实践层面对示范高职院校建设的经验与教训进行反思。

(一)资格遴选还是绩效评估?

在国家示范高职院校建设项目启动之初,各地高职院校对于该项目的申报并不十分积极。当时,在高等教育大众化进程的推动之下,高职院校的办学规模不断扩张。与此同时,各大高职院校之间的竞争也日趋激烈。为了提升自身的办学竞争力,不少高职院校开始将关注的焦点放在升格上,即千方百计地寻求升格为本科院校的机会。在第一轮建设项目结束之后,示范高职院校所带来的品牌效应与社会影响力逐渐显现,并得到更多"圈外"高职院校的关注与羡慕。国家层面对高职院校升格政策的严格控制,更加凸显了示范高职院校建设项目的优势。以致在第二轮示范高职院校建设项目申报之际,呈现出"剑拔弩张"的竞争局面。为了获得所谓的示范高职院校"资格",不少高职院校将大量精力投入到前期的项目申报上,不可谓不"尽心尽力"。然而,与申报资格时的"热情百倍"相比,不少示范高职院校在拿下项目之后却"热情骤减",尤其是对于项目建设过程的关注与投入明显不足。实际上,为了支持该项目的建设,国家投入了大量财政拨款,但由于缺乏有效的绩效评估机制,并非所有学校都将"钱花在了刀刃上",项目建设取得的育人效果由此大打折扣。与资格遴选时的严格控制不同,项目验收的严格性与科学性仍然有待提高。从验收结果来看,第一轮示范高职院校全部通过验收,第二轮示范高职院校验收也仅有一所没有通过。同时,为了完成项目验收,不少高职院校精心包装的"绩效"不见得就是"实效",其中掺杂了多少"水分"也有待甄别。

(二)硬件建设还是软件建设?

回顾示范高职院校建设的进程可以发现,高职院校过于注重硬件建设,而忽视软件建设的问题仍旧比较突出。在获得示范高职院校建设资格之后,学校往往会获得一大笔专项资金。但对于如何更加精准地使用这笔资金,并非所有示范高职院校都能有一个清晰的认识与方案。更为重要的问题是,在对示范高职院校的项目验收标准上,教育部门过于注重考察可量化的硬件指标,但对于不宜量化的软件指标考察不够,仅仅包括毕业生一次就业率、毕业生"双证书"获取率等有限指标。为了支持示范高职院校的优势特色专业建设,国家投入了大量财力,并围绕专业建设配备了先进的教学仪器设备、完善的专业实训基地,建立了丰富的专业教学资源库,开发了大批的课程与教材,从而大大提高了专业建设的硬件水平。但需要注意的是,如果软件建设水平没有随之提高,再先进的硬件建设都会黯然失色。一项对江苏15所国家示范高职院校专业建设状况的实证研究表明,示范高职院校专业建设在取得成绩的同时,仍然存在"专业设置与区域产业结构转型发展不同步、部分专业重复设置、专业调整与建设缺乏系统布局"等方面的问题。如果实训教学体系缺乏系统规划,那么再先进的教学仪器设备、实训基地都可能成为摆设;如果专业教学资源库不能得到广泛使用,那么只能造成资源的巨大浪费;如果课程与教材开发缺乏标准,那么对于职业教育改革将无任何实际意义。

(三)少数学生还是多数学生?

示范高职院校建设的最初目的在于,通过提升办学质量来增强我国高等职业教育的吸引力。国际职业教育发展的经验证明,只有将学生放在教育过程的中心位置,才可以说,质量理念已经深入贯彻到职业教育与培训之中。对示范高职院校建设而言,这一假设同样成立。在此逻辑之下,必然要明确的是"何为以学生为中心"。此处所讲的学生,到底是少数学生,还是多数学生?以技能大赛为例,为了在技能大赛中取得好成绩,不少示范高职院校将有限的训练材料和资源投入到少数"备战"技能大赛的学生身上,甚至只让其参与某一项目的技能训练,不再参加文化课、专业理论课等的学习,使其成为脱离正常学校秩序的"特殊群体"。与此相比,其他学生所能享用的优质教育资源则少得可怜。一个颇具讽刺意义的例子是,某位高职院校焊工专业学生凭借在技能大赛上的好成绩而直接获得技师称号,随后被企业高薪聘用,但走上工作岗位第一天就出了"洋相":当他去现场操作时,却为始终找不到合适的焊条而发愁。原因在于,无论是在学校训练中,还是在技能大赛中,所有的焊条都是提前准备好的,并不需要学生自己去选择。当技能大赛变成争名夺利的工具之后,无论是少数学生,还是多数学生,实际上都成为受害者。即便是示范高职院校能够凭借过硬的技能大赛成绩顺利通过项目验收,但如果不能使广大学生从中真正受益,那么示范高职院校也就失去了建设的基本价值与意义。

(四)局外教师还是局内教师?

在示范高职院校建设过程中,一线教师是一个不可忽视的群体,然而,他们却时常扮演着较为尴尬的角色。表面上看,一线教师似乎是示范校建设的"局内人"。在传统的科层制管理体制之下,一线教师处于整个高职院校管理体制的底层,并在上级的领导之下参与示范高职院校建设的各项工作。令人匪夷所思的是,在拿下示范高职院校项目资格之后,一线教师似乎成为"最忙的群体",但更多时候是疲于应付上级领导的行政命令。虽然在项目启动之初,为了保证各大示范高职院校的办学特色,国家一直强调要给予其办学自主权。但事实上,这种自主权主要停留在中高层管理层面,一线教师所拥有的自主权仍旧十分有限。在没有改变科层制管理本质的前提下,示范高职院校建设很难真正调动一线教师的积极性、主动性,一线教师就只能成为被动的参与者,也就是不折不扣的"局外人"。在现有的高职院校管理体制之下,校长往往发挥着决定性作用,而高层管理者的职务更迭时常为示范高职院校建设埋下隐患,尤其关乎后示范期高职院校的发展命运。正如某位高职院校校长在后示范期高等职业教育发展座谈会上指出的那样,"第一批示范高职院校的书记、校长老人所剩无几,基本上换了新人,难怪大家迷茫"。也就是说,如果新任校长对前任做法并不认可,很容易导致示范高职院校建设形成的理念与发展成果"付之东流"。此时,一线教师往往是最无力的群体,其"局外人"的角色更加凸显出来。

(五)回波效应还是扩散效应?

从经济学视角来看,非均衡式发展模式在带来"扩散效应"的同时,必然也会带来"回波效应"。"扩散效应"是指发达地区(增长极)对周围落后地区的推动效应和有利影响,即促成各种生产要素在一定发展阶段从增长极向周围不发达地区的扩散,从而产生一种缩小地区间经济发展差距的运动趋势;"回波效应"是指发达地区(增长极)对周围落后地区的阻碍作用或不利影响,即促进各种生产要素向增长极的回流和聚集,产生一种扩大地区间经济发展差距的运动趋势。在市场机制之下,如果某个区域的发展速度长期超过平均发展速度,而又无法得到有效调控,那么这不但不会带动其他区域发展,反而会拉大区域间的差距。对示范高职院校而言,这一原理同样适用。示范高职院校的建设必然会带来扩散效应,从而实现对周边高职院校的示范、引领作用。但同时,示范高职院校的建设对周边高职院校也带来一定的"负面影响"。一项对浙江 47 所高职院校的实证研究显示,示范院校与非示范院校存在较为明显的差距,院校间社会服务能力不均衡现象较为突出,具体表现在横向技术服务、非学历培训、公益性培训等方面。另外,示范高职院校还可能加重周边高职院校的招生困境,甚至为其带来生存危机。如果无法得到有效调控,这种"回波效应"甚至会先于"扩散效应"而来。原因在于,如果政府无法采取干预政策来刺激周边高职院校的发展,那么将无法避免不同类型院校之间的累积性恶果循环,双方之间的发展差距也将进一步拉大。因此,我们在关注示范高职院校"扩散效应"的同时,也不得不重视可能出现的"回波效应"。

三、优质高职院校建设的前瞻思考

从示范高职院校建设,再到优质高职院校建设,并不是在前者之中选拔"985""211",而是在更广泛的高职院校层面推广这一项目,倡导更多的高职院校走精细化发展道路,从而带动高等职业教育整体发展水平的提升。在优质高职院校建设项目启动之际,我们必须在吸取示范高职院校建设经验与教训的基础上,进一步明确优质高职院校建设的方向。

(一)紧扣项目建设初衷,建立以绩效评估为导向的拨款机制

优质高职院校建设的初衷并不在于"从矮子中选将军",也不在于仅仅满足项目的"贴牌",而在于通过重点建成"标杆",来全面提升高职院校的办学水平。另外,与示范高职院校建设不同,优质高职院校建设不再是由中央财政集中投入支持少数学校的发展,而是鼓励地方政府和教育主管部门着眼于强化特色、培育优势,着眼于集中火力、扶优扶强,打破"示范建设"时期的"身份标签",精心挑选那些办学基础扎实、优势特色鲜明、改革意愿强烈,同时说有想法、做有套路、干有实绩的高职院校进行重点建设。为此,我们必须吸取示范高职院校建设的教训。为避免"资格遴选"再次成为政策执行的实际行动逻辑,我们首先要改变传统的拨款方式,建立以绩效评估为导向的拨款机制。正如有学者所言,在省域优质高等教育发展公共政策的构建中,政府要将资助效果评估做实、做精。对于拟重点支持的优质高职院校,有条件的地区建议采取"先建设、后拨款"的方式,而条件相对较差的地区建议采取"边建设、边拨款"的方式,从而形成有效的激励约束机制。其次,我们要基于优质高职院校人才培养的全过程构建"投资—回报"模型,利用科学的评估工具搜集和分析数据,对优质高职院校建设的经费使用情况进行科学而公平的绩效评估,从而进一步完善评价标准,优化质量监控流程。最后,根据绩效评估的结果,政府要动态调整经费支持力度:对于建设进展良好、育人效果明显的优质高职院校,要酌情加大经费支持力度;对于建设进展缓慢、育人效果不佳的优质高职院校,要适当核减经费支持力度。

(二)优化项目验收标准,设计以软件建设为重点的指标体系

对优质高职院校建设而言,项目验收标准往往发挥着重要的导向作用,它可以在一定程度上反映整个项目运作的主导价值理念。原因在于,为了能够顺利通过验收,项目建设院校往往会按照验收标准来进行整体规划与设计,并按照指标体系要求来制定具体方案。回顾以往示范高职院校建设的项目验收标准可以发现,硬件建设指标占据了大量比重,而软件建设的相关指标则明显不足。实际上,与硬件建设水平相比,软件建设水平更能反映一所学校的办学特色与办学水平。如果只重视硬件建设,而不重视软件建设,那么很容易使高职院校的内涵建设失去灵魂;如果只重视软件建设,而不重视硬件建设,那么很容易使高职院校的内涵建设失去基础。正如前文所言,在经历了高职院校的规模式发展,以及两轮示范高职院校建设之后,我国高职院校建设已然进入内涵提升的关键阶段。就目前而言,经过多年发展,大多数高职院校的硬件建设水平已经有了大幅度的提高,而软件建设水平则始终是高职院校内涵式发展的短板。而且,优质高职院校建设项目一个重要的遴选原则就是"扶优扶

强"，这表明能够被选中的学校必然是有一定建设基础的，最起码有硬件建设水平的保障。因此，在优质高职院校建设项目启动之际，我们需要进一步优化项目验收标准，突破以往示范高职院校建设项目验收标准的局限性，设计以软件建设为重点的指标体系。需要注意的是，以软件建设为重点，并非不重视硬件建设，而是强调以硬件建设服务于软件建设，从而有效发挥指标体系对优质高职院校建设的引导作用。

（三）明确人才培养目标，贯彻以全体学生为中心的培养理念

对于高等职业教育应该培养什么样的人才，我国一直没有一个明确的定位。从历年的政策文件来看，对高技能人才培养目标的定位有"高等技术应用性专门人才""高端技能型专门人才""高素质劳动者和技术技能人才"等一系列说法。但遗憾之处在于，国家层面并未出台配套文件来解释人才培养目标，这就导致高职院校在具体的人才培养过程中无所适从。在示范高职院校建设中，以上问题仍然没有得到有效解决。在功利主义价值导向之下，示范高职院校往往会设置较高的人才培养目标。事实上，技术技能人才的培养并非一蹴而就的事情，它存在一个从新手到专家不断升级的过程，这就需要高职院校制定切合其成长规律的人才培养目标。对优质高职院校建设而言，比较现实的选择是将人才培养目标定位在"准入"水平，要求全体学生在毕业之时能够达到用人单位的基本要求。正如杜威（John Dewey）所言，如果教育是生长，这种教育必须循序渐进地实现现在的可能性，从而使个人更适合于应付后来的要求。此处所讲的准入水平并非降低高职院校的培养目标，能够真正达到这一培养要求也绝非易事。需要明确的是，为了帮助学生达到准入水平，高职院校应该将实践教学重点放在技能操作"标准规范"的训练上，而非放在技能操作"娴熟程度"的训练上。正如技能大赛选手也许能凭借娴熟的技能获得荣誉称号，但却不一定能够达到用人单位的要求。与其如此，高职院校不如扎扎实实地开展专业技能普测，提高全体学生技能操作的规范性与标准性。准入水平还要求学生具备现代社会所需要的核心素养，针对学生基础文化水平不高的现象，高职院校要开展面向全体学生的文化素质补充教育。

（四）构建多元治理结构，打造以名师团队为主体的治理模式

为了改变传统科层制管理的弊端，优质高职院校在建设过程中应该大力构建多元治理结构，并尝试打造以名师团队为主体的治理模式，从而有效发挥多元主体的协调治理作用。与管理不同，所谓"治理"，即用规则和制度约束和规范利益相关者之间的关系，以达到决策科学化、民主化的目的；治理理论强调多权力中心和多元主体参与，不同主体之间的竞争和合作是维护社会秩序和促进社会发展的重要动力源。在高职院校，理想中的多元治理结构，不仅应该包括中高层管理人员，还应该包括一线教师。在以往的示范高职院校建设中，管理的主要问题在于，一线教师的自主权并没有得到释放，也没有在整个管理体系中发挥主体作用。在优质高职院校建设过程中，如果一线教师仍旧无法获得更多自主权，那自然无法调动起他们参加项目建设的积极性与主动性。但是需要注意的是，一线教师的自主权并非是完全无限制的，而是存在一定的边界。为了避免教师个体意见分歧过大可能带来的低效率问题，高职院校有必要打造以名师团队为主体的治理模式，从而在一定程度上实现"民主基础上的集中"，进而帮助一线教师"科学有效""整齐有序"地发出自己的声音。另外，以名师团

队为主体,可以有效发挥名师对新手教师的"传帮带"作用,从而有效促进新手教师的专业化发展,并提升高职院校的整体教学与科研水平。

(五)强化院校深度合作,形成以集团办学为载体的合作网络

在示范高职院校建设过程中,之所以会产生回波效应大于扩散效应的现象,原因主要在于,示范高职院校的建设成果仅仅停留在"示范"层面,在后示范期并没有产生推广效果。示范高职院校所带来的所谓扩散效应,多表现为区域内其他高职院校对示范高职院校的参观学习与简单模仿。实际上,由于资源禀赋、内部环境等方面的差异,这种浅层次的合作并不能有效带动非示范高职院校的发展。在优质高职院校建设项目启动之际,为了更好地处理效率与公平之间的关系,我们必须强化院校之间的深度合作,并加快形成以集团办学为载体的合作网络。由于目前我国的高职院校仍然主要处于非均衡式发展阶段,因此,将优质高职院校与其他非优质高职院校纳入同一集团办学,可以在一定程度上实现优质职业教育资源的共享,推动区域内"优质均衡"目标的实现,并逐步缩小不同类型院校之间的发展差距。该集团不仅可以包括优质高职院校、示范高职院校、普通高职院校,而且可以包括行业、企业等。根据奥尔森(Mancur Lloyd Olson)的集体行动理论,当一个组织规模足够小时,少数精英成员就可能实现集体目标;只有当组织规模较大时,才需要有一套复杂、正式的治理结构,以确保"选择性激励机制"激励贡献者,处罚"搭便车"者,从而实现集体目标。在制度经济学看来,对一个组织而言,组织成员数量的大幅增加必然会带来集体行动困境。对于以异质性元素为主要特征的高职院校集团化办学而言,必然也需要解决集体行动困境的问题。为此,我们必须切实发挥优质高职院校的带动引领作用,着力构建协作共赢的内外部治理结构,并建立有效的决策、执行与激励机制。

[参考文献]

[1] 王晓东.优质高职院校建设专题调研报告[J].中国职业技术教育,2014(35):15-18.
[2] 翟帆.优质校建设,高职改革举起新标杆[N].中国教育报,2016-11-08(9).
[3] 吴峰.区域经济视野下江苏高职院校专业建设的问题与对策——基于15所国家示范性(骨干)高职院校的实证分析[J].高校教育管理,2017,11(2):86-92.
[4] MULLER D,FUNNELL P. Delivering quality in vocational education[M]. Londan:Kogan Page,1991:32.
[5] 李剑平.国家示范高职校从"抱团取暖"到集体遇冷[N].中国青年报,2013-12-11(3).
[6] 颜炳乾."示范"建设:回顾与前瞻[J].职业技术教育,2009(36):30-33.
[7] 张菊霞,王琪.高职院校社会服务的实践样态、存在问题及提升策略——基于浙江省47所高职院校质量报告的分析[J].职教论坛,2017(4):39-44.
[8] 王寿斌.扶优扶强,优质校建设集结号吹响[N].中国教育报,2016-11-22(10).
[9] 伍宸,查星星.省域优质高等教育发展支持计划政策分析——基于广东和浙江省重点建设计划文本分析[J].高校教育管理,2016,10(6):93-100.
[10] 杜威.民主主义与教育[M].王承绪,译.北京:人民教育出版社,2012:64.

[11] 庄西真.职业教育治理主体及其权力关系分析[J].教育理论与实践,2016(28):7-11.

[12] 张建,程凤春.名校集团化办学的学校治理:现实样态与实践理路[J].中国教育学刊,2016(8):16-22.

(本文刊载在《高校教育管理》2017 年 11 卷第 4 期)

高水平高职院校建设内涵解析

西安航空职业技术学院 赵居礼 龚小涛 贺建锋 吴 昊

摘 要:本文从服务国家重大战略、引领高职战线创新发展和高职院校内涵建设角度,阐述了建设高水平高职院校的重要意义,提出了"宏、中、微"三位一体的内涵体系,从世界性、发展性及特色性等方面论述了建设的内涵要求,从专业建设载体、人才培养质量核心、产教融合主线等方面介绍了创建高水平高职院校建设的重点工作,从融合发展、内涵发展、创新发展、合作发展等四方面提出创建高水平院校建设路径。

关键词:高水平高职院校;产教融合;校企合作

2014 年,国务院印发《关于加快发展现代职业教育的决定》(国发〔2014〕19 号)(以下简称《决定》),提出到 2020 年"建成一批世界一流的职业院校和骨干专业,形成具有国际竞争力的人才培养高地"。2015 年,教育部印发《高等职业教育创新发展行动计划(2015—2018年)》(以下简称《行动计划》),明确建设 200 所优质专科高等职业院校(以下简称"优质校")。2016 年 12 月,国务院总理李克强对发展职业教育做出重要批示,指出要"努力建成一批高水平的职业学校和骨干专业"。2017 年 1 月,国务院《关于印发国家教育事业发展"十三五"规划的通知》(国发〔2017〕4 号),明确提出"支持 100 所左右高等职业学校和 1000 所左右中等职业学校建设"。

建设高水平高职院校,是党中央、国务院在对职业教育服务国家重大战略和产业转型升级新形势进行科学研判基础上,针对职业教育提出的发展新目标,是高职院校发展的新任务新要求,与学术型本科的"双一流"建设区别显著,是对一流院校和优质校建设内涵的进一步丰富,是落实国家教育事业发展"十三五"规划"提高质量、优化结构、促进公平"的重要举措,对于"促进新动能发展和产业升级,带动扩大就业和脱贫攻坚,推动经济保持中高速增长、迈向中高端水平"具有重要意义。

一、高水平高职院校建设的重大意义

(一)服务国家重大战略发展的本质要求

国家实施"中国制造 2025""创新驱动发展"等重大发展战略,全面推动中国制造向中国

[基金项目]本文系陕西省高等教育管理重大问题课题研究项目"陕西高等职业教育质量保障体系及运行机制对策研究"的阶段性成果。

创造转变,提升加快中国速度向中国质量转变,努力实现中国产品向中国品牌转变。国家重大战略的实施迫切要求职业教育培养大批技术精湛的杰出技术技能人才。职业教育要主动围绕国家重大发展战略,对接产业发展,深化改革创新,聚焦内涵建设,产教深度融合,扩大对外开放,提升发展质量。高水平高职院校和骨干专业建设,有利于推动职业教育创新发展,培养一批支持、推动和引领一流产业发展的跟跑者、并跑者乃至领跑者。

(二)高职战线创新发展的重要引擎

2006 年至 2015 年,教育部等部委启动实施的"国家示范性高等职业院校建设计划",引领项目建设院校和全国高职战线在不断创新体制机制,全面深化教学改革,快速提升服务能力,不断提高办学质量。后示范时期,部分高职院校对未来发展产生迷茫,引领未来发展缺少重大抓手,为此,教育部抢抓时机从服务国家重大战略布局和经济转型出发,出台高职教育创新发展行动计划,提出扶优扶需扶特扶新,支持地方建设 200 所优质高职院校;国务院从推动创新型国家和人才强国建设出发,引发国家教育事业发展"十三五"规划,提出支持100 所左右高职院校和 1000 所左右中职学校建设计划,同时要求发挥地方主导作用,辐射带动一批服务地方经济发展的优质高职院校建设,使高职院校建设总体目标朝着高水平高职院校方向不断前进。

(三)高职院校内涵发展的必然趋势

近年来,高职院校围绕国家重大战略布局,深度融入大众创业、万众创新和"中国制造2025"的实践中,加快培育大批具有专业技能与工匠精神的高素质劳动者和人才,为经济社会发展做出了重要贡献。国务院及教育部印发的《决定》《行动计划》等文件,聚焦高职院校内涵发展,确立了职业教育改革领域"四梁八柱"性质的主体框架,指明了优质教学资源、办学活力、技术技能积累、保障机制和思想政治教育等方面的具体建设方向,将高职院校打造成为杰出技术技能人才培养高地,要求高职院校围绕生产方式变革、技术进步、社会公共服务等方面要求,在人才培养、技术技能传承、促进就业创业中发挥更大的职责,培养大批具有敬业守信、精益求精等职业精神的高素质劳动者和技术技能人才。

二、高水平高职院校建设的内涵要求

高水平高职院校建设,旨在打造一批高水平的人才培养、高水平的专业建设、高水平的师资队伍、高水平的社会服务、高水平的内部管理、高水平的校园文化,形成与国家重大发展战略同频共振,与国家重点发展产业适度超前的职业教育发展格局,构建高水平高职院校"宏、中、微"三位一体的内涵体系。宏观上,坚持"中国特色"的社会主义办学方向,坚持立德树人,支撑国家战略,为人类发展提供"中国方案"打下杰出技术技能人才基础。中观上,明确了高水平高职院校建设的一条主线、四大特征和六大要素,即以深化产教融合、校企合作、工学结合为主线,以人才培养、科技创新、专业建设与产业融合发展为特征,以规律、专业、人才、资源、制度与文化为六大要素。微观上,聚焦基本办学和实习实训条件的改善,关注国家重点领域产业和区域支柱产业相关专业建设,提升学校服务学历教育、社区教育、职工教育培训等能力,聚焦校企一体合作办学,突出工学结合人才培养模式,加大理论和实践一体化课程开发。高水平高职院校从概念的内涵和外延上可以从三个层面来理解。

(一)高水平的"世界性"

国家或地区经济社会发展的不平衡性,决定了高等教育事业发展的进步与落后程度,创建高水平高职院校是一个区域性概念,对于各级各类学校,创建"高水平"一定是有世界的高水平、亚洲的高水平、全国的高水平、区域的高水平之分,各个省份、各个院校应在不同范围确定创建高水平的目标和计划,选中标杆,实施标杆管理。

(二)高水平的"发展性"

事物发展通过不断的"否定之否定",实现从量变到质变的跃升,从低级阶段向高级阶段进发。从历史角度看,高水平的标准绝不是静止不变的,而是伴随着产业升级改进不断向前发展的。产业经济发展的"优胜劣汰",一个时期的高水平标准会被下一个时期质量更高、内涵更丰富的所超越,高水平院校的标准要因变适变,动态优化高水平目标和内涵并以行动,要主动领跑产业发展,才能顺应发展潮流。

(三)高水平的"特色性"

特色包含个性、优势,同时本身也涉及全局优化,纵向的差异事关发展程度、层次,甚至是"代际差异",横向的差异事关发展特色、核心竞争力。世界上综合性高水平大学,没有哪一所在每个领域都做到顶尖,都是在某一个或某几个学科领域单兵或重点方向上突进、领先,高水平高职院校建设需要高水平的文化、制度和资源作为支撑,需要持续用力、长期积累、长期奋斗。高水平高职院校建设,关键是要找到总领发展的"纲",刚举则目张,若单向用力,越给力反而越有可能跑偏。因此,高水平高职院校建设,要以专业为建设总纲,以人才培养质量为核心,以服务产业和地方发展为特色,才能办出具有鲜明特色、卓越水平、一流声誉的高水平高职院校。

三、高水平高职院校重点建设任务

(一)坚持骨干专业建设为基本载体

高水平高职院校必须由若干骨干专业作为支撑,要不断优化专业结构,改善实验实训,优化师资结构,提高服务产业发展的能力,扩大国际影响力。一是优化专业结构。根据区域经济发展需要和服务行业特点,凝练专业方向,打造国内领先、辐射带动一批专业发展的拳头专业,提升专业支撑、推动、引领产业发展的能力。结合学院行业和区域优势,准确定位,紧贴产业发展动态设置和调整专业建设体系,推动国家重点产业发展亟须的专业的建设。二是提升师资水平。围绕专业实践能力提升建设,健全专任教师的培养机制,完善青年教师代培和轮训制度,打造一批专兼结合的双师素质教师队伍。三是深化教学改革。不断深化工学结合的人才培养模式改革,加大"理实一体化"课程体系改革,深化"订单班"、现代学徒制等校企一体化育人模式,加大信息技术在教学中的应用,促进学生自主学习、创新和就业的能力提高。四是坚持开放办学,要加强技术技能积累,扩大对外合作,扩大职业教育的国际影响力和竞争力。

(二)坚持人才培养质量核心地位

质量决定兴衰,高水平的人才培养质量是学院发展的核心竞争力,唯有提高培养质量才能吸引高水平的教师,良好的学生、留学生和社会资源。高水平高职院校建设要以提高人才培养质量为核心,深化人才培养模式改革,完善质量监控体系,强化育人环境改善,全面提高人才培养质量。一是要深化人才培养模式改革。加大行业企业标准和国际成熟职业标准的引入,推动工学结合的人才培养模式朝深度和纵向发展。二是要强化教学规范管理。要全面落实教学规范,探索适应生源特点的人才培养新模式,不断创新教学管理机制,提高服务师生水平。三是要完善质量保障机制。推进建立教学工作诊断与制度改进,发挥好人才培养数据状态平台作用,建立常态化的高职院校自主保证人才培养质量的机制,做好人才培养质量年度报告制度等。

(三)坚持产教融合为主线

坚持产教融合、校企合作,坚持工学结合、知行合一是职业教育的本质要求。示范院校建设,创建了工学结合的人才培养模式,解决了职业教育专业建设的核心问题;骨干院校建设,形成了校企合作机制,解决了学校层面的合作问题;高水平高职院校和骨干专业建设,聚焦服务一流产业发展,要在更大范围、更高层次、更深程度上促进产教融合。职业学校要主动对接企业需求,增强服务企业发展的针对性和支撑力;要支持和引导企业深度参与学校育人过程,通过组建职教集团、专业建设指导委员会、董事会(理事会)等形式,使企业深度参与高职院校教育教学改革,支持专业建设、教师培养和学生实习实训。大力推进现代学徒制试点,充分发挥企业育人的主体作用;深化体制机制改革,鼓励社会力量以资本、知识、技术、管理等要素参与公办高等高职院校改革,大胆探索混合所有制办学模式。

四、高水平高职院校建设路径

高水平高职院校建设,紧密围绕产教融合、校企合作、工学结合为主线,不断改善基本办学和实习实训条件,强化国家重点领域产业和区域支柱产业相关专业建设,重点提升学院服务学历教育、社区教育、职工教育培训等能力,深化产教融合,聚焦内涵建设,坚持创新驱动,扩大开放办学,打造一批人才培养、科技创新、专业建设与产业融合发展的杰出技术技能人才培养高地。

(一)融合发展,创新体制机制

以优化内部质量治理体系为重点,完善质量保证体系,创新办学体制机制,强化学院服务国家重点产业和区域支柱产业发展能力建设。

1. 优化治理体系,提升治理能力

坚持和完善党委领导下的校长负责制,加快凸显学院特色的现代大学制度建设,建立理事会或董事会;拓宽师生参与学校民主治理的渠道,发挥学生代表大会的桥梁纽带作用;构建自我发展、自我约束的内部管理体制和监督制约机制;优化机构设置,深化两级管理模式改革,下移管理中心,建立富有活力、运转高效的两级管理体制,建成以绩效为导向的全部门全员考核机制,提升学校管理效能。

2. 开展教学诊断与改进,健全质量保证体系

以推进教育治理体系和治理能力现代化为目标,落实学校办学主体地位、激发学校办学活力,加快建立健全院校自主发展、自我约束的运行机制。发挥职业院校质量责任的内在自觉性,建立全员全过程全方位的质量标准体系;发挥教育主管部门的管控作用,对院校的质量保证机制和能力进行有效管控;发挥第三方中立性监测与评价体系的外在技术支持作用,建成"院校主体、政府推动、市场引导"的质量保证体系。

3. 搭建校企合作平台,推进产教深度融合

加强与行业职业教育教学指导委员会合作,建立健全政府主导、行业指导、企业参与的职业教育办学模式,率先在大中型企业开展产教融合先行先试,推动政校企行共建共用共享人才培养基地、技术创新基地、科技服务基地。推动教育链与产业链的有机融合,引导和鼓励学校、行业、企业、科研机构、社会组织等组建职业教育集团。

4. 创新办学机制,创建特色学院

鼓励和支持社会力量联合办学,创建特色二级学院,突出二级学院在人才培养和质量责任中的主体地位。深入推进现代学徒制试点,发挥企业办学主体地位,成立以现代学徒制培养为主的特色学院;探索以资本、知识、技术、管理等要素参与办学模式,成立具有混合所有制特征的二级学院。

(二)内涵发展,加快优质资源扩容升级

服务行业产业发展,优化专业结构,深化教学模式改革,打造高水平师资队伍,提供高水平社会服务,打造高水平人才,推动学院内涵式发展。

1. 创建特色专业体系,创新人才培养模式

紧密围绕"中国制造2025""创新驱动发展"等国家重大发展战略和区域支柱产业发展,把专业建在产业链上,建立专业设置的动态调整机制,不断优化专业结构,打造一批彰显学院特色、支撑产业发展的专业体系。推行校企一体化育人,深入推进"订单式"培养、工学交替培养,进一步推动校企联合招生、联合培养的现代学徒制试点,探索实践本科层次职业教育培养模式和实现形式。

2. 扩大信息技术应用,创新课堂教学变革

加快推进教学信息化建设和应用,按照"院校主体、政府支持、社会参与"的方式,集聚优质资源,建成具有中国特色的公共服务平台和在线开放课程体系;整合社会资源,扩大行业企业参与,打造一批优质高等职业教育专业教学资源库。积极促进信息技术与职业教育的创新融合发展,构建网络化、数字化、个性化、终身化的教育体系,形成人人皆学、时时可学、处处能学的学习环境。

3.优化人才队伍结构,加强师资队伍建设

健全适合职业教育发展的职称评价体系,完善以品德、能力、业绩为导向的职称评价标准,推动教师分类评价、分类管理的人事管理制度改革;建设"双师型"教师培训基地,推动和加强高职院校师资队伍建设;建成大师工作室,推动技能大师技术技能创新和实践经验加速传承和推广;建设优质专业教学团队,促进教师间的合作交流与传、帮、带作业,加大教学名师和教坛新秀培养工作力度,实施"教学名师引领计划",培养一批国家级、省级教学名师。

4.创新校企合作,强化社会服务能力

对接社会发展,服务国家需要,建成与区域经济社会发展相匹配、相协调的现代职业教育体系;坚持"共建、共享、共用"原则,打造科技应用技术服务中心;建立终身学习成果认证、积累与转换的全民公共服务平台;拓宽新型职业农民、现代产业工人、进城定居农民工和退役军人等重点人群接受学历和非学历继续教育渠道,支持推进农民继续教育,为农民通过半工半读方式接受职业培训和教育提供条件。

(三)创新发展,加强技术技能积累

坚持创新驱动,发挥院校人才优势和区位优势,重视文化育人,促进技术技能积累转化,完善技能大赛制度,将学院打造成为区域技术技能资源的聚集地。

1.打通多样化技术技能人才成长通道

完善高职院校分类考试评价方式,突出"文化素质+职业技能"考试办法,健全职业适应性测试办法,限定中高职贯通考试招生专业,规范高职院校注册入学方式。探索建立"中职—高职—本科"技术技能人才成长通道,打通职业教育"立交桥",构建适应个人全面发展的先进职教体系,为学生多路径成才、多样化选择搭建"立交桥"。

2.建立和完善技能大赛制度

进一步发挥全国技能大赛及各类大赛对教学方式改革、提高教学质量的推进作用;坚持政府主导、行业指导、企业参与,形成"校级—省级—国家"三级梯队培养机制,以赛促教、以赛促学、以赛促改,提升学生实际动手能力、规范操作水平、创新创业水平,全面提高技术技能水平。

3.促进技术积累及转化

培育具有持续创新能力的科技服务与创新团队,建成具有持续发展能力的技术技能积累中心或工程技术中心,促进技术技能积累与转化能力。推动校企共建技能大师工作室、实验实训平台、技术工艺和产品开发中心等,将学院打造成为技术技能积累与创新的重要载体。发挥职业教育集团作用,促进教育链和产业链有机融合,探索组建覆盖全产业链的职业教育集团。

4.促进文化育人与技术技能积累的融合发展

加强校园文化建设,强化大国工匠精神培育,推进企业文化、产业文化、职业文化进校园进课堂,促进职业技能和职业精神高度融合;持续推进人文素质教育实践活动,在文化育人实践中推动技术技能积累,在文化传承创新中提高育人水平,着力培养追求卓越、精益求精、敢于创新的工匠精神。

(四)合作发展,推进对外交流与合作

加大引进国(境)外高水平专家和优质教育资源,持续推进学生对外交流,加强师资对外交流力度,跟进"一带一路"倡议,支持中国企业和产品"走出去",提升学院国际化办学水平。

1.提升合作办学质量

完善中外合作机制,围绕国家急需专业建设,引进国(境)外优质教育资源,建成一批示范性合作办学结构和项目;对接国际标准,参照《华盛顿协议》《悉尼协议》《都柏林协议》等国际工程教育互认体系,指导专业建设;坚持"扩大开放、规范办学、依法管理、促进发展"方针,扩大中外合作办学项目,探索职业院校到国(境)外办学方式,提升职业教育国际影响力。

2.拓宽技术技能合作

与世界一流应用技术学校或科研机构开展深度合作与交流,参与国际或区域性重大项目、科学工程的建设,参加国际标准和规则的制定,不断提高学院国际影响力。

3.扩大师生对外交流

健全中外合作管理制度,鼓励和支持国(境)外高水平技术技能专家来华任教,扩大中外学生互换、教师互派、学分互认力度,培养通晓国际规则、具有国际视野的杰出技术技能人才。

4.服务国家"走出去"战略

推动建立与中国产品和企业"走出去"相配套的职业教育模式,面向当地员工,探索技术技能培训和学历教育,培养一批符合中国企业海外生产经营需求的本土化人才。探索与开展国际业务的大型企业合作办学模式,创建国际化人才培养基地。

高水平高职院校建设,是职业教育支撑国家重大发展战略的重要手段,是推动经济升级转型的有力举措,是提升职业教育内涵发展的本质要求。按照把握人才培养质量核心,坚持服务发展、促进就业,深化改革创新,强化产教融合、校企合作、开放办学的要求,打造一批培养杰出技术技能人才的高水平高职院校,推动职业教育更好地服务国家战略发展,推动我国职业教育发展迈上新台阶。

[参考文献]

[1] 赵居礼.创新驱动,融合助推航空产业腾飞[N].中国教育报,2016-12-06(10).
[2] 李洪渠.办世界一流高职院校的要素特征及内涵标准研究[J].中国职业技术教育,2015(9):57-61.
[3] 教育部.关于印发高等职业教育创新发展行动计划(2015—2018年)的通知[EB/OL].(2015-10-19)[2017-01-03]. http://www.moe.edu.cn/srcsite/A07/moe_737/s3876_cxfz/201511/t20151102_216985.html.
[4] 赵居礼.聚力打造航空职教的升级版[J].军工文化,2016(10).

新时代"立德树人"导向下优质高职院校建设与发展的思考

湖南工业职业技术学院　刘建湘

摘　要：新时代背景下，优质高职院校怎么创建，怎么发展，要有清晰的思路与路径。要立足于高职院校学生的学有所获和成长成才，去积极思考优质高职院校各项建设指标的完成。"立德树人"是优质高职院校的立身之本。在创建优质高职院校的过程中，迫切需要在顶层设计、人才培养、教学科研、校园文化、社会服务、产教融合、校企合作等领域全方位贯彻落实立德树人的根本任务。

关键词：立德树人；优质高职院校；新体会；新理念；新思路

"优先发展教育事业"是新时代实现中国梦的一项重大战略工程。十九大报告明确指出："要全面贯彻党的教育方针，落实立德树人根本任务，发展素质教育，推进教育公平，培养德智体美全面发展的社会主义建设者和接班人。"报告还特别强调："完善职业教育和培训体系，深化产教融合、校企合作。加快一流大学和一流学科建设，实现高等教育内涵式发展。"2018 年，高职院校的提质升级迎来了新的发展契机。教育部印发的《高等职业教育创新发展行动计划（2015—2018 年）》指出，将支持地方建 200 所优质高职院校。"优质校建设是提高高职战线发展水平、推动职业教育现代化、引领职业教育发展方向的重要举措。"中国特色社会主义已经进入新时代，在新时代背景下，优质高职院校怎么创建，怎么发展，要有清晰的思路与路径。要立足于本校学生的学有所获和成长成才，去积极思考优质高职院校各项建设指标的完成，核心即牢牢守住"立德树人"这个根本任务，将十九大精神践行到实处，融入内涵发展的方方面面。

一、新体会

（一）高职教育具有"三个意味着"

经历了国家示范院校、国家骨干院校建设，目前我国大部分高职院校逐步发展壮大，学生规模已基本稳定、校园基础设施建设基本完成、经费投入得到有效保障，在办学条件、师资队伍和社会服务能力等方面都取得了长足进步，高职毕业生的社会认可度不断攀升。这意味着高职教育已占据高等教育的"半壁江山"，对高等教育从精英阶段进入大众化阶段发挥了重要作用；意味着高职教育已经从规模扩张走上内涵发展阶段，高职院校的办学特色已经初步形成；意味着职业教育基本形成了产教协同发展和校企共同育人的格局，职业教育与经济社会发展的契合度不断增强,具有中国特色的职业教育发展道路逐步形成。

(二)高职教育发展存在两个"没有变"的现象

一是部分高职院校的办学基本条件与优质高职院校建设标准之间的差距依旧存在,处在发展初级阶段的现状没有改变。高职院校生均仪器设备、生师比、优质教学资源、科研与技术服务成果等,尚未能很好地满足人才培养和学生对优质教育资源的需求。二是高职院校在高等教育领域的话语权、影响力、竞争力还不强,高职教育大而不强的现状没有发生根本改变。高职教育的人才培养、服务社会等尚有差距,在创新发展、国际影响力等方面,更是差距明显。在严峻的形势面前,优质高职院校的创建必须将立德树人与内涵发展作为第一要务,在发展中解决问题,补齐短板,扩大优势,迎头赶上。

(三)高职教育领域的主要矛盾

一是学生、家长对"上好学"的需求与学校提供的教育服务不充分不均衡之间的矛盾。学生、家长的需求已经由"有学上"转变为"上好学",但高职院校可以提供的教育教学资源、生均教学设备台套数、文化体育设施、创新创业平台等仍然有限,都与"上好学"的要求存在较大差距。

二是学生的"人人成长成才"的需求与学校有效供给的不充分不均衡之间的矛盾。院校要以学生为中心,尊重学生的成长规律,构建作为"人"的全面发展和可持续发展的机制体制。如参加技能竞赛、专业协会、文体社团的学生,可以享受到更多的优质教育资源和个性化培养,但对其他学生而言,接受高质量教育的机会存在不均等,"一人一课表"的个性化教育无法落地。同时,学校内部专业之间也有不均衡的问题,各个专业的教学设施、师资队伍和教学投入也都存在不均衡。

三是产教融合、校企合作对人才的需求与学校人才供给不充分不均衡的矛盾。区域经济发展方式的转变和产业转型升级需要高职院校培养更多高素质且具有持续发展和岗位迁移能力的技术技能型人才,但人才培养的现状还存在产教融合不充分、企业参与人才培养深度不够、分布不均,校企合作开展技术攻关、混合所有制企业学院的建设等深层次合作程度不高等问题,导致毕业生不能真正对接企业用人需求。

二、新理念

党的十九大和全国思想政治工作会议给高职教育提出了新要求,《高等职业教育创新发展行动计划(2015—2018年)》、"中国制造2025"、"一带一路"倡议给高职院校布置了新任务,优质高职院校建设更是今后一个时期全国高职院校发展建设的关键词。创建优质高职院校须面向未来、拥有符合自身特色的发展理念。只有不断更新理念,凝聚共识,用共同愿景引领学校发展,才能走出一条可持续发展之路。

(一)坚持以学生为中心的理念

学生是高职院校的服务对象,善待每一位学生必须体现在教育教学的每个环节。高职院校的课程、师资、实训、校园环境、文化资源都要以学生为中心,为其提供优质服务。师生之间应建立一种平等和谐、良性互动的关系。教师决不能仅仅满足于教学生以知识,而是要教给学生进一步获取知识、不断创新的能力,要把学生培养成有知识,有技术、有技能,有道德,有良知的合格公民。学校可以成立学生发展中心,加大对以专业技术为基础的科技社团、创新社团建设的支持力度,让学生在自己感兴趣的领域提升水平、强化能力,培养他们的职业道德、参与意识和自我管理意识。

(二)坚持共同治理的理念

共同治理就是在坚持党委领导下的校长负责制的基础上,在大学章程的指导下,建立党委领导、行政主导、专门委员会协同、师生参与、法治保障的现代大学治理体系建设。共同治理的目的就是要让全校教职工参与到学校管理与决策中。通过在校内成立课程、教师、财经、学生事务、发展战略等咨询委员会,在政策出台之前甚至在决策过程中,充分听取师生意见,强化其在参与学校管理和决策过程中的责任感和使命感。

(三)坚持从我做起的理念

优质高职院校建设不仅仅是校领导的事,学校人人都责无旁贷,需要全体师生员工树立起"从我做起,以身作则"的思想,以主人翁的姿态积极投身到学校优质高职院校建设和发展的伟大事业中去。个人层面看,每位教职工要认真思考,自己能为学校发展做些什么,把主要精力放到学校的发展振兴上去。学校层面看,要始终坚持为区域经济服务、为中国特色社会主义培养合格的建设者和可靠的接班人这一前提。要立足学校内涵建设,扎扎实实抓专业建设、人才培养、队伍建设,只有做出了成绩,才可能真正被社会关注和重视,才能保持持续上升的势头,得到政策的支持、社会的认可。大到学校,小到个人,从我做起,人人有责,形成氛围,学校的宏伟目标才能实现。

(四)坚持"大教师观"

在学校站讲台的是老师,坐办公室的是老师,看门守栋的也是老师,每个人在各自的岗位上都要充当育人的角色。大教师观就是把参与学校管理、教育教学、后勤保障等教职员工都视为肩负育人使命的教师。身为学校一员,教职员工都应该了解本校的办学定位、专业建设的发展动态以及学校的中长期规划和发展愿景。要进一步明确专任教师、辅导员、后勤服务人员、管理人员和兼职教师的角色定位,发挥各自在人才培养中不可替代的作用,变被动为主动,形成"全员参与、全员育人、全员增值"的校园文化,让所有教职员工都有价值归属感、情感归宿感、事业成就感。

(五)坚持创新发展的理念

优质高职院校的建设过程就是学校全面改革不断深化、不断创新的过程。要建设优质高职院校,学校要紧跟时代发展步伐、把握趋势,适时调整和完善体制机制。要坚持用发展的眼光看问题,将创新、协调、绿色、开放、共享发展理念贯穿到学校教育教学改革的各个方面,切实促进治理能力和体系的现代化,促进人才培养质量的提升。

三、新思路

建设优质高职院校必须全面提高学校党建与思想政治工作水平。思想政治工作就是要正确引导学生铸就理想信念、掌握丰富知识、锤炼高尚品格。优质高职院校建设推进思想政治工作的总体思路，是坚持以习近平新时代中国特色社会主义思想为指导，深入学习贯彻党的十九大精神，全面贯彻党的教育方针，坚持社会主义办学方向，努力开创学校思想政治工作新局面，为优质高职院校建设筑牢坚实基础。

(一)深入推进"三全"育人

1.要坚持思想价值引领，推进全员育人的大思政格局

要把社会主义核心价值观融入教学、管理、服务、环境等各个育人领域，要遵循教书育人的规律和学生成长的规律，不断提高思想政治教育的针对性和亲和力。要加强教师思想政治工作，完善教师管理制度和机制，强化教书育人是教师神圣职责的理念，引导教师牢记老师是第一身份，人才培养是第一要务，上好课是第一责任，政治合格是第一标准。充分用好发挥好身边最生动、最管用的模范、样板，教育引导广大教师积极践行"四个统一"。

2.要大力推进课程思政建设

通过创新课程体系，修订人才培养方案，加强对教师的马克思主义理论教育与培训，强化显性教育，细化隐性教育。明确每一名教师的育人职责，每一门课程的育人功能。每个专业都要努力挖掘好思想政治教育资源，找好育人角度，多出育人成果。要把思想引导和价值观塑造融入每门专业课程之中，确保其他课程与思想政治理论课同向同行，形成协同效应。课堂是为党和国家培养人才的地方，要坚持课堂讲授守纪律，公开言论守规矩，所有的教育教学活动中都不得出现违背党和国家大政方针、违背宪法法律、危害国家安全、破坏民族团结等言行。

3.要强化社会实践育人

要整合思想政治理论课实践教学、大学生社会实践和专业课实习实训等环节，构建统一规划、分层实施、分类管理的实践育人体系。要积极推进"校行企"协同育人，深化创新创业教育改革，加强实践教学基地建设，鼓励学生走进社会、企业、工厂开展社会调研、生产实习和创新创业实践，在实践中培育工匠精神，提升职业素养，培养对人民的感情、对社会的责任、对国家的忠诚。要建立大学生志愿服务制度，将志愿服务纳入共青团"第二课堂"成绩单。

(二)切实抓好基层党组织建设

党建与思想政治工作是促进学校改革、推动学校发展的坚强保障。必须充分发挥党的制度优势和密切联系群众的优良传统，必须充分彰显基层党组织的战斗力和凝聚力，切实将全体党员干部、师生员工的智慧与力量凝聚到学校创建优质高职院校建设发展的大局中来。一是优化基层党组织设置。把基层党支部设立在教研室、实训室和专业团队里，设在托管的物业公司里，设在学生活动最频繁的公寓宿舍里和学生兴趣最浓的学生社团里。二是加强党务工作队伍建设。把专业带头人培养成党内骨干,把党内骨干培养成专业骨干,党务干部既要熟悉党建与思政工作的方法,也要熟悉学校的教育教学、专业建设和人才培养。通过这种方式,党员先锋模范作用和基层党支部战斗堡垒作用的发挥也就有了载体,将党组织的政治功能与服务功能有机统一起来。三是深化"两学一做"学习教育。充分发挥党员领导干部示范作用,积极组织党支部学习研讨,全面开展支部主题党日活动,持续整顿疲弱涣散现象。要在制度建设上精准发力,使"两学一做"在深学、实干、真做上深化拓展,成为广大党员的"实践地"和"对标杆",构建加强基层党组织和党员队伍建设的常态化机制。

(三)扎实推进特色校园文化建设

将文化建设作为学校全方位育人的重要内容,全力打造彰显学校办学历史、办学定位和办学特色的校园文化。一是加强精神文化建设。持续开展学校精神的总结、凝练和解读,形成全校师生认可的精神文化品牌,使学校精神代代薪火相传。要厚植行业文化,挖掘学校的行业特色,探索产业文化进教育、行业文化进校园、企业文化进课堂的实现路径,积极推进职业文化、创新创业文化融入人才培养方案,积极培育工匠精神,大力开展优秀典型评选,将学校精神内化为全校师生员工的共同文化心理。二是加强物质文化建设。深入挖掘办学历史,突出办学特色,打造一批卓越文化景观,建设展示学校历史发展的文化博物园、博物馆,规范校内楼宇、道路、园林、景观的命名,推动物质环境与人文环境的有机融合;开展统一文化标志建设,对学校的各种视觉因素进行全面统一的规划和设计;推动传统校园媒体与新媒体的融合发展,全力打造以各级各类网站和微博、微信、微视频为重点的新媒体网络平台,构建立体化交叉覆盖的全媒体阵地。三是加强行为文化建设。全面推进优质高职院校建设,形成一批标志性成果,为"双一流"建设奠定坚实基础;导入卓越绩效管理模式,建立常态化的内部质量保证体系和可持续的诊断与改进工作机制;发挥各种形态校园文化活动的育人功能,打造传统校园文化活动卓越品牌,培育一批卓越社团,做强卓越体育艺术品牌;构建大宣传格局,挖掘卓越典型,讲好学校故事,传递发展正能量,为学校改革发展凝聚强大合力,提升学校的社会知名度和影响力。

[参考文献]

[1] 习近平. 在中国共产党第十九次全国代表大会上的报告[M]. 北京:人民出版社,2017.
[2] 林宇. 高等职业教育网. 全国优质高等职业院校建设交流研讨会在杭州召开[EB/OL].(2017-11-27)[2018-11-20]. http://www.gzyjh.org/2017/1127/c950a12890/page.htm.

创新发展，智造梦想挺起工业脊梁

陕西工业职业技术学院　崔　岩

摘　要：为贯彻《高等职业教育创新发展行动计划（2015—2018 年）》，根据陕西省贯彻落实《行动计划》的部署举措，陕西工业职业技术学院以推进一流学院战略、一流专业战略、文化引领战略、"互联网＋"战略为抓手，以完善现代大学制度建设、打造现代职教集团、创设高职教育试验田为突破口，以服务"中国制造 2025 战略""大众创业，万众创新战略""国家终身学习战略""一带一路"倡议为导向，以打造一流师资、强化教学诊断、实现一流管理为保障，努力创建一流高职院校。

关键词：内涵建设；体制机制；协同发展；量保障

教育部印发了《高等职业教育创新发展行动计划（2015—2018 年）》（以下简称《行动计划》），对高职教育未来几年发展进行顶层设计和路径指导。与此同时，陕西省启动实施的高职教育"一流学院、一流专业"建设，将占据陕西高等教育"半壁江山"的高职教育拉进统筹推进一流大学建设的阵营。

陕西工业职业技术学院根据陕西省贯彻落实《行动计划》的部署举措，预计投入 2 亿元，以启动实施 4 项具体计划为主线，以细化 45 项任务和 16 个项目为抓手，力推内涵建设、现代治理、开放服务、质量保障再提升，实现省内引领发展、国内铸就卓越、国际打造品牌，铿锵回应"示范永远在路上、质量永远无止境"的时代命题。

一、内涵提升推动率先发展

坚定不移地以提质增效为基调，启动实施教育教学综合改革计划，着力推进四大战略，全面推进从注重规模速度的粗放式发展向注重质量内涵的集约式发展转型，从硬指标的显性增长向软实力的隐形提升转型。

一是推进一流学院战略。培育招牌名师、培养名片学生、催生优质成果、铸就卓越品牌，力促核心竞争力提档升级，跻身全国优质高职和全省一流高职行列，力争教育教学成果的数量和等级名列全省首位，综合实力位居全国示范高职院校第一方阵前列。

二是推进一流专业战略。按照对接产业、聚焦内涵、分类指导、凸显优势、重点突破、引领发展的思路，以跨界融合为特征重塑制造业价值链，培育产业发展新动能，促进智能型制造类专业做优做强、稳定发展，高端型制造类专业做新做好、优先发展，服务型制造类专业做精做特、扶持发展。

三是推进文化引领战略。进一步凝练具有自身特质的大学精神，持续加强"一院一品"

建设工程,倾力塑造体现现代工业元素的工匠文化精品,打造省级校园文化建设成果、国家级校园文化建设成果,有效发挥以文化人、以文养心的育人功能,全面提升人才人文素养和道德情操。

四是推进"互联网＋"战略。加快智慧校园、先进教室、未来教育建设步伐,建成基于IPV6、网宽 10G、资源 100T 的网络条件和以大数据、云服务为核心的信息环境,深植数字化于校园各个系统、工作过程和基础设施之中,着力推动教学效果、管理效率和服务效能的同步提升。

二、现代治理推动创新发展

锲而不舍地加大改革攻坚力度,启动实施机制体制革新计划,深化管理体制和运行机制创新,借助制度创新激发创造活力,切实增强自主发展能力。

(一)以"一章八制"为统领,推进现代大学制度建设

健全完善大学章程和党委领导下的校长负责制、教职工代表大会制度、学术委员会制度、理事会制度、教师申诉制度、学生申诉制度、财经委员会制度、信息公开制度,理顺明晰党委、行政、学术、民主监督四者相互独立、支撑、制衡的体制格局和二级管理模式的组织构架,建立责权利划分合理的运行机制,形成事前有标准、事中有监督、事后有考核的闭合制度体系和规程标准,让依法治校成为管理的新常态。

(二)以陕西装备制造业职教集团为平台,打造百校千企集结的职教航母

将陕西装备制造业职教集团升级建设为国家级骨干职教集团,创建辐射全国的材料成型职教集团,突出资源整合与集成创新有机结合、面上提升与局部超越有机结合,重构校企合作、产教融合的良好生态,创新校校联合、校政联手、校企联姻以及向国外教育机构延伸的协同互助模式,探索多元化办学新机制,实现集团化办学全要素、多领域、高效益的新突破。

(三)以西咸新区职教改革试验区为契机,创设高职教育创新发展试验田

利用学院牵头省内高职与西咸新区共建的职教改革试验区,在构建产教合作协同创新职教联盟、建立陕西特色的现代职业教育体系、现代学徒制试点、股份制或混合所有制改革、高新技术成果推广应用、产教信息互通平台建设、校企"双主体"职教改革、国际职业教育交流合作等 8 个方面先行先试,为破除机制体制障碍进行有益探索实践,树立起全国职教领域综合改革的新典范。

三、开放服务推动协同发展

持之以恒地遵循大职教理念,启动实施社会服务互惠计划,以开放共享汇聚多元主体和创造发展机遇,以优化服务寻求广泛支持和拓展生存空间。

(一)服务"中国制造 2025"战略

依托陕西装备制造业职教集团,发挥跨行业、跨地域合作的校企战略联合体作用,多方联合进行人才培养、开展技术攻关、承担重大课题、建立研发平台,积极创建全国机械行业高素质技能人才培养中心、应用技术协同创新中心、先进制造技术促进与服务中心、校企共建生产性实训中心,切实增强服务产业优化升级和地方经济发展的能力。

(二)服务"大众创业、万众创新"战略

依托省级大学生创新创业试点院校,校企携手基于分类指导构建"播种子、闻花香、摘果实"三层培养机制,基于认知规律搭建"小舞台、操练场、大熔炉"三大实践平台,基于课程、组织、服务构筑三大保障体系,建设校内外学生创新创业示范基地,建成陕西省众创空间孵化基地,扶持创业先锋,打造创客品牌。

(三)服务国家终身学习建设战略

依托省职业教育学会,发挥改革发展利益统一体的作用,引领带动各兄弟院校利用相对优势,开展开放性继续教育教学,打造特色服务品牌,建立健全个性化、网络化教学服务体系,满足社会多样化学习和人的全面发展需要。

(四)服务国家"一带一路"倡议

依托国际合作项目,发挥优质教育资源共享体的作用,加快推进人才培养国际化建设,从追数量、求增量的交流活动向强调质量、注重实效的合作项目转变,开展与英国、新西兰、俄罗斯、韩国高校合作的师生互换交流项目等。

四、质量保障推动持续发展

矢志不渝地围绕人才培养这一根本任务,启动实施质量保障支撑计划,重点在提振师资水平、构建质量保证体系、提升管理水平方面下功夫,让内部质量保证体系"落地生根"。

一要以一流师资保障一流质量。坚持能力提升与学历提升并举、教学水平与学术水平提高并进,通过教育理念提升、知识技能更新、工程实践轮训、国际视野拓展、名师分层培育等,培育师资团队。

二要以教学诊断保证一流质量。制定分层分类、全面多维、突出特色的教学诊断与改进试点实施方案,分段推进教学诊断与改进工作。在专业试点基础上,总结学院、专业、课程、教师、学生各个层面的经验,形成学院层面和各相关部门自主整改流程,并在全院各层级质量保证机构逐步拓展。

三要以一流管理支撑一流质量。探索实施分类管理、分类评价的人事管理制度,能上能下、能进能出的聘用机制,以岗定薪、奖优罚劣的分配制度,充分激发人力潜能。突出教学环节管理,制定人才培养过程中关键要素的质量标准,实现教育教学质量标志性数据易采集、可量化。

未来三年,在《行动计划》的有力促进下,学院定会以内涵品质的新提升谋求创新发展,以服务现代制造的新振兴支撑强国之基,以无愧于时代的满意答卷挺起中国工业的脊梁。

（本文刊载于《中国教育报》2016 年 11 月 22 日第 10 版）

以优质校建设奋力开启新时代伟大征程

——河北工业职业技术学院优质校建设之路

河北工业职业技术学院 王振杰

摘 要:河北工业职业技术学院以"培育工匠精神,成就大国工匠"为导向,以"立足钢铁建特色,服务区域谋发展,融通中外扩影响,建设一流高职校"为目标。在优质校建设过程中,发挥党委领导核心作用,多点协同建设基层组织,创新发展、实践育人,培养时代工匠,先行先试,主动作为,共建新型老年大学。

关键词:优质校;创新发展;产教融合

学院以习近平总书记教育思想为指引,把党的十九大精神落实到学院改革发展的各个方面,以"培育工匠精神,成就大国工匠"为志向,以"立足钢铁建特色,服务区域谋发展,融通中外扩影响,建设一流高职校"为目标。在学院党委的领导下,全体师生以国家优质校建设为契机,一步一个脚印,锐意创新、埋头苦干,守望相助、团结奋斗,扎实推动教育教学改革、提升技术创新能力、扩大国际交流合作。并且,主动承担服务河北省经济转型、产业升级培养高素质技术技能人才的责任,成为河北省建设高职强省的排头兵、尖刀连,把京津冀高职教育协同发展这道风景线打造得更加亮丽。

一、信仰引领、党建为基,传承红色根脉

流淌着钢铁之血,传承着钢铁之魂,深扎着工人阶级红色根脉的学院,深刻认识到要做好当前和今后一个时期的工作,必须切实加强思想理论武装,深入学习贯彻习近平新时代中国特色社会主义思想,用马克思主义中国化最新理论成果武装头脑、指导实践、推动工作。多年来,学院坚持"一个核心",稳固"多点协同",实现激发学院党建活力与推动学院改革发展联动共振。

(一)发挥党委领导核心作用

学院党委通过学习十九大精神和习近平总书记系列重要讲话,通过组织开展解放思想大讨论、研究制定学院中长期改革发展规划等举措,立足实际、缜密分析,切实找准制约学院发展的瓶颈问题,找出广大师生关心的热点和难点问题,进一步凝聚改革发展共识,找准学院改革发展的最大公约数。在深入调研、多次论证的基础上,形成具有系统性、整体性、协同性、前瞻性的学院发展布局调整方案,完成了南、北、温塘校区布局调整,完成基础设施建设15万平方米。根据河北经济发展及学院专业发展实际,合理设置专业布局,为学院的良好

发展奠定了坚实基础。

（二）多点协同建设基层组织

学院创新形式，加强基层党组织建设。建立了党员干部联系学生、学院领导定点联系系（部）、中层干部联系辅导员和团支部、定期召开民主生活会等制度，构建了"双网七制"学生党员发展质量保障体系。全面加强学院的党建工作并取得丰硕成果，被河北省委教育工委、河北省委组织部、河北省委宣传部联合授予"全省高校党的建设工作先进集体"荣誉称号。学院推送的案例《涵育英才弘扬传统文化，三炼三融铸就钢铁精神》，入选"2017 高职院校思想政治工作创新示范案例 50 强"；辅导员何晓卉老师从全省各高校近百名候选人中脱颖而出，荣获"2017 年河北省高校辅导员年度人物"称号。刘少坤副教授获得 2017 年全国第五届黄炎培职业教育奖的"杰出教师奖"，是河北省职业教育领域唯一获此殊荣的教师。河北省第一批省级基层五大宣传文化阵地名单中，我院"工院论坛——文化素质教育系列讲座"在第一批省级高校文化讲坛中赫然上榜，同时我院也是入选的 10 所高校中唯一一所高职院校，这是我院校园文化建设的又一大突破。此外，全国优秀志愿者李正方、"感动河北校园人物"刘成、"善行河北·好人事迹"刘红锋、年薪三十万的高职毕业生张东东等一大批优秀工院学子，以榜样的力量带动了学院学风、校风、教风的显著提升。

二、创新发展、实践育人，培养时代工匠

学院以推进高职教育创新发展行动计划为抓手，求真务实、改革创新，按照高质量发展的要求，坚持产教融合、校企合作，全面推动中国特色高水平高职院校建设，书写新时代河北工业职业技术学院改革发展的奋进之笔。

（一）创新创业教育融入实践育人

学院围绕立德树人的根本任务，坚持把十九大精神全方位全过程融入学校思想政治工作和办学育人全过程，打造了协同推进、全要素参与的实践育人新格局，构建了德育、教学、双创、科技、文化、社会"六大体系"，强化了机制保障、平台保障、师资保障、主体参与保障等四大保障机制，探索建立了独具特色的"一中心、三基地"实践育人创新创业教育模式。在教育部、人力资源和社会保障部、国务院国有资产监督管理委员会三部委联合表彰的第三批"全国高校实践育人创新创业基地"中，名列高校主导型基地之一，是本批次全国唯一入选的专科院校，将创新创业教育融入实践育人已成为学院人才培养的鲜明特色。

（二）对接国家战略和服务区域发展

学院紧密对接"中国制造 2025"、"一带一路"倡议、"互联网＋"行动计划、京津冀协同发展等，以及河北省"十三五"期间重点发展的产业，构建以智能制造类专业为主体，冶金类专业为特色，电子信息类、新能源类、新材料类、节能环保类等新兴产业类专业和财经商贸大类、公共管理与服务大类等第三产业类专业协同发展的专业布局。为服务"中国制造 2025"战略，加快培养智能制造领域应用技术人才，提升学院主动服务产业转型升级的能力，2017

年学院以原信息工程与自动化、机电工程系为基础组建成立智能制造学院,智能制造学院专业设置涵盖工业机器人技术、机械制造与自动化、3D打印等,成立了智能制造"产、学、研"研究中心,建成了集"教、学、做"一体化的工业机器人工厂。智能制造学院具有智能制造人才培养、智能制造科研开发以及技术孵化三项功能。智能制造学院建立及专业的调整,正是我院立足服务国家战略重要举措。

(三)本科工程教育改革探索

从2011年起,学院按照河北省教育厅的要求,以河北工业职业技术学院为主联合华北理工大学开展"河北省工程教育实验班人才培养模式创新研究与实践"项目,开设金属材料工程、化学工程与工艺、冶金工程、机械设计制造及其自动化四个本科专业,招收当年高考学生,目前在校生共计960名,其中金属材料工程、化学工程与工艺两专业已有两届毕业生。经过6年的研究与实践,从理论和实践方面探索了高等职业教育"工程教育实验班"的运行机制,创新了工程教育实验班(本科)人才培养模式,为丰富我国职业教育体系提供了可借鉴的实践经验。2011级工程教育实验班共有40人参加研究生考试,28人被录取,考研率为70%,2012级共有68人参加,47名考取,考研率占69.1%。工程教育实验班多名学生多次在国家、省级大赛中获奖,有3名同学荣获"挑战杯·彩虹人生"全国创新创业大赛二等奖;全国模拟炼钢—轧钢大赛中,我院工程教育实验班参赛选手在由17所高校(本科14所,专科3所)组成的院校组中勇夺团体第二名。

(四)深化产教融合、校企合作

学院各专业重视人才培养模式的改革,构建了多样化人才培养模式。以汽车检测与维修技术、电子商务、应用电子技术三个专业为引领,探索建立校企联合招生、联合培养、一体化育人的长效机制,成为国家现代学徒制试点单位。与北京金恒博远科技有限公司联合,共建"冶金职业教育信息化研发培训中心",引领全国冶金高职教育信息化建设,服务全国冶金行业信息化、智能化提升,成为全国唯一的国家级"冶金职业教育信息化研发培训中心"。入选教育部华航唯实、ABB、新时达工业机器人领域职业教育项目合作院校,产教融合项目实现新突破。合作申报并成功获得一项国家自然科学基金合作项目,实现了学院国家级项目零的突破。

(五)加强国际合作、服务"一带一路"

学院与澳大利亚、美国、爱尔兰、加拿大、德国等职教发达国家和"一带一路"沿线国家,以及东盟各国的政府和院校开展了多种形式的合作和交流。在继中澳室内设计技术合作办学专业之后,"中美高端应用型、技能型人才联合培养百千万交流计划"项目环境工程技术专业2016年顺利招生。响应"一带一路"倡议,2017年招收17名孟加拉国留学生,扩大了学院在东南亚国家的影响力,国际交流与合作迈出新步伐。

(六)不断深化教学模式改革

学院不断推进教学模式改革,一方面,开展课程考核方式的改革,通过课程考核的改革倒逼教学内容和教学方法改革;另一方面,开展信息化教学改革,借助国家、省职业院校信息化教学大赛,分层开展信息化教学设计、信息化课堂教学、信息化实训教学改革,使越来越多的教师能够将数字化教学资源与教学过程紧密结合,既促进了学生学习创新,也促进了教师教学创新,从根本上促进了课堂教学创新,"学生乐学,教师乐教"的和谐课堂氛围已悄然形成。教育教学研究成绩喜人,两年来学院获河北省高等教育教学成果奖和职业教育教学成果奖一、二、三奖共 6 项,在获奖数量和获奖层次上都位居全省高职院校第一;技术技能大赛成绩喜人,近 3 年获全国职业院校信息化教学大赛国家级奖项 6 项,居河北省首位。国家级"环境监测与治理技术专业教学资源库"率先获教育部升级改进立项。

(七)激发创新活力,提升创业能力

学院将创新创业教育融入人才培养全过程,形成系统化的创新创业人才培养体系。构建了"1+N+Z"课程体系(1 是面向全院学生开设创新创业基础课程,N 是结合各系专业特点开设创新创业专业课程,Z 是针对有创业意愿的学生开设实训类课程),建立了"六库合一"的资源云。学院围绕创新创业工作,合力打造了"南北两区、一个国家级众创空间引领,若干创业平台支撑"的模式,为学生"创有所鉴、创有所依、创有所成"提供了保障,培育服务国家战略发展新动能。建立了以"创业孵化器+学徒培养+服务京津冀协同创新战略+互联网"为特色的国家级众创空间——育米众创空间;建立了以"创业投资+开放办公+创业孵化器+创新实训+IT 体验"为特色的创业交流平台——创客咖啡;建立了以"技术研发+师资培训+科技体验"为特色的创新体验平台——3D 打印中心。

(八)不断提升社会声誉和影响力

2017 年 4 月 27 日,广州日报数据和数字化研究院(GDI)发布"2017 广州日报高职高专排行榜",这是国内首个由主流媒体发布的全样本高职高专排行榜,也是权威媒体作为第三方评估、发布的专业性公益榜单。GDI 以职场竞争力指数、教育竞争力指数、品牌竞争力指数和二次评估指数等 4 个一级指标建构综合指数,科学评价国内 1358 所高职高专,学院在此榜单位列全国第 27、河北省第 1。学院不断提升的社会声誉,使学院的招生强劲,势头喜人,2017 年共录取本、专科新生 6078 名,全部为第一志愿,在省内普通文理类高职高专中均排名第 1,招生分数领跑河北高职院校。

三、先行先试,主动作为,共建新型老年大学

2017 年 12 月 20 日,新的河北老年大学领导班子在学院北校区宣布成立。学院在北校区原有的教学资源基础上进行了基础设施装修改造升级,加强了老年教育师资队伍建设,优化了老年教育课程体系。新老年大学已经全面开展教学,受教育人数由原来的 4000 人次/年提升到 15000 人次/年。新河北老年大学开学,为全省老年教育工作和社会公益事业发展注入了新的生机和活力,标志着全省老年教育事业翻开了崭新的一页。

河北老年大学合作办学,是学院党委适应新形势、抓住新机遇的正确决定,扩大了老年教育供给,探索了医、学、养、教相结合的继续教育、老年教育新模式。在满足社会需求的同

时,拓宽了学院教育范围,为加快河北省老年教育发展做出了示范和榜样。

四、新时代、新气象、新作为,写好高质量发展"奋进之笔"

站在新时代,迈上新征程,河北工业职业技术学院广大党员干部和师生员工认真学习贯彻党的十九大精神,坚定不移地以习近平教育思想为指引,以优质校建设为突破,全面开展中国特色高水平高职学校建设,构建充满活力、富有效率、更加开放、有利于科学发展的教育机制,健全以社会主义核心价值观为引领的德育体系。坚持扎根中国与融通中外相结合,走中国特色社会主义教育发展的道路。全力探索与发展具有中国特色、世界水平的现代职业教育。为实现"两个一百年"奋斗目标、实现中华民族伟大复兴的中国梦做出我们的努力。

技能文化融入人才培养　促进优质高职院校建设

——昆明冶金高等专科学校优质高职院校建设路径探索

昆明冶金高等专科学校　王　资　罗　婕　苏海莎

摘　要：优质高职院校建设是对国家示范性高职院校建设成果的深化和拓展，也是高职院校加强内涵建设的必然要求。从示范（骨干）院校建设到优质院校建设，高职教育提质升级蓬勃兴起，内涵建设及特色发展也成为新阶段高职院校发展的核心竞争力。基于优质高职院校建设背景以及当前国家和地区对于优质高职院校建设指导性文件的理解，结合昆明冶金高等专科学校优质高职院校建设实践，本文尝试从技能文化育人视角探讨优质高职院校建设的思路及实践。

关键词：高职教育；优质高职院校建设；技能文化

随着现代职业教育体系建设进程的推进，从规模发展向内涵式发展的转型成为高等职业教育改革的主题。优质高职院校建设是对国家示范性高职院校建设成果的深化、拓展和固化，是进一步加强内涵建设、提升办学水平、丰富优质教学资源的重要举措。从示范院校建设到优质院校建设，昆明冶金高等专科学校（以下简称"昆明冶专"）在实践中总结、探索出了技能文化育人理念，成为优质高职院校建设的重要内容，也成为学校内涵建设及特色发展的重要支撑。

一、高职教育创新发展历程

十九大报告提出"完善职业教育和培训体系，深化产教融合、校企合作"，为高等职业教育内涵式发展提出新的要求。进入新时代，我国要着力解决高职教育发展中不充分、不完善的问题，其根本还是要坚持"服务发展、促进就业"的高等职业教育办学方向，以质量发展为核心，深化产教融合、校企合作。实施有中国特色的高水平高职学校和专业建设计划，为社会输送适合产业发展的高素质人力资源，为全面建设社会主义现代化国家提供坚实的技术技能人才支撑，这是高职教育领域贯彻落实十九大精神的奋进之笔。

（一）引领高职教育发展的示范性高职院校建设

2006 年，经国务院同意，教育部、财政部联合启动了"国家示范性高等职业院校建设计划"，按照"地方为主、中央引导、突出重点、协调发展"的原则，遴选 100 所高职院校进行重点建设。示范性高职院校以发展特色和提升水平为重点，尤为注重领导能力、管理水平和服务能力，体现了改革理念，并以教育教学改革作为切入点具体落实专业建设的改革、特色和创新,为高职教育改革创新奠定了基础。通过 4 年多的建设,示范建设院校在探索校企合作办学体制机制、工学结合人才培养模式、单独招生试点、增强社会服务能力、跨区域共享优质教育资源等方面取得了显著成效,引领了全国高职院校的改革与发展方向。

(二)创新校企合作机制体制的骨干高职院校建设

为贯彻落实《国家中长期教育改革和发展规划纲要(2010—2020 年)》提出的创新高等职业教育办学体制机制,深化教育教学改革,提高人才培养质量和办学水平,全面提升服务经济社会发展能力的要求;同时为进一步适应我国走新型工业化道路,实现经济发展方式转变、产业结构优化升级,建设人力资源强国发展战略的需要,2010 年,教育部、财政部决定继续推进"国家示范性高等职业院校建设计划"实施工作,新增 100 所左右骨干高职建设院校,通过开展校企合作体制机制建设、政策支持与投入环境建设、专业建设与人才培养模式改革、师资队伍与领导能力建设和社会服务能力建设,把骨干高职院校建设作为本地高等职业教育办学体制机制创新、人才培养模式改革的突破口和试验区。作为国家示范性高职院校建设计划的一种延伸与扩展,骨干高职院校的建设继续丰富了示范性院校建设的内容,提升了合作办学和体制机制建设地位与作用,强调了校企合作与专业建设在高职教育中的重要位置。

(三)新时代催生优质高职院校建设

高等职业教育已经成为中国高等教育的"半壁江山",为实现高等教育大众化发挥了基础性和决定性作用,成为加快推进现代职业教育体系建设的中坚。我国高职院校经过 30 多年的跨越发展,虽然办学规模、办学条件、办学质量持续提升,但高等职业教育依然面临着内涵、资源、质量等核心问题,因而优质高职院校建设项目应运而生。新时代下,高等职业教育的发展和管理面临新的挑战:一是"中国制造 2025""互联网＋""大众创业、万众创新""精准扶贫"等重大国家战略对高等职业教育培育技术技能人才提出了新要求;二是新时代下,高等职业教育自身发展需求更注重内涵式发展,需要不断提升办学质量和办学水平。

《国务院关于加快发展现代职业教育的决定》强调要"创新发展高等职业教育";教育部等六部委发布的《现代职业教育体系建设规划(2014—2020 年)》指出要"优化高等职业教育结构";全国人大常委会职业教育法执法检查对加快发展现代职业教育提出新要求。为应对发展挑战、顺应国家要求,2015 年 10 月,教育部发布《高等职业教育创新发展行动计划(2015—2018 年)》,建设一批"办学定位准确、专业特色鲜明、社会服务能力强、综合办学实力领先、与地方经济社会发展需要契合度高、行业优势突出"的优质高职院校成为高职教育发展的新标杆。

二、昆明冶专优质高职院校建设的探索

2015 年昆明冶金高等专科学校被云南省教育厅列入高水平高职院校建设行列。2017 年又跻身云南优质院校建设行列,这是结合学校"十三五"发展规划以及实施高水平高职院校建设、创新发展行动计划、教学质量保证诊断与改进、管理水平提升行动计划和深化创新创业改革等工作实际,结合云南省经济社会转型发展需求,以深化产教融合、校企合作人才

培养模式改革为重点,瞄准建设"中国特色、世界水准"的高水平高职院校的关键一招。

(一)优质高职院校建设思路

遵循"质量立校、人才强校、特色兴校、创新发展"的办学发展理念,紧抓创建云南省优质高职院校的重大发展机遇,密切跟踪"中国特色、世界水准"的特色高水平高职院校建设目标及要求,以学校"十三五"规划和"双提工程"(提高办学水平、提高办学层次)为主线,坚持问题导向和目标导向相结合,找准制约学校创优工作目标的重点领域和关键环节,严格按照"现代化、高端化、精品化、信息化、国际化"原则,着力实施高水平师资队伍、高水平专业、技术技能积累与社会服务能力、国际合作与交流能力、基础设施和信息化保障能力等五大重点领域建设提升工程;全面深化校企合作体制机制改革、人事管理制度改革、学校治理结构改革等三大领域综合改革,全面深化各项建设和教育教学改革,切实强化创优工作的危机感、荣誉感和使命感,不断增强创优工作的自觉意识、自强意识和组织管理能力,确保如期把学校建成云南省优质高职院校,并为进一步争创有中国特色的高水平高职学校夯实基础。

(二)以生为本的优质高职院校建设

优质高职院校建设使命是培养大批服务区域经济社会发展、服务行业产业转型升级的高素质技术技能型人才,昆明冶专的优质院校建设始终坚持以生为本的理念,注重学生的个性化发展和毕业生竞争力的提高。为此,我们坚持将技能文化育人作为优质院校建设的重要内容,坚持把技能文化育人贯穿到人才培养的全过程。通过实施技能文化育人工程,将我校培养学生实践技能提升到文化育人的层面进行统筹安排、整体设计、系统推进,着力将产教融合、校企合作、专业教学与核心技能竞赛、校园文化建设、职业素养提高等紧密结合起来,将技能、知识、素养糅合在一起成为一种文化,进一步深化职业理念、职业精神、适应能力、迁移能力等综合素养的培育。

(三)技能文化育人探索与实践

学校深入开展技能文化育人理论研究,提出了"技能文化"理念,加强顶层设计,建立长效机制,建构了"六位一体"的技能文化育人体系,将技能文化融入人才培养全过程。从 2014 年开始,搭建平台和载体,持续开展以"技能文化月"为特色的校园文化活动。先后将技能文化育人列入云南省高水平高职院校建设项目、云南省优质高职院校建设项目,取得了突出成效。技能文化育人因内涵丰富、涵盖面广,成为昆明冶专优质院校建设的重要内容。

1. 技能文化育人理念背景

在加快发展现代高等职业教育的背景下,高等职业教育改革已经进入内涵提升的关键阶段。同时,随着产业转型升级和产教融合不断深化,对培养工匠精神、加强职业素养教育等提出了新的更高要求。这意味着高职院校建设在承续以往先进做法的同时,必须进一步创新发展理念、强化办学特色。在 60 多年办学积淀的基础上,学校顺应时代发展,总结办学经验,积极研究实践,技能文化育人理念应运而生。新时期,国家大力弘扬"劳动光荣、技能宝贵、创造伟大"的时代风尚,也为技能文化育人营造了良好氛围。

2.开展理论探索,深入总结提炼,提出"技能文化"理念

昆明冶专深入开展了技能文化育人研究,将技能中蕴含的精神理念和价值追求融入学生的实践技能培养中,提升技能的价值,增强职业教育的吸引力。分析了技能文化育人的结构层次:在操作层面,构建技能文化育人体系,全方位融入教育教学;在行为层面,搭建平台和载体,打造"技能文化月"活动品牌;在制度层面,形成长效机制和保障体系;在精神层面,着力将技能训练上升到文化育人的高度,将工匠精神作为技能文化育人的核心,以技能文化育人理念为引领,深入发掘教育教学过程中的文化内涵。

这四个层面是一个有机整体,相互融合促进,整体设计、同步实施。同时,昆明冶专通过修订人才培养方案和教学计划、学术研讨会、"学海讲堂"、企业文化进校园、社团活动等途径,广泛发动师生进行研讨交流,技能文化育人成为师生的共识;制定实施方案,明确开展技能文化育人的目标、任务和实施路径,凝练总结了"明德工巧,立滇报国"的学校精神。

3.构建技能文化育人体系,融入人才培养全过程

昆明冶专探索构建了"六位一体"的技能文化育人体系,将专业建设、实训建设、"双师型"教师培养、搭建技能文化平台、深化产教协同育人、单独招生考试改革等六个方面有机融合起来,聚焦学生职业素养和职业技能提升,全面拓展和深化学校内涵建设。在产教融合与校企合作、专业课程建设与课堂教学、实习实训、创新创业教育、校园文化建设等方面持续深化技能文化育人,广泛开展专业核心技能竞赛、成长讲坛、技能作品展示、创新创业大赛等活动;设立技能大师工作室,举办企业专家进校园、劳模精神宣讲报告会、优秀校友报告会、职场面对面、专业学生社团活动等,不断充实校园文化内涵。不断推进技能文化与企业文化、校园文化的结合,探索校中厂、厂中校、现代学徒制、订单培养等办学模式,成立了校企合作学院,开办了企业冠名班;建立了校内外创业孵化园,不断深化创新创业教育。将技能文化融入人才培养全过程,提高学生职业技能和职业素养,拓展和深化了内涵建设的范围和内容,促进了学校从示范到优质发展,积累了提高人才培养质量的经验。

4.搭建平台和载体,营造文化育人良好氛围

在国家2015年设立"职业教育活动周"之前,学校于2014年首创了"技能文化月"活动,搭建了平台和载体,建立了组织保障、制度保障、经费保障,形成了长效机制,营造了良好氛围,充实和丰富了校园文化建设内涵。广泛开展覆盖全校所有专业、所有学生的专业核心技能竞赛,体现专业性和趣味性。组织教师开展技能活动,提高教职工的实践动手能力。主要有:双师型教师队伍建设——教师到企业实践锻炼、外聘企业技能大师、联合科技攻关等;教学技能竞赛——教师专业技能竞赛、信息化教学大赛、课堂教学比赛、说课和说专业等;实作项目竞赛——测绘技能竞赛、艺术装饰设计展示、虚拟仿真训练等;学生工作队伍职业能力——辅导员班主任职业能力竞赛、心理健康教育活动等;后勤保卫技能竞赛——保洁、绿化、厨艺、消防、防卫等技能竞赛。通过开展"技能文化月"活动、专业核心技能竞赛、校园文化活动、教师技能活动,营造了文化育人的良好氛围。技能文化活动打造成为学校亮丽的名片。

综上所述,昆明冶专的技能文化育人因涉及学校顶层设计、机制建立、专业建设、实训建设、双师型教师培养、育人平台搭建、产教融合、单独招生考试改革等,内涵丰富、涵盖面广,引领和支撑了昆明冶专优质院校建设。

聚焦内涵　创新发展　争创国家优质高职院校

乌鲁木齐职业大学　杨　军　刘　勇

摘　要：以 2014 年全国职业教育工作会议为里程碑，我国职业教育发展转入加快建设现代职教体系的新时期。全国高职院校将普遍步入以全面提高质量为核心内涵、以创建和推广高职品牌为标志的创新发展阶段。本文主要内容为如何围绕内涵建设、深化产教融合与校企合作、提升创新与服务能力等方面用心用力，来创建国家优质高职院校。

关键词：职业教育；创新发展；优质高职院校

"十三五"时期，中国经济进入产业转型升级、提质增效的新常态，"互联网＋"、工业4.0、"中国制造 2025"、"一带一路"倡议等，将驱动中国经济保持中高速增长，迈向中高端水平。我国经济新常态和区域经济社会发展对高职教育创新发展的要求越来越高，产业转型升级加速、供给侧结构性改革持续推进，使得技术技能人才培养需求逐步向中高端转移、生源结构日趋多样化，高职院校内涵发展、创新发展、特色发展的竞争趋势日益突显。继全面实施国家示范性高等职业院校建设计划后，2015 年 10 月，教育部发布《高等职业教育创新发展行动计划（2015—2018 年）》，提出继续以示范建设引领发展，鼓励支持地方建设一批办学定位准确，专业特色鲜明，社会服务能力强，综合办学水平领先，与地方经济社会发展契合度高，行业优势突出的优质高职院校。目前，全国已有 20 多个省市印发了本省市落实行动计划的实施方案。近期新疆维吾尔自治区也对实施优质高等职业学校建设计划做出部署，拟到 2020 年，建成 6—8 所"办学定位准确、产教融合深入、专业特色明显、社会服务能力强、综合水平领先"的自治区级优质高等职业学校，力争 2—3 所跻身全国"优质高等职业学校"行列，建成若干高水平专业，全面提升办学水平和人才培养质量，增强自治区职业教育国内外影响力、竞争力和服务国家战略、服务自治区经济社会及产业发展能力。作为国家示范性骨干高职院校、自治区示范性高职院校、自治区第三产业职教园区理事长单位，乌鲁木齐职业大学义不容辞地争创优质高职院校。

一、牢记使命，培养爱党爱国爱社会主义的可靠接班人

建设优质高职院校，必须以立德树人为根本，以服务发展为宗旨，以促进就业为导向，以打造高职教育品牌为目标。首要的任务就是要牢牢把握办学方向，树牢社会长治久安总目标意识，强化党委政治责任和领导责任，守好办学阵地，重视和加强思想政治教育，重视和加强素质教育，把立德树人落到实处。

(一)坚定社会主义办学方向

习近平总书记在全国高校思想政治教育工作会议上指出:"高校思想政治工作关系高校培养什么样的人、如何培养人以及为谁培养人这个根本问题。"高校肩负着培养德智体美全面发展的社会主义事业建设者和接班人的重大任务,必须坚持正确的政治方向,坚持不懈地传播马克思主义科学理论,广泛开展中国特色社会主义理论体系宣传教育,深入领会党中央治国理政新理念新思想新战略,根据新疆工作特点,切实抓好意识形态领域反分裂、反渗透斗争,做到守土有责、守土负责、守土尽责。坚持不懈地培育社会主义核心价值观,引导青年树立正确的人生观、世界观、价值观和人生导向、服务方向。坚持不懈地培养优良校风和学风,为学生成长成才营造良好的环境氛围,培育积极向上的正能量。坚持不懈地促进学校和谐稳定,站在国家政治安全和意识形态安全的高度,广泛深入地开展爱国主义和民族团结教育,教育引导师生在大是大非面前立场坚定、旗帜鲜明,坚决抵御和防范宗教对学校的渗透;积极培育国民理性平和的健康心态,以学养人,治心养性,加强人文关怀和心理疏导,在关心人帮助人中教育引导人,为长治久安奠定思想基础。

(二)坚持立德树人根本任务

立德树人是发展中国特色社会主义教育事业的核心所在,是培养德智体美全面发展的社会主义建设者和接班人的本质要求。建设优质高职院校,必须始终将立德树人作为一切工作的出发点和落脚点,准确把握高校思想政治教育工作为人民服务、为中国共产党治国理政服务、为巩固和发展中国特色社会主义制度服务、为改革开放和社会主义现代化建设服务的本质要求,积极引导青年正确认识世界和中国发展大势、中国特色和国际比较、时代责任和历史使命、远大抱负和脚踏实地之关系,引导教师坚持教书与育人相统一、言传与身教相统一、潜心问道与关注社会相统一、学术自由与学术规范相统一,牢牢把握党对高校工作的领导权,保证正确办学方向,用科学理论培训人,用正确思想引导人,努力将高校建设成为锻炼优秀青年的"大熔炉"。

(三)树牢社会稳定和长治久安总目标

社会稳定和长治久安是引领新疆工作的目标,高校是意识形态工作的前沿阵地,"三个离不开""五个认同"和"五观"教育能否顺利开展,直接影响到新疆的社会稳定和长治久安。学校党委必须始终高度重视意识形态教育阵地建设工作,通过多种形式加强学生在"新疆四史"和民族宗教理论政策、反渗透反分裂、民族团结、安全防范等方面的教育,大力开展"民族团结一家亲"和"三进两联一交友"活动,积极落实维护稳定各项工作措施,打好"组合拳",扎实推进"去极端化"工作,深入推进学校民汉合宿工作,严查和严防爆恐音视频在校园传播,确保校园和谐稳定。

二、创新发展,着力提升服务区域经济社会发展能力

建设优质高职院校,必须牢牢把握培养中高端技术技能人才这一目标,牢牢把握全面提

高教育教学质量这一基本要求,牢牢把握深化产教融合、校企合作这一基本主线,按照争创一流学校、一流专业"新标杆"要求,着力提升专业服务产业能力,主动适应区域产业发展和技术进步要求,加快调整和优化专业结构,加强教师队伍建设,全面提高教育教学质量,为促进区域经济社会发展和推动学校发展迈上新台阶做出不懈努力。

(一)把握机遇,科学谋划学校未来发展

当前,以新一代信息技术为核心驱动力的第四次工业革命初见端倪,"互联网+"以势不可当之势全面影响经济系统在生产、流通、交换和消费各环节的再造,以智能制造为主攻方向的"中国制造 2025"将加快推动中国制造向中国创造转变、中国速度向中国质量转变、中国产品向中国品牌转变。作为全市唯一一所高等院校和自治区三产园区理事长单位,乌鲁木齐职业大学有责任有义务通过优质校建设,努力将学校建设成为乌鲁木齐市经济社会发展的高端技术技能人才培养基地、产学研合作基地、技术生产开发和成果转移基地,为地方经济发展提供更加有效的人才、智力、技术支撑。为此,学校确立了"十三五"发展的三大目标:一是坚持创新发展,大力推进产教融合、校企合作,实现学校"四中心八基地十平台"创新与服务体系建设目标;二是坚持特色发展,创建品牌优势,提升核心竞争力,把学校建设成为特色鲜明、区内一流、面向中亚的优质高职院校;三是坚持内涵发展,加快新校区建设,全面提高教育教学质量,实现申报应用技术大学目标。

(二)着眼"六个更加",提升办学水平

服务经济转型升级、提质增效,高职院校也必须转型升级。一要更加自觉地服务国家、区域战略。按照"适应需求,服务区域,重在创新,办出特色"的要求,调整优化专业结构,对接技术进步、生产方式变革以及社会公共服务需求。二要更加自觉地深化改革创新,推进考试招生改革、人才培养模式改革,办学模式改革,适应经济新常态发展要求。三要更加自觉地聚焦内涵建设,强化立德树人,推进专业、课程和教材改革,加强教师队伍建设,加快推进教育信息化建设。四要更加自觉地深化校企合作、产教融合,推动集团化办学,加强技术技能积累,创新校企合作办学、合作育人、合作发展的体制机制,服务全民学习、终身学习,推进学习型社会建设。五要更加自觉地完善学校治理结构,加强治理体系和治理能力建设,提高学校治理水平,强化质量监控。六要更加自觉地扩大对外开放,引进优质资源助力创新发展,吸引境外学生来华学习,扩大国际合作办学,服务"一带一路"倡议。

(三)围绕"一条主线",强化"五个着力点"

学校建设优质高职院校,要围绕"一条主线",即聚焦内涵建设,深化产教融合,推动创新发展,在"五个着力点"上用心用力。

1.着力创新学校发展理念,提升社会贡献力

高职院校创新行动计划旨在引导高职院校将人才培养瞄准产业链和价值链的中高端,将资源配置和工作重心转移到内涵建设上来。《行动计划》明确提出优质高职院校建设要"提升学校对产业发展的贡献度"。这就要求优质高职院校建设,必须更加主动地适应经济新常态和高等职业教育创新发展新要求,深化体制机制创新,推进产教融合、校企合作,着力

提高服务经济社会发展能力,通过提升协同创新与服务能力,探索建立混合所有制特征的二级学院,提高国际化办学能力等,把推动学校发展和教育教学改革的立足点进一步转移到提高质量和效益上来,以变化变革的生动实践推动学校发展再上新台阶。

2.着力创新人才培养模式,落实全面质量观

一要深化教育教学改革,完善以学分制和综合绩点为核心的管理体系,推进与学分制相配套的课程开发和教学管理制度改革,建立以学分为基本单位的学习成果认定积累制度,建立健全以质量工程建设和教育教学改革为抓手全面提高人才培养质量的运行机制,深化专业内涵和课程体系、教学模式改革创新,推进产教融合、协同育人。二要加快专业调整与优化,打造能够发挥引领辐射作用的特色(品牌)专业(群),促进职教集团资源共享,平台共建。三要提高人才系统化培养水平,加大力度推进中高职衔接课程建设,积极探索应用技术本科专业建设,建立校企联合招生、联合培养、一体化育人的长效机制;探索建立"双主体"生产性实训基地和"双导师"人才培养建设的运行机制。四要加强创新创业教育,加强教师创新创业教育教学能力建设,将学生的创新意识培养和创新思维养成融入教育教学全过程。五要建立内部质量保证体系和诊断与改进工作机制。

3.着力创新校企合作机制,推进产教融合发展

在创新与服务中不断塑造品牌,凸显特色,提高办学水平和社会服务能力,打造核心竞争力。主动对接乌鲁木齐市"五大中心"和"六大产业基地"建设,探索职教集团服务产业园区的有效途径,提升专业服务产业能力。加快推进"四中心八基地十平台"创新与服务体系建设,促进职教园区资源共享,平台共建,人才共育,责任共担;鼓励教师参与企业技术研发、新技术推广。

4.着力创新师资建设途径,提升核心竞争能力

深化干部人事制度与分配制度改革,更好地调动全校师生的聪明智慧和提振改革创新的士气,推进创新发展、特色发展、品牌创建;以世行项目为契机,努力打造一支高水平的教学团队和管理团队,带动学校整体创新与服务能力提升。加强双师素质队伍建设,提高教师实践教学能力和创新能力,完善企业工程技术人员、高技能人才到学校担任专兼职教师的相关政策,努力形成一支相对稳定且具有较高专业实践经验、应用及创新能力的高素质双师型专兼职教师队伍。

5.着力创新教育教学手段,促进教学信息化

顺应"互联网+"的发展趋势,充分利用现代信息技术改造传统教学方式、提升教师队伍信息技术应用能力和学校信息化管理水平。加强数字化学习资源整合和应用,推进数字化教学资源共建共享。建设数字化学习平台,积极探索和构建信息化环境下的教育教学新模式,推动网络课程资源在教学中广泛应用。开展教师信息化教学能力提升培训,推进信息技术在教学中的广泛应用,建设一批适合网络传播和混合式教学活动的在线开放课程。

三、争创一流,建设优质高职院校

按照建设一流专业品牌,打造一流师资队伍,铸就一流教学质量,建设一流校园文化,形成一流治理能力的"新标杆"要求,乌鲁木齐职业大学将实施"治理能力建设""高水平师资队

伍建设""社会服务与示范能力建设""提升服务'一带一路'倡议能力""办学条件改善""创新创业教育体系建设"等项目,重点建设商贸物流、旅游会展、创意设计、物联网技术等 4 个一流专业群,以此推动学校实现 4 个方面的转型升级:一是向内涵式发展转型,在产教融合、校企合作深度上实现升级;二是向创新驱动转型,在人才培养上向中高端转移和加强技术技能积累能力建设水平上实现升级;三是向全面质量观转型,在人才培养层次和质量提升上实现升级;四是向数字化校园转型,在教学过程数字化和教师信息化教学能力上实现升级,把学校建成办学理念先进,体制机制创新,培养质量好,具有区内一流、国内有影响力的优质高职院校。

(一)激发活力:深化产教融合、校企合作

1. 创新产教融合机制

健全与一流高职院校发展相适应的制度体系和运行机制,以提升科技创新、服务水平和社会贡献度为核心,以促进产教融合、校企合作为主线,积极构建"四中心八基地十平台"创新与服务体系,重点建设文化创意应用技术协同创新中心、现代服务业信息技术应用协同创新中心,建成 4 个产品开发中心和 6 个咨询服务中心,努力打造省级或市级科研创新与服务平台。围绕自治区现代服务业职教集团和乌鲁木齐职教集团建设,深化产教融合,开展多元多形式校企合作,建设乌鲁木齐旅游培训学院、数字媒体印刷技术学院、新大陆物联网应用技术学院等 3 个二级混合制学院,以乌鲁木齐经济技术开发区职教中心、南旅基地旅游培训学院、天山区特色文化一条街等建设项目为重点开展产教融合发展综合试点改革,积极探索乌鲁木齐职教集团服务产业园区的有效模式,在产教学研融合发展、创新创业人才培养、技术创新与服务等方面发挥示范、引领作用。

2. 建立健全内部质量诊断与改进机制

以全面质量观为先导,以办学质量、教师和学生个人发展、利益相关方满意度同步提高为出发点和落脚点,系统设计、统筹谋划,精准推进内部质量保证体系建设与诊改工作。科学分析、解构各层级质量保证要素,建立和完善基于"互联网+"的,符合学校自身实际、特色鲜明、具有预警功能和激励作用的内部质量保证体系,制定与学校事业发展和人才培养目标相一致的质量指标和标准体系,落实部门、专业、教师和学生在教育质量保证各环节中的主体责任。以专业国际化认证、课堂教学形态转变、教师和学生个人发展为突破口,以人才培养状态数据平台为支撑,通过大数据分析,精准查找各层面存在的问题,标本兼治,形成常态化、可持续的自主诊断与改进工作机制,推动人才培养质量稳步提升。

(二)提升能力:聚焦内涵建设

1. 建设一流专业群

完善专业随产业发展持续改进、动态调整机制。重点建设商贸物流专业群、物联网技术专业群、旅游会展专业群、创意设计专业群等四大优势(特色)专业群,以信息技术为核心打造一流专业集群品牌,带动全校专业结构不断优化,人才培养整体转型升级。深化产教融合、校企合作,着力提升专业服务产业能力,调整和优化课程体系,建立产业技术进步驱动课程改革机制,引入国内外先进职业标准、行业标准,校企联合开发课程,将职业精神与职业技能的培养深度融合,加大培育学生"爱岗敬业、严谨专注、精益求精"的工匠精神。

2.建设一流师资队伍

围绕学校重点和特色(品牌)专业(群)建设,加快优秀拔尖人才和高水平专业团队建设,以世行项目为契机,实施"领军人才、专业带头人、骨干教师建设工程",实施"大师技术技能培训提升工程",打造一批集教学、科研、社会服务于一体,具有一定影响力的高水平专业团队。实施"双创教师培育计划",引进教练式师资培训课程,在部分二级院、系(部)试点推动教练式教学法以能力本位项目教学法、工作过程为导向的教学法等共同形成"学做合一"人才培养模式下的多元化教育教学模式。强化岗位管理和绩效考核,完善人员聘用、人才评价考核、激励奖惩等制度,形成业绩导向、过程管理、能上能下、富有活力的人才评价、选拔、使用机制。建立优秀青年教师跟岗访学制度,设立兼职教师特聘岗位和名师、技能大师工作室,推进企业技术骨干和校内专任教师交叉任职。实施教师信息化素养提升工程,全面提升教师信息化应用能力和学生信息化学习能力。

3.建设一流院校,提高办学能力

经过6年的建设,乌鲁木齐职业大学新校区一期及其续建工程已建设了综合教学楼,A座院系楼和1、2、3、4号学生宿舍楼,彩钢板实训车间,运动场,篮球场,食堂,浴室,锅炉房,开闭所等配套教学设施,总投资5.3亿元,建成建筑面积14.5万平方米,6700名师生已入住学习、生活。与此同时,学校获得自治区示范校和国家骨干高职院校建设立项。"十三五"学校新校区建设将着眼乌鲁木齐职业大学长远建设和发展,实施二期建设工程,计划再投资8亿元,新增建筑面积13.9万平方米,主要建设产业服务中心、亚欧商贸物流职业教育培训中心、乌鲁木齐市现代商贸旅游公共实训基地、图书馆、学生活动中心、学生宿舍、教师公寓及"三通一平"等配套设施。在完善新校区综合配套功能的基础上,学校将利用世行项目,投资近1亿元,校企合作共建"产业服务中心",打造物联网技术服务基地、电子商务与信息服务基地、工业设计服务基地,以信息技术为核心加快提升现代生产性服务业专业(群)能力和水平;以丝绸之路经济带核心区及其"五大中心"建设为契机,投资1.5亿元,建设可一次性容纳450名留学生、国际职业教育培训人员,具有中亚跨境电商技术示范与推广、商贸物流信息服务、亚欧旅游会展公共服务、职业教育国际化培训等配套功能的"亚欧商贸物流职业教育培训中心",打造"一品牌"(商贸物流职业教育培训中心),"一学院"(乌鲁木齐职业大学国际交流与合作学院),"一基地"(多语言培训考试基地),"两境外办学机构"(巴基斯坦职业技能培训机构和哈萨克斯坦职业技能培训机构),"三项目"(中新合作办学项目、中日合作办学项目、中俄合作办学项目)。

(三)创新驱动:加强社会服务能力建设和技术技能积累

1.提升创新与服务能力

以服务需求为导向,以提升创新与服务能力为核心,以促进产学研融合发展为主线,围绕"文化创意、旅游会展、商贸服务、信息服务"4个专业群,将现代服务业信息技术应用协同创新中心和新疆本土文化创意应用技术协同创新中心建设成为省、市级科研创新平台,形成"文化创意设计与制作技术""数字媒体印刷应用技术""物联网技术""工业设计""智能生产与控制技术"五大协同创新平台,建成4个产品研发中心和6个咨询服务中心的技术研发中心。依托乌鲁木齐经济技术开发区职教中心,积极探索职教集团服务产业园区的有效模式,深化集团化办学体制机制创新,将学校建设成为支撑全市现代服务业发展的核心、关键共性技术研发和转移的重要基地,成为现代服务业技术应用人才的集聚地,成为现代服务业高级技术技能型人才的培养高地。

2.强化创新创业教育

完善创新创业教育机制,校企共建创业学院,依托专业教育资源优势,整合校政企社资源,协同开展"双创"教育。将"双创"教育融入各专业人才培养方案之中,"双创"理念渗透到专业课程教学之中,完善通识教育、精英教育、项目孵化的教育体系,校企合作共同开发创新创业课程。进一步发挥"自治区大学生孵化基地"品牌效应,提升入驻企业的内涵,形成"一主三台五支持"(以"双创"教育为主线,教学平台建设、实训平台建设、实践平台建设并举,学校、政府、企业、校友、社会各方资源合作支持)、"双创"高职教育模式。

3.充分发挥学校的资源优势和社会服务功能

构建开放的多功能社会教育和培训格局,优化师资、协调资源、开发培训教材,拓宽生源市场,建设集职业培训、技能鉴定、推荐就业一体化服务的综合性职业培训基地。充分发挥教师培训学院的"乌鲁木齐中小学(幼儿园)教师继续教育中心"和自治区"双语骨干教师培训基地"的优势,开展全市中小学(幼儿园)教师的继续教育、校长(园长)的培训,自治区、市少数民族中小学双语教师的培训,乌鲁木齐市中小学骨干教师培训以及"国培计划"新疆农村中小学骨干教师培训。开发面向城镇社区就业的服务技能类培训项目,对社会再就业人员、复员退伍士兵、农村转移就业劳动者、新增劳动力等开展技能培训。帮助受援学校打造3—5个与当地经济发展相吻合、工学结合紧密的特色或骨干专业,帮扶受援学校改善实习实训条件。选派专业骨干教师和管理干部到受援学校开展帮扶工作,帮助受援学校培养专业教师、管理干部。通过"1+2""2+1""2+3""3+2"等方式开展联合招生合作办学。

[参考文献]

[1] 王继平.加快发展现代职业教育的行动指南——习近平总书记关于职业教育的重要论述[J].中国职业技术教育,2016(25):5-10.
[2] 周建松.创新发展中国特色、世界水平职业教育的基本遵循[J].职业技术教育,2015(12):58-62.

高职院校创新创业教育模式的构建与实践

重庆电子工程职业学院 聂 强

摘 要：创业教育是培养人才的必要手段，高职院校要把创业教育和创业实践作为教学综合改革的突破口，深入探索高职教育新模式。本文在分析构建高职创新创业教育新模式必要性的基础上，详述了"双课融通，四步为营"创业教育模式的内涵和推进策略：创建多元化创业教育平台、健全创业教育保障措施、加强"双课融通"教育。最后以重庆电子工程职业学院为个案，总结了"双课融通、四步为营"创业教育的实践成果。

关键词：创业教育；双课融通；四步为营；探索

党的十八大以来，国家先后出台一系列关于鼓励创新创业的政策，并把"大众创业，万众创新"作为国家的重要发展战略，全面掀起创新创业浪潮。习近平总书记在十九大报告中指出，注重解决结构性就业矛盾，鼓励创业带动就业。提供全方位公共就业服务，促进高校毕业生等青年群体、农民工多渠道就业创业。十九大报告为解决高校毕业生就业难的问题指明了方向。通过创业带动就业，加强高职学生创业教育，培养新时代的弄潮儿，对促进高职毕业生就业意义重大。

一、探索构建高职创新创业教育新模式的必要性

（一）创业教育是高职院校人才培养的内生性需求使然

一直以来，管理学派认为创业教育的目的在于培养创业者，使创业者具有创办企业和发展企业的素养和能力，创业教育目标是使学生具有创业能力。教育学派认为创业教育的目的在于培养人的"事业心和开拓心"，使学生具有良好的创业精神、职业态度、职业素养，以促进学生更好地就业。虽有分歧，但管理学派和教育学派对创业教育培养学生创业知识、创业能力、创业素养、创业人格特质的认识是一致的，都认为创业教育是培养人才的必要手段。因此，如何把创业教育纳入人才培养体系，既面向所有学生开展创业素质教育，又面向有创业预期的学生开展创业能力教育，把创业教育和创业实践作为高职院校教育教学综合改革的突破口，深入探索高职教育新模式，是高职教育发展的内生需求。

（二）创业教育是国家创新创业环境及其政策使然

近年来，创新创业活动已经成为我国产业结构调整和产业结构优化升级的驱动力量，而创业教育是推动我国创新创业的重要引擎；创新创业成为我国的社会经济发展战略，而创新

创业教育已经成为我国高等教育的主旋律。为了深入贯彻落实《国家中长期教育改革和发展规划纲要（2010—2020 年）》和《教育部关于全面提高高等教育质量的若干意见》精神，推动高等学校创业教育科学化、制度化、规范化建设，切实加强普通高等学校创业教育工作，2012 年教育部制定了《普通本科学校创业教育教学基本要求（试行）》文件，规定高等院校创业教育的原则、内容、方法，并编制了"创业基础"教学大纲。为了进一步推动高等院校的创新创业教育，2015 年国务院颁布《关于深化高等学校创新创业教育改革的实施意见》。创新创业和创业教育并举，有其必然的逻辑，创新创业实践需要大量有创新创业理念、精神、能力的人才来支撑，创业教育推动创业实践。高校创业教育是培养创新创业人才最主要的途径。在我国"大众创业，万众创新"发展战略的背景下，探索高职院校创业教育模式，提高创新创业质量，是高职院校落实国家创新创业教育政策和顺应创新创业潮流的使然。

（三）创业教育是克服高职创业教育缺陷使然

虽然我国高等院校创业教育起步晚，高职院校尤其如此，但是目前创新创业教育受到了高职院校前所未有的重视，并逐渐成为人才培养的重要组成部分。高职院校的创新创业教育模式还不成熟，同质化现象严重，看似轰轰烈烈，却没有落地生根，还存在教育形式单一、理论与实践背离、教育效果不明显等缺陷。因此，高职院校有必要借鉴国内外成熟的创新创业教育模式，结合高职教育的职业属性和职业教育的目标，进一步探索和优化创新创业教育模式。

基于上述认识，重庆电子工程职业学院开展了"双课融通，四步为营"创业教育模式的构建与实践。学校以优质校建设为契机，深入推进创新发展行动计划的若干项目任务，加大投入建设创新创业基地，优化创业教育资源配置，积极探索创业教育规律，逐步构建起"双课融通，四步为营"创业教育和创业实践新模式。

二、"双课融通，四步为营"创业教育模式的内涵与实施策略

（一）"双课融通，四步为营"创业教育和实践模式的内涵

"双课融通"创业教育是面向所有学生的创业素养教育。创业课程是创业教育的载体，专业课程是职业教育的载体。"双课融通"的实质是消除创业课程和专业课程之间的隔膜，根据学生的需要把创业教育和专业教育融合在一起。"四步为营"是面向在校已经创业或有创业意向的学生进行创业能力教育。"四步"是指创业能力训练的四个环节，即创意激发训练、项目催生训练、成果孵化训练、企业运营管理训练。"营"的本义是军队的驻地，在这里是指为创业实践基地配置的创业设备、设施和师资，以及对学生施加创业能力训练和创业指导的综合体。所谓"四步为营"创业实践教育模式是指按照军队训练的要求，逐步在创业实践基地，对学生进行激发创意、项目催生、成果孵化、企业运营管理等培训，强化训练学生的创业能力，使学生的实际创业项目或模拟项目能够步入商业运营轨道。作为"点面结合"的创业教育，"双课融通，四步为营"创业教育体系的构建可同时满足学生就业和创业的需求，既培养全校学生自主选择就业岗位的能力，满足绝大多数学生就业的需求，又培养了部分学生

创造就业岗位或自主创业的能力,满足少数学生创业的需要。

(二)扎实推进"双课融通,四步为营"创业教育的策略

为了推进"双课融通,四步为营"创业教育,促进创业教育与职业教育的有机融合,重庆电子工程职业学院选择了如下与之相适应的实施策略。

1.深入分析影响创业教育的关键要素,创建多元化创业教育平台和载体

一是整合校内资源,把"重电众创 e 家"打造成学生创业实践教育和创业实践的核心平台,为学生提供创业培训和创业指导服务。二是加强"双课融通",使专业教育从无意识的创业教育成为有意识的创业教育载体,强化专业课程所具有的专业教育和创业教育双重功能。三是加强社团建设,支持社团活动。学校大力扶持创业协会、计算机协会、机电协会、汽车协会、管理协会等创新创业和专业社团,社团长期举办创业沙龙、创业讲座、知识竞赛、技术下乡等丰富多彩的活动,营造了良好的校园创业文化氛围,激发了学生的创业潜质和创业热情。四是积极参与和举办创业竞赛和职业技能竞赛。我国高校创业教育起源于清华大学主办的创业大赛,创业大赛在创新创业教育中发挥了不可或缺的作用。职业技能大赛是我国职业改革的重大成果,是职业技能培养的重要手段。虽然创业大赛和技能大赛的形式和内容不同,但都是理论教学和实践教学的连接平台,都能训练学生的项目策划能力、锻炼学生的意志和激发学生的潜能,都是院校培养学生创业能力和就业能力的重要载体。学院不仅积极承办和组织学生参加国家级、省市级的创业大赛和职业技能竞赛,而且在校内举办跨学科创业方案设计大赛,工科类专业和管理类专业学生混合组队参赛,设计的创业方案既包括产品设计,又包括企业组织架构、管理制度、资源配置、市场定位等内容,不仅促进了学生之间交流与学习,而且有助于学生完善创业知识结构。五是开设创业讲坛。聘请创业教育专家、政府官员、创业者、本校创业教师举办各种形式的讲座,传播创业知识,分析创业案例,解析国家创业政策,分享创业经验。六是引入 GYB 和 SYB 创业培训,按照联合国劳工组织开发的标准培训方法体系,组织学生培训和认证。七是倡导和鼓励学生勤工俭学和社会实践,学生在不断与雇主谈判、与顾客或民众交流过程中,培养自己观察社会和捕捉"商机"的能力,使社会实践成为培养学生创业精神和能力的有效载体。八是积极参与人力资源和社会保障部组织的职业核心能力培养和考评工作,在培养了学生核心能力的同时,也培养出一支具有职业核心能力训练和考评的教师队伍。

2.健全创业教育保障措施

一是争取获得政府支持。科技部、重庆市科委、重庆市教委、沙坪坝区政府等以奖励的形式为学校创新创业基地建设投入资金 215 万元,沙坪坝区政府提供 500 万元的风投资金。沙坪坝区政府协调工商、税务等部门共同制定 15 条扶持学生创业的政策,并安排专人定期到学校创业基地调研学生创业状况,及时解决学生创业遇到的困难。二是深化校企合作。引入深圳普乐创投投资管理公司,公司投入 500 万元创业基金,专业化指导和管理创业项目,成为学生创业项目真正的孵化器。三是学院高度重视。在资金非常紧张的情况下,投入创新创业基地更新改造、设施设备购置等资金近 800 万元,投入种子资金 200 万元。学校依托"互联网+",把学院的创新创业园、产学研中心,以及二级学院的教师工作室、应用技术研究所等资源整合到创新创业基地,使基地不仅具有创业经营场地管理、政策指导、工商注册、

项目策划、管理咨询、融资、技术鉴定等综合服务功能,还具有完善的创业培训功能,成为集创业教育和创业实践于一体的综合平台。学校从教师队伍建设、绩效分配、人才培养方案、专业课堂教学和实践教学、学生学籍管理、学生活动、学生社团等方面制定了一系列与创新创业教育相关的政策,以落实学院的"双课融通、四步为营"创新创业教育方案。四是加强校园创业文化建设。弘扬创业精神、宣传学子的创业历程和回馈母校的感人事迹、树立创业榜样,激发学生创业潜质和创业热情。

3. 加强"双课融通"教育,深化创业教育的内涵

职业教育隐含创业教育是一个客观存在的事实,但是对于教师和学生来说,隐含在职业教育之中的创业教育属于无意识的创业教育范畴,教育效果难以评判。"双课融通"就是要通过教学制度、人才培养方案、教学计划等纲领性文件来保障和固化专业教学的创业教育功能,使专业教学隐含的无意识创业教育转变成有计划的教育,放大专业教学的创业教育功能。"双课融通"是一个人为控制而非自然的过程,通过控制使创业教育与职业教育融为有机的整体,使专业课程教学中隐含的创业意识、创业精神、创业人格特质等隐性创业知识教育落地生根。具体来说,通过以下四个方面来实现"双课融通"。

(1)深化教学制度改革,固化"双课融通"创业教育模式。

把创业教育纳入人才培养方案、课程体系、课程内容体系、课程教学大纲,并以教学制度的形式固化。按照创业课程的属性不同,划分为隐性创业课程和显性创业课程,不同属性的创业课程融入专业课程的方式也不同。显性创业课程只是纳入专业课程体系一安排教学,仍然保持课程本身的完整性和独立性。其中,"大学生创新创业教育"作为公共必修课程,所有学生必须学习;企业营运管理、风险评估、经济活动分析、商业计划、市场调查、公司章程等课程作为公共选修课程,学生根据自己的意愿选择。隐性创业知识主要包括创业意识、创业精神、创业人格特质等,其载体是隐性创业课程。我国《教育大辞典》把隐性课程解释为"学校政策及课程计划中未明确规定的、非正式和无意识的学校学习经验"。这只能说明隐性创业课程难以有计划地开展教学,但并不能说明学校无所作为。通过积极的强制措施和学生的自主意识,使学生对隐性创业知识从无意识获取转变为有意识获取。这是"双课融通"创业教育的精髓。

(2)深化教学方法改革,强化专业教学的创业教育功能。

把创业课程融入专业课程,并不是在专业课程中教授创业知识,而是专业课程教学过程中,教师的言行、品德、教学方法等对学生创业意识、创业精神、创业人格特质形成潜移默化的影响。一方面,改革课堂教学方式。传统的灌输式教学方式和考核方式都是以教师为中心,忽视学生的主体地位,学生只能被动地接受知识和机械地记忆知识,弱化了学生的人格培养。摒弃传统的教学方法和考核方式,在教学中广泛运用探究式教学、项目教学、启发式教学、问题教学、案例教学等方法,以问题为导向,以自主探究和合作解决问题为手段,设计教学方法和开展教学活动。这些教学方法都有共同的特点,营造民主、平等、合作的教学环境,增强学生的主体意识,发展学生个性,提倡合作教学,有利于学生的自尊自信、合作宽容、交流沟通、责任感等人格品质的形成。另一方面,全力推进基于全价值链的校企联盟,加强专业实践教学改革。依托产业价值链的龙头企业,建立校企联盟组织,建立与企业对接的专业实践教学基地,创设真实的工作环境,按照企业的生产经营方式,配置生产要素、布局实训

现场、制定管理制度、设计实训流程，以项目或任务驱动实践教学。实践教学制度规定顶岗实习学生必须深入了解所在企业的发展历史、组织结构、管理特点、产品特征、市场竞争态势、发展趋势等，并把对企业的认识融入实习报告。学生通过专业实践学习，能够直观地认识企业组织和生产经营的基本特征，获得生产或经营管理的经验。

（3）加强教师队伍建设，规范教学过程，发挥教师的创业教育功能。

教师是学生认知学习的主要对象，是学生获取隐性创业知识的重要来源。教师不仅是专业知识和专业技能的传播者，还是学生的人生导师和学习榜样，对学生价值观和人格品质的形成都有巨大的影响力。建设一支优秀的教师队伍是实施"双课融通"创业教育的基础。学校通过招聘、外聘、校企合作，建立专兼职教育教师队伍；通过岗前培训、课程轮训、骨干研修等，培养教师的教学能力；支持教师创业和挂职锻炼，培养一支有实际创业经验的教师队伍。通过培训或锻炼，创业教师和专业教师不仅具有丰富的专业知识和扎实的专业实践能力，更具有优秀的师德师风和富有感染力的教学水平，增强教师把创业隐性知识外显的能力。在教学过程中，教师通过情感浸润、交流互动、精神激励等方式，激发学生学习的自主意识和自主性。教师对学生晓之以理、动之以情、教之以严、导之以行、授之以渔，使学生懂道理、明事理、通情理、知伦理，培养学生的沟通能力、适应能力、道德感、责任感等。教师的教学作风、政治态度、思维方式、为人处世乃至举手投足无不潜移默化地影响着学生成长。教师积极认真的教学态度、严谨的教学逻辑、灵活的教学方法，有助于学生理解知识、记忆知识和掌握学习方法，激发学生的求知欲和好奇心。

（4）实施"四步为营"创业实践教育，培养创业人才。

虽然高职院校创业教育的根本宗旨不是培养每个学生创业，但是必须培养一大批创业人才，为自己和社会创造就业岗位。学校借鉴国外商学院创业人才培养经验，组织项目创意激发训练营、项目策划训练营、项目培育孵化训练营、项目运营管理训练营，针对具体的创业项目，强化训练学生的各项创业能力。

三、"双课融通，四步为营"创业教育探索、实践的效果

重庆电子工程职业学院经过多年的探索和实践，"双课融通，四步为营"创业教育取得可喜的成绩，近年来有1891名学生获得GYB和SYB创业资格证书，累计建设214支创新创业团队，孵化128个创业项目。学生获得专利63项，其中11项发明专利实现了技术成果转让。学生参加省级及以上创业获奖65项，其中国家创业大赛金奖和一等奖6项。涌现了一批优秀创业者，如杨成兴2015年被评为"中国大学生创业英雄10强"，2016年获"十大中国大学生年度人物"的荣誉。他创办了重庆兴狼科技有限公司和成都浩聚仁智网络科技有限公司，并用自己"万用架杆器"专利技术入股成都渔乐江湖科技有限公司，杨成兴的创业事迹受到媒体的广泛报道。由于学校创新创业和创业基地建设成绩突出，近4年来连获殊荣和奖励：2014年学校的创新创业园成为"重庆市大学生创业示范基地"、2015年学校被教育部列入50所"全国毕业生就业典型经验高校"、2015年学校的"焕智机器人创客创新基地"成为"重庆市众创空间"、2016年学校的"重电众创e家"被评为"科技部众创空间"和"重庆市高校众创空间"、2017年学校被教育部评为50所"全国创新创业典型经验高校"，共获奖励

215 万元。

　　当下,在全国范围内兴起的创新创业举措,将不断为国家发展开拓出崭新的未来。我们应该清醒地认识到,高校创新创业教育是万千学子成功创新创业的必不可少的支撑。在优质校建设的漫漫征途中,各高职院校要加强交流合作,取长补短,扬鞭奋蹄,持续探索和实践,不断完善创新创业教育新模式,不断提高创新创业教育效果。

高职院校新技术应用创新创业教育：理念、内涵与实践

温州职业技术学院　郭丽莹　谢志远　池春阳

摘　要：新技术应用创新创业教育，作为一种崭新的教育理念和教育模式，在实践中取得成效。本文在分析新技术应用创新创业教育理念的基础上，厘清新技术应用创新创业教育的内涵与特征：以新技术为科学载体和基本手段、以新技术的实践与应用为导向、以培养创新型创业人才为主要目标。最后以温州职业技术学院为个案，归纳总结新技术应用创新创业教育的实践成效，并从与专业教育融合，突出实践性诉求，构建协同机制三个方面提出思考与建议。

关键词：高职院校；新技术应用；创新创业教育

创新创业教育成为一种世界性的教育改革趋势，在经济发展转型升级与高等教育大众化进程的双重诉求下，逐步成为国内高等教育领域的一个热点问题。我国高职院校与普通本科高校相比，创新创业教育发展的成熟度较低，根本原因在于创新创业教育理念的偏差。当前高职院校创新创业教育在理念上的偏差主要表现在三方面：一是不重视，在创新创业教育的必要性、重要性和紧迫性方面没有形成共性认识；二是狭隘化理解，把创新创业教育课程简单地理解为就业选择的指导或者创办企业的培训；三是功利化，片面追求大学生创办企业的成功率。因此，树立正确的创新创业教育理念，探索多元化的创新创业教育新模式，是当前高职院校转型发展的迫切需求。新技术应用创新创业教育，作为一种崭新的理念和教育模式，已经在具体实践中取得初步成效，对当前高职院校创新创业教育发展改革具有深刻的现实意义。

一、新技术应用创新创业教育的理念

新技术应用创新创业教育的提出和发展基于两个基本的理念。

第一，创新创业精神和创新创业能力是可以通过接受教育获得的，但是必须通过实践教学和应用学习的方式。彼得·德鲁克在《创新和创业精神》一书中指出："创业不是魔法，也不神秘。它与基因没有任何关系。创业是一种训练，就像任何一种训练一样，人们可以通过学习掌握它。"新技术应用的创新创业教育理念，认为创新创业知识是一种实践性知识。英国著名学者波兰尼的"缄默知识"，康奈利与克兰蒂宁的"教师个体实践知识"、鲍斯特的"教

[基金项目]本文系 2016 年度温州市社会科学规划课题"新技术应用的创新创业人才培养研究与实践"（项目编号：16wsk341）的阶段性成果。

师工艺知识"等相关概念都从不同角度强调了该类知识的特性和重要性。这种知识依赖于具体情境,完全来源于学生的个体经验,且具有私人化与异质化的特性。因此,创新创业的实践知识是一种非系统化分析的知识,无法通过传统的理论教学手段来获得,必须采用实践教学和应用学习的方式。

第二,新技术是推动高职学生创新创业精神和能力发展的重要载体。全球正在进入一个巨大的技术变革时期,第四次工业革命正在发生,新技术、新业态、新经济快速成长。第四次工业革命以多个领域的新技术的集中爆发为显著特征,如新材料技术、新能源技术、数字化技术、人工智能技术、机器学习技术、生物工程技术、3D 打印技术等。这些划时代的技术进步,极大地促进了所在产业的迅猛发展和升级,显著地改变了社会进步的轨迹。高职院校必须立足自身优势抓住第四次工业革命带来的历史机遇,将新技术引入高职创新创业教育的课程与教学体系,以新技术实现培养高技术的创新型创业人才的目标。

二、新技术应用创新创业教育的内涵

新技术应用创新创业教育是一个由多个概念合成的名词。从理论和实践两方面来说,新技术应用创新创业教育算是一个新概念。结合实践中开展的新技术应用创新创业教育,我们对这个概念进行了明确的内涵界定,即以新技术应用为科学载体,以实践与应用为导向,结合专业面向全体学生分层分类实施创新创业教育活动,以培养学生创新思维及创业意识、创新创业精神与创新创业实践能力的教育理念与教育模式。

这个内涵规定了新技术应用创新创业教育的手段、导向和目标。新技术是手段,实践与应用是导向。目标则有三个层次,分别为创新思维及创业意识、创新创业精神与创新创业实践能力。新技术应用创新创业教育具有三方面的基本特征。

(一)以新技术为科学载体和基本手段

新技术,一般是指在一定的时空范围内初次出现的,或是在原有技术基础上经过改进革新的技术。在技术二字前面加上"新"这个字,一方面规定了它的时间属性,即技术是新近出现的;另一方面,也规定了它的内容属性,即技术是有创新成分的。为了更好地理解新技术,我们有必要将新技术与新兴技术进行辨析。"新兴技术"作为一个明确的概念,由美国沃顿商学院的保罗·休梅克研究团队提出。归纳国内学者对新兴技术的不同阐述,可将新兴技术定义为"时间上处于形成或发展阶段,其影响可能彻底改变现有行业或创造出新的行业的技术"。由此,从产生时间看,新兴技术都是强调在产生时间方面是最近出现的,也都强调对产业的重要影响。但从技术成熟的角度来看,新技术比新兴技术更加成熟一些。新兴技术处于技术发展的萌芽期,而在某些产业领域新技术可能已进入技术商品化阶段。

克莱顿·克里斯坦森在破坏性创新理论中,认为新技术分为两类,一种是破坏性技术,另一种是延续性技术。破坏性技术的特征之一是破坏性产品通常价格更低,性能更简单,体积更小,且通常更便于客户使用。特征之二是破坏性产品是从非主流市场切入,并且最终成功颠覆主流市场。延续性技术则是与破坏性技术相对应的技术,主要根据市场的主流客户所看重的性能层面,来推动产品性能的改善。延续性技术所面对的则是成熟的主流市场。

基于破坏性创新理论的视角，结合高职教育人才培养的规格，本文认为"新技术应用创新创业"中所指的新技术倾向于破坏性技术，而非渐近式技术。或者说，破坏性技术是新技术的典型代表。在新技术应用创新创业教育的模式中，学生必须学习和掌握专业相关的新技术。新技术理论学习到新技术能力训练，再到立足新技术创业，是新技术应用创新创业人才培养的"三阶链"。新技术作为一种科学载体，在创新创业教育中发挥着基本手段的作用。

（二）以新技术的实践与应用为导向

新技术应用属于技术创新的范畴。浙江大学的许庆瑞教授将技术创新定义为泛指一种新思想的形成，得到利用并生产出满足市场需要的产品的完整过程。广义而言，技术创新既包括一项技术创新成果本身，又包括成果的推广、扩散和应用的过程。技术创新一般分为两个阶段，第一阶段是科技人员进行创新研发，形成新技术。第二阶段是进行技术转化，将新技术转化成新工艺或新产品。根据上述分析，可知新技术应用主要发生于技术创新的第二个阶段，即技术转化阶段。新技术应用，是指在熟悉和掌握新技术的基础上，将新技术进行转化或改造，从而形成新产品或新服务的过程。

新技术应用创新创业教育以新技术的实践与应用为过程导向，具有两个特点：第一个特点是中介性，表现为其通过新技术应用的手段来优化创新创业教育；第二个特点是过程性，新技术应用在创新创业教育功能上的发挥需要一个时间序列，即应用的过程性，包括新技术习得、新技术掌握、新技术改造或转化、新技术成果商业化。在新技术应用的过程中，教师或学生形成创新创业精神和创新创业能力。

（三）以培养创新型创业人才为主要目标

2010年，教育部发布《关于大力推进高等学校创新创业教育和大学生自主创业工作的意见》，将创新教育与创业教育相结合，提出了"创新创业教育"的表述，并指出创新创业教育是适应经济社会和国家发展战略需要而产生的一种教学理念与模式，其对象是全体学生，各高校要以提升学生的社会责任感、创新精神、创业意识和创业能力为核心，大力推进创新创业教育工作，不断提高人才培养质量。

新技术应用创新创业教育立足于当前国家开展创新创业教育的价值取向，明确提出培养社会发展真正需要的创新型创业人才，而非短期内开办小公司自谋职业的低廉劳动力。创新型创业人才掌握着新技术，具有创新精神和创业基础，拥有将新技术成果转化为生产力并走向市场的能力。新技术创新型创业人才利用新技术进行创业，以推动新技术商业化及价值实现为基本特征、组织相关要素和资源提供创新产品和创新服务。

三、新技术应用创新创业教育的实践探索

新技术应用创新创业教育这个概念最初来源于温州职业技术学院的新技术应用创新创业人才培养的实践探索，由院长谢志远教授率先提出。基于新技术应用创新创业的教育理念，温州职业技术学院开展了一系列的实践探索活动。

（一）推进创新创业教育与专业教育的深度融合，渗透创新创业理念

在新技术应用创新创业教育理念的引领下，温州职业技术学院从"人才培养方案改革、人才培养模式改革、课程与教学改革"三个视角，来推进创新创业教育与专业教育的深度融合。

1. 修订创新创业教育人才培养方案

根据区域产业特征和时代要求，明确提出以创新创业教育引领专业建设，培养新技术应用创新创业人才的目标。各专业结合行业与岗位特点，围绕专业发展趋势，挖掘和充实各类专业课程的创新创业教育资源，在专业人才培养方案修订中全面渗透创新创业思想。以"双层次多方向""2+1"模式来培养新技术应用创新创业人才，其中"1"即增加一个创业方向岗位，对选择创业岗位的学生，第三学年转入创业学院接受个性化的创业课程与创业实践培训，学分主要由创业课程、新技术应用能力提升、技术应用转化组成。

2. 推进创新创业教育课程体系改革

将创新创业课程分层分类，分设理论课程和实践课程，有机融入人才培养体系。学生先通过理论知识的学习，再根据不同的个体需求学习不同的实践知识，实现了理论与实践、共性与个性相结合的教育目标。在理论课程设计上，对全体学生开设大学生创业基础必修课和创新创业相关选修课，将创新创业相关基础知识理论全面普及。在此基础上，针对有创业意愿的学生开设创业指导及实训类课程，对已经开展创业实践的学生，开展企业经营管理类培训课程。在实践课程设计上，开设创业活动课程，创业仿真课程及与专业融合的创新创业专业课程等。通过重点支持建设创新创业教育精品开放课程，组织教师、行业企业优秀人才联合编写创新创业教育重点规划教材等途径加强创新创业教育优质课程资源建设。在课程建设方面，设计具有专业意识、前沿意识、市场意识的课程内容，构建"四个对接"的课程体系，即对接岗位、对接专业、对接产业、对接社会。

3. 实施"训研创"一体化的实践教学体系改革

学院注重培养学生的创新创业实践能力，依托学院"三个合一"的校内实训基地，在原有"实训＋科研"的基础上，建立"实训＋科研＋创新创业"一体的实验实训室，将学生专业实验实训与专业创新创造有机整合；依托学院众创空间，要求每个研发平台至少对接一个大学生创业团队，充分将学院的科研优势转化为创新创业人才培养的优势，重点在信息技术、智能创新和时尚设计等领域发现、培养、扶持新技术应用的创新创业项目，孵化具有科技含量的小微企业；依托产学研创一体化的办学特色，开展"三师三生"为主要形式的创业人才培养实践。所谓三师三生，即师研生随、师导生创和师生共创。通过"三师三生"项目的实施，促使教师带领学生参与科研项目的研发，在项目研发和项目创业的实践过程中培养学生的创新创业意识和创新创业能力，构建"导师＋项目＋团队"创业实践教学新模式。

（二）形成校内协同的创新创业工作机制，激发创新创业活力

温州职业技术学院把温州人精神和区域文化与创新创业教育有机融合起来，以新技术应用创新创业教育为引领，从顶层设计层面优化校内协同的创新创业工作机制。

1.成立创业学院统筹全院创新创业教育工作

为了贯彻落实"大众创业，万众创新"的国家发展战略，有效提升创新创业教育的专业化水平，学院在2016年初成立创业学院，牵头统筹全院创新创业教育工作，负责全院学生创新创业教育工作的整体顶层设计、组织实施与监督总结。创新创业学院是开展创新创业教育的基地，主要工作职责如下：负责各级各类创新创业教育班级（"2＋1"实验班、企业接班人培养班和创业先锋班等）、创业园区（包括技术研创楼、电商孵化园）的建设管理；负责各级各类创新创业活动、竞赛和会议的组织与实施；负责发展各类创新创业基金，建立天使投资补偿、科技信贷、创新创业奖励等机制，为学生创新创业提供一站式服务；负责与各系各部门的创新创业事务协调等。

2.设立创新创业教育工作领导小组明确各自职责

学院高度重视创新创业教育，设立创新创业教育工作领导小组，组长由院长担任，副组长由分管教学工作和学生工作的副院长担任，成员由教务处、科研处、创业学院、院团委、学生处、招生就业处、人事处、高教研究所等部门负责人担任，并根据学院部门组织机构的管理职责，明确规定各个部门在创新创业教育方面的工作内容与职责范围，促使部门相关工作的协调有序开展。如教务处主要负责人才培养方案修订、创新创业课程体系构建、创新创业教学改革、"训研创"实践基地建设，创业学院主要负责大学生创客空间建设、校内外大学生创业园区建设、创新创业奖学金评审和优秀创新创业典型表彰等。

（三）加强相关创新创业的相关保障，支持创新创业人才培养

当前，创新创业教育融入人才培养体系存在三大障碍：观念性障碍、资源性障碍和制度性障碍。为保障新技术应用创新创业教育的顺利开展，学院在师资队伍、制度建设、资金支持和教育研究等方面加强了创新创业的相关保障。

1.师资保障：建设一支专兼职相结合的创新创业教育师资队伍

师资队伍是创新创业教育发展的"引擎"。为建立符合新技术应用创新创业教育需要的师资队伍，学校大力加强专兼职相结合的创新创业教育师资队伍建设：在构建校内专兼职师资队伍的基础上，面向校外聘请创业成功者、企业家、风险投资人等各行各业优秀人才担任创新创业课授课或指导教师；组织教师参加各级各类创新创业教育教学培训，提高教师创新创业意识与教学能力；对在创新创业教学方面取得突出业绩的教师进行奖励，形成校级优秀创新创业导师库；优化创新创业教育的考核评价体系，将创新创业教育和创业就业指导工作计入工作量，并纳入专业技术岗位评聘和绩效考核，充分调动教师创新创业教育教学的积极性。

2.制度保障：出台制定一系列创新创业相关制度文件

为有效激励师生深入开展创新创业活动，学院及相关职能部门纷纷制定出台创新创业教育相关的制度，在学校内形成积极主动培养创新创业人才的育人氛围。仅在2016年，学院就出台了近10个创新创业相关文件，在创业奖金、创业学分转换、创业教师教改项目等方面提供了极大的便利，如《温州职业技术学院关于深化创新创业教育改革的实施方案》（温职院〔2016〕13号）、《温州职业技术学院大学生创业奖学金实施办法（试行）》（温职院学〔2016〕16号）、《温州职业技术学院"新技术应用'2＋1'创业实验班"人才培养方案（试行）》、《关于开展"创新创业教育引领专业建设"重大教改项目立项的通知》(温职院教〔2016〕06 号)、《温州职业技术学院关于学生成绩及学分转换的指导意见》(温职院教〔2016〕11 号)等。

3.资金保障:加大资金支持以鼓励创新创业

学院统筹创新创业基金,第一年经费投入 100 万元,预期 3 年后达到 600 万元,建立天使投资补偿、科技信贷、创新创业奖励等机制,为初创期企业提供"首投""首贷",积极引入社会资本对学生的创业项目给予赞助或提供风险投资,具体如下:与深圳市国智金融服务有限公司签订 500 万元创业种子基金;与温州瓷爵士科技股份有限公司共同组建规模为 400 万元的创业种子基金;与温州鹿城农村商业银行签订战略合作协议,为学生创业提供科技信贷;与由温州成功商业领袖和温州优秀创业精英青年众筹成立的(U 创会)建立学生创业资本对接,构建创业团队的融资渠道。

4.研究保障:集聚力量开展新技术应用创新创业教育的校本研究

学院秉持"创业教育要发展,研究开发要先行"的理念,提出打造国内创业教育的"三大高地"(创业实践的高地、创业教育的高地、创业教育研究的高地)的办学目标,采取具体措施促进部门职能在创新创业教育研究功能方面的延伸与提升。学院高等职业教育研究所将新技术应用创新创业教育研究作为主攻方向之一,追踪国内外创新创业教育发展前沿,组建兼职研究团队,充分整合校内外优质研究资源,促使专家学者等从多学科视角对创新创业教育理论和学院已有的实践经验展开校本研究;学院招生就业处在负责创业就业指导的基础上,进一步开展对创新创业学生毕业后的创业动态进行跟踪调查,如毕业生创业率调查、毕业生创业数据库建立、做好创业跟踪服务等,为新技术应用创新创业的实效提供数据支撑和反馈信息,奠定创新创业教育校本研究的实证基础。

温州职业技术学院新技术应用创新创业教育的改革实践,日渐引起教育部门和国内学者的广泛关注,教育部官网、《人民日报》、《光明日报》、《浙江日报》等主流媒体先后 20 余次对学院新技术应用创新创业教育的成效进行了相关报道。学院成立了 40 余家创新创业工作室,成功孵化出温州瓷爵士餐具修复有限公司、温州思科信息科技有限公司、百锐文化传媒有限公司等 10 家创业公司及 50 余家具有成长性的新技术应用型创业企业。学院"产业科技众创空间"荣获省级和市级首批示范众创空间,并被国家科技部纳入国家级众创空间服务体系。截至 2016 年 10 月底,共有 4 个创业项目与风投成功对接:空间孵化的新技术应用创新创业项目——废旧资源回收设备获塞尔维亚温州商会会长首轮风投 2000 万元,"创赢鸿国际贸易"获首轮风投 500 万元,"鑫创电子商务"和"微信 39 度体育公众平台"分别获首轮风投 100 万元,投资总额达 2700 万元。

四、新技术应用创新创业教育人才培养的思考与建议

温州职业技术学院充分认识到当前国家开展创新创业教育的价值取向,以新技术应用为科学载体培养创新创业人才,在创新创业教育方面具有一定的示范效应。然而,高职院校在开展新技术应用创新创业人才培养实践的过程中,如何突破传统教育模式中与专业教育结合不紧密、与实践脱节、与社会缺乏有效衔接等弊端,仍需要进一步的思考。

(一)以新技术应用作为创新创业教育与专业教育有机融合的科学载体

专业教育是创新创业教育的根基,创新创业教育是专业教育的深化。任何脱离了专业教育的创新创业教育,都是一种形式主义。创业教育与专业教育之间的融合趋势越发明显,如何将创业教育有效地融入专业教育过程之中,在培养大学生专业知识的同时融入创业的理念、知识与技能,使大学生成为既懂专业知识又有一定创业能力的复合型创新人才,已经是今天欧美大学本科课程改革中增长趋势最为明显的主题。创新创业教育是建立在学科和专业基础之上的一种新理念和新范式,其功能和本质与专业教育基本相同。创新创业教育具有外向性、实践性以及跨学科等重要特性,可以更方便快捷地获得新知识、新理论和新技术,正好可以有效整合专业教育中离散的专业知识和学科领域。专业教育是创新创业教育的源头活水和重要支撑,如果让创新创业教育继续游离于专业教育之外,将导致创新创业教育陷入"虚化"甚至"落空"的现实困境。只有将创新创业教育与专业教育有机融合,才能使创新创业教育直接转化为现实生产力,并对社会产生重要价值。

新技术应用创新创业教育作为一种自上而下和自下而上相结合的教育改革创新活动,以新技术作为连接专业教育的纽带与桥梁,如何有效挖掘和充实各类专业课程的创新创业教育资源呢?关键在于找到合适的融合途径,才能克服结合过程中的障碍。为从根本上破解这一难题,新技术应用创新创业教育要立足于将创新创业教育全面纳入高校人才培养体系的高度,面向不同专业的学生,以新技术应用创业项目为导向,将创新创业教育与学生所在专业的学科领域知识,特别是技术应用相关知识进行融合,以推动创新创业知识的实践化和新技术的商业化。由于相同专业的学生的知识基础较为接近,知识来源的同质性很强,在专业融合的层次上能达到一个较为深入的水平。在课程设计和开发方面,要依据不同专业的人才培养目标,推动专业类创新创业课程的开发,将创新创业内容纳入专业课程体系,要求教师在专业课程的教育教学过程中全面渗透创新创业教育的理念,鼓励教师开设专业创新创业相关的选修课。此外,新技术应用创新创业教育在重视学科间渗透互动的同时,可进一步探索走向学科化的思路,如在现有专业学科内设置新技术应用二级学科,开设新技术应用实验班等,逐步形成一系列新的交叉融合学科。

(二)突出高职院校创新创业教育的实践性诉求

实践性是创新创业教育的本质特征之一,采用理论教育为主的教育模式难以实现创新创业教育的教育目标。波兰尼提出,人类的知识可分为"显性知识"与"缄默知识"。缄默知识的特征是无法通过语言进行逻辑的说明,无法以规则的形式进行传递,只能通过"学徒制"的方式进行传递。创新创业教育与其他教育类型的不同之处在于它的知识构成以"缄默知识"为主,要求教学必须以具体的实践活动为基础,通过参与创业实践以及对导师的自然观察建立创新创业领域的"个体知识"。从高职教育的类型特色来看,实践性是高职教育的内在特征,也是区别于普通高等教育的主要标志。高职教育的实践性是否突出,是衡量高职教育质量高低及办学特色的一个重要指标。正因如此,创新创业教育与高职教育在本质特征方面有着极深的内在契合性,这也客观决定了高职院校的创新创业教育必须满足实践性诉求。我国创新创业教育在实施过程中却存在着某种价值定位偏差,在一定程度上陷入采用传统理论教学手段空谈抽象"创新精神"的尴尬境地。究其主要原因,在于高校形式多样的创业实践活动缺乏基本的物质载体,因而难以产生实际效益。因而,新技术应用创新创业教育要牢牢把握"实践性"的突出特质,重点建设"实践导向"的人才培养体系。新技术应用创新创业教育的课程要遵循模块化和项目化的设计原则,可将课程分为基础课程、应用课程和拓展课程三类。基础课程旨在奠定新技术习得基础,应用课程在于尝试利用这些新技术来开展实践性的创新活动,如研制新产品或新服务,以提升学生的创新能力。拓展课程,激发创业动机,组建创业团队,开展创业实践活动。新技术应用创新创业教育的实践平台建设,要整合实训基地和研发平台的优质资源,把学生专业实验实训、科研项目和创新创业学习有机整合,真正形成"训研创"一体化的实践教学体系。

(三)构建新技术应用创新创业教育的协同机制

由于知识生产垄断地位的失去,大学与产业部门、独立研究机构、政府的关系演变为竞争、交易、合作以及学习,体现了"后现代"工业文明中的知识生产从一维走向多元的时代特征,这为大学创业生态的出现奠定了基础。创业教育生态系统是一个由内源性要素、发展性要素、支持性要素等不同要素组成的复杂系统。无论是大学内部的学术机构之间,抑或是学术机构与行政力量之间,甚至包括了高校与以产业部门、研究机构、政府机构、社会组织等为代表的外部要素之间,都存在着相互依存、开放合作、共生演进的密切联系。新技术应用创新创业教育的有效开展,不仅需要校内各个子系统的紧密合作,也需要社会其他部门的整体配合。推进新技术应用创新创业教育需要社会、政府、学校、教师和学生等各方主体凝聚共识,从宏观、中观和微观层次构建协同创新机制。在现阶段,我国的创新创业教育协同创新机制尚处于论证探索阶段,没有形成整体的结构性布局,更无成熟的模式可供参考借鉴,在很大程度上阻碍了创新创业教育产生的实际效益。新技术应用创新创业教育在这个方面也同样面临着如此困境,主要表现在高校创新创业教育囿于政府政策扶持的外向驱动,自身内生性动力不足,师生等其他主体参与的积极性不高。因此,建立起学校、政府、社会三位一体协同创新的运行机制对新技术应用创新创业教育显得尤为迫切。在教育生态理论视域下,新技术应用创新创业教育可通过打破各主体之间的隔离状态,调整政府、学校和产业行业的关系生态着手,实现创新创业教育共同体的构建。以市场需求为导向,引进行业企业新技术,聘请企业技术研发人员当兼职导师,围绕企业技术难题开展创新性研究,推动校企合作产研共同体的形成。以学生创新创业需求为动力,凸显学生的主体性,结合高校优势学科进行精细化的课程设计,满足多元化的个性化学习需求。研究创新创业文化环境建设问题,发挥院系在创新创业过程中的主体能动性,提高全员参与的热情与激情,构建基于校内协同的创新创业文化共同体。创新创业文化共同体的建设可从制度文化、物质文化和精神文化三方面寻找突破的空间。

[参考文献]

[1] 王丽娟,高志宏.论我国创新创业教育理念的创新[J].江苏社会科学,2012(5).

[2] 谢志远,童卫军,范怡愉.以新技术应用为创业项目导向[N].中国教育报,2016-02-23

(7).

[3] 刘宝存.确立创新创业教育理念　培养创新精神和实践能力[J].中国高等教育,2010
(12).

[4] 乔治·戴,保罗·修梅克.沃顿论新兴技术管理[M].石莹,等,译.北京:华夏出版社,
2002:12-15.

[5] 克莱顿·克里斯坦森.创新者的窘境[M].胡建桥,译.北京:中信出版社,2014.

[6] 李力,跨国公司技术创新研究[D].武汉:武汉大学,2005:28.

[7] 鄂甜.论新常态下我国职业教育转型发展策略[J].职业技术教育,2015(22):8-12.

[8] 黄兆信.论高校创业教育转型发展过程中的几个核心问题[J].兰州大学学报(社会科学
版,2014(6):148.

[9] 石中英.波兰尼的知识理论及其教育意义[J].华东师范大学学报,2001(2):30.

[10] 黄兆信.众创时代高校创业教育的转型发展[J].教育研究,2015(7):36.

[11] 黄兆信.多元理论视角下高校创业教育的发展策略研究[J].教育研究,2016(11):60.

高等职业院校差异化定位:技术论的视角

山东商业职业技术学院　张国玲

摘　要:在地方本科院校转型发展本科层次的职业教育的背景下,各层次高职院校做好差异化定位显得尤为重要。高等职业院校的定位发展应以技术发展的新特征和新要求为现实基础、以人才培养类型为核心、以所属的教育类型为前提。技术要素和技能形成阶段为解读各层次高职院校的人才培养类型差异和教育类型差异提供了理论依据。各高职院校应在差异化基础上,将差异化转化为各办学层次内的优势,即获取差异化优势,而不是一味地攀高和求大。

关键词:高等职业院校;定位;差异化;技术论

农业时代,技术主要表现为以手工操作为基础的经验技能,师傅带徒弟的学徒制度是技术传承的主要形式;工业时代,技术主要表现为与大机器生产、操作相关的人工物,学校形态的职业教育随之产生;而在当今科学与技术相互渗透的知识经济时代,需要学校形态的职业教育进一步细化分工。这对各层次高职院校的定位发展提出了挑战。

一、定位分析框架

建立高职院校的定位分析框架应首先解读定位的内涵与本质。有关高校定位内涵的代表性观点主要有:一是位置说,高校定位就是在所属的社会系统、子系统中确立自身的位置以及确立自身包含的各要素的优先位置;二是观念理念说,高校定位是高校办学者的教育理念的集中体现,反映了办学者的办学愿景,是在办学者个人经验基础上的深思熟虑;三是战略规划说,高校定位是在分析内部条件、外部环境基础上的战略形成过程,它为高校的发展绘制出航线和方向,提高了成员行动的协调性,具有前瞻性、长期性和实践性等特点。

综合以上几种观点,定位是办学者根据自身内部条件、办学传统,综合分析外部发展机遇与挑战后,在所属的系统中确立自身位置的过程。高校定位是一个复杂系统,涉及众多要素和多个定位主体。笔者在梳理文献的基础上发现,有关高校定位的要素主要包括目标定位、类型定位、层次定位、水平定位、特色定位、性质定位、功能定位、学科定位、人才培养层次定位、服务面向定位等。进一步分析可得知,上述定位要素有层次之分,应分属不同的定位主体,有些是政府行政权力下的事先规定,有些是个体院校自主办学的一部分,有些是定位的条件,有些是定位发展的价值追求与目标结果,不可一概而论,在办学实践中应加以区分。

目前,地方本科院校向应用型转型,发展本科层次的职业教育,那么地方本科院校与专科高职院校应如何协调分工,如何界定、阐释层次上的差异?

首先,我们知道,职业教育是工业化和技术发展的产物,技术发展是职业教育发展的根本动力。技术发展所呈现出的新特征与新要求应作为高职院校定位发展的现实基础。

其次,高中后教育的各种类型是社会所需各种人才类型的反映。作为与社会需求具有天然联系的职业教育更是如此。技术发展进步会导致新的社会分工,需要新的人才类型和人才结构,而这又会决定并制约着职业教育结构。因此,人才培养类型定位是不同层次的高职院校差异化发展的关键所在,明确人才培养类型与特征是各高职院校定位发展的核心。

再次,明确了定位发展的起点与核心,在办学实践中还应厘清定位的前提。政府的"分类、分层"引导是高职院校定位发展的前提。高校的定位是分类引导与自身秩序的有机结合。高校定位的考量因素包括自身办学传统优势、国家社会发展需要、纵横向的院校比较等内外环境条件。但是,政府宏观领域的"类型与层次"规定是各高校办学定位的参照标准,也就是说高校定位应在遵循政府机构宏观引导的前提下,明确自身应承担的角色分工,充分发挥主观能动性,形成鲜明的办学特色。当然,政府的"分类、分层"只是一种宏观调控手段,目的是使各高校按照一定的标准形成层次分明、结构合理、相互补充的高等教育结构。高校的定位发展主要是高校主体自身的责任,要进行科学合理的定位应遵守一定的规则,参照一定的标准,而不是盲目定位、随意定位。

高等职业院校的类型归属有两个层面:院校类型归属和教育类型归属。根据涂尔干和莫斯对"符号分类"和"技术分类"的定义,"教育类型"应是一种"符号分类",是对教育事实、教育现象、教育事件在观念上的逻辑归纳,反映了人们对事物自身发展的结构分化的认识程度;"院校类型"可以看作是"技术分类",是根据符号分类提供的框架和模式,在实际操作层面对事物之间的种属、并列、层次关系的认识和划分。相比较来说,"院校类型"的定位是表面的、复杂的、动态的,"教育类型"定位则是深层次的、概括的、相对稳定的。根据不同的分类依据和标准,院校可划分为不同的类型。按学科结构可划分为综合性院校、多科性院校、单科性院校等;按经费来源可分为公立大学、民办大学等;按人才培养目标可划分为精英型、大众型、应用型、技能型等;按院校的功能,可分为研究型大学、教学型大学或是研究教学型大学等。目前对院校类型的划分缺乏公认的统一标准,存在交叉重叠、边界模糊等问题。因篇幅所限,高等职业院校的"院校类型"归属问题不在本讨论范围之内,我们仅将主题限定于"教育类型归属"方面。

高等职业院校的"层次定位"也有不同的划分标准,如办学水平的领先、一流等,隶属关系的部署、省属,人才培养层次的本科、专科划分等。本文将主题限定于"人才培养层次"的划分,重点分析专科、本科层次的高等职业教育在人才培养规格上的不同。

综合以上分析,我们可将高等职业院校的定位由里到外、由上及下分为三个层面:人才类型、教育类型、院校类型。人才类型分类是科学技术发展带来的一种客观结果,教育类型定位是政府教育机构对整个高等教育系统的宏观规划与指导,院校类型定位是更多地体现为各办学机构因地制宜、自主发展的价值追求和行动方案(见图1)。

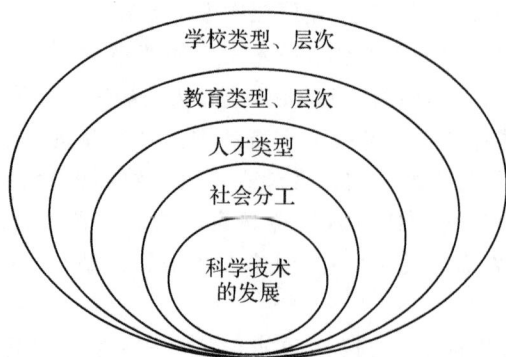

图 1   高等职业院校定位分析框架

二、技术、技能解析

技术和技能是职业教育的核心概念,两者既有质的区别又相互联系、相互渗透,厘清它们之间的逻辑关系,界定好各自的内在层次,能从本源上提高高职院校人才培养的针对性,为不同层次的高职院校的定位发展提供理论依据。

(一)技术要素

技术的表现形态可分为三类:作为客体(人工物)的技术、作为活动的技术和作为知识的技术。技术具有知识的一面,是有关人们改造自然的生产实践的知识,但又不仅限于知识,技术总是要指向一定的人工物,不能凝结为人工物的技术是不被承认的。

第一,作为客体的技术,技术经常与各种生产工具、器械、装置等各种物化的人工物联系在一起,技术的直接目的就是创造各种人工物。这种人工物可以是物质形态的,也可以是非物质形态的。技术既是人们利用自然、改造自然的工具,也是改造社会、改造人类自身的方式手段。人们从事具体的技术活动都是为了特定的目的,解决实际问题。评价技术行为的标准就是各种人工物的有效和有用,是否实现了预期的目的。

第二,作为活动的技术,技术属于人与自然、社会能动关系的实践范畴。技术活动与人的各种行为相联系,可做出清晰辨别的技术活动有设计、发明、制造、改进、操作、维修,这些技术活动主要围绕"制造人工物和使用人工物"而展开。从此角度解析技术,可界定不同层次的高职院校所培养的人才类型的任务分工。

第三,作为知识的技术,技术知识不是科学知识的简单运用,也不是它的延续与分支,技术知识有自身特有的、独立的知识内容、结构、表述方式(默会知识)和评价方式(效用)。把技术看作科学的简单应用抹杀了技术的独立性,也是当下某些高职院校按"学科化理论知识"模式组织教学的病源所在,高等职业院校应按技术建构的世界作为活动场域。技术知识分为三个层面,一是经验、技能,经验主要是人们在各领域的实践中所积累的直觉体验。技能是人们在经验、技术规则指导下,借助于一定的物质手段,在实践过程中表现出的主体活动能力。技能是技术知识的一个重要层面。有关技能的本质在本文的下一部分进行详细的分析。二是技术规则、原理,它是带有目标指向的、普遍性的技术行为序列。三是技术理论,它是关于技术实践过程、操作方法的规律性阐述,是技术规则的理论化。总之,技术知识由一系列行为规则系统构建,是为了实现特定的实践目的的知识组织,包含了所有为实现目的以及与目的—手段密切关联的规则原理,由此看来,技术知识主要是关于 Know—how 的程序性知识。技术知识的层次性表征了不同层次的高职院校应向学生提供的知识内容。

(二)技能的本质、形态与形成过程

技能是技术哲学研究中一个基本概念,探讨技能的本质、技能技术的相互关系以及技能的形成过程,对高等职业院校的人才培养定位具有重要的指导意义。古代的技术主要表现为人们制造和使用工具的技艺和能力,技能是技术的本质属性。随着科学与技术的密切联系与发展,技术由纯粹的经验支配发展为越来越以科学为基础,技术超出了技能范围,其外部联系与内部结构越来越复杂。技术与技能的关系演变可从"技术"一词在不同历史时期的表述上得以验证。技术最早是用"Techne"表示,意指经过训练而获得的技艺、技能,近代则用"technology"表述,从字面上看,它由技能(Techne)与知识学问(logy)组合而成。

技能是人类的技术活动能力,是人们用已有的经验和知识控制自己行为的思维操作活动和动作操作方式的总和。它有两种表现形态:智力技能和动作技能。智力技能表现为主体内在的反应能力、构思能力等,动作技能则反映了主体动作能力的准确性、及时性和灵活性,两者是统一的有机整体,共同作用于外在客体,实现特定的目的。"心灵手巧"是对这两种能力的生动写照。目前,很多高职院校在日常教学中往往只看到了技能的一种表现形态,重视训练学生的动作技能,忽视了智力技能的指导作用。

技能的形成过程大体可分为三个阶段:动作技能的协调阶段、智力技能的深化阶段和两种技能协调统一的技巧阶段。根据英国哲学家波兰尼的观点,人对事物的觉察分为附带觉知和焦点觉知两种类型。在动作技能的协调阶段,行为主体的注意力集中感知客体的大小、形状、速度、动作方式、行动步骤等外在的、机械性的一面,以模仿和掌握动作方式为主进而实现熟能生巧。此时,行为主体对动作之中蕴藏的诀窍、技巧、原理难以顾及,处于附带感知状态。在技能形成的第二阶段,动作技能已基本实现协调,这时主体的集中感知发生了转移,转移到对运动方式的技巧和规律性的理解上了,主体的智力技能不断深化。随着行为主体的外部实际动作和内部思维活动的协调统一,动作操作规则逐渐内化为主体的行动自觉,技能逐渐达到迅速准确、运用自如的"技巧"状态。

(三)现代技术与技能

古代,技术主要表现为技艺与能力;近代,技术主要体现为大机器的生产与操作等人工物形式;随着技术科学化的发展,各种自动化装置、人工智能不断出现,旧工具逐渐让位于独立于人的新工具。人们不禁要问在现代技术体系中,技能的作用体现于何处,高职院校应如何训练学生的技能?现代技术的复杂性的确改变了技能发挥作用的方式,自动化装置、人工智能转移了人的部分动作技能,动作技能不再较多地体现于机器的操作与使用中,而是更多地体现于技术创新和技术演进的过程中。此外,现代技术对以逻辑能力和分析能力为基础的智力技能的要求不断增多,对人的技术理论层次的要求不断上移。所有这些变化要求高

职院校应改变过去单纯训练学生动手操作能力的人才培养模式,应强化学生的信息捕捉和加工能力,提高学生的智力技能水平和技术理论素养。

三、高等职业院校差异化定位的现实基础:技术发展的时代性和系统性

技术建构的世界是职业院校的主要活动场域,技术的发展是职业院校得以产生与发展的根本动力。技术的发展会引起教育模式的改变,埃德蒙·金在《别国的学校和我们的学校——今日比较教育》中提出,技术的发展存在三个阶段,与之相对应的是三个不同的教育阶段或教育模式。分析高职院校的差异化定位应首先分析技术的新发展和新特征引起的社会分工的变化以及对学校人才培养的新要求,高职院校的差异化定位一定是立足技术发展的新要求而不是脱离现实发展的随意定位。

第一,技术的理论化程度不断提高。技术是随着人类改造自然、社会的实践和科学知识的发展而发展的,在不同的历史时期具有不同的表现形式。技术的发展大致经历了古代的经验技术、近代的以机械工具制造和使用为主的实体技术和现代的既包括各种物质手段也包括各种经验、方法、原理、规则、理论的知识技术。现代知识技术是一个复杂系统,在这个系统里各种活动手段、不同层次、水平的知识以及技术过程的操控交织在一起。在技术科学化和科学技术化的发展过程中,技术的智力成分和理论程度不断提高,技术的这种复杂性和层次性促进了社会的进一步分工,对相关从业人员的理论知识水平提出了更高的要求。

第二,技术进步不断带来新的社会分工。在工业生产系统里,社会分工最明显的变化就是负责将科学理论转化为现实生产力的工程师的工作不断被分解。在以实体技术为主的阶段,工程师把一部分理论要求较低、动手操作较多、需在现场工作的任务分给了技能型人才。在如今的知识技术阶段,为提高劳动效率需要工程师不断升级以实现专门化的精细作业,这样在工程师和技能型人才之间出现了另一类专业人员,即技术型人才。技术型人才负责将工程师的设计运用于实践,转化为能对社会产生具体作用的产品等物质形态,也被称为工艺型人才、执行型人才或中间型人才。技术型人才和技能型人才的社会分工,相应地引起了职业教育的类型进一步分化,即以技术型人才为主要培养目标的"技术教育"和以技能型人才为主要培养目标的"职业教育"(技能教育)。

第三,我国现阶段技术的转型升级。国际上,围绕新一轮工业革命的技术竞争越来越激烈,各国都在抢占技术制高点,技术的创新与升级已成为我国在竞争中获胜的关键所在,而这需要大量的高素质的技术技能型人才。现阶段,调整优化产业结构,实现创新驱动发展,将经济增长方式由主要依靠低成本的要素投入转移到主要依靠科技进步和提高劳动者的素质的轨道上来,需要具有高超技能、技术知识素养高的、复合型技术技能人才。

四、高等职业院校差异化定位的核心:人才培养类型

人才培养类型是区分专科高职院校与地方应用技术大学差异化办学的核心与关键。两类院校在人才培养类型方面具有一定的衔接和重合,因此应科学合理地界定两类院校的人才培养类型差异和显著特征,从而为它们的发展定位提供指导。有人认为地方应用技术大

学应以理论学习为主,实践训练为辅;反之,专科高职院校应以实践训练为主,理论学习为辅。这种"理论与实践"泛泛的划分不能深刻揭示两类院校人才培养类型的差异。其实,技术理论有深浅的层次之分,技能活动有高低之别,它们的层次性可以作为技术技能人才培养的重要依据。

2014 年《国务院关于加快发展现代职业教育的决定》指出,"专科高等职业院校要密切产学研合作,培养服务区域发展的'技术技能人才'"。2015 年教育部颁布的《高等职业教育创新发展行动计划(2015—2018 年)》再次明确提出专科高等职业院校应持续深化教育教学改革,大幅提升技术创新服务能力,培养杰出的"技术技能人才"。2015 年多部委联合发布的《关于引导部分地方普通本科高校向应用型转变的指导意见》提出,"推动转型发展高校把办学思路真正转到服务地方经济社会发展上来,转到产教融合校企合作上来,转到培养'应用型技术技能型人才'上来"。由此可见,新形势下专科高职院校的人才培养类型定位是"技术技能人才",地方应用技术大学的人才培养类型定位是"应用型技术技能型人才"。在这之前,专科高职院校的人才培养类型定位是"高技能人才"。专科高职院校人才培养类型由"高技能人才"转变为"技术技能型人才",反映了我国技术发展的时代要求和技术发展的新特征,也凸显了技术理论化程度的不断提高对专科高职院校人才培养的新要求。

那么,"技术技能人才"和"应用型技术技能型人才"在技术知识层次方面有什么差异? 在技术活动中的分工有什么不同? 其创新能力分别体现在哪些方面? 这都需要从技术技能本质上寻求理论依据。

第一,从技术知识的层次看,"应用型技术技能型人才"应掌握丰富的技术理论知识,同时也应了解一些技术原理、技术规则等。地方应用技术大学应按知识载体组织教学,提高学生的技术理论水平,唯有掌握丰富的技术理论才能将理论联系实际,提高理论的应用能力,否则巧妇也难为无米之炊。但应用型技术技能型人才的理论技术水平不必达到工程型人才的高度,它更强调理论技术在实际情境中的应用,在解决现场实际问题中的应用。也就是说,应用型技术技能型人才应将技术理论与实践应用结合起来,不仅知道怎样做,而且懂原理,这样才能提高技术转化的自觉性和科学性,提高实践能力。

"技术技能人才"应掌握丰富的技术原理、技术规则,同时也应注重积累技能经验。技术原理、技术规则是对技术应用过程中操作行为的描述与记载,理论化程度不高,多为事实性知识。相比较来说,技术理论多为概念性知识,具有一定的普遍性和抽象性。技术原理、技术规则与生产服务密切相关,与特殊的实际场景相联系,具有特殊性、情境性和个体性。专科高职院校在强调学生从"做中学"获取实践经验的同时,应向学生传授相关的技术原理知识,将外显的动作操作内化为一定的智力能力,有利于规范学生的动作技能操作,强化学生的技术迁移能力。

专科高职院校除了向学生传授可以用文字、公式等媒介表征的技术原理外,还应注重让学生从实践中积累默会知识(tacit knowledge)。默会知识依赖个体在实践中的观察、体验和敏锐的洞察力,是一些只可意会不能言传的高度个人化的直觉经验,如钢琴的触键、烹饪火候的掌握。默会知识是技术技能型人才高超技艺、精湛技能的显著标志,所以专科高职院校应注重培养学生的动手操作能力,但也不应忽视技术原理的传授。

第二,从技术活动来看,在技术研究、开发与应用的整个过程中,应用型技术技能型人才主要承担"开发到应用"环节中的任务,负责将工程师的设计、规划转换为具体的物质形态。在开发到应用的环节中进行技术规划,提供技术保障,将工程技术原理转化为现实的生产力,是现代技术的应用者和实施者。技术技能人才主要承担"应用"链条上的任务,如加工产品的零部件、操作机械、装配产品、设备维修等。

第三,从技术创新来看,两类人才的技术创新模式是各有侧重的,应用型技术技能型人才以"现象发现"模式为主,而技术技能人才的创新能力主要来自技术的"日常改进",这两类模式都不涉及特别深奥的科学理论和重大的社会需要推动。应用型技术技能型人才在技术转化的实践中会遇到各种技术现象、事实发现或技术缺陷等,他们可以有意识地将某一缺陷转移到技术理论、技术原理的构思中实现技术创新发展。技术技能人才在日常的技术使用过程中,以问题为导向,依靠自身积累的经验知识,发现技术的新应用或是将现有技术的要素重新组合,进行技术的渐进式改进或细枝末节上的适当完善。当然这两种技术创新模式并不是对立的,而是有时是相互交叉与重叠的。不同层次的高职院校在培养学生的技术创新能力时可以进行适当的选择和倾斜,有针对性地培养学生创新意识和能力。

第四,从技能形成过程来看,应用型技术技能型人才的实践过程以概念化活动为起点,此时行为主体集中感知技术理论、技术原理的实际应用问题,是将内在的以观念为载体的概念化活动不断转化为外显的以动作行为为载体的身体化活动的过程。智力技能在应用型技术技能型人才的实践活动中发挥主导作用,"动脑动手"可通俗地概括此类实践活动。技术技能人才的实践过程以身体化活动为起点,此时行为主体集中感知动作行为的熟练、连贯和协调,动作技能起主导作用。在反复练习中,行为主体不断将外显的操作行为内化为言传知识和默会知识。随着动作连贯性的增强,动作技能与智力技能实现了内在的有机结合,实现了技术规则对动作技能的自动调节,客观规律也不断转化为主体的主观认识。这两种实践活动的阶段性差异决定了两类院校人才培养过程的差异,在实际教学中应注意知识的呈现顺序和衔接性。

五、高等职业院校差异化定位的前提:教育类型归属

2014 年颁布的《国务院关于加快发展现代职业教育的决定》指出,应发展本科层次的职业教育和专科层次的职业教育。《现代职业教育体系建设规划 2014—2020 年》以及《高等职业教育创新发展行动计划(2015—2018 年)》对专科高职院校和地方应用技术大学的教育类型均做出了明确的界定,即都属于高等职业教育,两者同"类"不同"层"。为更详细地阐释高等职业院校之间的分工差异,有必要对"高等职业教育"的下位概念进一步分解。教育类型的划分标准虽然仁者见仁智者见智,但它总是以特定的人才类型培养为根本依据,教育类型总是以"具有一定结构和内容特点的课程计划"为载体。

根据目前较流行的人才划分标准,人才大体可分为学术型、工程型、技术型和技能型。我国学者普遍把以培养技术型人才为主教育定义为"技术教育",把以培养技能型人才为主的教育定义为"技能教育"(职业教育)。这一划分标准与 1984 年联合国教科文组织颁布的《技术和职业教育术语》的划分标准较为一致,该标准第八条条目为"技术教育"(Technical education),第九条条目为"职业教育"(Vocational education)。在条目释文中提出技术教育

的培养目标主要包括技术员（technician）、技术师（technologist）等技术型人才，学习内容包括通识教育，理论的、科学的和技术的学习以及相关的技能训练。职业教育的培养目标以技能型人才（skilled personnel）为主，注重实践训练。

教育活动是以文化，特别是知识为中介在现实中展开的建构性活动，教育建构性活动的媒介是教育类型的重要标志。由上文技术本质的分析得知，技术具有理论技术、技术原理和经验技术的层次之分，有制造和使用技术手段的活动领域划分。技能形成具有动作技能的熟练阶段、智力技能的深化阶段和动作的技巧阶段的划分。以此为出发点可以得出，技术教育以理论技术、技术原理及其在实际中的应用为主要建构媒介，技能教育以技术原理、经验技术、智力技能与动作技能的协调能力为主要建构媒介。技术教育和技能教育是两种不同的教育类型，在承认各自相对独立性的前提下，应推动两类教育类型协调发展和相互贯通。

六、高等职业院校定位的实现：差异化优势

杰克·特劳特认为，所谓定位就是令自身与众不同。高等职业院校定位的实现应以获得差异化优势为目标。首先，差异化是基础，地方应用技术大学与专科高职院校的人才培养类型不同，所实施的教育类型不同，在办学定位中各类院校应明确界定各自的人才培养类型和教育类型，确立自身在高等教育系统中的生存与发展空间，避免落入同质化窠臼，模仿办学。为了突出差异化，各高职院校应使人才培养模式、课程设置等符合自身教育类型的规律与特点，这是各学校获取竞争优势的基础。其次，优势是目的，各高职院校应立足差异化基础，合理配置资源，充分抓住外部发展机遇，找准定位，在各自生存空间内将差异化凝结为独特的办学优势，为学校的可持续发展奠定基础。

不同类型、不同层次的高职院校都可以在各自领域内获取差异化优势，无须盲目追求高层次。差异化优势是差异化基础上的竞争力量，与办学特色不同。办学特色未必就是一所学校的办学优势，办学特色有时是指学校的办学特征、办学类型等，如师范教育是所有师范类院校的特色，但并非所有师范院校能将师范教育特色发展为竞争优势。差异化优势意味着该高职院校在高等教育系统中占据独一无二、无可取代的地位，很难被模仿与复制。

[参考文献]

[1] 吕鑫祥.高等职业技术教育研究[M].上海：上海教育出版社，1998：2，3.

[2] 陈厚丰.高校定位：自生秩序与分类引导有机结合——兼与邓耀彩博士商榷[J].高等教育研究，2006（6）：55-77.

[3] 陈凡，张明国.解析技术："技术—社会—文化"的互动[M].福州：福建人民出版社，2002：36，37-39，93-96.

[4] 潘懋元，陈厚丰.高等教育分类的方法论问题[J].高等教育研究，2006（3）：8-13.

[5] 迈克尔·波兰尼.个人知识：迈向后批判哲学[M].贵阳：贵州人民出版社，2000：83.

[6] 翟海魂.发达国家职业技术教育历史演进[M].上海：上海教育出版社，2008：228.

[7] 杨金土.我国本科教育层次的职业教育类型问题[J].教育发展研究，2003（1）.

［8］石伟平.时代特征与职业教育创新［M］.上海：上海教育出版社，2006：356.

［9］张家祥，钱景舫.职业技术教育学［M］.济南：教育出版社，2001：77-78.

［10］夏建国.技术本科教育概论［M］.上海：东方出版中心，2007：26-27.

［11］李杰.企业发展战略［M］.北京：北京交通大学出版社，2009：132.

基于现代学徒制"五位一体"协同创新创业教育模式探索

广州番禺职业技术学院 陈惠红 刘世明

摘 要:针对创新创业的教育需求,结合其他院校的资源,联合政府机构、金融机构、中介机构、创业园区、高校和科研院所,构建基于现代学徒制的"五位一体"创新创业教育模式,将创新创业人才培养目标融入学生学习生活的每个环节中。这种教育模式的生成是社会高速发展和产学研融合的必然趋势。本文针对计算机专业的特点,就"五位一体"协同创新创业教学体系建设提出了系统性方案,并围绕构建"五位一体"合作模式、"五位一体"创新创业文化体系、多元评价体系等进行深入分析。

关键词:创新创业;学徒制;"五位一体"

一、背 景

在 2015 年举办的高等学校教改工作会议上,针对创新创业教改内容,教育部部长袁贵仁指出要将创新创业的教学内容贯穿高等教育人才培养的各个方面,高等学校创新创业教学与该校的人才培养方案之间具有紧密的耦合性,具体在实现的过程中可以有多种实现路径。本文针对国内外创新创业现状,提出一种基于现代学徒制的"五位一体"协同创新创业教学体系,该方法能为高等学校的创新创业提供一定的指导作用,也能很好地加快产学研的融合。

(一)国外现状

国际上对于创新创业的教学体系和实践比较成熟,其中比较典型的有新加坡的文凭教育模式、澳大利亚的小企业创业教育和美国的创新创业能力教育过程模式。新加坡的文凭教育模式主要实现方法体现在专业教学方面,学校规划了一套创新创业专业课程,包括专业课程、科技课程和创新创业辅助课程等,学生学习该套课程后,就可以掌握创新创业的专业知识,达到专业教育的目的;澳大利亚的小企业创业教育主要目标是学生毕业后能开办小型企业,围绕着这一目标去开设各类课程体系和各种教学方法;美国的创新创业能力教育过程模式的主要特点是将整个学院分散的课程按照创新创业的需求重新进行整合,教学体系分解为各种过程体系的典型案例的集合。综观国际上几种主要创新创业模式的特点包括:在

[基金项目]本文系广东省高等教育学会高等教育科学研究"十三五"规划课题"基于中高职衔接的计算机类专业职业教育等级证书体系的研究与实践"(项目编号:16GYB071)的阶段性成果。

教学内容上围绕创新创业这根线,具有良好的可操作性和课程科学适用性;在课堂的授课中结合创新创业的实际,让学生切实体验创新创业的过程;学校提供专业的创业非正式课程为学生创业提供指导;加强学校、企业和社会的合作层次;培养稳定且高素质的创新创业教师团队等。

(二)国内现状

虽然我国的创新创业教育迄今为止才十几年,但在政府的关注下取得了非常大的发展效果,目前比较典型的模式为课程教学体系引导模式、学生比赛和创业活动模式和构建创新创业孵化基地模式这三种。这些创新创业思路还在摸索和试点,虽然部分高等院校已经开展了一些创业项目,但还未建立系统的创新创业课程体系,以计算机专业为例,大部分学校的课程分为基础课程和专业课程。专业课程包括理论课 45% 和实践课 55% 两部分,专业实训课只有 30% 左右,而创新创业的课程只有就业指导和职业生涯两门,仅占总体课时量的2.5%。在学生比赛和创业活动模式上,大多数学校会组织学生参加各种创新创业竞赛、为竞赛提供了系统的指导,开设第二课堂为学生提供创业讲座和创业课程。学校也组建了各种类型的创业中心、创业协会等团体,开展社会实践等活动。学校也入驻创新创业孵化基地,引入横向和纵向项目为学生提供更好的实践机会。虽然这些做法取得了一定的成果,却也存在不足,如创新创业的第二课程教育与专业教育脱节,竞赛和各类型创业活动覆盖面少且零散,在教学体系上也缺乏明确的目标定位,导致教学大纲不统一、教学实践不耦合、教学体系不系统等问题。

综观国内外的创新创业实践和我校现状,为了建设高职院校的系统创新创业教学体系,可以建立基于学徒制的"五位一体"协同创新创业教学体系,以适合企业创新创业人才需求为目标,整合全校教学资源,建立学徒制教学培养方案方式,形成一套专业的创新创业教学体系,建立合理的分层次模块化的教学体系结构,在基础教育、专业教育中加入创新创业因素,将第一、第二课堂合理融合,加强学校、企业和各社团的创新创业教育活动,逐渐形成合理的、系统化的创新创业教学体系。

二、构建创新创业教育总体模式

经济的发展使得社会对创新创业的人才需求也在不断地更新,高等学校在创业教学体系改革过程中需要紧密地结合企业、社会,本文针对计算机专业的特点,对基于现代学徒制"五位一体"协同创新创业教学体系提出了一些系统建设性方案,构建了如图 1 所示的计算机创新创业总体模式图。该模式图采用综合性的教学体系,针对企业计算机人才的需求,建立学徒制的培养方案,突出计算机专业的特征,增强"五位一体"协同合作,着重培养学生的创新创业的观点和能力,把创新创业融入教学体系作为人才培养的重点,提高创新创业的师资水平,计划性地举办各种创新创业培训和建立社团组织,"五位一体"共同构建资源库、创业孵化基地,政府、企业、社团为创新创业提供各种支持,并建立科学的评价体系,营造全校范围系统化的创新创业环境,以此可以深入地推动创新创业活动,加快产学研合作的进度,提高产学研转化的速度。

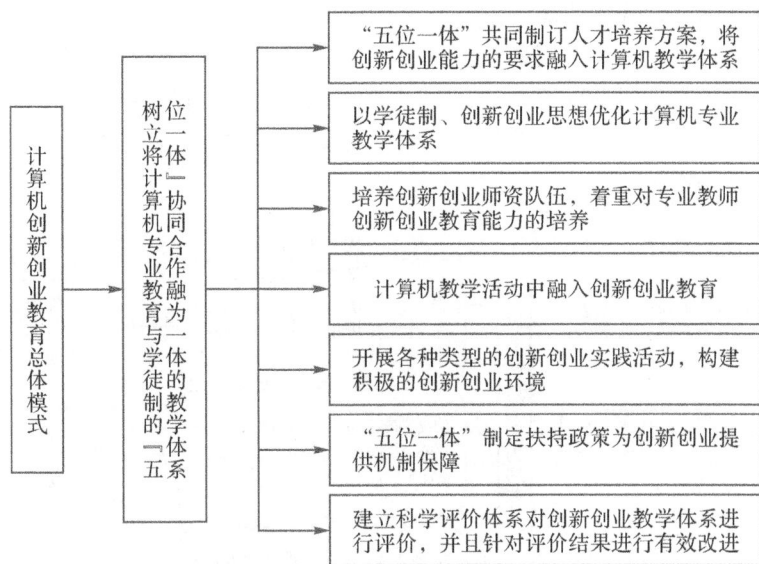

图1 构建创新创业总体模式图

三、建立教学体系建设方案

(一)"五位一体"协同共建创新创业人才培养目标

针对经济全球化的发展需要和社会的快速发展,各行业所需的人才更新也是日新月异,具备创新的思想意识与创业技术能力的人才是现代化人才培养的核心,高等职业学院的目的就是为社会培养各种专业人才。在当前时代要求下,高等学校需要加强"五位一体"的合作,在基于现代学徒制的基础上,需要由政府机构、高校和科研院所、金融机构、中介机构、创业园区共同商讨决定"五位一体"协同教学体系的人才培养目标,"五位一体"共同分析人才需求,将需求的内容映射到学生的人才教学体系中,确定专业的人才培养目标,共同确定创新创业的人才培养方向和目标。

(二)"五位一体"协同共建创新创业教学体系

1. 修订多样化的理论课程内容

传统的理论课程目标是让学生掌握各种知识框架,课程知识针对性不好,并且在教学过程中知识体系更新很慢、教师授课方式单一,培养出来的学生缺乏创新创业能力和实践操作能力,无法满足企业的需要。所以,在基于学徒制的"五位一体"理论课程体系修订过程中应该由"五位一体"共同商讨确定课程体系建设,其中包括理论课程修订,创新创业专业课程修订,增加跨专业、跨学校和跨领域的理论课程,可针对各种不同企业的学徒来制定不同的专业课程,逐步形成有针对性的理论课程体系。

2. 建设系统的实践课程内容

针对不同企业的学徒有不同的教学目标,按照实践内容循序渐进、实践技术水平逐渐加深和实践综合水平融会贯通的原则,实践课程内容包括基础课程实践、专业技术实践和综合项目实践,如图 2 所示,将创新创业的能力培养融入各实践阶段,合理安排各种实践活动,达到学生能力培养的需要。

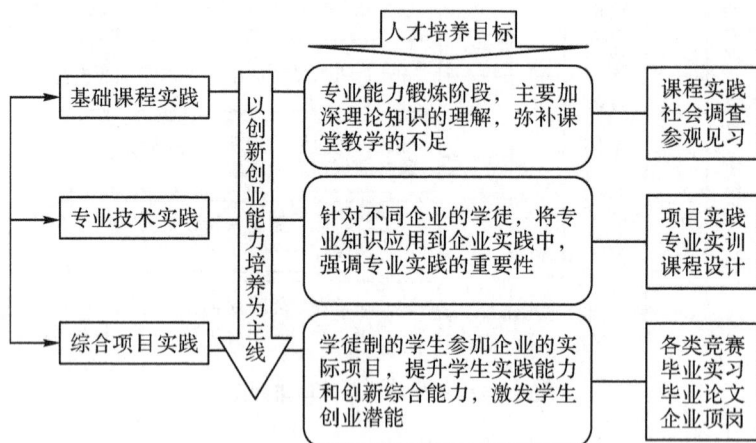

```
                          人才培养目标

基础课程实践  ┐           专业能力锻炼阶段,主要加      课程实践
              │  以创      深理论知识的理解,弥补课       社会调查
              │  新创      堂教学的不足                  参观见习
专业技术实践  ┤  业能       针对不同企业的学徒,将专       项目实践
              │  力培      业知识应用到企业实践中,       专业实训
              │  养为      强调专业实践的重要性          课程设计
综合项目实践  ┘  主线      学徒制的学生参加企业的实       各类竞赛
                          际项目,提升学生实践能力       毕业实习
                          和创新综合能力,激发学生       毕业论文
                          创业潜能                      企业顶岗
```

图 2　实践课程内容

3. 增加第三学期的学习模式

第三学期指的是在每年的第一和第二学期暑假期间增加几周的学习时间,第三学期可以安排学徒制的学生进入对于订单的企业参加实际工作,可以以实习、综合实验或者课程设计等方式进行。第三学期的学习模式对上学期所学习的知识体系进行实践巩固和应用,并对下学期的知识进行预演,使得学校的学习和企业的实践完全无缝地连接在一起,真正实现现代学徒制的订单培养方案,第三学期的具体实践可以根据企业和行业的特征进行协调,不一定固定在第一第二学期中间,可以安排在学期中举行,这是对简单的"2+1"模式的一个改进。

4. 共建双师型教学模式

基于现代学徒制、参与"五位一体"协同合作的院校,派送部分老师下企业进行实践活动,而企业的技术人员和专家也要到学校进行课程指导、实际教学等。在这种双向无缝合作的过程中,老师可以更深入地了解专业的发展动态,可以把企业实际项目带入课堂,使得课堂教学更接近企业工作环境;聘请企业的专家学者进行课堂教学、实践指导,可以让学徒制学生更快地融入工作氛围中,这种以企业环境进行教学的方式,可以更好地提高学生的创新创业实践能力,也使得学校能对新技术保持同步。

四、建立多种"五位一体"合作模式

(一)建立学徒制培养模式

学徒制培养是指企业根据自身用工需求,与学校签订人才需求合同,学校企业一起商定人才培养方案,综合利用学校和企业的资源,一起参与学生培养全程,实现人才需求目的,最终按照合同的规定安排学生就业,最后跟踪学生就业情况和表现,完成学徒制培养模式的效果反馈。在学徒制培养模式中,企业、学校和学生是主体对象,三方面各尽其职、相辅相成,企业分析行业特征,提出人才需求和规格,与学校签订学生培养方案;校企共同制定学徒制的有针对性的培养方案,以此为基础设计课程教学体系,共同参与人才培养全过程。

(二)"五位一体"共享教学资源

为了实现更好的"五位一体"协同学徒制的培养模式,及时应对市场需求,需要搭建"五位一体"协同合作平台系统。该系统集成"五位一体"的各种资源,包括学科资源共享、案例资源共享、实习平台、政策信息共享、前沿技术分享等,协同合作平台搭建有利于"五位一体"的合作模式,集合三方的优势来推进学徒制的进程,使得学校培养出来的学生能满足行业的需求,这种资源共享方式为创新创业和技术提升提供了互动、合作和共赢的平台。

(三)"五位一体"共建孵化基地和冠名企业

为了给学生提供更好的实践机会,让学生更早接触企业真正的运行模式,学校根据自己的专业需求,可以成立校内产业孵化基地,以横向项目或者纵向项目的方式来提供资金和技术支持,也可以取得企业的支持来成立以校名冠名的企业,该企业是学校的一部分。为使得校内孵化基地和冠名企业发挥培养学生的最大功效,"五位一体"需要合理化地规定其地位,需要建立合理的合作机构,需要建立完善的教学管理机制,需要培养双师型教学团队,需要建立良好的考核体系等。孵化基地和冠名工厂以职业化的教学目标为导向、在实际工作环境中进行各类教学活动,在工厂中进行课程教学,为学生提供良好的实践环境,为社会和企业培养了即学即用的人才。

(四)"五位一体"共同组织竞赛模式

"五位一体"根据学生培养目标,共同组织各类竞赛,学校组织专门团队参加校内外竞赛,以竞赛的模式推进学校教学体制的改革。通过竞赛,学校不断完善竞赛组织建设、师资培养、竞赛团队和体制改革等,企业可以有针对性地修改竞赛项目,将优秀的竞赛成果产业化,学生可以在竞赛中不断提高自己的知识水平,提高创新创业的思维,提高解决实践问题的能力,所以说竞赛不仅是对教学体系改革的一种展示,也对教学体系的改革具有推动作用。

五、建设"五位一体"创新创业文化体系

基于"五位一体"的教育模式是由学校、企业和社会团体组成的,三者相辅相成共同推动创新创业的不断发展,创新创业文化体系建设包括校内校外环境和文化建设,"五位一体"政策支持和机制保障等。

(一)共建学校内部创新创业氛围

为了调动学生创新创业的激情,学校应该开展各种创新创业活动,建立创新创业社团、产业和基地,提供对应的课程体系和培训模式,为创新创业提供文化底蕴和软硬件支持,例如利用学校的宣传能力对创业知识进行宣传、对创新榜样进行表彰、对学生重大成果大力扶持,引导学生养成自信、独立、自主和自强的品德,有效地激发学生的内在潜能;兼收"五位一体"的资源,邀请"五位一体"具有丰富创新经验和技术能力的专家学习和定期开展创新创业各类讲座,包括技术类、政策类和案例类等,为学生创业提供技术和政策的引导,讲座弥补了课程授课的不足,提高了学生实践的能力,加强了学生社会经验,使创新创业讲坛成为学徒制学院的一大特点,激发学生创业热情;开辟和挖掘学校市场,提供仿真创业环境,包括校内各种网站建设、网上购物平台建设、工商模拟、学校管理、跳蚤市场等。"五位一体"为这些活动提供指导,学生通过模拟创业积累经验,锻炼团队合作能力来提升实践创业能力,毕业后也可将这些模拟产业过渡到实际产业中。这些活跃的创业氛围为学生创新创业提供了良好的技术、思维和环境支持,循序渐进,形成学校文化底蕴,成为学徒制学校的一大特征。

(二)共建创新创业社会环境

创新创业社会环境的建设是学校、企业和社会为学生的创新创业提供政策和资金的支持。例如"五位一体"为学生创新创业提供资源的整合、资金的支持和政策机制的保障,包括成立创业基金,为学生创业项目提供无息贷款和资助;社会为学生创新创业提供免费培训、更多的政策知识;企业提供更多的行业机会、实践基地等让学生参与进去,也为学徒制学生提供就业保障;等等。根据创新创业各环节环境需求内容,"五位一体"的政策支持和服务部分内容如表 1 所示。

表 1　"五位一体"政策支持和服务

服务内容	服 务 方 式
公共基础	创业孵化基地、冠名企业等企业类型 提供产品演示厅、商业接待服务、公共会议室等产地支持 提供互联网数据、平台服务等网络设备、空间、数据支持 提供交通、绿化、安防等生活设施服务 提供税务、工商等政策指导和支持
信息技术	提供项目申报条件、政策支持、项目受理、政策扶持的宣讲等 提供项目平台、推广项目、技术联盟、企业协会、专家顾问等交流合作内容 提供公共资源共享平台

服务内容	服　务　方　式
创新软硬件	提供实验设备、实验室和检测机构等公共机构服务 提供横纵向基金支持 提供专利、科研成果转化、校企合作项目和科技中介服务等
融资支持	提供风投、众筹等创新创业投资 提供小额贷款、创业资金申请和知识产权抵押等贷款服务 提供项目财务评估、咨询和担保等咨询服务
人才召集	提供人才招聘、用工、猎头等人才服务 提供代理用工、专业技术评审和档案管理等服务 提供人才培训等
市场扩展	提供媒体宣传、项目推广、公共展示和企业专访等 提供大企业业务配套接口、小企业产品出口配合参展等市场拓展支持 提供政府采购项目支持
创业支持	提供创业论坛、课程等创业培训 提供社团的政策、法律解读咨询和协调服务 提供创业指导、创业项目类型、项目管理等创业辅导
环境服务	提供税收优惠、资料支持和流程优化等支持 举办竞赛和大赛、培训沙龙等创业环境 提供行业协会、社团和青年商会等组织服务 提供微博、公众号、社群、论坛等网络互动平台支持

(三)完善"五位一体"机制保障

学徒制"五位一体"协同创新创业需要学校、社会和各团体之间的协同合作,三者之间需要相关的制度保障,包括"五位一体"协同合作制度保证、政策保证、资金保证、法律保证等。

六、建立多元化的评价体系

(一)学徒制学生学习效果评价

学徒制"五位一体"协同创新创业人才培养的评价体系是基于"五位一体"而制定的,如表2所示,按照人才培养目标的特征将其规范化,包括知识体系、能力体系、素养体系三个方面,人才评价过程由"五位一体"一同完成,评价的主体是学徒制的学生。

表 2　学徒制学生评价体系

知识体系	学科基础知识
	专业技术支持

能力体系	学习方法和能力
	分析问题、解决问题能力
	实践操作能力
	创新创业能力
素养体系	职业道德情操
	创业基本素质
	创业工程意识

（二）教育模式科学性评价指标

表 3 从学校、政府、支撑平台、学生素质和社团机构五方面得出现代学徒制"五位一体"的协同创新创业教育模式的评价指标。

表 3　教育模式科学评价指标

一级指标内容	二级指标内容	三级指标内容
学　校	学校学习环境	校内外实习、工作基地、创业孵化基地数量
		创业大赛、设计大赛等竞赛数量
		学术报告、交流会、创业沙龙数量
		创业社团数量
		成果转化率数量
	教学内容质量	理论基础课程数量
		实践、模拟课程数量
		合格双师型教师数量
		教学项目和成果数量
		良好的教学成果和学生满意度
政　府	政策支持	政策支持的数量
		政策解读和服务满意度
		创业市场环境开发度
	经费支持	创新创业经费比例
		竞赛和创业活动经费投入
		政府在高校减少的创业基地数量

续　表

一级指标内容	二级指标内容	三级指标内容
支撑平台	校企合作	企业合作项目和研究数量
		企业学徒制订单数量
		科技成果在企业转化的数量
	创业孵化基地	孵化基地、创业产业接收学生数量
		基地提供的创业场所、设备和服务咨询数量
		基地提供的创业辅导和培训数量
学生素质	基础背景	具有创业意识的学生比重
		具有培训经验的学生比重
		把创业作为就业方向的学生比重
		具有兼职经验的学生比重
		家庭有企业经营的学生比重
	学习表现	课程出勤率
		创新成果数量
		竞赛和项目参加数量
		学徒制企业实践、创业模拟学生数量
社团机构	金融资金	贷款政策支持
		基金、风投支持
	中介扶持	中介项目对接活动数量
		创业服务、信息咨询、市场引导和人才服务数量
		法律、财务分析援助

为验证现代学徒制的"五位一体"的协同创新创业教育模式科学性和可行性,通过在多家院校的实证研究中跟踪此类指标、构建多层次综合和可拓学模型,对各院校的教学模型实施效果进行质和量的科学评价,为教学模式改进提供科学依据。

七、结　论

基于现代学徒制的"五位一体"创新创业教育模式研究和探索是全国"十三五"规划的重要举措,是在当代教育模式下的典型教育模式,是社会高速发展和产学研融合的必然趋势。

首先,对高等学校的学生进行基于学徒制的"五位一体"的创新创业教育模式培养对教学体系的改革具有促进作用。该教育模式以学生为主体,学校、企业和社团共同参与。改革教学体系和人才培养方案,包括对教学内容、方法和制度等都进行了系统改革。对各专业来说,其教育具体模式也有所不同,教育针对社会需求、针对学科特征,能够面向社会、面向现代化来培养创新创业能力。

其次,基于学徒制的"五位一体"创新创业教育模式集合"五位一体"的资源,为学生提供各种培训、实践、产学研环境,在学生日常生活学习中加以创新创业的引导,让学生养成职业习惯,产生职业向往,为学生创业提供政策的支持、知识技能的培养、项目竞赛、企业实训机会等,增强学生实现创新创业的能力和自信心,满足学生自我实现和自我发展的需求,也使得教育造就创新型人才成为可能。

再次,基于现代学徒制的"五位一体"协同创新创业教育模式使得教育与实践紧密联系,使得大学生的实践能力、创造能力、沟通能力、学习和适应能力都有质和量的飞越,精准把握社会需求,缩短了学生的创业思维引导、创业能力培养到创业实践完成的周期,有利于提高学校人才培养的能力、社会公众服务能力和科研工作能力,这种教育模式体系的生成有利于"十三五"规划教育改革的开展,也为我国的教改路线提供了一定的方向。

[参考文献]

[1] 钟秉林.我国地方普通本科院校转型发展若干热点问题辨析[J].教学研究,2016(4).
[2] 高岩.大数据背景下信息管理专业的课程群建设 [J].计算机教育,2014(24).
[3] 康淑敏.基于学科素养培育的深度学习研究[J].教学研究,2016(7).
[4] 陈惠红.将软件评测师职业能力要求融入软件测试专业建设的探索[J].职教论坛,2015(6).
[5] 陈惠红.基于中高职衔接的职业教育等级证书体系探索——以软件测试方向为例[J].广州职业教育论坛,2015(12).
[6] 刘济良,王洪席."慕课"之于大学教学变革:价值与限度[J].教学研究 ,2015(8).

以提升社会服务能力为轴心创品牌优质校

西安航空职业技术学院　　王瑜瑜

摘　要: 从提升高职院校社会服务能力的角度,分析探讨了我国高职院校优质校建设的核心问题。并从人才培养、科学研究、产教融合、社会培训和国际化办学五个维度系统研究优质校的建设。由此形成了五个相互关联的主题:一是优化人才培养供给侧改革是提升学校社会服务能力的前提;二是以科学研究为抓手提升学校社会服务能力;三是促进产教深度融合提升社会服务能力;四是拓宽社会培训路径提升社会服务能力;五是搭建国际化办学平台提升社会服务能力。

关键词: 社会服务;优质校;科学研究;产教融合;社会培训

近年来,国家持续实施了"示范性高等职业院校建设计划"。10年来,伴随着高职示范院校建设的不断深入,职业教育方面获得了一些标志性的成就。创新专业建设,稳固人才质量,开拓产教融合,成为高职教育的崭新亮点。2015年,教育部印发了《高等职业教育创新发展行动计划(2015—2018年)》,计划中明确了高职下一阶段的发展规划,即建设200所优质高职专科院校,打造高职实践改革的新标杆。而对于优质高职院校,则主要表现在办学理念先进、办学定位精确、人才质量较高、产教深度融合以及社会认可度高等方面。本文正是基于优质高职院校建设的大背景,深入分析优质高职院校的内涵和建设标准,并从人才培养、科学研究、产教融合、社会培训和国际化办学五个维度,系统研究优质校的建设。

一、示范校、骨干校和优质校建设的关系

高职示范院校建设,主要是完成人才培养模式的探索及改革的任务。不仅成功设立了一批重点专业,开创专业建设的新局面,而且深化了人才培养方案,使得人才培养质量再上新台阶。其建设最为显著的变化是,形成了应用型本科建设的雏形,基本去除了社会对高职院校为本科"压缩饼干"的诟病。诚然,其建设的成效亦非常显著:面向职场模式渐渐成熟,产学合作关系不断深化,双师型教学团队得以构建,服务地方及行业企业意识强化。

骨干校建设重点抓的是工学结合机制体制的创新。这种大胆探索先行先试的做法,反过来逼迫地方政府部门出台了诸多的配套政策,从而使得骨干校的创新经验转变为制度化的成果,并优化了高职教育的发展环境,深化了产教融合的程度。换言之,示范院校建设的侧重点是建设工学结合的专业,骨干校建设的侧重点是创新校企合作的机制体制,而优质高职建设的侧重点则是提升产教融合院校的整体质量。

二、优质校建设的目标及标准

（一）优质校建设的目标

在优质校建设中，必须体现国家的新要求。国家在"十三五"规划中明确提出推进职业教育产教融合，要求推行产教融合、校企合作的人才培养模式，推动专业设置、课程内容、教学方式与生产实践对接。因此，要把产教融合作为优质校建设的主线。

对于优质校要实现的目标，可以概括为 6 个方面：（1）办学定位准确；（2）专业特色鲜明；（3）社会服务能力强；（4）综合办学水平领先；（5）与地方经济社会发展需要契合度高；（6）行业优势突出。要实现这六个方面，产教融合是必备前提。因此，高职院校应以产教融合为建设主线，深化教育教学改革，提升技术创新服务能力，培养杰出技术技能人才，增强专业教师和毕业生在行业企业的影响力，提升学校对产业发展的贡献度，争创国际先进水平。

（二）优质校建设的标准

优质校建设有没有标准？回答是肯定的。要贯彻执行优质校建设标准，须坚持如下四点。一是坚持工学结合人才培养模式，深化校企合作体制机制改革。教育部推行的现代学徒制试点正是推动校企合作制度化的有效手段。二是坚持围绕专业建设，调整结构、改善条件、提振师资，提高专业服务产业发展的能力。专业办得好坏，决定了学校的特色和质量高低。三是坚持课堂教学内容与方式改革，加强在线开放课程与传统课堂混合教学，提高学生个人自主学习和创新能力。更要在教学信息网络化方面花大力气，不仅仅是资源信息化，关键是在教学过程、教学组织、教学考核上把信息化手段用起来。四是坚持开放办学，强化技术技能经验升级。扩大外延合作，提升高职院校国际影响力，增强社会服务附加值。

三、以提升社会服务力为轴心，建设国家优质校

优质校建设是当前高职院校关注的中心，其建设的轴心应在提升社会服务能力的输出成效上。有别于普通高校的社会服务专项功能，人才培养、科学研究、社会服务、文化传承都是高职院校输出社会服务能力的重要基础和生成环节，其输出成效以及造成的社会影响是推动高职院校科学发展的中轴，也是衡量学校是否优质的重要指标，更是高职教育提升社会吸引力的重要筹码。

（一）优化人才培养供给侧改革是提升学校社会服务能力的前提

高职教育历经示范院校、骨干院校建设的洗礼，无论是软件条件、硬件环境都大有改善，人才培养质量显著提高。西安航空职业技术学院（以下简称"西航职院"）几年来不断跟进区域经济和航空产业的发展，调整优化专业结构，在新专业申报和设置上向服务航空产业、地方经济拓展，形成了以服务航空专业为主，以普通机电类专业为支撑，兼顾发展汽车类和经管类专业的专业体系，在稳定服务军用飞机维修业的基础上，不断适应航空装备制造业、民

航运输业和通用航空及无人机产业对高技能人才的要求,提升学院专业服务产业的能力和水平。同时正视当前高职人才培养过程中的不足以及现实问题,深化产教融合,提升实训教学质量,服务社会发展。

(二)以科学研究为抓手提升学校社会服务能力

高职院校服务区域经济和社会发展的能力相对短缺,其中很重要的一个因素是科研能力的欠缺。所以,高职院校应加强"职业性"和"地方性"优势,重视科研师资队伍建设,并把科研对象、重点及目标紧紧锁定在应用研究上。专业老师和行政人员均需深入行企一线,加强与政府、企业和科技园区的合作,共建一体化的技术研发和人才培养平台。

(三)促进产教深度融合提升社会服务能力

高职院校要深入产教融合,提升社会服务能力,正确发挥政府、协会组织作用,为行业企业做好服务,实现校企合作双赢。以西航职院为例,伴随着航空基地开发建设,学院的办学眼界日益开阔,发展空间不断拓展,特别是在基地的支持下,从战略的高度将服务平台建设作为主动融入基地、融合产业发展的重要举措。自2006年起,学院从无到有建立了许多重要的办学交流、合作与服务平台,加入了若干重要的行业组织,迈上了更广阔的合作与发展舞台,实现了一系列办学体制机制创新,迅速提升了服务基地与产业的能力,拓展了办学空间,提高了与航空产业的融合程度。

(四)拓宽社会培训路径提升社会服务能力

社会培训是职业教育育人功能的再拓展,同时是高职院校直接服务社会的形式,也是未来职业教育持续发展的可行性路径。西航职院坚守"根植地方、依靠地方、服务地方"的理念,主动全面深入地服务地方经济建设和社会发展,与国家航空产业基地管委会、西安市阎良经济开发区管委会等签订战略合作协议,积极发挥学院的人才、资源优势,对陕西省中职师资、航空产业基地企业员工开展专业知识、操作技能、职业素养等方面的培训,为实现区域和谐社会的构建做出重要贡献。高职院校应在拓宽培训路径和社会化办学方面进行更多的思考,为高职教育可持续健康发展赢得更大的空间。

(五)搭建国际化办学平台提升社会服务能力

中国高职教育发展成绩显著,但在办学质量、管理模式、专业建设、人才培养国际化程度上还非常不足。外教师资、国外留学生、毕业生就业等方面离国际水平还很远。近年来,西航职院重视国际交流与合作,搭建交流合作平台,加强国外培训交流,引进国外优质教育资源,开展校际合作,借鉴国外先进的理念和经验,推动学院教育教学改革和人才培养质量的提高,同时扩大了学院在国外的影响。而作为国际化的重要基础,高职院校首先要有很好的国际化教育产品和资源保障,以好的产品吸引国外学生进门学习,若仅靠拉人头凑人数则会给高职教育国际化办学留下国际笑柄。西航职院持续推进学生对外交流。依托"中美高端技能型、应用型人才联合培养百千万交流计划"平台,引进优质航空工程教育资源,扩大学生交流,实施联合培养,持续推进大学生赴美带薪社会实践项目,扩大规模,提高质量。

依托平台提升师资培训国际化水平。发挥学院中德培训中心平台作用,提升师资培训的国际化水平,选拔重点专业教师和优秀管理人员有针对性地开展境外培训。

支持航空装备"走出去"战略。加大与"一带一路"沿线国家的合作和交流,实施中航国际加蓬职教项目,援助加蓬建立职业院校,在航空维修、航空物流等方面开展培训,支持我国航空装备"走出去"战略,提升学院国际影响力。

汲取先进国家和地区经验,以此提升专业建设标准和人才培养质量,通过举办不同形式的国内外职业教育培训机构,提升人才培养质量,同时吸引更多的境外留学生,更好地服务于中国企业和产品走出国门,走务实可行的国际化高职教育发展之路。

四、结　语

国家优质校评选迫在眉睫,但优质校建设却依然任重道远。高职教育的很多办学思想、办学理念汲取了世界上职业教育发达国家的先进经验,但其本身极具中国特色,国情不同、文化传统不同,照搬照抄绝不可能。但有些是相通的,如人才的培养质量如何,人才是否满足区域经济和社会发展的需要,学校能否为当地行业企业解决实质性问题,这些都是社会服务能力高低的具体体现。只有踏踏实实把这些工作做好,学校才会具有影响力,才能达到真正的优质。就高职院校来说,不管未来能否评上,都要借此次优质校评选之机,重新思考学校办学定位、人才培养理念,强化人才供给侧改革,不断诊断与改进,注重过程、注重细节、注重质量,这样才能弥补社会服务能力的短板,真正迈进优质校的行列。

[参考文献]

[1] 秦德林.优质学校建设的历史价值、责任担当与发展趋势[J].教学与管理,2016(12):16-19.

[2] 张新平,陈粤秀.何谓优质学校——基于40位教管人员的访谈研究[J].教育发展研究,2011(10):20-28.

[3] 黄明林.国家优质特色职校内涵体系构建[J].学校管理,2014(10):68-71.

[4] 王寿斌.扶优扶强,优质校建设集结号吹响[N].中国教育报,2016-11-22(10).

[5] 翟帆.优质校建设,高职改革举起"新标杆"[N].中国教育报,2016-11-08(9).

[6] 何静,赵良梅.示范高职建设:成果与期待——基于200所国家示范(骨干)高职院校的调查分析[J].职业技术教育,2013(6):60-63.

[7] 陈尊厚.地方新建本科院校创建应用型优质本科大学的若干思考[J].中国大学教学,2014(10):30-33.

[8] 王晓东.优质高职院校建设专题调研报告[J].中国职业技术教育,2014(35):89-91.

高等职业院校双师型教师队伍建设创新研究

——以辽宁机电职业技术学院为例

辽宁机电职业技术学院　张德虎

摘　要:本文以辽宁机电职业技术学院为例,从优质高职院校的内涵界定和特征入手,分析学院双师型教师队伍建设存在的问题,以人才培养质量为建设目标,从建立教师动态资格认证制度、完善教师的培训制度、强化双师型教师的激励制度、积极创造教学平台,提升教师教学科研能力等方面创新,提高双师型教师的教育教学能力,为优质校的建设提供坚实保障。

关键字:优质校建设;高等职业院校;双师型教师;创新研究

高等职业教育作为高等教育重要组成部分,是推动整个社会经济发展的重要因素。近年来,随着我国高职教育由外延式扩展向内涵式提升转变,以及国家示范性院校的建设,追求高质量逐渐成了新一轮高职院校建设的奋斗目标。《高等职业教育创新发展行动计划(2015—2018年)》(教职成〔2015〕9号)也明确提出,将要建设200所左右的优质专科高等职业院校。所谓优质高职院校,就是不断"优质化"的高职院校,主要体现在办学理念先进、办学定位准确、产教深度融合、人才培养质量高、社会服务能力强以及社会承认度高等方面。

辽宁机电职业技术学院是一所以工科专业为主体,机电类和仪器仪表类专业为特色,兼顾汽车、工商和黄金珠宝专业,全日制学历教育、职业培训和科研技术服务并重发展的高职院校。学院始终坚定不移地走校企合作、工学结合的高职办学之路,经过多年发展,总结出一条"区校企联动发展,产学研结合办学"的特色发展之路,在校企合作、专业建设、人才培养模式改革、教学团队建设、社会服务能力建设、素质教育和教学管理等方面成绩显著。本文以辽宁机电职业技术学院为例,从优质高职院校的内涵界定和特征入手,分析学院双师型教师队伍建设的成果及所存在的问题,以人才培养质量为建设目标,从建立教师动态资格认证制度、完善教师的培训制度、加强教师企业锻炼力度、强化双师型教师的激励制度、积极创造教学平台,提升教师教学科研能力等方面进行创新,提高双师型教师的教育教学能力,为优质校的建设提供坚实保障。

一、"优质学校"内涵及其基本特征

2006—2015年,教育部、财政部启动实施了"国家示范性高等职业院校建设计划"。10年来,项目建设院校在创新体制机制、优化师资队伍结构、深化教学改革、提升服务能力、提高办学质量等方面取得了显著成效,成为这一时期高等职业教育改革发展的亮点。2015

年,教育部印发《高等职业教育创新发展行动计划(2015—2018 年)》,提出建设 200 所优质专科高等职业院校的目标,为高职战线树立起改革发展的"新标杆"。

优质学校,简单地说就是一所高质量的学校。过去,人们评价一所学校质量的高低,要看其升学率,升学率高的学校就是高质量的学校。现在,人们越来越认识到仅有升学率是不够的,学校还必须重视学生全面素质的提高,让每一个学生的潜能都得到全面、和谐、自由、充分与持续的发展,使他们有更好的学业成就、更健全的心理品质、更和谐的人际关系、更强健的体魄、更高尚的道德情操、更开放的思想观念、更高的创新精神与实践能力,这样的学校才是真正高质量的学校。

基于人们对高职教育的理想诉求和理论判断,笔者认为"优质学校"蕴含着以下内涵:一是文化。这是学校全员(校长、教师、学生以及家长和有关的社会成员)共享的一种价值观念和学校氛围。二是包容、尊重。它呵护着各种不同性格、不同才智、不同个性、不同背景、不同层次的教师和学生,没有种族、阶层、性别等歧视。在学校,师生感受到莫大的生命自由,感受到学校博大的胸怀。三是责任。它把"促进每一位真实的学生个体的发展"作为学校的办学追求。把真实的学生发展置于最高位置,实现教育机会均等,让每一位学生享有同等的学习机会,弥补学生获取教育机会的差异,这是优质学校建设的指归与责任。四是变革。这是学校内部持续不断的创新能力,它是学校反省实践与改进实践的意识与过程。优质学校是一种创新。学校需要基于自身的"优劣机危",秉承学校的优良传统,充分发挥自身的优势,创新自己的文化,促进自身的发展。五是系统。它既需要学校内部各要素(学习、教学、教师、课程、管理)的功能整合,还需要学校外部的动力支持。六是策略。它可以是整体规划、全面推进,也可以单项突破、以点带面,最终谋求学校的整体改进。七是鼓励不断学习的机制。建立学校整体追求卓越的文化机制,使师生都能得到发展。八是制度。它意味着学校拥有必要的办学自主权和办学责任,形成了一种新的教育动力机制和问责机制,学校要为教育家的产生创造教育生态环境。

优质学校的内涵赋予了其以下基本特征:第一,优质学校是"以先进理念"引领的现代学校。作为现代学校的精华,特别需要先进的办学理念作引领和坚持以人为本的办学方向。第二,优质学校是注重学生和谐发展的高质量学校。学校追求的是高质量的教育,而不是高升学率的教育。第三,优质学校是勇于创新的个性化学校。学校的优质化进程一般要经历三个阶段,即规范化办学阶段、精细化办学阶段和个性化办学阶段。在当今日趋多元的时代,优质学校一定是勇于创新、敢为人先、自成一格的个性化学校。第四,优质学校是不断"自我超越"的"善优化"学校。学校要体现可持续发展的内在要求,只有不断完善,精益求精,才能不断超越自我,走向优质。第五,优质学校是高效能的学校。它一定是投入产出比高、加工能力强、办学效益好的学校。

二、"优质高职院校"的建设标准

建设优质高职院校,要实现人才培养、办学条件、实训能力、教学能力、师资队伍和国际竞争力等方面的优质化,关键在于构建优质高职院校的标准。笔者认为,优质高职院校要紧贴经济社会发展的需求,牢牢把握服务发展、促进就业的导向;要适应人的全面发展的需求,坚持立德树人、知行合一,培养职业精神,提升实践能力;要符合职业教育规律,尊重职业教育活动及其培养目标的特殊性,培养高素质技术技能型人才。根据优质高职院校对不同主体需求的满足,可以将优质高职院校的建设标准分为外在标准和内在标准。

(一)优质高职院校的外在标准

优质高职院校的外在标准,主要指高职院校对经济、文化、政治等社会领域需求的满足程度。优质高职院校的外在标准包括以下几个方面:

第一,社会声誉高。具有高的教学质量和毕业生就业率,受社会认可并具有良好的社会声誉。

第二,办学能力强。全面提升和拓展高职院校的办学能力,能够在政府规范引导下,院校自主办学、主动服务发展需求,实现可持续发展。

第三,办学特色鲜明。突出"高"和"职",人才培养上强调对学生进行高智力含量的技术教育,体现地方性与行业性。

第四,产教深度融合。校企双主体办学成为现实,企业全面参与高职院校人才培养工作的各个重要环节。

第五,社会支持度高。政府、社会、企业、学生以及家长对高职院校的支持度高。多元开放的集约化办学格局基本形成,高职院校的资源开发渠道顺畅,资源的整合能力、资源的共享利用及其利用效益显著提高。

(二)优质高职院校的内在标准

优质高职院校的内在标准,主要是指高职院校对师生需求的满足程度。优质高职院校应紧紧围绕师生需求,集中有限资源致力于技术技能型人才培养。优质高职院校要具有以下几个方面的内在标准:

第一,先进的办学理念。联通职业教育、素质教育和终身教育,树立全面发展的人才观和帮助人人成功的职教理念。

第二,严谨的教学体系。教学设备条件优良、管理规范,校内实验实训基地和校企合作实习实训基地的使用效能高。专业教学标准与质量评价标准体系科学、简洁、严谨,学生职业素质与职业技能评价标准不断完善,教育教学质量监控与评价机制健全。

第三,特色的师资队伍。从课程教学、实践能力、职业素养等方面打造教学水平和实践能力并重的技术技能型教学团队。

第四,精湛的管理水平。院校领导班子和管理团队能立足市场、高瞻远瞩、严格遵循职业教育教学规律,积极推动现代职业院校的治理体系建设,从绩效分配、选人用人机制、评价机制等方面推进院校内部管理体制机制改革。

第五,卓越的组织文化。先进的办学理念和追求卓越的精神成为学校组织的文化,成为院校全体成员的共识并转化成生活行为方式。

三、双师型教师内涵

目前关于高职院校双师型教师这一概念尚未形成明确的界定。学术界定义主要从两个层面考虑，一方面是从学校教师队伍结构上，以专任教师为主、兼任教师为辅，教师以高校毕业为主、企业为辅，理论教学和实践教学相结合；另一方面，从教师个人角度来说，有"双证书""双职称""双技能"等观点。

第一种"双证书"说。"双证书"说法认为，双师型教师是同时持有教师资格证书和职业技能等级证书的"双证书"，并具备相应素质和能力的专业教师。该说法虽不能完全地、真实地反映持证教师具备的专业水平和技能，但考核简便。

第二种"双职称"说。持该观点的学者认为，双师型教师须是讲师、副教授、教授，同时还应是工程师这两种专业技术人员。

第三种"双技能"说。该观点认为，双师型即教师型和技师型，兼备有教师的理论和授课能力与企业技师的实践技能，实现专业理论教师技能化和操作技能理论化的合二为一。

无论是哪种观点，本人认为双师型教师必须具备"双师"素质。所谓"双师"素质，是指既要具备良好的师德，又要具备高尚的行业道德；既要具备专业理论知识，又要兼备高超的实践技术等。

四、学院双师型教师队伍建设的发展现状

为提高职业教育人才培养质量，许多院校在双师型教师队伍建设方面进行了大量探索和创新研究，并取得了丰硕的成果。辽宁机电职业技术学院是全国重点建设职业教育师资培训基地、国家数控技术紧缺人才培养基地以及辽宁省首批职业教育改革发展示范校建设单位。近年来，随着学院的不断发展和创新，双师型教师队伍建设取得了长足的进步，学院现有教职员工 400 余人，其中专任教师 284 人，副高级以上职称的有 120 人，拥有硕士学位的有 150 人，双师型教师占专任教师的 90.6％，为学校人才培养模式发展提供保障。

（一）双师型教师队伍建设基本特征分析

1.师资来源

目前我院师资来源主要有三个途径：一是引进研究生等高学历人才。这类教师理论知识丰富，但实践能力不足，特别是缺乏企业实践经验。二是从本行业的相关企业引进技术人才，这类教师在动手技能、实训能力、现场指导能力等方面虽有明显优势，但与真正的双师型教师还有些差距。三是从兄弟院校调配过来一批具有中高级职称的教师，这部分教师教学经验相对丰富，但企业经验不足。由于这三种途径人才的知识与能力脱节，教师队伍建设不合理，影响高职院校人才培养质量，如图 1 所示。

2.注重双师型师资队伍的培训

（1）加强培训组织。

为了加强双师型师资队伍建设，辽宁省教育厅开展了教师培训，对双师型教师组织培

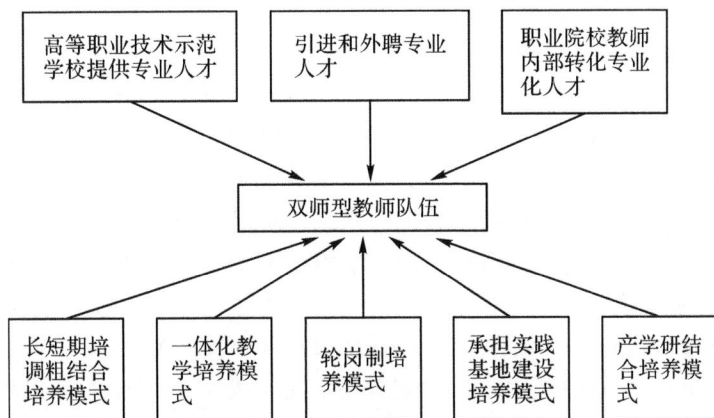

图 1 双师型教师来源示意图

训。如 2011 年高职教师参加企业实践和职业技能培训班,重在提高技能实际操作能力以及理论与实践相结合的能力,从而使教师了解企业对人才质量的要求;2014 年度省级职业院校教师素质提高培训班,着重开展教育教学理念,教学改革成果,教育技术应用,专业课程的新知识、新内容、新工艺、新技术、新设备等方面的培训。

(2)创新培训方式和方法。

目前学院双师型教师的培训主要方式为省教育厅和教育部组织的双师型素质培训班、校企合作、校本培训。其中教师参加省教育厅和教育部组织的双师型素质培训班占到22%,参加校企合作占到 71%,参加校本培训占到 7%。主要体现在如下几个方面:

①校企合作,到企业学习和锻炼。为教师提供实践平台,实行校企合作,学校和企业资源共享,鼓励教师到企业参加实践,扩充工作经验和储备技能。

②建设校内培训基地。建设学校内部实训基地,扩展教师参与校内实践,由此更好更有效地指导学生参与实践,让学生了解到技术的应用。

③教师参加实验室建设,节约了经济成本和人力成本,培养教师的实践能力和组织能力。

④选派骨干教师参加劳动部门组织的专业技能培训班脱产学习,鼓励教师进修,提高教师自身的学历和实践技能。

(二)双师型教师队伍建设存在主要问题

目前,辽宁机电职业技术学院在双师型教师队伍建设方面已形成了一支校内外专兼结合、校企深度合作、教科研一体化的具备一定教学和实践能力的师资队伍。但相对国外先进高职教育的教师队伍状况而言,我校在教师队伍建设方面,特别是在双师型教师方面还存在一些不足。

1.双师型教师缺乏一定的素质教学与实践能力

双师型教师认定标准虽然有很多种,但主要是通过考取相应的职业资格证书获得认证,而职业资格证书只是一种曾接受过相关职业培训的证明,并不代表真正具备相应的职业实践能力,许多人更多的是为了获取证书而"考证",这种资格证书的培训不能真正考察教师是否具备教学能力和生产实践能力。

2.双师型教师资格认定制度不太完善,管理制度缺乏保障

我院双师型教师资格认定制度不太完善,使得认证资格管理缺乏保障。高职院校对双师型教师资格认定,规定只要具备教师资格,符合三个标准中的一个便可:一是"双证",即中级以上的专业技术证和职业资格证;二是近五年中有累计两年的企业挂职锻炼、培训项目;三是近五年里有校企合作的科研成果,发明专利。众所周知,教师的实践教学能力是双师型教师的核心能力。因此,双师型教师的素质和能力建设是非常重要的,亟须建立一套行之有效的、可持续的监督制度。

3.双师型教师队伍建设的激励机制缺乏,企业对挂职教师重视度不够

高校教师要想提升自己的实践能力,必须深入企业生产一线学习和锻炼,完成具体项目。但是,高职院校在教师深入企业锻炼方面,相关的管理制度和激励措施尚未完善,导致教师到企业挂职锻炼积极性不高,企业对挂职教师重视度也不够。

4.双师型教师队伍整体教科研水平不高

当今,双师型教师在高质量、高水平学术刊物上发表的论文较少;在发明专利以及实验技术等方面的成果也不多;科研课题较少,课题很多都是院级或省级之类。究其原因:一是教师的教学任务普遍较重,精力不够;二是部分教师对科研工作认识不足;三是在高职院校里未形成浓厚的学术氛围;四是高职院校的科研经费有限,资金少。特别是在高职教育改革年中,积极提倡和鼓励教师从事科研,定期进行科研和教研项目的立项培训,国家加大科研经费投入已成为必然趋势。

五、优质校建设背景下高职双师型师资队伍建设创新途径

高职院校教师队伍质量水平严重制约我国高等职业教育的发展与改革,特别是双师型教师建设,直接影响高职院校人才培养的质量。因此,加快高职院校双师型素质教师队伍建设是提升高职院校人才培养质量的重要举措。

(一)建立高职院校教师动态资格认证制度

由于现行辽宁省内普通高等学校教师资格认证制度并没有将普通高等学校和高职院校进行区分,但实际上普通高等学校和高职院校的教师在教学能力和实践能力的侧重上是有差别,且高职院校教师的教学能力更多倾向应用和实践型。因此,高职院校需根据教育部的相关要求和标准,结合自身的实际情况,建立一套适合本校的教师资格认证制度标准。同时,在条件成熟的情况下,高职院校的教师资格认证制度要实施动态考核,根据一定的年限重新考核认定,督促教师定期自我学习、自我发展,确保教师教学技能和理论知识的及时更新,满足专业人才培养需要。

(二)完善双师型教师队伍培训制度

学院领导要统筹规划,继续选派专业教师参加全国、全省骨干教师培训,选拔优秀教师出国考察和培训。依托地方性经济发展优势,重点开展职院各专业的教师技能培训。积极

举办讲座、报告会，介绍新技术、新方法、新理念，并将企业先进技术、理念和管理制度推广和运用到教学实践中。通过相互学习和经验交流，开展教师人人参与的教育教学竞赛，让每个教师都参与，从而提升教师的职业教育理论教学水平和实践锻炼能力。

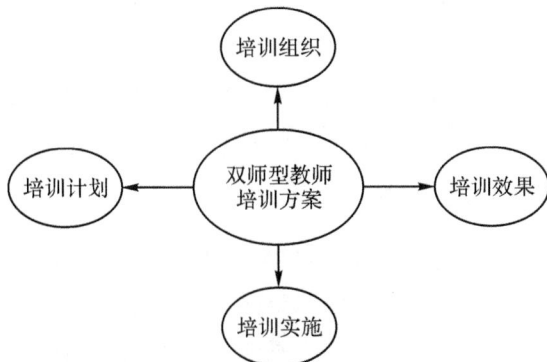

图 2　双师型教师培训方案示意图

(三)深化校企合作，加大双师型教师深入企业锻炼力度

学校要有计划地定期组织专业教师到企业、科研单位进行专业实践，加强工程实践锻炼，严格检查企业锻炼日志，设立专门监督部门，定期巡视专业教师下企业锻炼实践情况。通过实践了解行业现状，技术和先进设备的发展趋势，在教学中及时补充这些最新资讯和内容。产学研结合有助于实现高职教育人才培养目标与规格要求、培养独具优势的技术型人才。学校能根据企业的人才培养模式要求开设课程，使高职院校与企业的发展有机融合在一起；在教学过程中，理实一体、校企深度合作，企业为学校培养双师型教师提供实践的平台。学校可把企业的设施设备和专业技术人员队伍充分利用起来，一方面作为专业教学的环境条件，另一方面作为双师型教师培养培训的重要基地，可有效提高双师型教师队伍质量。

(四)完善双师型教师的激励制度

高职院校要建立一支具有较高学术水平和较强实践能力的双师型教师队伍，必须建立一套与之相匹配的激励奖励机制。专业教师的成长尤其是实践能力的提升，自身需要付出很多时间和精力，合理的奖罚制度会有一定的激励作用。一是鼓励教师去企业生产实践，提高自己实践能力。在企业实践期间通过减免教学工作量等形式对实践教师给予工作量的保障。二是在职称评聘、职级晋升等方面，优先考虑具备"双师"素质的教师，对积极到企业实践或参加技能竞赛的教师予以适度倾斜。三是学校把专业教师必须具备"双师"素质作为师资管理制度的一项基本内容固化下来，为专业教师进行实践技能提升提供制度保障。

(五)完善高职院校的职称评审政策

近年来，虽然职称评审逐渐重视教师个人的教学质量水平及其对学生的技能竞赛指导等方面，但由于教学质量的评价和学生获奖的可比性不高且很难量化，导致评委在职称评审过程中主要还是看重科研项目和论文。基于此,笔者认为,修订完善高职院校的职称评审政策,提高高职院校教师评职称的积极性势在必行,一方面,基于高职院校主要是面向一线培养高素质技术技能人才,建议在评审中进一步强调对高职院校教师教育技能和教学水平的考核;另一方面,由于职业院校是为区域经济发展服务的,建议把教师校企合作情况、为企业开展社会服务情况等指标体现在职称评审中,体现高职院校教师职称评审的差异性。政策是教师自身发展的一个指挥棒,制定适合高职院校自身发展的职称政策,能有效激励双师型教师队伍的发展,对师资队伍的建设有着重要的导向作用。

(六)加大兼职教师队伍建设力度

建设一支高素质的双师型教师队伍,不但要充分发掘学校内部的人才市场,而且需要社会的人才资源进行补强,积极引进专业知识牢固、实践技能丰富的专业技术人员和管理人员,以优化教师队伍整体结构,加大实践教学教师的比重,提高双师型教师的比例,还可以与企业建立校中厂、厂中校等实训基地,来进行"订单式"培养,请企业专家到学校充当兼职教师。兼职教师熟知该专业的技术状况和就业现状,可为学校带来新技术及社会对未来学生素质和能力的新要求,使教学工作能够紧跟社会发展的步伐,培养实用的应用型人才。所以要充分发挥兼职教师的作用,不仅要安排好他们的教学工作任务,还要安排好教学研究任务。安排兼职教师帮助青年教师,通过相互间的交流,提高青年教师的实践能力。

(七)积极创造教学平台,提升教学科研能力

提高教学质量的关键是教师的教学能力。我们运用"新课改"理念引领教学,将职业学校专业课"两课"评比、信息化教学大赛、技能大赛与教学相结合,充分调动教师投身教学改革、投身主题教学模式的研究,有效促进教师专业成长,提升教师的整体素质,深化课堂教学改革。重点专业建设期间,充分整合多种资源,搭建有利平台,成立专家指导团队帮助专业教师,专业课教师不负众望在各项比赛中取得了较好的成绩。在平时教学过程中,通过参与培训、讨论、主讲示范、测试等环节,进一步提高教师对课程改革的重要认识,而且极大地增强了教师的教学设计能力,使得教师的教学方法更加科学,教学水平更上台阶,受到广大师生的欢迎和称赞。通过开展读书活动、撰写心得体会、开设讲座、指导青年教师撰写专业论文、帮助青年教师向杂志社推荐论文等方式,提高青年教师的科研能力。

(八)加快建立教师的"现代学徒制"

学院目前与企业建立的校企合作的二级学院有黄海汽车工程学院、华孚仪表学院、北方珠宝学院等,它们与企业都有着深层次的校企合作,实现资源共享,共同搭建合作平台。"现代学徒制"人才培养模式不仅仅针对学生,也包括教师特别是青年教师,校方积极开展合作机制,让教师参与企业实践、科研,让教师了解到最新技术和行业最新动态;同时企业作为参与方,获得了科研力量,产学研是推进教师参与实践、技术研发的有效途径,也是发展双师型教师队伍的有效途径。

图3、图4所示为我院二级产业学院黄海汽车工程学院汽车制造与装配技术专业实施的"现代学徒制"课程体系和课程模块示意图,图5为"现代学徒制"基地建设示意图,图6为

学院"现代学徒制"教学现场。

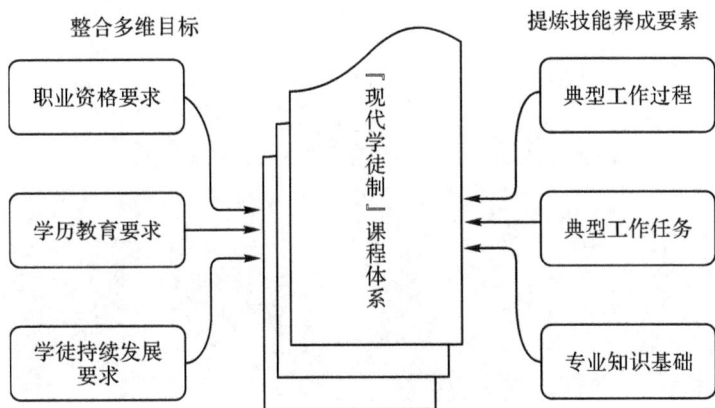

整合多维目标　　　　　　　　　　　提炼技能养成要素

职业资格要求　　　→　　『现代学徒制』课程体系　　←　　典型工作过程

学历教育要求　　　→　　　　　　　　　　　　　　←　　典型工作任务

学徒持续发展
要求　　　　　　→　　　　　　　　　　　　←　　专业知识基础

图 3　"现代学徒制"课程体系示意图

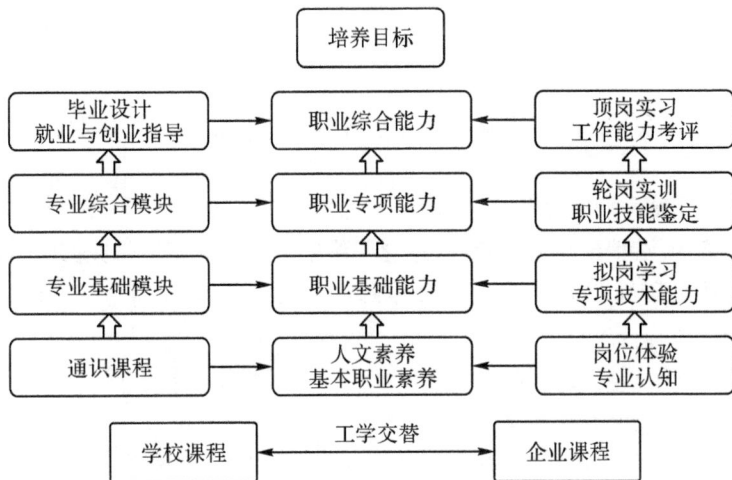

培养目标

毕业设计
就业与创业指导　→　职业综合能力　←　顶岗实习
工作能力考评

专业综合模块　→　职业专项能力　←　轮岗实训
职业技能鉴定

专业基础模块　→　职业基础能力　←　拟岗学习
专项技术能力

通识课程　→　人文素养
基本职业素养　←　岗位体验
专业认知

学校课程　←　工学交替　→　企业课程

图 4　"现代学徒制"课程模块示意图

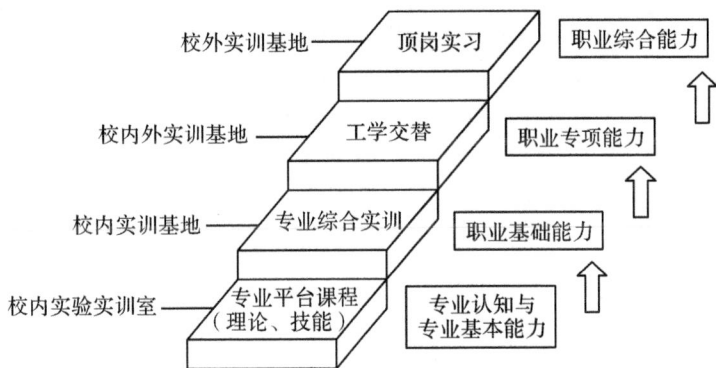

校外实训基地 —— 顶岗实习　　职业综合能力

校内外实训基地 —— 工学交替　　职业专项能力

校内实训基地 —— 专业综合实训　　职业基础能力

校内实验实训室 —— 专业平台课程
（理论、技能）　　专业认知与
专业基本能力

图 5　"现代学徒制"实训基地建设示意图

图 6 "现代学徒制"教学现场

[参考文献]

[1] 杨建中,江云,黄劲峰. 高等职业教育人才培养模式的思考[J]. 昆明冶金高等专科学校学报,2010(4).

[2] 郑小明. 建设优质高职院校的背景、内涵与标准[J]. 管理论坛,2016(3).

[3] 谢翌,马云鹏. 优质学校建设的背景、理念与维度[J]. 教育发展研究,2007(5).

[4] 高晓辉. 新时期高等职业教育校企合作的困境与对策研究[D]. 石家庄:河北师范大学,2013.

[5] 闫利雅. 中美一流高职院校发展路径比较——以广州番禺职业技术学院与迈阿密戴德学院为例[J]. 职业技术教育,2015(4).

[6] 李忠华. 关于造就一流高职院校的思考[J]. 教育与职业,2004(28).

[7] 王晓东. 优质高职院校建设专题调研报告[J]. 中国职业技术教育,2014(35).

[8] 潘陆益. 一流高职院校的文化审视[J]. 中国高教研究,2013(3).

第二编　产教融合

产教融合:从示范到优质院校建设的主线

上海市教育科学研究院　马树超

摘　要:经济和信息技术快速发展是高职教育发展的重要动力,政府引导是高职教育深化产教融合、面向市场发展的成功探索;2006年国家启动示范高职院校建设项目,先后经过示范校、骨干校建设,目前进入产教融合的优质院校建设和整体质量提升的新阶段。

关键词:产教融合;高职教育;政府引导;示范院校;优质院校

高等职业教育是中国经济快速发展和信息技术高速发展叠加环境下成长起来的高等教育新类型;满足适龄青年进入高校学习并掌握就业技能的需求,是我国高等学校发展的重要动力;2015年全国高等教育毛入学率达到40%,高职教育的快速发展起到了决定性的作用。高等职业教育也是伴随中国市场经济体制逐步成熟过程发展起来的职业教育新类型,面对市场逐步成为资源配置的重要因素,政府在高职院校产教融合、服务发展、促进就业等方面发挥的引导作用取得明显成效。

一、国家示范高职专项:引导工学结合的人才培养模式改革

2006年,按照《国务院关于大力发展职业教育的决定》的重要部署,为在全国高等职业院校中树立改革示范和发展示范,引领高等职业教育与经济社会发展紧密结合,提高高等职业教育质量与办学效益,推动高等职业教育健康发展,国务院决定实施国家示范性高等职业院校建设计划,旨在整合资源、深化改革、创新机制的基础上,按照地方为主、中央引导、突出重点、协调发展的原则,同时兼顾地区、产业、办学类型等因素,选择学校定位准确、办学条件好、社会声誉高、产学结合紧密、改革成绩突出、制度环境好、辐射能力强的100所高等职业院校,优先进行重点支持,并完善相关政策,促进工学结合的重点专业建设,通过以点带面,引领全国高职院校凝聚教学改革的共识。通过项目的实施,一批高职院校在创新人才培养模式、专兼结合教学团队建设、服务社会、服务地方、服务企业和办学特色等方面取得明显成效,加快了高职教育改革步伐,提高了高职院校的办学实力、教学质量、管理水平和办学效益;一批重点专业脱颖而出,建成了对接各地重点产业的专业人才培养方案,有效带动了省级示范、行业示范等一大批高职院校,一批专业特点突出的优秀高职院校群体脱颖而出,他们聚焦国家和区域发展战略,围绕实体经济建设,在推动战略性新兴产业、先进制造业健康发展,加快传统产业转型升级等方面,提供了重要的技术技能人才支撑,发挥了不可替代的作用,引领高等职业教育走出一条不同于普通大学的类型之路,高等职业学校显示出空前活力和勃勃生机。

联合国教科文组织产学合作教席主持人查建中教授称赞国家示范高职院校建设项目成就了高职教育的改革优势,用 6 个标志来描述示范高职建设项目所具有的典型示范意义,这就是:逐步成熟的面向职场模式、正在深化的产学合作关系、双师教学团队的理念和机制、紧跟市场的观念和体制、对职场中层人才需求的了解和把握、服务行业企业的意识等。在该项目实施中,中央财政专项投入资金产生了明显的拉动效应,地方财政对高职院校发展的重视程度大幅度提高,生均预算内拨款水平明显提高,示范高职建设院校基本实现了与本科院校生均财政投入水平大体相当的建设要求,为教育部、财政部《关于建立完善以改革和绩效为导向的生均拨款制度加快发展现代高等职业教育的意见》明确规定 2017 年各地公办高职院校年生均财政拨款水平应当不低于 1.2 万元奠定了实践基础和政策依据。正是基于产教融合的工学结合人才培养模式的变革,改变了高等职业院校的人才培养观念,提高了高等职业院校专业教学的质量,提高了高职院校毕业生的就业创业能力,也提高了高职院校在教育领域及其在全社会的地位。近几年,一批高职院校校长(书记)先后调到应用性本科院校担任党委书记或校长,这也从一个侧面反映了社会对高职院校发展成效的认可。

二、国家骨干高职专项:引导校企合作的体制机制创新

2010 年,在对国家示范高职院校建设项目成果充分认可的基础上,教育部、财政部对继续延长该项目计划的实施做出具体安排,确定新增 100 所骨干高职院校建设,继续发挥财政专项对高职教育改革发展的引导作用,推进地方政府完善政策、加大投入,创新办学体制机制,推进合作办学、合作育人、合作就业、合作发展,增强办学活力;并将校企合作体制机制建设作为突破工学结合教学改革瓶颈的重要举措,形成人才共育、过程共管、成果共享、责任共担的紧密型合作办学体制机制,促进校企深度合作,增强办学活力,形成新的引领机制。

骨干院校项目建设文件,规定央财资金可以部分安排用于办学体制机制创新,成为政府引导骨干建设项目推进产教融合、校企合作的重要信号。一批国家骨干建设项目院校领导普遍认为,骨干建设项目不仅仅使学校办学业绩得到明显提升,更重要的是在校企合作体制机制上取得了成功突破,为工学结合的人才培养模式改革提供了保障。90%以上的骨干项目建设院校成立了校企合作办学理事会,成立了职教集团的骨干院校所有重点建设专业都成立了专业建设指导委员会,部分重点专业探索了校企合作的升级模式。例如,南京信息职业技术学院通信类专业群建立"与技术链上游企业合作共建公共技术服务平台,为技术链下游企业提供毕业生和培训服务"的校企合作模式,就是围绕产教融合开展的校企合作升级模式,公共技术服务平台将通信产业发展的先进技术技能要求融入专业教学和培训过程,并且由企业工程师和学院专业教师混编组建工作团队,按同一标准进行教学、培训和技术服务,得到产业链下游企业的高度认可和欢迎。在《2016 中国高等职业教育质量年度报告》(以下简称"年报")面向社会发布的高等职业院校"服务贡献 50 强"中,有 25 所是国家骨干高职项目建设院校,在骨干建设专项验收中获优秀成绩的江苏农牧科技职业技术学院居其榜首,显示了骨干高职项目建设院校通过创新校企合作体制机制,在服务地区和行业的贡献度方面发挥了示范作用。

三、国家高职质量年报:引导确立高职教育新型质量观

《中国高等职业教育质量年度报告》是"十二五"期间高职教育管理部门发挥政府引导作用的又一个重要探索。按照《国家中长期教育改革和发展规划纲要(2010—2020年)》关于高等院校面向社会发布质量年度报告的要求,高职教育管理部门策划并通过全国高职高专校长联席会议委托社会第三方连续五年编制发布《中国高等职业教育质量年度报告》,逐步确立5个关键维度的高职教育新型质量观:一是学生发展,引导高职教育要以服务学生成长成才为根本质量;二是学校教学质量,强调高职院校既要重视教学硬资源建设,也要通过校企合作创新体制机制,优化教学软资源,引导院校重视产教融合、校企合作;三是院校发展的环境质量,包括发挥国家示范(骨干)建设等财政专项的引导作用,高职院校生均财政投入水平和相关政策落地的质量;四是服务贡献力,引导院校重视服务地方和服务行业企业的贡献质量;五是国际影响力,引导院校落实教育部《推进共建"一带一路"教育行动》,发挥高职院校服务"一带一路"沿线国家的独特作用。为强化引导,高职质量年度报告专门建立与上述关键性维度相对应测评工具,包括计分卡、资源表、落实政策表、服务贡献表、国际影响表等5张表格,明确指标,发挥高职教育质量观相关指标的量化测评和引导作用。

产教融合、校企合作是高职教育质量年报的一个重要主题。据2016年年报分析,高职院校专业设置主动适应产业新发展,服务新兴产业发展的专业点数明显增加,例如城市轨道交通、工业机器人技术、物联网应用技术、移动互联应用技术、航空机电设备维修、汽车制造与装配技术、康复治疗技术等专业点成倍增长。高职院校合作企业数量越来越多,有合作企业的专业占全校专业总数50%以上的院校达到886所,推动了高职院校办学资源和教学条件的优化,有627所高职院校生均教学仪器设备值达到8000元以上,生均校内实践教学工位数超过0.5的院校超过800所,校内开展实践教学的工位数充足,成为高职院校工学结合教学条件优化的一个重要特色。2016高职教育质量年报专门发布高职院校服务贡献50强院校,按照毕业生就业去向、横向技术服务到款额、纵向科研经费到款额、技术交易到款额、非学历培训到款额和公益性培训服务和学生规模等指标,反映高职院校服务发展、促进就业的特征,重在引导高职院校更多地面向市场、服务地方和服务行业企业。国家示范和骨干院校进入50强院校数量计42所,占84%,从一个侧面证明了央财专项引导高职院校发展的明显成效。

四、优质高职院校建设:引导产教融合的高水平专业建设

2015年,教育部发布《高等职业教育创新发展行动计划(2015—2018年)》(以下简称《行动计划》),启动优质高职院校建设。这是高职战线深入总结"十二五"发展经验,面向"十三五"布局改革任务,引导和推动高职院校制定和执行好"十三五"规划的重要行动指南。我国《国民经济和社会发展第十三个五年规划纲要》把"推进职业教育产教融合"作为推进教育现代化的重要任务,要求推行产教融合、校企合作的人才培养模式,推动专业设置、课程内容、教学方式与生产实践对接,体现了国家意志的引导和机制安排,只有"发展与技术进步和生

产方式变革以及社会公共服务相适应、产教深度融合的现代职业教育，才能为社会输送适合产业发展的高素质人力资源，才能为国家和社会源源不断地创造人才红利"。优质院校建设将"办学定位准确、专业特色鲜明、社会服务能力强、综合办学水平领先、与地方经济社会发展需要契合度高、行业优势突出"作为前提要求，并将"深化教育教学改革、提升技术创新服务能力、培养杰出技术技能人才，增强专业教师和毕业生在行业企业的影响力，提升学校对产业发展的贡献度，争创国际先进水平"作为主要建设任务，体现了优质院校建设对产教融合的高水平专业建设提出的新要求。

产教融合是校企合作的升级版，对校企合作具有深层次意义。其一，产教融合是把产业发展对职业岗位的新要求融入专业教学标准、教学大纲和课程等教学资源中，对提高合作育人质量具有主导意义；其二，产教融合有效推广产业新技术新技能，企业在合作中受益，有利于调动企业合作积极性；其三，产教融合有利于提升高职教育教学的技术含量，企业将更加愿意和院校合作，实现企业的升级愿望，有助于合作发展；其四，按照"通过去除没有需求的无效供给、创造适应新需求的有效供给，打通供求渠道，努力实现供求关系新的动态均衡"的供给侧结构性改革要义，产教融合的教育教学改革将有效提升高职教育专业人才培养的有效供给。例如南京信息职业技术学院将技术链上游企业先进技术作为专业教学重要内容，并为技术链下游企业提供技术服务，在提升合作育人质量的同时，实现了校企合作的常态化。

产教融合也是发达国家职业教育的成功经验。德国双元制模式中的职业学校和企业都是实施职业教育的主体，企业承担的职业培训任务，要按照德国联邦经济部部长签发的职业培训条例和大纲开展培训，职业培训条例和大纲对职业培训具有约束性，是产业发展对职业岗位能力的具体要求，职业培训条例和大纲的动态更新和调整，体现了产业发展技术技能新元素对培训要求的及时融入。澳大利亚 TAFE 模式是以国家职业资格标准框架为核心的职业教育，英国现代学徒制以国家职业资格标准为核心的职业教育，本质上都是围绕职业要求而开展的职业教育培训模式。

目前，通过国家示范（骨干）建设，我国高职教育已经有一批专业形成特色，具备了产教融合的优势，成为面向世界、国内一流的高水平专业。例如，深圳职业技术学院与华为技术等合作的通信技术专业已经形成国际领先优势。该专业 20 名专业教师中有教授 2 人、副教授 14 人、博士 7 人，45 人次参加过华为公司技术培训并获证书；2008 年成立国内高校第一家华为合作授权培训中心，2011 年建成国内高职第一所华为网络技术学院，开设 IP 数据、光网络、移动等方向课程模块，具有明显的产业优势；在校生中产生了全球高校第一位、全球第 150 位华为光传输顶级认证专家（HCIE），15 名在校生通过华为路由与交换顶级认证（HCIE），150 多人通过华为 HCNA、HCNP 认证，在校生通过华为顶级认证 HCIE 的人数在国内外高校中遥遥领先；2013—2016 年连续 4 年获得全国职业院校技能大赛一等奖。又如，湖南铁道职业技术学院追随中国中车走向世界，高速动车组技术专业具有国内外领先优势。该专业拥有全国"万人计划"教学名师 1 名、全国优秀教师 1 名，6 名教师任中国中车等企业技术顾问；牵头建设国内外技术水平一流的轨道综合实训中心；近 3 年与中国中车合作开展项目研究 9 项、技术服务 16 项；毕业生仅 2016 年就获全国铁路系统动车组机械师技能大赛、车辆技术技能大赛、客车检车员技术技能大赛等 3 个赛项的第一名。再如，上海出版印刷高等专科学校的印刷媒体技术专业也已形成国内外领先优势。该专业 15 名专业教师中具有高级技师 2 人,教授 2 人,副教授 6 人,博士 5 人。其中 5 人是国际印刷标准组织认定的专家(G7 Expert),7 人为国家级裁判员,目前我国唯一的世界技能大赛国际级裁判、国际大赛教练组组长各 1 人;已经完成 3 项印刷媒体技术的国家职业标准的编写。有 2 名在校生分别在第 42 届、43 届世界技能大赛印刷媒体技术项目的竞赛中获得亚军和季军,实现了我国在该领域零的突破;过去 3 年共有 55 名在校生在国家级一类竞赛中获奖,获奖人数和等级在国内同类高职院校中遥遥领先。

面对日益成熟的市场经济体制,原来采用行政指令推进工作需要转向更多发挥政府的引导作用。采用专项资金引导高职教育改革发展是市场配置资源过程中政府引导作用的重要体现,也是成熟市场经济体制下政府调控的重要手段。高等职业教育的发展前景十分广阔,而改革探索的任务也是十分艰巨的。建议进一步强化中央财政的专项引导作用,落实李克强总理最近关于加快建设一批高水平职业院校和骨干专业的重要批示,必将能够更加有利于产教深度融合的现代职业教育为国家源源不断地输送人才红利。

[参考文献]

[1] 查建中. 现代职业教育实质是面向职场的专业教育[N]. 中国青年报,2014-06-09(11).

[2] 上海市教育科学研究院,麦可思研究院. 2016 中国高等职业教育质量年度报告[M]. 北京:高等教育出版社,2016.

[3] 林宇. 准确把握和落实高等职业教育创新发展行动计划[J]. 中国职业技术教育,2016(4):10-14.

[4] 李克强:让职业教育为社会源源不断地创造人才红利[EB/OL]. (2014-02-27)[2018-11-21]. http://www.gov.cn/xinwen/2014-02/27/content_2624263.htm.

[5] 坚持稳中求进工作总基调,深化供给侧结构性改革[N]. 人民日报,2016-12-17(1).

[6] 张家寰,许英. 1996—1998 德国职业培训条例及培训大纲精选[M]北京:中国科学技术出版社,2000.

（本文刊载在《职教论坛》2017 年第 1 期）

职业教育产教融合的逻辑起点与应然之态

天津职业大学　刘　斌　邹吉权　刘晓梅

摘　要:产教融合是职业教育的本质要求,是现代职业教育发展的重要方向,是构建现代职业教育体系的关键,是建设中国特色、世界水平职业教育的核心。以职业教育三个本质属性即职业性、技术性和终身性为逻辑起点,系统阐述职业教育产教融合的应然之态,厘清产教融合的内涵,界定产教融合的概念,指出在职业院校布局、专业设置、人才培养目标确定过程中专业结构要与产业结构对接,在培养学生职业能力过程中教育资源要素与产业资源要素相融合,社会培训与技术服务是提升产业劳动力素质的重要举措,同时提出制定"教育职业标准"的必要性。

关键词:职业教育;本质属性;产教融合

一、引　言

　　产教融合是职业教育的本质要求,是现代职业教育发展的重要方向,是构建现代职业教育体系的关键,是建设中国特色、世界水平职业教育的核心。党的十八届三中全会通过的《中共中央关于全面深化改革若干重大问题的决定》中明确指出,"加快现代职业教育体系建设,深化产教融合、校企合作,培养高素质劳动者和技能型人才"。《国务院关于加快发展现代职业教育的决定》(国发〔2014〕19号)提出"产教融合、特色办学"。教育部《高等职业教育创新发展行动计划(2015—2018年)》将"坚持产教融合、校企合作,坚持工学结合、知行合一"作为重要指导思想。教育部《关于深化职业教育教学改革,全面提高人才培养质量的若干意见》(教职成〔2015〕6号)也提出,"坚持产教融合、校企合作,推动教育教学改革与产业转型升级衔接配套,加强行业指导、评价和服务,发挥企业重要办学主体作用,推进行业企业参与人才培养全过程,实现校企协同育人"。

　　上述文件出台后,产教融合成为职业教育的研究热点,自2014年起有关产教融合的研究文献骤增。杨运鑫从操作层面探讨了产教深度融合的机制建设,包括统筹督导机制、法规保障机制、激励补偿机制、多元配置机制、协调联动机制和质量评价机制等。和震认为,产教融合不仅是教育制度,而且是经济制度、产业制度的组成部分,他指出了政府、行业、企业、院校、学生等5个主体的作用与缺失,并从立法、制度、政策等方面给出了深化产教融合的建

[基金项目]本文系2016年中国交通教育研究会资助课题"适应造船新常态的高职船舶类人才培养模式改革与实践研究"(项目编号:交教研1602—189)、2017年度全国教育科学规划教育部重点课题"京津冀高职教育与产业结构协调性研究"(项目编号:DJA170314)的阶段性成果。

议。杨善江认为,产教融合中的"产教"包括两层含义,即产业与教育、生产与教学,并提炼出产教融合的 6 个特征:双主体性、跨界性、互利性、动态性、知识性和层次性。曹丹认为产教融合的本质是生产和教育一体化,在生产中教学,在教学中生产,生产和教学密不可分、水乳交融。刘立新系统总结了德国职业教育产教融合的理念、机制和特点,并对我国职业教育深化产教融合提出了建议。

从理论研究层面看,产教融合研究还不够深入,如产教融合的内涵是什么,产教融合的逻辑起点在哪里,产教融合的应然之态是什么,实现产教融合的模式与路径有哪些,这些问题均有待深入研究。从实践层面看,目前我国职业教育产教融合还存在着诸多问题,如相关法律法规缺位,机制体制不健全,行业的指导作用不强,企业作为育人主体的积极性不高,校企合作尚流于形式和表层,"产"与"教"尚处于两张皮状态,产教融合共同发展职业教育远未成为我国经济界和教育界的共同责任和行动。

本文以职业教育的本质属性作为产教融合的逻辑起点,探讨产教融合的应然之态和内涵,以期为职业教育开展产教融合实践提供理论借鉴。

二、职业教育的本质属性

产教融合不仅是国家政策要求,同时也是职业教育的本质要求,这就涉及职业教育的本质属性究竟是什么。职业教育的本质属性是职业教育学的一个基本理论问题,它蕴含着职业教育的逻辑起点,当然也是职业教育产教融合的逻辑起点。我国著名教育家黄炎培最早提出了职业教育的本质属性是社会性,而近十几年来关于职业教育本质及本质属性的争论一直在持续。表 1 列出了 11 位学者关于职业教育本质和本质属性的主要观点,包括社会性、多样性、适应性、中介性、产业性、职业性、技术性、工作性、实践性、人人性、生利性等。此外,俞启定、和震两位学者认为社会性、终身性、全民性是职业教育的派生属性。

表 1　职业教育本质及属性主要观点

序号	学者	本质属性	时间
1	黄炎培	社会性	20 世纪 20 年代
2	杨金士	多样性	2001 年
3	周明星	适应性、中介性和产业性	2003 年
4	刘育锋	"一般职业"导向性	2004 年
5	欧阳河	本质是帮助人们获得技术应用型技能型职业的能力和资格,本质属性为技术技能职业性	2005 年
6	孙　琳	职业性、社会性、实践性	2006 年
7	徐国庆	本质分析基于工作体系——职业、工作、技术	2007 年
8	徐　涵	职业导向性	2007 年
9	俞启定、和　震	本质属性为职业性、技术性,派生属性为社会性、终身性、全民性	2009 年

序号	学者	本质属性	时间
10	刘　晓	本质是"技艺授受",本质属性为人人性、生利性、中介性	2013 年
11	唐锡海	技术性	2014 年

从表 1 可以看出,关于职业教育本质属性的争论相当激烈,由于分析的方法和视角不同,似乎谁也说服不了谁。我们不对上述观点做评论,但我们认为,职业教育既然是教育的一种类型,那么揭示职业教育的本质属性就应该从教育的本质入手。我国著名教育家胡德海先生认为,"教育的本质是通过文化传承使个体社会化的活动,并促进社会的发展和个体的全面发展"。因此,要揭示职业教育的本质属性,就要看它传承的主要内容是什么,使个体社会化的手段和途径是什么。对于职业教育而言,教育内容主要是技术技能,是文化传承的主要内容;而职业教育的目的是使学生具备相应的职业能力和资格,毕业后能够获得一份满意的职业(工作),从而实现个体的社会化,职业化是个体社会化的重要手段。因此,我们认为职业性和技术性是职业教育的本质属性。正是由于技术的不断进步和职业的不断变化,才使得职业教育具有"终身性"。

（一）职业性

职业是职业教育存在的前提,职业性是职业教育的本质属性,自从职业教育在母胎中孕育的那一刻起,就决定了职业性必将伴随着职业教育从萌芽、发展到成熟的整个过程。

职业产生于社会分工。第一次社会大分工产生了农业和畜牧业,第二次社会大分工产生了手工业,第三次社会大分工产生了商业。之后,随着社会的发展,还产生了社会公共管理部门及其相应的职业,如行政、军队、司法等部门。最初的职业性教育主要是家庭教育,即父子相传。随着手工业的出现,原始工艺技术的传授日趋专门化,要求手工业者必须经过严格的训练,才能掌握本职业所垄断的知识和技能,这使得家庭内部的技艺传承无法再满足生产力发展与社会分工的需要,职业教育随之开始走出家庭,形成了最初的学徒制。在西方,自中世纪到近代,行会的学徒制是职业性教育的主要形式。社会分工的逐渐扩大导致了职业的不断细化,尤其 18 世纪第一次产业革命的出现,需要大批掌握技术和操作技能的产业工人,学徒制已不能适应这种社会需求,最终导致学徒制崩溃,催生了近代真正意义上的职业教育。

职业教育属于为了职业、关于职业、基于职业的教育,为经济社会发展培养生产、建设、服务、管理一线的技术技能人才,其人才培养目标、教育教学内容、教育教学方式均围绕职业而展开,使学生掌握职业技能、获取职业知识,了解职业规范,培养职业情感,健全职业人格,完成从自然人到职业人的转变,通过从事专门的职业,在特定的社会生活环境中与其他社会成员相互关联、相互服务,从而实现人的社会化。

职业教育的职业性规定了职业教育应以职业为导向:职业教育以形成学生的职业能力为培养目标,课程开发以典型的职业活动为核心,教学内容以技术知识和工作过程知识为主体,教学方式强调行动导向;教学环境强调职业情境的真实性。

(二)技术性

职业教育支撑技术传承与创新,技术进步反过来又推动职业教育发展。

人类在农牧业生产劳动和原始工具制作中,逐渐形成了原始时代的技术。手工业的出现造就了一批最初的工匠。人类为了生存和发展,需要传承生产劳动经验和技术技艺,这就决定了人类最早的教育形态就是技术性的。原始时代的技术虽然都蕴含着一定的科学原理,但并不能被古人认知,因此这时的技术是经验性技术或操作技能,技术的传承主要通过家传方式和师傅带徒弟方式(学徒制)进行的。

随着第一次产业革命的来临,生产工具发生了革命性转变,机器大生产代替了手工劳动,技术具备了科学形态,科学日益成为技术的先导,技术与科学结合更加紧密,技术已经形成了由技术原理、技术手段、工艺方法和技术操作等要素组成的一个复杂系统。工业革命使得技术的复杂程度提高,同时社会需要大批能熟练操作机器并且懂得科学原理的技术工人,这使得传统的学徒制难以为继,近现代意义上的技术与职业教育由此应运而生(学校教育)。另一方面,大工业生产的发展和科学技术的进步产生了现代工艺学。工艺学使得劳动者有可能掌握生产过程的基本原理和基本技能,并为专门的职业教育机构进行广泛的培训提供了便利和可能。

传统的技术教育中,人们对技术的理解大都立足于"硬技术",即机器、工具的操作程序,工艺流程,技术标准等。20世纪90年代,人们提出了"软技术"的概念,并在全球范围内得到了广泛关注。邵建伟、陈向阳两位学者认为,"软技术"不仅指非物质形态的智能化技术,还应该涵盖人们合理理解、使用、制造技术的软性因素,即在实施硬技术过程中所体现的价值观念、制度文化、伦理精神等。基于此,在技术教育中,需要将技术思想、技术价值、技术伦理等"软技术"同"硬技术"整合,使学生在形成技术应用能力的同时,提升技术素养,实现技术教育由"制器"向"育人"的转变。

在技术教育中,还有一点值得注意。虽然科学对技术的影响越来越大,技术中科学知识的含量越来越多,但决不能用理论知识的学习替代经验知识与技能,而经验知识和技能则是在实践中逐渐形成的。

(三)终身性

保罗·郎格朗于20世纪60年代首先提出"终身教育"的理念,70年代联合国教科文组织在出版的《学会生存》一书中鲜明提出终身学习和终身教育的思想,由此终身教育思想成为20世纪最重要的教育思潮。如此看来,终身性是教育的属性,怎么说是职业教育的本质属性呢?

首先,从历史起点看,终身教育思想的产生与职业教育有着重要渊源。终身教育开始出现的时候,主要与成人教育、职业培训联系在一起,后来逐渐扩展到所有教育,而且逐渐向终身学习的概念转化。由此看来,终身教育首先是职业教育的本质属性,由于这种属性向其他教育类型渗透、延伸,才成为教育的属性。

其次,从逻辑起点看,终身教育的产生与技术性和职业性有着密切关系,正是由于人们需要适应职业的变化和技术的进步,打破了前半生学习、后半生工作的传统教育模式,催生了终身教育理念。现代社会随着大批新兴技术密集型产业的兴起,对从业人员技术技能的要求越来越高,迫使劳动者必须根据劳动岗位的需要不断学习,以增强自身的社会适应能力。从人的职业生涯发展看,其一生可能需要经历多次职业变化与升迁,为了适应这种职业变化,必须不断学习,这也是终身教育的逻辑起点之一。

再次,职业教育是终身教育最重要的载体,拥有终身教育最广泛的人群和最高的频次。职业教育的"人人、时时、处处"的理念贯穿学习者个体职业发展全过程,包括职业准备教育,就业培训,岗位培训,晋级、转业、再就业培训等各种教育培训形式。因此,在社会性涵盖下的职业教育应是"大职业教育体系",也就是全民职业教育,职业教育已经从正规学校教育的一个特定阶段转变为终身教育的重要组成部分。

综上所述,职业性、技术性和终身性是职业教育的本质属性。

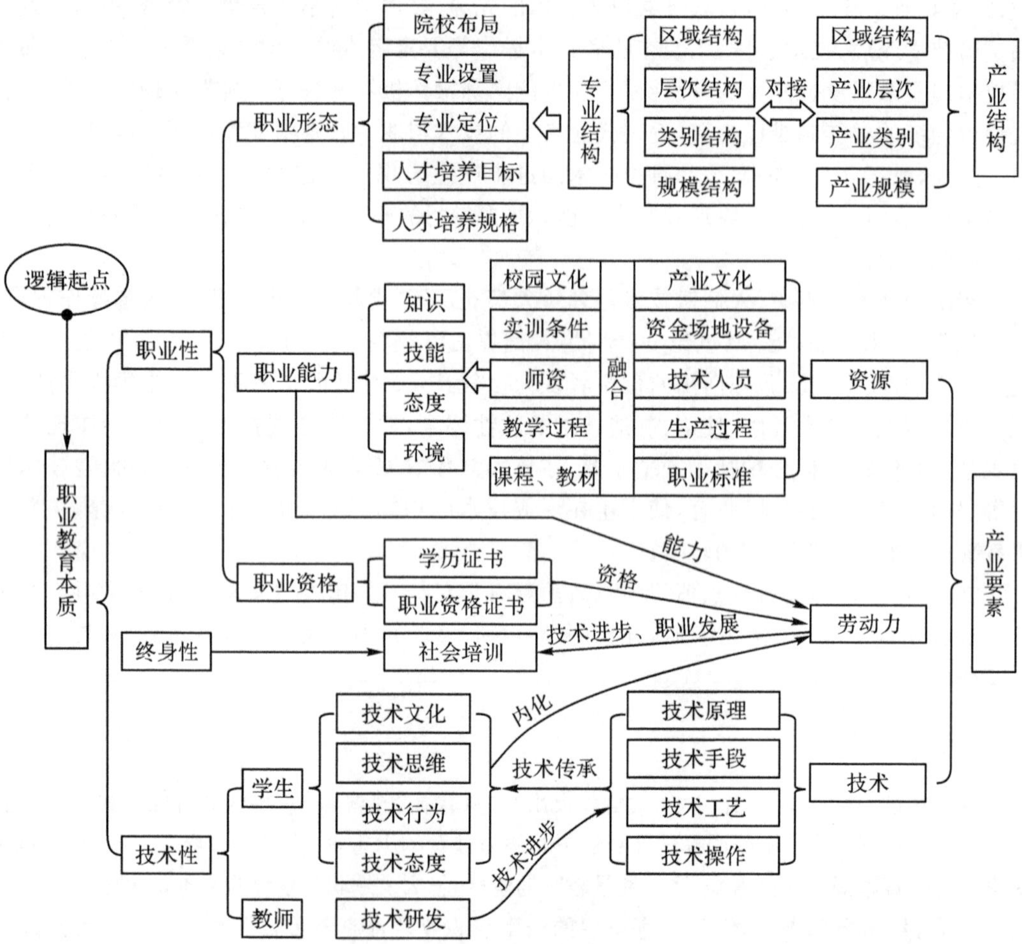

图1　职业教育产教融合的应然之态

三、职业教育产教融合的应然之态

如图1所示,以职业教育的本质属性即职业性、技术性和终身性为逻辑起点,探究职业教育与产业结构和产业要素融合与对接的内在要求,力求描绘出职业教育产教融合全貌,全面阐释产教融合的内涵。

(一)基于职业性的产教融合

职业包括三个维度,即职业能力、职业资格和职业形态,职业性要求职业教育必须坚持职业导向性原则,使学生毕业后具备相应的职业能力,获取相应的职业资格证书,并找到一份理想的工作,即适应职业形态。

1.职业形态

职业教育专业结构与产业结构对接是产教融合的第一要义,包括二者的区域结构、层次结构、类别结构和规模结构对接,这种对接既包括国家和区域层面的顶层设计,也包括学校层面的具体规划。职业教育在进行院校布局、专业设置、专业定位、人才培养目标以及人才培养规格制定时,要做好顶层设计,充分调查研究区域产业发展现状和趋势,围绕区域经济发展和产业需求,把职业教育放在供给侧结构性改革和促进区域就业格局中谋划,深化教育链与产业链融合,主动服务动能转换和产业升级,促进高职教育和产业结构之间的协调发展。

然而,就现实情况看,我国职业教育结构与产业结构对接并不理想,在专业设置上缺乏全面系统的产业发展数据,存在盲目跟风的现象。我国职业教育一直倡导"以服务为宗旨、以就业为导向",也有人说职业教育就是就业教育,强调学生毕业后找到一份合适的工作,但从结果看,职业院校毕业生就业的专业对口率并不高。

2.职业能力

一般认为,职业能力包括职业知识、职业技能和职业态度三个方面,同时强调知识、技能和态度的培养必须在特定的职业情境中开展,即情境性的综合能力培养。在培养学生职业能力过程中,不应只关注操作技能,因为操作技能至少是知识运用、心理运算和操作行为三者的有机结合,此外还包括默会和情感的成分。因此,必须从更复杂的关系中理解职业能力,从更多元的维度构建职业能力观。

在学校的课堂或实训室中,我们可以让学生学习知识、习得技能、培养职业态度,但这并不意味着学生已经具备了职业能力。知识、技能、态度必须经过类化迁移与整合,才能形成职业能力,而这种迁移、整合必须以职业性为导向,在真实的职业情景中才能得以实现,也就是说,职业能力的培养必须有产业的全面参与,产业资源与教育资源深度融合,包括学校实训室与企业车间融合、学校教师与企业技术人员融合、教学过程与生产过程融合、教学内容与职业标准融合、校园文化与产业文化融合。目前职业院校的一些普遍做法,如职教集团、校中厂、厂中校、教师与企业技术人员互兼互聘、基于工作过程的教学做一体化课程、双证书教育以及引企业文化进校园等,均立足于校企双主体培养,这是实现产教融合的一些具体路径和模式。

3.职业资格

职业资格证书制度是目前发达国家职业教育的通行做法,是认证劳动者从事相应职业所具备的职业能力的手段,它对于劳动者技能形成和促进就业具有重要作用,也是产教融合的重要纽带。

　　然而,我国职业资格证书制度还存在诸多问题,难以与职业教育实现深度融合。第一,职业资格证书体系与职业教育体系没有有效对接,即纵向衔接、横向融通的国家资格框架尚未形成;第二,目前的职业技能标准大部分针对一个工种,无法与职业院校的专业对接;第三,职业技能标准制订及职业技能鉴定由人社部主导,缺少行业部门和职教部门的参与,既在行业中缺乏权威性,又很少考虑教育教学规律;第四,职业技能标准的制订缺少科学、严格、规范的程序,职业技能鉴定管理不严格,职业资格证书含金量不高,缺少权威性和公信力。

　　职业标准与专业教学标准对接、毕业证书与职业资格证书对接是职业教育发展的必然趋势,是构建现代职业教育体系的重要一环,也是实现产教深度融合的关键点。这方面我们可以借鉴德国的做法,由行业协会联合教育部门对现有国家职业标准进行二次开发,形成与职业院校专业对应的"教育职业标准",从而架起社会职业标准与专业教学标准的桥梁。

(二)基于技术性的产教融合

　　基于技术性的产教融合主要包括两个方面:一是将行业、企业最新的技术原理、技术手段、技术工艺、技术操作引入学校,学生吸收内化为自己的技术思维、技术行为、技术态度和技术文化,提升学生的技术素养,从而为产业提供高素质技术技能人才;二是职业学校的教师要加强技术研发,促进产业技术进步。

　　技术知识传承是职业教育的主要内容,而技术知识又分为显性知识和默会知识。显性知识,例如技术原理、技术工艺、操作程序以及产品(材料)的功能性质等,均可以用语言、符号、图表表达,这些知识适合课堂学习。而默会知识(隐性知识),例如工匠的特殊技巧、技能、创意、诀窍、经验等,它依赖于特定的技术主体,很难用言语、符号等手段完全清楚地表达。默会知识的习得只能寓于行动之中。

　　技术(默会)知识的特性决定了职业教育必须实施产教融合、校企合作、工学结合、知行合一的人才培养模式,技术知识的构建逻辑要遵循情境实践性和工作导向性原则。调查结果显示,大部分学生在学校学习的技术在实际工作时未有意识地去联系或不容易被联系,这表明技术知识的学习需要真实的技术情境,需要熟悉企业实际产品生产和技术运行的工作知识,即学校和企业的知识体系的融合。一是充分发挥企业的主体作用,让学生到企业实习、实践,使学生在企业的真实环境中学习技术,学生通过较长时间的技术实践,才能真正将技术吸收、内化。二是将企业真实的工作任务引入课堂,即生产过程与教学过程相融合。技术知识建构过程必须与工作过程的组织顺序一致,才能保证知识建构的完整性,才能使学生在今后工作时更容易联系所学过的知识,提升其技术应用能力。三是双师队伍建设。职教教师应掌握产业前沿技术,具有丰富的实践经验,同时通过经常性的教师间交流和教学反思,将默会知识变为显性知识,使默会知识得以共享。

　　基于技术性的产教融合还体现在职业院校教师为企业提供技术服务、技术咨询和技术研发,以促进产业技术进步。教师在为企业提供技术服务的同时,了解产业行业技术发展最新动态,了解企业真实的技术工艺、设备,将企业的真实项目带进课堂,提高教育教学质量,也有利于双师素质提升。

(三)基于终身性的产教融合

自 20 世纪 60 年代以来,终身教育成为国际上最重要的教育思潮,并不断转化为许多国家的教育政策和实践,而职业终身教育是其重要组成部分,也是职业院校的重要使命。职业院校应该面向产业大军,开展职前、职中和创业就业等多种形式的社会培训,形成学历教育与社会培训并重的格局。

随着科学技术的不断进步和产业升级,新工艺、新方法、新设备、新材料、新产品、新服务不断涌现,对产业劳动者的理论和技能提出新的要求,同时,企业员工自身职业也在不断发展,转岗、晋升成为常态,他们需要不断更新知识和提升技能。职业院校需要密切关注产业转型升级和技术创新的动态,积极调研企业员工技能提升需求,主动对接行业、企业,为企业在职员工提供及时、优质的培训。除了企业员工在职培训,还可以开展各种岗前培训、转岗培训、就业培训、创业培训以及农村剩余劳动力转移培训,既解决了各种社会问题,又能为产业提供高素质的劳动者。

目前我国职业院校基于终身教育理念的产教融合尚缺乏深度,社会培训开展得并不理想,这既有宏观层面的影响因素,如法律保障缺失、机制体制不健全、基于终身教育理念的现代职教体系尚未建立;也有微观层面的因素,如学校主动对接产业的意识不强、跟踪产业转型升级和企业技术创新不及时、培训信息不对称、培训资源缺乏针对性、培训教师能力欠缺等。然而,这并不等于职业院校不能作为,有些职业院校做得很好,例如广东邮电职业技术学院主动服务区域产业发展,大力开展在职培训、资格认证和继续教育,通过建设社会培训平台、开发优质培训资源、打造高水平培训团队,不断拓展社会服务功能,提升社会服务能力,在社会培训方面取得了骄人成绩。2017 年高职质量年报显示,该校 2016 年非学历培训达到 20 万人次,到款额达到 1.1 亿元,值得各职业院校借鉴。

四、结　语

本文以职业教育三个本质属性即职业性、技术性和终身性为逻辑起点,系统阐述了职业教育产教融合的应然之态,厘清产教融合的内涵,界定产教融合的概念,以期为职业教育开展产教融合实践提供理论借鉴。

产教融合中的"产教"——宏观上指产业(行业、企业、职业)与教育(这里指职业教育),强调的是主体,微观上指生产(服务、经营)与教学,强调的是过程;融合是广义的,包括融合、对接、互动、渗透,但产业与教育都有各自的边界(见图 2)。校企合作、工学结合是产教融合的下位概念。

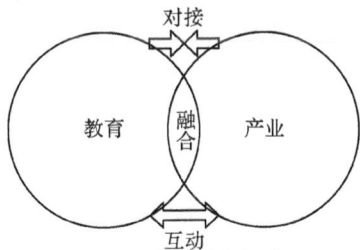

图 2　产教融合概念

[参考文献]

[1] 杨运鑫,罗频频,陈鹏.职业教育产教深度融合机制创新研究[J].职业技术教育,2014(4):39-43.

[2] 和震.推动产教融合制度创新建立现代职业教育治理体系[J].中国职业技术教育,2014(21):138-142.

[3] 杨善江.产教融合:产业深度转型下现代职业教育发展的必由之路[J].教育与职业,2014(33):8-10.

[4] 曹丹.从"校企合作"到"产教融合"——应用型本科高校推进产教融合的困惑与思考[J].天中学刊,2015(1):133-138.

[5] 刘立新.德国职业教育产教融合的经验及对我国的启示[J].中国职业技术教育,2015(30):18-23.

[6] 刘晓.职业教育的本质、属性及其发展的界域[J].中国职业技术教育,2013(27):9-13.

[7] 李松.黄炎培对职业教育本质认识研究[J].南京工业职业技术学院学报,2016(2):88-91.

[8] 杨金土.论高等职业教育的基本特征[J].教育研究,1999(4):57-62.

[9] 周明星.现代职业教育本质属性探析[J].教育与职业,2003(1):27-28.

[10] 刘育锋.论职业教育的本质属性[J].职教论坛,2004(10):13-17.

[11] 欧阳河.职业教育基本问题初探[J].中国职业技术教育,2005(12):19-26.

[12] 孙琳,李里.职业教育的本质属性与发展模式选择[J].中国职业技术教育,2006(4):13-15.

[13] 徐国庆.工作体系视野下的职业教育本质[J].职业技术教育(理论版),2007(1):5-11.

[14] 徐涵.论职业教育的本质属性[J].职业技术教育(理论版),2007(1):12-15.

[15] 俞启定,和震.职业教育本质论[J].中国职业技术教育,2009(27):5-10.

[16] 和震.论现代职业教育的内涵与特征[J].中国高教研究,2008(10):65-67.

[17] 唐锡海.职业教育技术性研究[D].天津:天津大学,2014.

[18] 张成涛.在"职业性"与"教育性"之间——论职业教育价值取向[J].职教通讯,2010(4):12-30.

[19] 邓宏宝.论职业教育人的社会化功能及其实现[J].职教论坛,2015(15):4-7.

[20] 徐涵.论职业教育的本质属性[J].职业技术教育(理论版),2007(1):12-15.

[21] 管晓刚.关于技术本质的哲学释读[J].自然辩证法研究,2001(12):18-22.

[22] 王川.论西方近代学校职业教育产生的社会条件[J].职业技术教育,2008(1):81-84.

[23] 邵建伟,陈向阳.国际视野下的技术教育范式重建——让"硬技术"与"软技术"在技术教育中融合[J].外国教育研究,2011(7):83-88.

[24] 顾明远.试论教育现代化的基本特征[J].教育研究,2012(9):4-10.

[25] 霍丽娟.终身教育理念下现代职业教育体系构建的思考[J].中国职业技术教育,2015(15):10-17.

［26］匡瑛.究竟什么是职业能力——基于比较分析的角度［J］.江苏高教,2010（1）:
131-136.

［27］谢梨花.德国职业教育的"教育职业标准":职业教育条例的开发内容、路径与经验［J］.
外国教育研究,2016（8）:28-40.

［28］乔佩科.技术知识的特性及其对技术教育的启示［J］.东北大学学报（社会科学版）,
2009（2）:113-117.

［29］王亚南,林克松.技术知识建构视阈下职业院校学生学习范式的转向［J］.职业技术教
育,2015（13）.

［30］程宜康.技术素养:高等（职业）技术教育人才培养新视角——来自企业和院校的技术
素养调研分析［J］.职教论坛,2015（36）:5-10.

（本文刊载在《中国高教研究》2017 年第 11 期,发表时有删减）

高职院校构建产教融合有效运行机制的
现实困境与路径选择

——基于江苏经贸职业技术学院实证案例

江苏经贸职业技术学院   刘任熊   薛茂云

摘　要：面对当前高等职业教育产教融合意愿高涨、产教融合效果堪忧的现实困境，以创新体制为体，畅通机制为用是必然路径策略。高职院校在探索深化产教融合发展的实践中，积极探索体制机制的创新，改革以往校企松散式合作模式，创新产教深度融合办学体制，构建以"利益契合"为纽带的治理结构和运行机制，形成利益共同体，实现传统"管理"向教学"治理"的转变。

关键词：高职院校；产教融合；现实困境；路径

一、困境解析：产教融合意愿高涨，产教融合效果堪忧

加强校企合作、推进产教融合是当前高等职业教育发展的必由之路。在意愿层面，校企双方对职业教育校企合作认同程度很高，校企合作前景广阔。但在实践层面仍存在着利益主体相关度有差异、合作质量不高、合作深度不够等特点。据 2016 年江苏省 73 份企业参与高等职业教育人才培养工作年度报告，当前校企合作仍存在企业捐赠设备缺乏政策支持、企业参与办学激励政策、企业参与教育教学的工作机制不够等瓶颈。统计江苏省 15 所国家示范（骨干）高职院校质量年报的"服务贡献表"数据，发现高职院校从行业、企业获取的"横向技术服务到款额"低于从政府部门获得"纵向科研经费到款额"。由于校企合作是一种涉及多主体、多要素相互交织的复杂育人模式，其高质量运行必是多元因素良性互动合力的结果。同理，其出现育人质量不高、效果堪忧也非单一不良因素引起的。

（一）合作关系不紧密，缺乏牢固、黏合性高的组织平台作为合作阵地

合作关系不紧密是校企合作、产教融合育人质量不高的原因之一。这主要是指高职院校与企业合作关系松散、随机性大、可持续性不强，或因为某些突发性事件就会使得这种关系破裂，没有预定的处理修复方案，从而导致共同的人才培养活动虎头蛇尾、有始无终，预定

[基金项目]江苏省教育科学"十三五"规划 2016 年度课题"高职教育质量内保系统与外保系统耦合机制研究"（项目编号：D/2016/03/54）、江苏省 2017 年高等教育教改研究课题"双高背景下高职专业质量评价指标体系及排名研究"（项目编号：2017JSJG308）、江苏经贸职业技术学院 2017 年度重点课题"'双一流'背景下高职质量评价指标体系及排名研究"（项目编号：JSJM17014）的阶段性成果。

的人才实践培养方案无所适从,人才培养质量大打折扣。归结原因,在于校企双方没有高度重视缔结校企合作关系,没有以体制将两者关系牢牢锁定,并以完善的体制来应对不确定因素,进而推动校企合作关系的可持续优化发展。

(二)"权责利效"不对等,缺乏具有"契约"约束的利益均衡保障机制

校企合作涉及高职院校、企业、行业、政府及其他社会团体组织等多元主体,各主体在其中的权利、职责、目标追求、育人理念都不尽相同,都以自己的价值取向与行动影响着人才培养的质量。现实校企合作中,就有一些合作主体"权责利效"不清晰、利益诉求不对等,进而引发合作过程中出现权利争夺、责任推卸、自己利益唯大等不良行为,导致矛盾纠缠不清,合作育人无法进行或敷衍了事。这就需要合作主体之间要以"契约"的形式将合作中"权责利效"明晰列出,按约行事、以规办事、依章理事。

(三)合作运行效果差,缺乏高效的运行约束与保障机制

现实中很多校企合作育人效果差,多半是缺乏有效的合作约束与保障激励机制。对合作诚信度低的企业识别能力不高,没有科学有效的选拔标准,也很少采取"优胜劣汰"的去留管理模式,只着眼于多多益善,以与多少家企业合作来标榜本校校企合作的成绩;对优秀企业奖励力度并不明显,不足以充分调动企业合作高质量育人的积极性,无法形成以点带面的整体优化育人效应。

(四)合作模式陈旧,缺乏创新性、前瞻性、系统化的整体发展规划

创新是社会发展的动力,在固有的校企合作、产教融合育人模式中同样需要创新,需要不断创新、优化其中的各要素、各环节,使之形成系统化的育人模式,并且还要有把握时代脉搏、前瞻社会发展的规划力,以不断完善的育人模式培养适应现代社会发展需求与将来发展挑战的具有终身学习能力的人才。而当今大多高职院校在校企合作、产教融合上,恰恰最缺这种开拓创新、高瞻远瞩的能力,墨守成规,不能形成自己特色,培养出来的人才也缺乏创新与迁移能力,从而失去了社会竞争力。

二、创新突破:以创新体制为体,畅通机制为用

江苏经贸职业技术学院(以下简称江苏经贸职院)作为一所位于我国经济和高等教育都比较发达省份的财经类高职院校,在办学过程中也曾存在校内生产性实践教学资源不足、学生实践能力培养方式欠缺等难题。在宏观层面也面临着管理体制有待改进、行业组织作用有待加强、法律制度有待完善、院校市场意识有待提高等体制性因素。

为探索商贸与现代服务业类高职院校产教融合、校企合作的有效路径,江苏经贸职院于2010年建设大学科教园区伊始,就积极探索体制机制的创新,改革以往校企松散式合作模式,在发挥校区空间资源和区位优势的同时,构建以"契约"方式保障校企合作双方权益,探索基于校内产教园区的实践教学管理改革,构建以"利益契合"为纽带的治理结构和运行机制,形成利益共同体,实现传统"管理"向教学"治理"的转变。体制机制的创新实践,吸引了

教学资源向产教园区聚集,形成了实训基地生产化、教学环境工厂化、教学内容项目化、教学评价社会化的大学科教园区建设特色,提升了实践教学效果和人才培养质量。

(一)"一体两翼三园",创新办学体制机制

在办学过程中,江苏经贸职院创新体制机制,以合作办学联盟理事会为"一体",以江苏现代服务业职教集团、江苏商务职教联盟为"两翼",整合汇聚行业企业、兄弟院校、政府机关资源办职业教育,带动学校全面发展,形成了校企合作办学新体制。学校发挥专业和地域优势,与南京市秦淮区人民政府及中国互联网协会合作共建科技园(61280㎡),与苏果超市有限公司合作共建产教园(26720㎡),在南京市政府、江宁区政府及南京江宁高新园管委会的支持下,政行校企共建创业园(3000㎡)。产教园、科技园、创业园即"三园",覆盖商贸流通、信息技术、物联网等产业链,对接学校电子商务、物流管理、连锁经营管理等专业(群)人才培养,服务育人与服务企业并重,着力推动学校专业设置与产业需求的对接,提升专业设置与地方产业结构的契合度,"平台共建、过程共管、资源共用、成果共享",实现校企合作育人机制以及合作办学体制机制的创新(见图1、图2)。

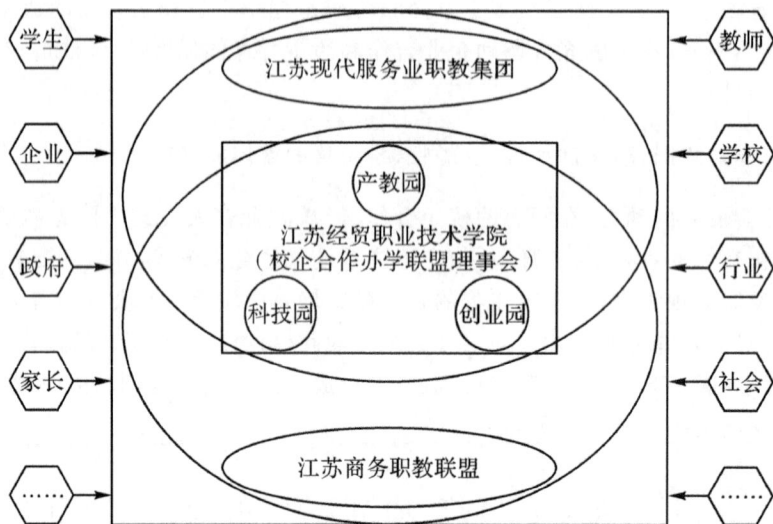

图1　"一体两翼三园"协同的多方受益校企合作模式图

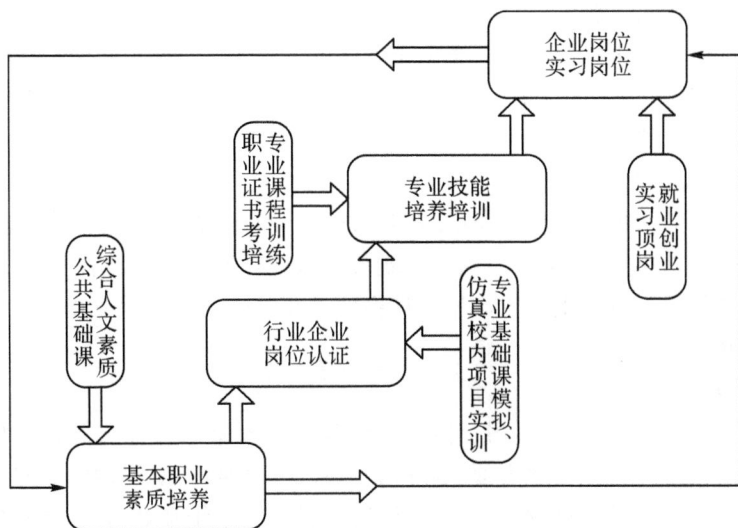

图 2　四阶循环的产教融合育人模式图

(二)构建六大运行机制,保障校企合作有效运转

江苏经贸职院利用其光华校区的教育资源,通过引企入校的方式,政校企共建大学科教园区,以契约方式构建产教融合运行模式,搭建了学生实训与创业、教师成长与提升以及企业发展的校企共赢式发展平台。在园区运营过程中,围绕学生实践技能持续提升这一主线,着力创新、持续提升产教融合,形成了六大运行机制。

1. 梯级入园门槛运行机制

在园区运行的初级阶段,选择与学校办学定位和专业发展规划相符合的企业,设置入门门槛,并制定优惠政策,以吸引企业入园的积极性,在较短的时间内形成园区经营规模和社会影响。当园区运营步入常规后,根据社会需求和学校专业发展的需要,以市场运行规则逐年提高入园门槛,不断优化入园企业的结构,为园区可持续发展夯实基础。

2. 资源配置契约约束机制

学校在大学科教园区设立学生宿舍、食堂、运动娱乐场所,为学生在园区的实践性教学活动提供生活和安全保障;企业须提供专门的培训教育场所、实训的设施设备及必要的耗材和学校所需的实训工位。校企双方商讨确定有资质的校内外实训教师,共同指导生产性实训活动。园区内校企双方的上述行为,均以契约的方式加以约束,以确保学生生产性实训及教师社会实践活动的有效开展。

3. 入园企业淘汰退出机制

坚持园区电子商务与互联网技术开发与应用的产业定位,依据专业群对接产业链原则,借助市场行为逐年淘汰一批与学校专业群不相适应的企业。坚持入园企业须提供对接学生职业技能训练要求的层次化实训岗位,配置能胜任学生技能提升的能工巧匠作指导老师。对已入园企业,当其主营业务变动、企业所提供技能岗位不能满足学生实训要求时或在校企合作中违反契约者,运用市场运行机制的方法,建立淘汰退出机制。

4.学生技能训练递进机制

与企业共同制定学生技能等级。根据企业人才实际需求,将实训岗位技能特征分成若干个递进等级,对学生进行分类训练和激励。结合实训计划安排,分阶段、分层次、递进式持续提升学生的工作技能,并颁发学生技能等级证书。

5.产教融合评价考核机制

逐年对入园企业所提供实训岗位的技能等级,企业指导教师资质和指导能力,企业参与学生实训的融合度,校企共同申报横纵向课题等产教融合要素进行综合评价。其中,重点是考核评价企业指导教师对学生在生产性实训中的工作技能和职业素养养成的过程考核记录的完整性和客观性。

6.校企合作主体激励机制

园区专门设立专项奖励基金,用于奖励顶岗实习学生及在学生技能训练和职业素质培养方面做出突出贡献的企业指导教师。同时,对在产教融合方面发挥积极作用的入园企业,在房屋使用费等方面给予优惠,在联合申报政府项目方面给予重点帮扶,并在资金方面给予扶持。

三、现实成效:产教协同育人,校企共同发展

(一)探索出了产教有效融合的运行机制

江苏经贸职院坚持"面向产业、结合专业、择企入校、教学相长"的发展思路,以服务地方经济发展和提升人才培养质量为总目标,以现代服务业为产业的发展方向,与地方政府紧密合作,重点打造"180 创意产业园"和"光华科技产业园"。以产业园区建设为载体,依托专业办产业,依托大学科技产业园办专业,实现地方现代服务业发展与学校专业群建设相互促进。通过有效的市场化运作,科技产业园区形成相对独立的管理体系和管理机制,科技产业园区的建设与发展成为学校的重要办学特色。

江苏经贸职院科教园区在创新创业人才培养、推进科技创业、促进区域经济发展方面积极努力,吸纳 100 多家科技创新型企业进驻、建立各类创业实体近 50 个,提供实训岗位 400 多个,发布横向课题 20 余项,提供指导教师 80 多人,提供就业岗位 300 多个,授权(申报)专利 100 多项,年均利税总额近 1500 万元。2012 年以来,学校科教园区先后被教育部、科技部认定为"全国大学生科技创业实习基地",被江苏省经信委确立为"江苏省重点培育小企业创业基地"和"江苏省重点示范小企业创业基地",被江苏省人力资源和社会保障厅确立为"江苏省大学生创业孵化基地";被南京市科委列为"南京市科技公共技术平台专项计划""大学科技园综合孵化器"和"180 文化创意专业孵化器"。

(二)实现了与合作企业的相生相伴

政行校企共建的科技园积极为企业提供科技政策咨询服务,为企业做好法律、工商、税务等相关咨询服务共计 300 余次。园区建立企业诊断与服务中心,帮助企业分析生产、经营方面存在的问题并提出解决方案。进行技术诊断、管理诊断和经营策略诊断,提供技术供求

对接、产学研结合等中介服务,帮助企业开展与风险投资和金融机构的对接,为企业提供律师事务、财会审计对接服务等。园区为街道提供办事场所,合作建立行政审批服务中心,为企业提供行政审批服务,包括企业建立行政服务、工商登记变更及咨询代办服务、企业特种许可证咨询及代办服务等。

江苏经贸职院与驻地政府(南京市秦淮区人民政府)合作共建"科技园"(光华科技产业园)。该园覆盖电子商务、物联网等产业链,集自主创新、设计研发、成果转化和人才培养于一体,成为服务地方经济增长点的高科技园区。"科技园"由政校联手成立管委会,吸纳百家科技创新型企业进驻,同时提供适应学生实训、就业的岗位。学校与企业共同管理、考核互派教师在实习实训指导、员工培训、业务咨询、产品开发、课题研究等方面的工作业绩。

(三)形成良性循环的协同育人模式

江苏经贸职院与知名连锁企业合作共建产教园(江苏经贸·华润苏果生产性实训基地),搭建学生实践、教师成长以及企业发展的校企共赢式发展平台。产教园推行涵盖"岗位认知、课程学习、顶岗实训、毕业实习"的实训教学运行模式,探索共建校企一体型管理团队,完善实践教学体系、管理保障体系建设。每年提供实训岗位 150 个,可按教学计划的安排,接受整班建制学生的顶岗实训。目前,已完成学生实训超过 7 万人/天,实现了学校培养与产业需求的"零距离"。

江苏经贸职院与苏果超市有限公司共建"江苏经贸·苏果学院",开设"店长班",开展定向式培养。校企双方共同制定人才培养方案、共同研究课程开设与开发、共同指导学生实习实训,企业全过程、全方位参与学生培养的全过程,定向培养门店店长。学生在 3 年内除完成正常学业内容外,还需完成企业实操性培训课程的考核,符合毕业条件即可聘任上岗。

江苏经贸职院大学科教园区的建设实践,在创新体制机制的同时,也产生了一系列重要的标志性成果:《基于校内产教园区商贸类专业实践教学管理改革与创新》,获国家级教学成果奖,二等奖(2014 年 9 月);《依托园区,高职商贸类专业产教融合实践教学模式的改革与创新》获江苏省高等教育教学成果奖,特等奖;2012—2015 年,累计获得江苏省高等教育教学成果奖 4 项;《改革培养模式,突出实践教学,育人功能不断提升》被收录为《2012 中国高等职业教育人才培养质量年度报告》典型案例;《推进产教深度融合,实现校企协同育人》被收录为《2015 中国高等职业教育质量年度报告》典型案例。由于校企协同育人体制机制创新中的突出成就,2015 年 10 月在教育部、财政部组织的国家示范(骨干)高职院校项目验收评审中,学校成为全国 8 所验收优秀院校之一。

四、深化超越:从细小实着眼,放大创新红利

落实创新发展行动计划,实施高职教育卓越发展。2015 年 10 月,教育部印发了《高等职业教育创新发展行动计划(2015—2018 年)》(以下简称《行动计划》),贯彻落实国务院《关于加快发展现代职业教育的决定》精神,并于 2016 年 3 月,确定了《高等职业教育创新发展行动计划(2015—2018 年)》任务(项目)承接单位。"十三五"期间,高等职业教育迎来又一重要发展机遇,将继续服务"中国制造 2025"和新一轮"走出去"等重大战略,助力企业、城

市、人才"三个国际化"。国内优质高职院校应夯实国家示范（骨干）高职院校建设基础，放眼国际舞台，树立一流标杆，进一步扩大优质资源，搭建更加合理的人才培养结构，努力实现从"高原"向"高峰"的集聚和跨越。

激活体制机制创新活力，加快构建现代职教体系。"互联网＋"战略的影响方兴未艾，不仅冲击传统产业格局，还颠覆了人们的思维模式。在"互联网＋"背景下，教育战线特别是高等职业教育战线的办学体制、高职院校运行机制均要破旧立新。高等职业教育还需承上启下担当起现代职教体系主体责任。一是继续构建以人才培养目标和课程体系衔接为核心的现代职教体系，拓宽中、高职学生升学渠道，提升中、高职学生升学比例，形成系统培养理念和健全接续培养制度。二是积极探索招生考试制度改革，构建技术技能人才培养"立交桥"，给予学生更多的选择权，逐步改变职业院校生源基础，提高职业教育培养质量，扭转人们传统观念，增强职业教育吸引力。三是积极探索本科层次职业教育实现形式和培养模式。

服务"中国制造 2025"战略，创建人才培养新格局。"中国制造 2025"对高职教育人才培养提出了新的更高的要求。以现代化、自动化的装备提升传统产业，推动技术红利替代人口红利，将成为中国制造产业优化升级和经济持续增长的必然之选，原有的人才培养标准难以满足新的要求。高等职业教育有必要在现有人才培养标准基础上，研制与"中国制造 2025"相适应的人才培养新标准，建立专业设置与改革紧跟产业结构调整、课程改革紧随产业技术进步的机制。培养一大批能适应产业转型升级的高技能人才，以创新驱动再次放大人口红利，让"机器换人"成为常态，使"人控机器"成为常态。

［参考文献］

［1］潘海生,王世斌,等.中国高职教育校企合作现状及影响因素分析［J］.高等工程教育研究,2013(3):143-148.
［2］上海市教育科学研究院.中国高等职业教育质量年度报告(2015)［M］.北京:高等教育出版社,2015:17-18.

利益平衡视角下产教深度融合现代学徒制试点实践研究

江苏海事职业技术学院 杜训柏 谢 荣 刘桂香

摘 要：产教融合、校企合作是职业教育改革的必由之路。本文以校企生三方利益平衡为出发点，分析了产教深度融合开展现代学徒制合作项目选取的策略，从成本—利益角度，归纳了各利益相关方的支出、收益与风险，进而指出在合作中各方的职责；结合具体试点实践项目，介绍了实践中兼顾校企生各方利益的做法、人才培养模式的改革方案，探索建立一条培养"学生—学徒—准员工—员工"的校企生多方共赢的有效人才培养路线，总结了实践中的经验，为进一步做好现代学徒制教育提出了针对性的建议。

关键词：产教融合；现代学徒制；成本；收益

当前，我国经济正处在转型升级的关键时期，面临着国内外复杂的政治与经济环境，一方面，经济发展需要大量的高技能人才而市场供给不足；另一方面，劳动力短缺，用工成本上升，人口红利逐步削弱，而高校毕业生数量连年增长，就业压力巨大。招工难与就业难并存突出反映了产业与教育的脱钩，因此，大力开展产教融合、校企合作，把企业放到人才培养的主体地位，开展多方参与、多种形式的职业教育，把各类人员培养成企业与社会需求的技术技能型人才，充分发掘人力资源潜力，对改善经济发展和就业，促进社会和谐健康发展具有重要的意义。

现代学徒制是在中国传统的"师徒传承""子承父业"的基础上，借鉴西方学徒制的经验，结合中国当前经济与社会发展，而开展的人才培养模式的改革。现代学徒制是校企合作的一种形式，只有产教深度融合才能开展现代学徒制，因为其要求把企业作为人才培养的主体之一。从现代学徒制实施过程来看，学生在企业经过长时间的培训，严格按照企业需求来开展工学结合的教育，做中学，学中做，素质与能力得到快速提升，更符合企业的用人需求。经过培训后，企业也希望能留住学生，获得长期收益。因此，现代学徒制是符合校企生多方利益的有效教育形式。

一、现代学徒制试点情况

金陵船厂与江苏海事职业技术学院（前身南京海运学校）同属中外运长航集团，同根同

［基金项目］本文系 2016 年中国交通教育研究会资助课题"适应造船新常态的高职船舶类人才培养模式改革与实践研究"（项目编号：交教研 1602—189）的阶段性成果。

源且在同地，双方具有 50 余年的合作历史，20 世纪 60—90 年代曾开展过学徒制教学改革试点，试点班的部分学生现在为公司领导和技术骨干；学校还通过夜校、专业培训与考证等形式为企业员工开展了针对性的教育。2014 年双方合作成立金陵船舶学院，进一步深化产教融合、校企合作。当前，双方业务互动与人员往来频繁，合作基础良好。

长期以来，金陵船厂以业务精、品质高、价格适中、交船准时著称，在业内具有很高的声誉，年造船完工量和手持订单量长期处于国内造船企业前列，开发的船型持续畅销。随着经济的发展，船厂也在不断提档升级和创新。自 2011 年起，全面开展"转模"升级，改变传统的生产模式，深入践行设计、生产、管理一体化，"壳、舾、涂"一体化，推行精益管理，在生产车间实现"工完料尽场地清，铁见本色漆见光，道路畅通无杂物，零件标识有秩序，空间上分道，时间上有序"。企业引进了许多先进设备，建立了自动化程度较高的生产车间。"转模"升级过程中，大量的手工作业环节被自动化设备取代，原有大量劳务派遣工人不适应新的工作环境和岗位技术要求，逐步离厂，有知识、懂技术的人才数量还不能满足需求，当前正处于关键时期，人才储备充裕与否关"转模"升级成败。在《教育部关于开展现代学徒制试点工作的意见》指导下，在企业与学校良好合作基础上，双方于 2015 年开展了首批 10 名学生的现代学徒制试点工作；2016 年，成立现代学徒制试点班，共 28 名学生，进一步扩大了试点规模。

二、现代学徒制培训项目选择

有调研显示，企业对参与职业教育办学多持肯定态度，参与职业教育的意愿也越来越强，但真正参与职业教育办学的却不多。大部分校企合作项目都处于一纸合同层面，没有实质性开展合作或合作的广度和深度不够，究其原因，还在于企业的经营性质上。企业以营利为目的，其所从事的一切商品生产、经营服务活动或做出的某个决策，都会根据成本和收益对达成目标的各种行动方案做出选择，以追求利润和效用最大化。毕竟，没有收入，企业就无法生存，由此可见，企业把参与职业教育看成是一种投资行为。有研究显示，企业参与职业教育的动机有 4 种：一是获取或培养所需的人力资源；二是获取技术资源支撑；三是追求短期经济利益，如获取廉价劳动力，降低生产成本；四是扩大或提升企业地位和知名度。进一步研究显示，不同性质的企业对参与职业教育的态度也不一样，以上 4 种动机的重要程度排序也不一样。从当前社会状况来看，国有企业参与职业教育大多是出于责任担当，提升社会影响力和知名度；许多中小型企业尤其是科技含量不高的企业则是为了获取廉价劳动力，降低人力资源成本。此两种类型都不利于开展产教深度融合，国有企业资金、实力庞大，人力资源充沛，对校企合作不积极，因为其能从校企合作中获得的利益很少，即使有合作，学校也处于绝对弱势地位，得不到良好互动，教育活动不易开展；后一种，更不利于开展校企合作，因为其与学校合作的动机不良，难以开展长期、深入的合作，故这两种类型都需要进行引导。以下从企业视角，在成本—收益上，分析校企合作项目的选取，使选取的合作项目有利于多赢。

从企业投资职业教育的角度看，企业参与职业教育合作项目的类型可分为一般项目和特殊项目。一般项目是指投资行为所带来的效应具有普遍受益性，获得的人才不仅适用于投资企业，也适用于其他企业，具有可"迁移性"。通常这类项目培训难度不大，社会对从业人员的需求量大,绝大多数校企合作的项目都属于此类。特殊项目是指投资行为所带来的效益只是对本企业有利,其他企业不适用或对其他企业的贡献率不高。鉴于我国劳动力市场不健全,人员流动频繁,一般项目投资付出很难获得效益,培养的人才很容易流失或被其他企业"挖墙脚";特殊项目具有"排他性""为我独用"的特点,并且在培训的过程中,受训人员对专业技术进行了深入的学习,能力得到提升,与企业从业人员建立了联系,加深了对企业文化的认可,具有人才的"锁定性",非常适合于现代学徒制项目的选择。

船舶行业属于劳动密集型、资金密集型和技术密集型的重工业,在国民经济中是小众产业,产品单一,年产船舶数量少。在造船产能严重过剩、市场需求急剧下滑的冲击下,大批技术、资金实力不济的中小型企业面临破产的风险,产业的集中度得到进一步提升,而产业集聚度高的行业,产品生产技术难度也高,入行门槛高,人员流动不易,企业也愿意为培养技术人才进行投资。随着我国大力推行"中国制造 2025"计划,船舶产业也在向"智能造船"发展,种种迹象表明,生产技术越来越向高技能劳动力而非低技能劳动力发展。在金陵船厂"转模"升级中,需要人力资源支撑,为培养后备人才,也愿意对人员培训进行投资。综合考虑安全因素、船厂管理、生产条件和需求,船舶生产设计选为现代学徒制试点项目,由金陵船厂人教处负责管理,下属船舶设计公司负责实施。该设计公司业务繁忙,正处于扩张中,新建两栋设计楼刚投入使用,需要大量技术人员。船舶生产设计是一个技术难度较大的工种,对船舶专业知识有很高要求,培训过程中使用船厂许多自主开发的软件,可以说是个"特殊项目",在校企生三方协议中,约定学生通过企业考核,优先录取为正式员工,这样就有效避免了被"挖墙脚"的风险。

三、现代学徒制试点各方利益分析

现代学徒制的开展需要校企生有效配合,其合作的纽带和基础是各方的利益,即各方从合作中能获得哪些收益,需要付出哪些成本,如果各方都"有利可图",那么合作的基础就比较坚实,容易开展合作。有学者认为,企业参与职业教育行为是企业与职业院校之间的博弈行为,当前校企合作的困境在于两个博弈主体之间存在信息不对称、权利不对等、义务不均衡、资源未实现共享,要达到校企合作博弈的均衡,必须找到两者的利益结合点,尤其是要降低企业参与合作的风险,以提高企业在合作后的收益。以下从成本—利益角度分析各方在合作中的支出、收益和风险,以求找到合作的平衡点。

(一) 企业支出,收益与风险

1. 企业支出

企业参与职业教育的主要支出包括:(1)企业从考察、商谈到做决定与学校开展合作的决策成本;(2)企业支付给学生的生活补贴或工资报酬;(3)企业提供的场地设备和耗材成本;(4)企业支付给培训人员的直接或间接成本;(5)企业投入的合作开发技术或产品的成本;(6)企业支付的人员往来差旅费。

2. 企业收益

企业参与职业教育的主要受益包括:(1)合作学生顶岗实习的短期收益;(2)企业人力资

本投资的长期收益;(3)企业利用学校资源的使用收益;(4)企业享受政府政策的补给收益;(5)企业从合作办学的其他方面获得收益。

3.企业风险

企业参与职业教育的可能风险有:(1)企业做出参与职业教育的决策风险;(2)合作期间承担学生人身安全的风险;(3)合作期间物资损耗或声誉受损的风险;(4)合作后人才与技术流失的风险。

受企业性质、学校性质、合作形式、合作深度和广度等因素影响,企业的支出、收益和风险可能略有不同,但大体相似。从企业支出、收益与风险分析可看出,企业参与职业教育付出很多人力、财力和物力,而能获得的收益很少,且基本都是无形的、难以把握的,尤其是企业看中的长期收益,受训人员可能有流失风险,很难掌控,政府的政策照顾还不健全。因此,很多企业愿意参与职业教育就是看中短期利益,利用学生的廉价劳动力来降低生产成本,这不利于长期合作,需要给予引导和矫正。如不考虑其他收益,仅从企业参与现代学徒制项目支出与收益看,"特殊项目"一般符合如图1的模型。

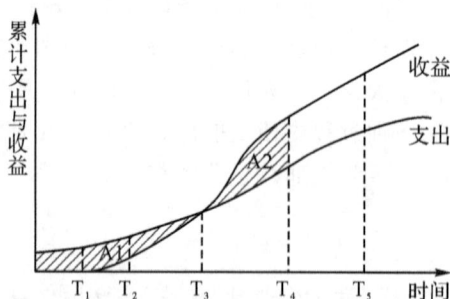

图1 企业人才培养成本与收益关系图

图中,T_1 为从开始到该时间点为纯培训时间段;T_1 到 T_2 为学生能做简单工作时间段;T_3 为支出与收益相当的时间点,T_2 到 T_4 为初步顶岗实习阶段;T_4 到 T_5 为准员工顶岗实习阶段;T_5 为成为正式员工的时间点。

从开始到 T_1 是学生参与企业纯培训的时间,这一阶段没有为企业创造任何收益;T_1 到 T_2 时间段为学生经过短期培训能够帮企业师傅做简单的工作,因而能节省少量工时,给企业带来少量收益;从 T_2 开始,学生基本能够顶岗实习,为企业带来更多收益,同时,支出也快速增长;T_3 是时间临界点,当培训时长达到 T_3 时,企业收支相当;当培训时长达到 T_4 时,即阴影部分 A_1 等于 A_2 时,培训的累计支出与收益达到平衡,超过 T_4 时间,企业参与项目培训将开始获得回报;当学生经过学徒,初步顶岗实习,准员工顶岗培训,通过考核后,成为正式员工即到达 T_5 时间时,将为企业创造更多收益。

总结现代学徒制船舶生产设计项目试点情况,学生参与的纯培训时间即 T_1,因学生的学习能力、师傅的教育能力和方法不同而不同,通常为1—2个月,这一时间段支出主要是给学生发放的少量生活补贴;T_2 通常是培训的第3—4个月即学生参与培训,在第3—4个月时可以从事难度不大的船舶结构建模、船舶管系建模、结构套料、出图等顶岗实习工作,这一阶段按南京市工资最低标准发放顶岗实习工资,资金支出开始大幅增长,同时收益也大幅增长;T_4 是从培训开始到收支平衡的时间点,通常在第8—9个月,T_4 越小或超过 T_4 的时间越多,收益越大;当经过培训的学生成为企业员工后,企业将长期受益。

(二)学校支出,收益与风险

1.学校支出

我国各级各类职业教育院校不管是公办还是私营的,基本都是非营利组织,其为教育的所有合理支出都是其职责所在,在现代学徒制教学方面的支出也属于学校正常开支,主要包括:(1)学校从考察,与企业商谈到做决定开展合作的决策成本;(2)学校提供的场地、设备和耗材成本;(3)学校支付学生管理的各项费用;(4)学校投入的合作开发技术或产品的成本;(5)学校支付的人员往来差旅费等。

2.学校收益

职业教育的功能定位是培养技术技能型人才,开展科学研究和技术服务,传播知识与服务社会,因此开展现代学徒制教育也是职业教育功能定位的体现。从宏观上看,做好教育是为国家和地方经济发展。从微观上看,学校主要收益有:(1)与企业建立了良好的合作关系;(2)现代学徒制开展得好,学生就业好,招生就业两旺,学校的发展基础就好;(3)教师专业水平和教学能力得到提升;(4)办学资源增多,综合影响力得到提升。

3.学校风险

学校开展现代学徒制教育风险可能有:(1)没有做好现代学徒制教育所带来的决策风险;(2)合作期间承担学生人身安全的风险;(3)合作期间物资损耗的风险;(4)没有做好现代学徒制教育导致声誉受损的风险。

(三)学生及其家长支出,收益与风险

1.学生及其家长支出

学生在企业培训、实习期间的主要支出包括:(1)培训、实习期间的日常开支;(2)培训、实习时间和因时间消耗而带来的损失。

2.学生及其家长收益

学生及其家长是开展校企合作办学的主要受益方,主要收益包括:(1)培训、实习期间的补贴和顶岗实习工资;(2)因培训、实习获得素质和能力的提升;(3)与专业人员建立的人际关系;(4)培训后,因技能提高可能被培训企业或其他企业录用,就业前景好。

3.学生及其家长风险

在企业培训、实习期间,学生及其家长可能面临的风险主要包括:(1)人身财产风险;(2)时间的浪费和消耗;(3)因违规违约或其他不合理约定带来的法律上的风险。

四、基于利益分配的各方职责

(一)企业职责

企业参与职业教育,开展现代学徒制培训项目,企业必然就成了职业教育的主体之一。作为利益相关方,学生在企业培训、实习期间,企业作为培训和管理主体,要起主导作用,必

须厘清企业的职责。从企业参与职业教育的获利角度看,需要减少支出、扩大收益、降低风险。企业参与职业教育是一项投资并且很可能是一项长期投资行为,因此要做好长期规划,与学校协商,寻找好的合作项目和合作方式,编制合理、具有可操作性的实施方案,与学校和学生签订规范、具有约束力的校企生三方合作协议。企业应成立专门的对接和管理机构,选聘具有资质或能力的企业师傅,制定合理的培训策略,提高培训效率,缩短培训时间,减少不必要开支,扩大培训效果,严格做好学生在企业培训期间的管理工作,规范操作流程。

（二）学校职责

学校是学生的主要管理主体,对在校生的管理起主导作用,但在学生到企业培训、实习期间,学校管理地位弱化为管理主体之一。因此,学校要配合企业做好学生的管理与服务工作,也必须厘清学校的职责。从现代学徒制项目学校的支出、收益和风险角度看,学校应立足长远,控制合理开支,节约成本,扩大合作广度与深度,规范管理,降低风险,扩大影响面。学校应与企业协商合作项目,做好学生动员、组织、前期培训工作,根据合作项目和顶岗岗位职业能力要求,合理修订人才培养方案,严格履行三方合作协议中关于学校的义务。监督学生及其家长履行关于学生的义务;学校也应成立专门的对接和管理机构,与企业积极协商,拓展项目以外的其他合作,选聘教师到企业开展技术研发、实践锻炼和指导学生,做好学生思想工作,积极扩大合作面和影响力,研究长期持久合作的方案,找到双方合作的利益平衡点,争取双赢。

（三）学生及其家长职责

学生及其家长是校企合作的主要受益方,学生要严格履行三方合作协议中关于学生的义务,服从企业和学校的管理,在企业培训、实习期间,努力学习,与师傅、企业有关人员建立良好人际关系,积极把所学所思应用于企业实际项目中,帮助企业创造价值,提升个人综合素质和技术能力,早日成为满足社会发展和企业需求的栋梁之材。

五、现代学徒制试点总结与建议

（一）各方获利是长期合作的基础

企业参与职业教育要花费一定人力、财力和物力,企业的经营性质决定其把参与职业教育当作一项投资行为,投资就要考虑投入与风险,预期收益与回报。企业能从现代学徒制项目中获得的收益很少且难以把握,培养的人还容易被其他企业"免费搭便车"或"挖墙脚"。而学校作为非营利机构,开展各种类型的教学是其本职,其为现代学徒制项目的支出都是合理的,其收益主要表现在人才进出两旺,社会声誉和影响力提升,能够满足学校的功能定位。因此,学校对于开展校企合作非常积极。学生是校企合作的主要受益对象,只要宣传到位,补贴、工资到位,管理到位,学生一般都会积极参与。

在现代学徒制校企合作上,只有找到各方都能获益的合作项目,才能解决长期存在的"企冷校热",要靠人际关系维持校企合作的现象,也才能使各方出于本能和自愿开展合作。

金陵船厂和江苏海事职业技术学院现代学徒制合作选取具有"排他性"的船舶生产设计,该项目的选取综合考虑了各方利益,且项目本身技术难度较高,使用专用软件。学生参与培训1—2个月后即可为企业创造价值,在第3—4个月可进行简单工作的顶岗实习,在第8—9个月即能达到投资与收益的平衡,但学生难以有如此长的时间在企业连续实习。为此,学校对人才培养方案进行了改革,在第4学期及暑假把学生送到企业开展培训与实习;第5学期在校内,利用校中所边工边读,参与实际项目;第6学期顶岗实习,顺利解决培训、实习时长的问题。为做好试点工作,减少企业投资,学校配备了40台电脑供培训学生和企业使用,积极与企业开展多方位的合作,如2016年企校双方联合申报江苏省高等职业教育产教深度融合实训平台建设项目获批,建设资金500万元;2016年双方以科技合作项目为基础申报江苏省教育厅科技成果奖,获得二等奖;双方合作成立了江苏省海洋装备智能化工程技术研究开发中心;在学校省级示范项目轮机自动化机舱建设过程中,许多技术难题由金陵船厂帮助解决,建设成果也为企业所用;学校充分发挥校友多,与航运企业和船东关系密切的优势,在企业争取订单时提供帮助;双方合作优势互补,兼顾了各自利益,建立了比较有效的资源共建、共享、共用机制。

(二)组织健全是合作的保证

校企合作涉及各方利益,需要不断沟通与协调,组织不健全,沟通就不畅,难以有效开展合作;现代学徒制联合人才培养是一个合作范围较广的项目,企校双方职能部门要多次协商和沟通,企业师傅要与学校教师沟通和交流,企业师傅要与学生沟通和交流,还要配备人员来专门管理学生和各项事务,可以说组织健全是合作的基本保证。

金陵船厂与江苏海事职业技术学院在2014年合作成立了金陵船舶学院,配备了院长、副院长、秘书等工作人员,建立了一套比较完善的组织体系,在现代学徒制项目上,金陵船厂成立了由人教处、设计公司组成的专门机构,学校也成立了由校院两级组成的专门机构,配备了学生在企业期间的负责人、学校联络人、班主任,建立了定期合作与交流机制,为合作项目开展打下良好基础。

(三)制度完善是合作的重要保障

开展现代学徒制项目涉及各方利益,有利益关系,就可能会有纠纷,必须以法律或规章制度来约束各方的行为,使各方的投入、产出和风险及为此而做出的行为有法可依、有章可循,把制度建设作为合作的重要保障。在现代学徒制项目实施中,专门设立了校企合作专项资金,按照《中华人民共和国职业教育法》和《职业院校学生顶岗实习管理规定》等法律法规,参照本地区有关法律法规,企校双方制定了《现代学徒制项目实施与管理办法》《企业与学校人员参与现代学徒制项目激励与处罚办法》,企业、学校、学生及其家长的三方合作协定,《资金使用与管理办法》等一系列管理制度,包含合作的方方面面,对各方职责、权利和义务都做了详细的规定。

(四)多方参与是合作的有效形式

发展现代职业教育涉及政府、企业、学校、学生及其家长的利益。从宏观角度看,政府是最大的利益主体,因为发展教育最终是为了促进经济转型升级和提高全民素质,促进社会健康和谐发展的需要。在《教育部关于开展现代学徒制试点工作的意见》中,对企业在现代学徒制中的地位规定为"坚持合作共赢,职责共担,招生即招工,入校即入厂,校企联合培养、一体化育人的长效机制,切实提高生产、服务一线劳动者的综合素质和人才的针对性,解决好合作企业招工难的问题"。在《国务院关于加快发展现代职业教育的决定》中指出:"要健全企业参与制度。研究制定促进校企合作办学有关法规和激励政策,深化产教融合,鼓励行业和企业举办或参与举办职业教育,发挥企业办学主体作用。"但在当前的职业教育中,有关激励企业参与职业教育的税收、政策照顾均未出台,政府的职责不明晰,法律制度还不健全,监督与评价机制、机构还没有成立。急需政府发挥引导和监管作用,给予企业适当补贴或其他政策照顾。同时,开展现代学徒制项目也需要行政主管部门、企业上级管理部门、行业协会多方参与,合力才能取得突破。

(五)人才培养模式改革是合作发展的必要条件

现代学徒制是产教深度融合的有效实现形式,是将专业与产业,课程内容与职业标准,教学过程与生产过程,毕业证书与资格证书,职业教育与终身教育的有机结合,必须解决好招生与就业,学习与工作,校园与企业,教师与师傅,教室与车间,学生与学徒的关系。这就意味着为适应现代学徒制教育试点,必须对人才培养方案进行改革,把以往以学校教育为主改为以企校双方为主的双主体、双导师,以学生为中心,学生与学徒双重身份的教育模式。

为适应职业教育发展,适应现代学徒制人才培养,对船舶工程技术专业人才培养方案进行了改革,探索建立了"3+1+1+1"工学结合的人才培养模式,前1—3学期在校内完成文化课程和专业基础课程教育,第3学期末完成入企前的强化培训,第4学期及暑假到企业培训和实习,第5学期在校中所完成边工边学,第6学期到企业参与顶岗实习,力求通过"学—工—学—工"交替,做中学,学中做,使学生逐渐从行业新手成长为技术能手,实现由"学生—学徒—准员工—员工"的身份转变。目前,已经开展两年试点工作,效果良好。

[参考文献]

[1]马丽娟.企业参与校企合作意愿研究综述[J].中国职工教育,2013(22).
[2]南海,陈娟.我国现阶段职业教育校企合作主体的合作动因分析[J].职教论坛,2014(36).
[3]孙晓玲.企业特征对企业参与高职院校校企合作意愿的影响分析[J].职教通讯,2015(10).
[4]欧阳忠明,韩晶晶.成本—收益视角下企业参与现代学徒制研究[J].现代教育管理,2016(6).
[5]周勇.基于博弈论的高职教育中企业角色定位研究[J].职业教育研究,2014(1).
[6]杨红荃,黄雅茹.我国职业教育校企合作法律制度体系研究[J].教育与职业,2015(8).
[7]汤霓.国外现代学徒制理论研究与实践探索[J].中国职业技术教育,2016(31).
[8]唐林伟.学徒制的现代化[J].职教论坛,2016(29).

高职院校技术技能积累的瓶颈制约与破解路径

浙江金融职业学院　郭福春　王玉龙

摘　要：高职院校作为技术技能积累的重要载体，在促进技术技能积累及高素质技术技能人才培养方面发挥着重要作用。高职院校技术技能积累通过对技术的保存、研究、传播，对技术技能人才培养、培训及服务行业企业发展实现技术技能的递进。就目前实际而言，高职院校技术技能积累存在政策法规缺乏、意识观念淡薄、要素资源短缺、实现机制单一等问题，为促进高职院校技术技能积累，更好地服务区域经济社会发展，高职院校可以通过强化技术技能积累观念，整合技术技能积累要素，多态实现技术技能积累，使高职院校成为高职教育综合体、产教融合共同体、社会服务有机体。

关键词：高职院校；技术技能积累；校企合作

技术技能作为社会生产力的实现方式，在人类社会发展中起着决定作用。综观人类发展史，从火的使用到电的应用，从简单生产工具的发明到高新技术的突破，无不说明技术革新对社会发展产生深刻而全面的影响，任何一次技术的革新都不是天才突发奇想的结果，而是在技术技能积累基础之上的质变。《国务院关于加快发展现代职业教育的决定》指出，"强化职业教育的技术技能积累作用，强调要制定多方参与的支持政策，推动政府、学校、行业、企业联动，促进技术技能的积累与创新"。可见，以高职院校为主体，研究技术技能积累的内涵与特征，探讨技术技能积累存在的问题，思考技术技能积累的破解路径，对加快科学技术转化生产力，推进我国高等职业教育改革发展有着重要意义。

一、高职院校技术技能积累的内涵特征

技术与技能是人类实践的结晶，是人类发展的宝贵财富。政府、学校、行业、企业作为技术技能积累的主体，因其性质、职能等的差异对技术技能积累的侧重有所不同，政府从宏观层面进行国家决策，侧重技术技能积累的政策制定和方向引导；行业从中观层面解决技术技能积累的方案和路径，侧重行业结构的布局、调整及协调；而企业和学校侧重微观层的具体实践，企业注重技术技能的生产和革新，学校注重对掌握技术技能人才的培养和培训，就两者关系而言，学校和企业是互补、互动、互惠、互赖的。高职院校技术技能积累作为服务社会实践的重要一环，在培养符合经济社会发展需要的高素质技术技能型人才方面起着不可替代的作用，在技术技能积累方面发挥着关键作用。

技术指人类在认识自然和利用自然的过程中，积累起来并在生产劳动中体现出来的经验和知识，也泛指其他操作方面的技巧；技能指掌握和运用专门技术的能力。就技术与技能

的关系而言,技术是技能的基础,技能是技术的实践可能,技术的客观性决定其在时空范围内继承、扩散,而技能的主体性则决定其在时空范围内变化、流动,可见技术、技能是天然联系、相互依存的。有研究者认为,技术技能积累是社会组织在长期的生产和创新实践中所获得的技术知识和技术能力的递进。基于以上研究,我们认为高职院校技术技能积累是指高职院校通过长期对技术知识的保存、研究、传播,技术技能人才培养、培训及服务行业企业发展实现技术技能的递进。高职院校技术技能积累的特征主要体现在以下几个方面。

(一)历史传承

技术技能积累具有历史性。技术技能积累是一个量变的过程,从时间维度看,技术技能是代际传承而实现历时性积累的过程,从空间维度看,技术技能是社会主体之间扩散而形成的聚集性积累的过程,不论是时间维度还是空间维度,它都是高职院校师生长时间、多向度学习、创新和引进的结果,没有时间的淘洗、专业的打磨,高职院校的技术技能优势也便无从谈起。在现实中不难发现,服务地方经济社会发展能力强的高职院校多数是建校时间长、注重技术积累的高职院校。

(二)层次递进

技术技能积累具有层次性。高职院校技术技能积累是从无到有,从少到多,从量到质,盈科后进,不断提升的递进过程。高职院校技术技能积累表现为,技术技能积累的初级阶段以表征学习和机械教学为主,发展阶段以内涵深化和有效教学为主,高级阶段则以创新创造和社会服务为主。学校技术技能积累的线性发展是理想化的,更多的是螺旋式发展,在同一发展时期体现多个阶段的特征。而高职院校区别于企业的重点在于其组织的稳定和连续,借助高职院校组织的稳定性来确保技术技能的积累与集成、集聚与递进。

(三)校企协同

高等职业教育不论作为类型还是层次均是以服务地方经济社会发展为目标的,这决定了高职院校必然要与行业企业协同,才能更好地发挥自身价值和功能,高职院校技术技能积累是开放式的,封闭式的技术技能积累是没有发展未来的,故需要多方力量的参与,特别是企业的参与,校企协同才能促进技术技能的流动和扩散,才能促使技术技能的积累和变革,故校企协同是技术技能积累的前提。

(四)人才培养

高职院校技术技能积累的指归是人才培养,这是区别于其他社会组织技术技能的根本特征。高职院校技术技能积累的实现必然以人才培养为载体,高职院校没有了人才培养这一中心环节,技术技能积累也就变成无本之木,高职院校通过人才培养的形式使技术技能批量、快速地扩散成为可能。

二、高职院校技术技能积累面临的发展瓶颈

技术技能积累作为高职院校服务区域产业发展和自身内涵建设的重要内容,在推进高职院校专业对接产业,深化校企融合,改革人才培养模式,传承创新技术技艺等方面发挥了重要作用,取得了良好成效。但高职院校技术技能积累作为一个命题,还存在一些不足和问题。

(一)技术技能积累政策法规缺乏

技术技能积累作为行业企业生存发展的关键,不论是在学术研究还是制度规范方面均有较多积累和传统,而"技术技能积累"这一概念进入职业教育领域是在《国务院关于加快发展现代职业教育的决定》《现代职业教育体系建设规划(2014—2020 年)》《高等职业教育创新发展行动计划(2015—2018 年)》等文件出台之后才广泛地进入职业教育领域,在学术研讨和具体实践方面还比较匮乏,具有指导意义的政策法规更是缺乏。高职院校技术技能积累需要政策法规明确政府、学校、行业、企业各自在技术技能积累过程中的权利和义务。从众多关系中看,校企能否深度合作是实现高职院校技术技能积累的关键。高职院校当下面临的最大困境是不能深度地进行校企合作,而校企合作瓶颈的突破不是合作双方协商就能实现的,需要政府基于国家发展战略的高度,对校企合作进行立法,从法律层面明确双方在合作过程中的具体权利和义务,克服目前校企合作的随意化、无序化及表面化。校企深度合作的实现才能促成行业企业的新技术、新工艺畅通地流动、扩散到学校,学校不断学习、引进、沉淀技术技能,才能培养出切合行业企业需要的人才。可见,政府不出台保障技术技能积累的可操作性的政策法规,谈技术技能积累和校企合作无异于缘木求鱼。

(二)技术技能积累意识观念淡薄

目前国内关于技术技能积累的研究主要集中在技术哲学、企业管理等领域,职业教育自身研究十分匮乏,而现有的研究成果更多的是描述性研究,缺乏对技术技能积累的实现机制、方法、流程等的实证性研究。职业教育领域技术技能积累意识观念淡薄的直接反映便是,20 世纪八九十年代职业教育领域"职业教育"和"职业技术教育"的名称之争,最后随着《中华人民共和国职业教育法》的正式颁布,以法律的形式将其定名为"职业教育",但直到今天"职业教育"和"职业技术教育"仍然是代表不同观点学者的常用术语。虽然只是"技术"两字之争,但其背后隐匿的却是"职业主义"和"技术主义"之别,反映的是技术技能在职业教育中的核心地位并未达成共识和也未得到确认。这在高职院校技术技能积累过程中,体现出来的便是重知识轻技术,重学习轻积累,重引进轻创新,重硬件轻软件,重理论轻实践。高职院校有新的教材却没有新的技术,有前沿技术却没有技术传统,有系统内容却没有技术突破,有健全设施却没有优质教师,学生有好的成绩却没有好的技能,这在根本上是技术技能积累观念意识的淡薄。

(三)技术技能积累要素资源短缺

技术技能积累的过程是一个要素资源集聚的过程,高职院校作为技术技能积累主体之一,需要与政府、行业和企业等主体进行互动交流,当下高职院校在技术技能积累的综合能力和要素整合能力上还比较弱。没有政府的支持意味着高职院校没有政策支持和财力保障,没有行业企业协同意味着高职院校没有行业动态和前沿技术,而这些都是技术技能积累的重要内容。我国高等职业教育的快速发展,实质是市场引动、政府主导的结果,政府对职业教育的发展是积极引导和大力支持;但在发展过程中却出现大批隶属行业的地方高职院校转归教育部门,从 2010 年到 2014 年 5 年间隶属非教育部门和地方企业的高职院校由 628 所减少到 568 所,而隶属地方教育部门的高职院校由 312 所增加到 449 所,这“一减一增”实际是弱化高职院校行业资源获得的过程。而行业企业参与高职院校人才培养积极性不高,究其根本原因还是高职院校自身能力不足,没有形成长期深入合作的良好关系,高职院校没有成为技术技能积累中人力、财力、物力等的集聚中心,故政府强化高职院校的行业背景和行业关系,助力技术技能积累要素集聚,是促成高职院校技术技能积累的重要内容。

(四)技术技能积累实现机制单一

技术技能积累实现的路径主要依赖内生积累和引进积累,而目前高职院校的技术积累依赖引进积累,主要的方式是人才引进和设备引进,高职院校引进技术人才作为技术技能积累环节中最基本、最重要的方式,但引进的人才因高职院校待遇、平台等留不住,而引进的设备因没有技术与教学兼备的人才而无法有效利用,甚至于高职院校培养出的优秀技术师资频频跳槽到企业,这对高职院校技术技能积累损害严重;高职院校因缺乏与行业企业在技术技能积累等方面对话的资本,导致高职院校在行业参与、校企合作等过程中缺乏主动权和自主权,高职院校更多的是被动接受。虽然内生积累和引进积累是高职院校技术技能积累的重要路径,但并非唯一路径,如何联合政府、学校、行业及企业协同参与,发挥各自在技术技能积累中的优势,特别是充分发挥高职院校稳定的组织机构和规范的技术等传统优势,以弥补单一模式的企业技术技能积累自身无法克服的缺陷等问题,这对高职院校来说任重而道远。

三、推进高职院校技术技能积累的改革路径

(一)完善技术技能积累政策法规,更好地服务地方经济社会发展

随着我国经济发展进入新常态,经济结构转型升级,产业结构不断优化,技术技能积累在经济社会发展中的地位和作用日益凸显。高职院校作为服务区域、产业发展和国家战略需要的重要载体,加强应用技术传承和研发能力,提升人才培养质量和技术服务附加值是其重要职能,而高职院校这些职能的发挥是以技术技能积累为前提的。政府、学校、行业、企业分属不同的部门,要有效发挥各自在技术技能积累的优势,需要厘定各利益主体的关系,通过完善法律的形式明确其权利和义务,建立健全技术技能积累体制机制。法律法规的制定

和完善是国家和地方权力机构的职责,在完善技术技能积累法律法规过程中,应遵循依托学校、政府主导、行业指导、企业参与的原则。进一步明确行业、企业以股份制、混合所有制参与职业教育技术技能积累的法律地位,让校企之间的产权划分清晰化、合法化,突破校企合作的障碍,完善诸如《中华人民共和国职业教育法》《社会力量办学条例》等相关法律法规,使多方协同参与高职院校技术技能积累。故高职院校只有依托强有力的法律法规支持,才能会同技术技能积累的多方力量,实现技术技能的不断传承、积累和沉淀,更好地服务区域经济发展和企业技术革新。

(二)强化技术技能积累观念,打造产教融合共同体

观念作为行动的先导,直接反映了人们的认识水平,直接决定了人们的行动质量。技术技能积累不是高等职业教育独有的概念,是与行业企业等共同使用的,只是在不同主体间其内涵各有所侧重。技术技能积累作为高等职业教育的重要范畴,是高等职业教育存在、发展的基本前提,但长期以来,囿于人们的认识水平,高职院校技术技能积累的观念并未深入人心,在学术研究、文化建设、专业建设及学生职业素养等方面有待进一步强化。为进一步增强高职院校强化技术技能积累观念,打造产教融合共同体,一是要强化高职院校技术技能积累的学术研究。研究政府、学校、行业、企业等不同主体参与高职院校技术技能积累作用、动力、机制等,研究不同主体在产教融合共同体中的地位、功能和价值,为高职院校技术技能积累奠定学理基础。二是将技术技能积累的观念融入人才培养。高职院校人才培养的目标即是高素质技术技能型人才,这一目标的实现需要将产业生产中的技术技能积累的观念融入到校园文化、专业建设、课程建设、教学设计、实习实训等方方面面,使产教融合成为可能;要将"劳动光荣、技术宝贵、创造伟大"的理念付诸实践,就必须在观念上高度重视技术技能在高等职业教育人才培养中的地位和作用,在高职院校、行业企业间达成共识,凝聚力量,共同重视技术技能积累,将高职院校培育成行业企业技术的聚集中心。

(三)整合技术技能积累要素,形成社会服务有机体

高职院校技术技能积累旨在人才培养和服务社会,但有关技术技能积累的要素是分散在不同职能部门当中,诸如政府的政策资源、行业的协调能力、企业的生产技术等在自然状态难以集聚,而高职院校作为非营利性的专门组织,具有整合资源的时间、场地、人员、意向等其他组织不具备的优势,故高职院校应整合技术技能积累要素,形成社会服务有机体。在整合相关要素时应突出两个方面:一是政府层面成立技术技能积累专门机构或是在机构部门中增设技术技能积累的工作职责。在组织机构中增设专门管理部门及人员,协调政府、行业、企业、学校之间的关系,制定产业技术技能积累与创新的发展规划,明确产业技术技能发展方向、目标任务,建立技术技能积累制度,形成技术技能服务社会发展的有机体;整合相关社会资源,促使政府、企业、高职院校、社会联动,形成技术技能积累与创新合力,凸显高职院校参与技术技能积累的重要职责和作用,更好地服务经济社会。二是促进校企深度融合。破解校企合作难题是高等职业教育内涵发展成败的关键,针对高职院校在技术技能积累的实际水平和社会服务能力,高职院校可积极争取与大型国有企业合作,重点定位在与中小微企业的合作与服务。以技术技能积累为契合点,建立可行的校企合作的动力机制与调控机

制,落实企业技术进校园制度,保障高职院校技术技能与市场持续同步。

(四)多态实现技术技能积累,构建高职教育综合体

高职院校在目标定位上,应突破人才培养的局限,不断强化技术传承、技术研发、社会服务等功能,朝着高等职业教育综合体的方向发展。高职院校技术技能积累应转变传统的人才引进和设备引进的积累模式,多形式、多路径促进高职院校技术技能积累。一方面,搭建高职院校技术转化与推广平台。在产业转型升级,技术革新增速的时代背景下,通过推动职业院校与行业企业共建技术工艺和产品开发中心、实验实训平台、技能大师工作室等,提升高职院校技术技能积累能力和水平,让高职院校成为行业企业特别是中小企业技术研发、技术转化、技术推广的重要平台,突破高职院校只重视教学而忽视技术技能积累的问题,实现研究促教学、合作促发展,使高职院校成为国家技术技能积累与创新的重要载体。另一方面,拓宽职业院校参与技术技能积累形式。将技术技能积累的要素资源引进来,转化成自身服务行业企业的能力,再"走出去"投入到行业企业当中服务发展,具体方式如"职业院校教师和学生拥有知识产权的技术开发、产品设计等成果,可依法依规在企业作价入股";高职院校结合自身行业优势注册公司法人,将教学、生产、管理、服务融为一体综合发挥效能;鼓励有技术有能力的高校教师到企业兼职,针对具体情况可给予他们一些优惠政策,以灵活多样的形式促成学校与行业企业的互动,让技术人才的流动更通畅。

[参考文献]

[1] 徐霄红. 创新校企协同的技术技能积累模式——基于企业大学的对标分析[J]. 中国高教研究,2016(5):97-100.

[2] 孟景舟. 职业教育名称的百年嬗变与职业教育学的重建[J]. 中国职业技术教育,2016(34):88-91.

[3] 张永,等. 产学研合作促进高职院校技术技能积累[J].中国科技产业,2016(5):76-77.

[4] 霍丽娟. 现代职业教育的技术技能积累模式研究[J]. 国家教育行政学院学报,2016(1):70-74.

[5] 从云飞. 我国职业院校技术技能积累与创新机制的构建[J]. 华北水利水电大学学报(社会科学版),2015(5):89-92.

高职院校校企合作态度概念、类型与培育研究

秦皇岛职业技术学院　　刘志峰

摘　要:合作态度是由合作认知、合作情感和合作行为组成的,对校企合作的评价陈述和行为倾向。基于合作态度分析高职院校校企合作,有助于发现制约和影响校企合作开展的心理学因素,明确培育校企合作态度的策略。

关键词:高职院校;校企合作态度;概念;类型;培育

从组织行为学角度来看,校企合作可视为一个由校企双方相互渗透、相互融合形成的,既有别于企业又有别于高职院校的特殊组织形态。其中,校企个体行为、群体行为和关系结构,都会对合作过程开展及绩效取得产生影响。本文借鉴组织行为学理论体系中的态度与工作满意度理论,提出了校企合作态度的概念范畴,并围绕校企合作态度的主要内涵,对校企合作态度的主要类型进行了分析,概括了培育高职院校校企合作态度的途径。

一、校企合作态度的概念内涵

校企合作是职业教育办学的主要模式,它对于增强职业院校办学活力,推动内涵建设,提高人才培养质量具有重要作用。随着国家骨干高职院校建设项目的深入推进,校企合作由松散型向紧密型转变,合作的内容、形式和途径日趋多样化。学术界关于校企合作的研究成果颇为丰富,中国知网上名称涉及"校企合作"的文献数量为 12796 篇,特别是 2010 年以来,成果数量快速增加,仅 2013 年就有 2536 篇。系统梳理已有研究成果,可以发现多数研究视角为职业教育学,即利用职业教育学的理论观点来分析和探讨校企合作的基本问题,例如校企合作的重要性、基础、原则、内容和方式等,也有学者从文化学角度来管窥职业院校文化与企业文化互动在校企合作中的必要性和作用机理。这些成果很好地推动了高职院校校企合作发展。然而,由于研究视角单一,对于如何提高校企双方特别是企业参与校企合作的积极性仍没能提供合理解决方案。事实上,校企合作主体、构成和过程具有较强的复杂性,这就决定了开展相关问题研究的视角多元性。只有多视角探讨校企合作问题,才能切实解决目前校企合作中高职院校"一头热"的现象,切实提高校企合作成效,而组织行为学中的态度和工作满意度理论正好为我们提供了新的分析视角。

态度是主体对于客观对象的评价性陈述,客观对象可以是事物、人物和事件。作为主体

[基金项目]本文系河北省教育科学研究"十二五"规划 2015 年度课题"高职院校'政行企校'四方联动合作育人机制构建研究"(项目编号:1507021)的阶段性成果。

的内心感受,态度在一定程度上体现主体的道德观和价值观。客观对象的价值大小往往决定着主体的评价结果,可能是赞同也可能是反对。尽管现实中态度简单表现为赞同或反对,但主体形成赞同或反对的原因较多,加上某些情况下态度并未体现主体的真实意愿,这就使得态度具有明显的复杂性特点。为了全面理解态度,国外心理学家从态度的组成分析入手,提出了认知、情感、行为是构成态度的三大基本要素。认知是基础,是人的情感产生的前提;情感是关键,是人的行为产生的动因;行为是结果,是人的认知和情感的结果体现。组成态度的三大要素之间相互影响、相互作用,具有一定的内在关系。现实中,我们很难对态度的组成要素进行有效区分,这也是态度之所以复杂的重要原因。

根据态度理论,可将校企合作态度定义为高职院校和企业关于彼此开展合作的评价陈述和行为倾向。校企合作态度包括校企合作认知、校企合作情感和校企合作行为三部分。校企合作认知是指高职院校和企业对校企合作目的、作用和意义等的理性认识。正确健康积极的合作认识在很多情况下表现为一种信念,它对于培养校企双方的合作情感、促成校企双方的合作行为发挥重要作用。校企合作情感是校企合作态度的重要部分,是校企双方对彼此合作的感受体验和评价意向,包括校企合作主体的道德感、价值观,具体表现为校企双方对合作的期盼、厌恶和抵触等。合作情感主要是基于合作认知形成的,二者在很多情况下密不可分。校企合作行为是指高职院校和企业对双方合作做出实际行动的一种倾向。校企合作态度中的行为成分更多表现为各种具有目的性、前瞻性、规范性和多样性的外显活动。

在校企合作过程中,校企合作态度至关重要,不仅影响校企合作的顺利推进,也影响校企合作的持续发展和绩效取得。通过校企合作态度可以判断高职院校和企业之间合作态势的发展走向。然而,现实中校企合作态度与合作行为存在着不一致情形,例如校企合作态度积极但没有实质性的合作行为,或者有具体合作行为但合作成效偏低。不一致情形会影响到校企合作目标的顺利实现和校企合作的深入发展,因此需要采取相关措施减少或避免二者之间的不协调,使之更加协调一致。作为政府必须发挥引导作用,督促校企双方达成合作共识,提高校企双方对校企合作的认同感。同时,积极营造校企合作的社会氛围,通过社会氛围来引导校企合作健康持续发展。作为高职院校和企业要具化合作态度,将共识概括为若干具体的行动事项,同时要定期签订备忘录,增强校企合作的紧密型。此外,校企双方也要系统总结和积累校企合作经验,提高校企合作的绩效水平。

校企合作的主要目的在于通过探索人才共育、过程共管、成果共享、责任共担的紧密型合作办学机制,发挥双方在先进技术应用、双师型教师培养、实习实训基地建设和吸纳学生就业等方面的优势,增强办学活力,这一目标决定了校企合作应按照双方的共同利益和价值需求来开展。然而,受一定思想和观念的束缚,一些高职院校的校企合作仍然停留在初级阶段,合作范围不广,合作水平不高,且合作过程中重形式轻内容、重结果轻过程,长此以往势必会影响到校企双方合作的积极性,造成校企合作偏离应有的价值目标。因此,校企双方应首先认识到彼此开展合作的意义价值,明确端正合作态度,但是一些高职院校和企业从合作之初就没有摆正合作位置,不重视维护校企双方平等互惠、利益共享的原则,其结果是校企合作绩效不明显,难以形成显著的合作成果。改变这种现状首先需要在高职院校和企业之间树立正确的合作态度,培育健康合作行为,促进合作行为从自发到自觉的转变。通过健康积极的合作态度将高职院校与企业紧密联系起来,并围绕一定原则展开具体合作,有助于提高校企合作水平,增强校企之间的紧密合作关系,最终实现校企协同发展。

二、校企合作态度的主要类型

心理学研究表明,人的态度成千上万且每个人的态度各不相同,组织行为学只将注意力集中在与工作相关的几种态度上,例如工作满意度、工作参与和组织承诺等,以及感知到的组织支持和员工敬业度。据此,可将校企合作态度分为合作满意度、合作参与度、合作承诺、合作支持、合作敬业度五种类型。

(一)合作满意度

合作满意度是指校企双方通过合作评价而形成的积极态度。它是对校企合作意义、作用和结果的综合性评价,是对校企合作过程的整体研判,是保证和推动校企有序合作、深度合作、持续合作的重要动力。合作满意度是评价校企合作成效的重要标准,也是考量校企合作持续性发展的核心条件。高职院校和企业分属于两种不同的组织形态,二者在组织性质、发展目标、运作机制和评价方式等方面存在差异,找出共同的利益契合点较为困难。突破各方面制约和影响,持续有效推进校企合作,既需要明确具体的合作愿景、构建有力的合作保障,也需要提高合作绩效,提升校企双方的合作满意度。实际上,作为校企合作的重要基础,合作满意度应该摆在首要位置,较高的合作满意度不仅能够为校企持续合作提供不断的动力,还可以保证高质量、高水平校企合作的持续演进。更为重要的是,如果校企双方都拥有较高的合作满意度,则容易形成积极的合作行为习惯,进而推动校企深度合作。

(二)合作参与度

合作参与度是评价合作满意度的重要指标。参与度与满意度互为基础、互相促进。较高的参与度通常意味着较高的满意度,而较高的满意度也会带动较高的参与度。按照参与合作的水平,可将合作参与度大致分为低水平、高水平两种类型。出现低水平合作参与度的原因主要有两个方面:一是校企合作初期,合作双方尚未真正进入合作阶段,或者进入合作阶段但双方并未投入足够精力;二是经过一段时间合作,校企双方或者一方认为合作的价值和意义不大,不愿意继续推进合作,使得合作难以为继。高水平合作参与度离不开校企双方的积极参与。尽管高职院校与企业之间存在天然联系,高职院校的产品——高素质技术技能型人才主要满足企业生产、建设、管理和服务一线实际需要,但是二者追求的价值目标的差异性较大,高职院校追求人才效益和社会效益,而企业追求经济效益,这就意味着校企合作不但要兼顾人才效益和社会效益,而且还必须兼顾经济效益,只有实现二者追求效益的有机结合才能保证校企合作的持续有效开展。这种兼顾往往就是校企双方利益的一种融合,只有基于高水平的合作参与度才能实现二者利益的有效融合,而利益的有效融合又是提升合作参与度的根本。合作参与度高表明校企双方对彼此合作具有强烈的认同感和热情度,同时双方都十分重视和珍惜彼此之间的合作。高水平的合作参与度往往能够推进校企合作顺利开展,取得较好的校企合作绩效。

（三）合作承诺

合作承诺是指校企双方认同、恪守和尊重合作协议、制度以及规定,并在一定的合作框架内继续推进双方合作。从某种程度上讲,合作承诺在合作态度中的作用更为重要。无论是高职院校还是企业,双方合作的持续有效在很大程度上都需要彼此遵守合作协议与合作制度。根据合作协议或合作制度,校企双方履行职责,长此以往会形成价值认同和合作规范,从而更好地约束校企合作行为,形成良好的合作承诺,提升双方参与合作的责任感和使命感,最终提高校企合作绩效。对高职院校或企业而言,合作承诺并不能仅仅停留在口头上或者纸面上,必须更加注重双方在践行合作承诺过程中的表现。对于校企合作过程中出现的各种问题,应本着平等协商的原则,按照合同协议和规定进行合理解决,一方面消除和弱化制约性因素的负面影响,另一方面提高和增强合作承诺的规范作用,使得合作承诺成为引导和推动校企合作顺利发展的基本保障。

（四）合作支持

校企合作是一项系统工程,其有效运作离不开一定环境条件的支持。按照表现形态,这些环境条件可分为经济环境、政治环境、文化环境、教育环境、科技环境和自然环境等,各种环境条件之间相互影响、相互作用、形成合力,共同组成校企合作运作发展的有机系统。各种环境条件在校企合作过程中发挥不同作用,同一环境条件在校企合作发展的不同阶段也具有不同作用。除了上述外部环境条件之外,校企合作更离不开高职院校、企业等内部环境条件,内部环境条件在校企合作过程中发挥着决定性和基础性作用。所谓合作支持,是指校企双方在合作过程中形成的相互帮助和相互支持,反映校企双方在实现合作目标过程中的积极态度,是支持心理、支持态度和支持行为的统一。事实表明,校企之间感受到的支持程度越高,越有利于增强彼此之间的信任,且这种信任会转化为积极的合作行为,不断催生合作新成果,提高合作绩效。同时,合作支持也有助于校企合作过程问题的合理解决。

（五）合作敬业度

合作敬业度是指以校企双方对合作的满意度和参与度为参考,是合作满意度和参与度的综合体现,是合作承诺、合作支持和合作参与的有机结合。合作敬业度包含校企双方为合作投入的时间、精力、人力、资金。校企合作的时间和精力投入,一方面是指为了系统谋划如何有效推进校企合作,取得校企合作成效,而投入的时间、精力和智慧;另一方面是指为认真落实校企合作规划而产生的人力成本和资金成本,即校企合作成本。从某种意义上讲,时间、精力和智慧投入也属于校企合作成本的范畴。在经济社会和高职教育发展背景下,高职院校校企合作能否取得实效、培育特色,很大程度上取决于校企双方对合作的敬业度。没有一定的敬业度,校企合作很难有序开展,取得合作成效也只能成为空谈。有效推进校企合作,校企双方就应该在积极探索合作模式的同时,加强对合作的投入力度和敬业水平。

三、校企合作态度的培育策略

从组织行为学角度来看,校企合作的基础是校企双方正确的合作态度。没有合作双方的积极态度,校企合作很难有效开展。依据上述关于校企合作态度的概念内涵和主要类型分析,我们可以从如下几个方面来培育校企合作态度。

(一)学习校企合作知识,培育校企合作认知

校企合作的价值具有多层面性,包括人本价值、经济价值、社会价值和生态价值。各价值维度都是校企合作价值体系中不可或缺的组成部分。尽管校际之间、企业之间也存在错综复杂的合作关系,虽然也体现一定的价值维度,但校企合作的价值表现得更为特殊,这种特殊就在于人本价值和经济价值的有机结合。对于高职院校而言,通过校企合作取得人本价值更为重要,而企业则更看中校企合作产生的经济价值,即能够给企业带来持续竞争力和发展力。作为积极倡导和推动校企合作的高职院校应更多思考企业在校企合作中的价值需求,特别是经济价值。国内一些国家骨干校、示范校在深化校企合作办学实践中,不断概括总结校企合作办学的基本经验,将这些经验上升到理论知识层面,例如校企合作的程序、内容、要求、方法和策略等。对相关理论知识的学习有助于深化校企双方对合作的多维度理解,使合作双方不会仅仅从自身的价值利益角度做出行为选择,也不会仅仅从单一的价值维度去思考合作问题,至少可以把校企合作看作是一项具有多维价值意义的事情。全面系统地学习校企合作相关理论知识,可以使得校企双方更深入地理解校企合作的本质,帮助校企双方相互认同,以更加积极主动的态度完成合作任务,处理合作问题,应对合作风险,为校企深度合作提供必要的认知基础和心理准备。

(二)明确校企合作主体,增强校企合作情感

校企合作主体是企业员工、高职院校教师和学生。这些主体具有较强的思维意识,心智发展相对成熟。通过校企合作,每个主体的外部关系得到了进一步拓展,相应的外部关系也变得复杂。梳理校企合作过程可以发现,在合作初期,校企双方的合作事项主要按照既定的合作协议进行,合作方式相对简单;经过一段时间的合作,校企双方的合作情感逐渐建立,在多数合作问题上达成了共识,对于一些分歧也能够协商解决;而当合作进入深度阶段,校企双方都会认识到紧密型合作不再是合作初级阶段模式的简单延续,而是在相关政策的指导下,每个主体都应该成为深化合作的推动者,从而形成了更为紧密和稳固的合作关系,丰富的合作成果也由此出现。这就充分说明,在推进校企深度合作过程中,需要不断明确各合作方的主体性地位,关注积极性发挥,摒弃不公平、不平等的合作模式,倡导平等互惠的合作方式,引导各合作主体从校企合作总体目标出发统筹思考相关问题。同时,积极开展各合作主体对话交流会,让各合作方在交流中关注合作,关注对方,激发热情,增进合作情感,并继续深化合作关系。只有不断推进合作实践,特别是妥善处理问题和化解风险,才能不断提高各合作主体的责任感和使命感,强化各合作主体之间的情感,提升合作的稳固性和成效性。

（三）完善校企合作制度，规范校企合作行为

有效推进校企合作过程，必须系统整合校企合作过程中的各环节和各要素。在诸多要素中，各方的作用和地位最为突出，这是因为各方都具有认知能力和情感意识，需要通过相应的制度来规范约束。所谓完善制度，就是校企合作的实施以及各方主体性、能动性和实践性的发挥都必须依附于相关制度，以制度为依托和基础来有效推进校企合作，确保校企合作过程的合理有序。完善校企合作制度不仅包括校企合作的基本管理制度，明确各方的权责利，协调校企合作的有序运行，也包括校企合作的沟通协商制度，构建各方良性互动的关系机制，规范合作行为，形成有效合力，更好地实现校企合作目标。随着经济社会的快速发展，高职院校的校企合作办学模式将面临越来越多的挑战，各方也会面临多样化选择，这就更加需要通过制度来规范合作行为，保证合作过程推进及合作绩效取得。在校企合作制度的引导下，各合作方越有能力处理应对各种合作问题和风险，自觉践行合作协定，这本身就是合作态度的积极体现。对于合作主体而言，越是面对合作过程的复杂和合作问题的多样，越应该熟悉校企合作制度，自觉坚定地履行各项制度，坚持合作协定，保持和推进校企合作的有序有效进行。

（四）营造校企合作文化，提升校企合作绩效

校企合作文化是高职院校文化与企业文化两种文化要素相互作用、相互影响从而互相渗透融合形成的文化形态。在校企合作日渐全面和深化的今天，强调校企文化互动，突出校企合作文化，具有特殊的时代意义和社会价值。高职院校培养的高素质技术技能型人才必须适应地方经济社会发展需要，企业适应市场竞争必须拥有人才资源和人才优势，学生专业知识学习、理论素质培养和综合能力提升离不开对企业文化的认识。多元校企合作主体的价值需求为校企文化互动、校企合作文化营造提供了现实需求。通过校企合作文化营造，有助于各合作方在交流互动中培育文化自觉性，形成不断学习合作的意识与习惯。同时，也有利于在合作中深刻体验校企合作文化的内在价值，增进各方思考和解决问题的共识，丰富合作经验，提高合作能力。事实上，营造校企合作文化，培育合作文化自觉、文化态度是一个复杂过程。只有认识校企合作的价值意义，理解高职院校文化、企业文化的特质，才能够在合作过程中培育合作文化自觉，养成合作文化态度，并基于此确立一个各合作方认同遵守的文化秩序和文化守则。良好的校企合作文化有利于校企合作认知、情感和行为的形成；校企合作认知、情感和行为的形成也有利于校企合作文化的营造。这是一个以合作绩效为主，多方互助互动、彼此认同支持的过程。从文化互动的视角审视校企合作，不仅需要培育合作认知、合作情感和合作行为，还需要有良好的合作文化、态度和环境，这将为校企合作及绩效取得提供有力的环境保证和支持。

[参考文献]

[1] 斯蒂芬·P.罗宾斯，等.组织行为学[M].孙健敏，等，译.北京：中国人民大学出版社，2012：62-65.

[2] 刘晓,路荣平.文化互动视域下高职校企合作的内容与方式[J].中国高等教育.2012
　　(9)：44.

[3] 刘谦.学校育人过程中文化自觉性的培养[J].教育研究.2011(3):16.

企业学院催化校企链式产教融合及促进人才培养的分析

淮安信息职业技术学院　　杨　帅

摘　要: 为深化高职教育校企合作内涵,以企业学院为抓手,形成创新型链式产教融合新模式,构建校企一体化办学平台。淮安信息职业技术学院工业机器人企业学院通过打造"融"特色、创新"治"模式、着眼"联"纽带三举措保证了产业链与教育链有效对接,加速产教融合深度,探索改革基于技术传承的现代学徒制教学模式、教创互融的"四位一体"的培养体系等多项实践措施,全面提高学生的人才培养质量。

关键词: 企业学院;校企合作;链式产教融合;人才培养

在第三次全国职业教育工作会议上,国务院总理李克强指出职业教育要走校企合作、产教融合,依托企业、贴近需求,打造出鲜明的职教特色。坚持校企合作、产教融合的办学机制已经成为职业教育办学的共识。校企合作重硬件、轻软件的现象是高职教育产教融合不能深化的病灶,造成校企互动动力不足,没有充分发挥出"双主体"育人的办学效应。工业机器人技术专业是高职教育领域的新兴专业,在工业4.0的大背景下,工业机器人专业发展如火如荼,但是由于该专业开设时间晚,可借鉴的经验少,需要创新专业的办学模式。淮安信息职业技术学院通过成立工业机器人企业学院,为工业机器人专业办学搭建一个链式产教融合的新载体。

一、企业学院深化校企产教融合的机理分析

企业学院是校企双方深化校企合作的重要平台,它是校企双方产教融合的良好载体。企业学院强调校企合作的全程性、全员性和全方位性,企业学院能够推进专业多层次、全方位校企合作模式的进一步探索和实践。依托企业学院,深化校企合作,不断融入企业的管理和文化特质,促进校企合作的纵深发展。从这个意义上说,企业学院合作模式将有利于高职院校学生核心竞争力的形成,有利于产学研合作的深入推进及整体效益的实现。淮安信息职业技术学院工业机器人企业学院以企业生产经营目标为教学目标,联合学校培育紧缺型技术人才,采取基于技术传承的现代学徒模式,经过企业与学校的共同探索,逐步形成"以服务求支持,以贡献求发展,互利合作,实现多赢"的校企合作新思路,开创校企互融的校企合作新模式,开辟校企合作办学的新途径。

工业机器人企业学院理事会由企业高层管理者和学校领导构成,负责建设基地综合管理和产教融合管理,负责制定长效稳定的运行机制、管理制度和校企人员互兼互聘制度,明确规定校企共建、共管、共享内容和协同育人机制中双方的职责、权利和义务;制定起草企业

学院办学规划和办学章程,设立教育教学管理机构,依此保证企业学院可持续健康发展。实现工业机器人技术研发、教学实训、社会公共服务开展运行与管理,实现校企一体化办学,形成"校企利益共同体、校企人才共同体、校企政策共同体、校企保障共同体"的良性格局,发挥企业学院的教学、科研、社会服务中的主导作用,扩大工业机器人专业在行业市场的品牌效应,促进品质就业基地的形成和优质生源的进入,指引工业机器人专业发展方向和提升专业发展内涵,开展国际交流为专业的国际接轨提供接入点。

二、链式产教融合模式的内涵分析

产教融合是校企联合开展人才培养,科学研究,社会服务,形成学校与企业一体化的办学模式,是校企深度合作的体现。链式产教融合是指与学校合作的企业要分布在产业的上、中、下游(对于工业机器人产业是指研发、集成、应用型企业),便于形成人才培养、科学研究和社会服务体系的"金字塔"架构,保证"研发—集成—应用"产业链与"设计师—工程师—技师"教育链有效对接。淮安信息职业技术学院以工业机器人企业学院为桥梁纽带,牵手工业机器人研发型企业、工业机器人集成型企业和工业机器人应用型企业形成上中下游分布式链式产业形态的校企联盟。校企联盟下设由校内专业带头人和骨干教师、研发企业专家、集成企业专家和应用型专家组成的理事会,协调、指导、组织和实施本专业建设中专业教学质量标准规范,攻关科技难题、服务地方企业升级,确保产教深度融合。利用工业机器人企业学院充分发挥了链式产业集聚特征,从工业机器人研发、集成、操作维护等全方位的角度精准定位协同行业发展与区域特色的人才培养体系,共同开发专业标准、共建专业教学资源、协同培养师资、开展技术交流,研发仿生机器人、工业自动化生产线、焊接机器人、码垛机器人等机器人与智能装备,提升社会服务。在人才培养的全过程充分融汇校企合作因子,对接企业工业 4.0 实训设备升级,促进现代学徒模式本土化移植和实施,保障工业机器人专业产教融合的成效,促进专业教育与创新教育的有机融合,同时通过双环质量反馈的追溯型教学管理体系融入 PDCA 教学过程、管理过程,结合毕业生召回制度优化专业诊断机制,多重措施并举提高了创新型工匠人才的培养质量。

三、企业学院催化校企链式产教融合的建设举措

(一)打造"融"特色,建设企业学院领先水准的产教融合实训基地

深化与工业机器人上中下游企业合作,校企协同打造具有领先水平的工业机器人产教深度融合企业学院,服务于工业机器人操作、维保等技术技能人才培养,服务于区域企业技术升级,引进以抓取、焊接、码垛、搬运等制造链特征的实训设备,多方协同,构建以真实产品为载体,以真实生产为实境,在企业学院建设具有领先水准工业机器人实训基地,集聚融合学校优势专业资源,形成模具专业学生负责模具设计生产、软件专业学生负责机器人控制软件开发或服务器维护、网络优化,电子信息工程技术专业学生负责机器人电路设计与制作,机械制作自动化专业学生负责机器人硬件优化,工业机器人专业学生负责机器人生产程序

编制与运维,机电一体化专业负责现场生产设备维护等,打造校企一体的专业建设模式、产教一体的教学模式、学做一体的学习模式、创培一体的服务模式。

(二)创新"治"模式,开启企业学院建设运行新机制

工业机器人企业学院成立理事会或董事会,形成利益相关方共建共管共享机制、校企协同育人机制、校企协同创新机制和用人机制,以校企共建企业学院为抓手,深化企业全过程参与人才培养、科学研究和社会服务。以合作企业真实生产任务为载体,建立学院"e易通""众包"平台,提供企校间的"寻求者"与"解决者"的精准对接,共创价值,通过众包,让专业教师帮助企业完成调研、功能设计、难题攻关等任务。改变传统以院系、专业为主的纵向人员组织模式,逐渐调整为以企业学院为依托、以项目为牵引、专业人员交叉流动、校企互兼的横向组织模式和机制。

(三)着眼"联"纽带,提升企业学院实践育人和服务能力

构建以技能匠心型人才培养为主线,以"识岗、跟岗、定岗"三轮企业实习为抓手,以专业基础能力、专项能力、综合能力和职业现场能力培养为核心的实践教学体系,注重教育与生产实践相结合,突出做中学、做中教,强化教学实践性和职业性,促进学以致用、用以促学、学用相长。借鉴 Uber 模式,以校企协同开展研、培服务为利益纽带,以企业、学校需求为响应,协同建设企业学院,注重"定位、用户体验、用户场景差异化、分享",持续更新企业学院实训设备,分享基地。借鉴"众包"模式,建设 O2O 模式教学资源,为校企协同育人提供保障。整合企业学院资源,校企协同建设技能大师工作室,技术研发工作室,开展课题研究,培养造就一批"教练型"教学名师,显著提升技术积累和社会服务能力,开设"准技师"学徒专班,以师徒帮带模式培养职业精英人才、创新创业人才。

四、企业学院促进人才培养的建设举措

以龙头企业职场环境为参考,构建企业学院实训基地的职场环境,让学生在真实的工厂环境中实习,提前感受职场氛围,增加企业认同感。通过引入企业真实的生产案例、企业师傅、企业的考核标准,培养学生的职业认同,从而缩短从学校到工厂工作的磨合期,实现"零距离"上岗。将企业的企业文化、经营理念、岗位意识、职场技能和素质要求融入课堂教学过程,做到专业与双创相辅相成,实现企业文化与校园文化相融合,为人才培养质量的提高提供平台。

(一)基于技术传承的现代学徒制模式建设

依托工业机器人企业学院的链式产教融合平台,在工业机器人应用型企业建立基于技术传承式的现代学徒制实践基地。结合本专业工业机器人本体设计师、集成工程师、安装维保技师等主要岗位,围绕岗位的工业机器人研发、操作、工业机器人编程、工作站装调等工作任务,分析岗位能力,确定核心技能项目,以项目为载体催生师傅—徒弟这种新型的师生关系,实现了学校的教学活动在与企业生产活动——对应,保证了学校教育与企业零距离对

接,按照企业的生产程序对徒弟进行管理,贯彻岗位责任制,执行劳动考勤制度;按照岗位能力要求,赋予徒弟具有企业员工身份,让徒弟完成从事的商品,锻炼学生实际工作能力。以行业龙头企业订单人才培养为桥梁,以项目为载体实践技术传承现代学徒制。第一学年,学生与企业签订学徒培养协议,开展"一对一"师徒帮带,在机器人应用企业和学校进行企业认知、岗位体验和基本素质培养及绘图、仪器使用等专业基本能力培养,通过岗位体验让学生在产品焊接、喷涂和装配典型工作任务实践中,继承师傅操作经验,满足学生适应不同产品制造工艺的岗位要求,有效培养学生情境迁移和内在顿悟能力;第二学年,在协议企业和学校进行操作岗位体验、通过工业机器人资料收集、机器人工作站故障判断、机器人性能参数设定决策、焊接、喷涂、分拣和装配工艺设计等方法型技术环节,学生在企业中通过观察、共事和揣摩,将师傅的方法型技术知识迁移到自己的知识结构中,不断调节知识结构,完成方法型知识的建构;第三学年,通过毕业设计、专业综合能力岗位实习,在师傅指导下,验证和修正已形成的方法型知识结构,并通过企业考核,获取国际企业认可的企业岗位直通认证证书。

(二)创新创业体系建设

为了更好地提高学生的创新创业能力,培养"工匠精神"人才,构建课程、课堂、训练、竞赛"四位一体"的双创培养体系,让学生的双创意识培养和双创思维的养成融入专业人才培养的全过程。以创新创业导论课程为基础,结合通识教育、专业教育和多元培养改革,构建创教贯通的课程体系,实现了专业教育与双创教育的有机融合,让工业机器人专业教育与创新创业教育形成完整逻辑性机制,利用工业机器人企业学院,组建机器人竞赛团队,学生在不同的学期阶段根据专业课程进展程度分步骤的,循序渐进地完成创新创业训练的技术性全过程。学生通过不同阶段的创新创业训练激发对机器人产业领域创业认知和热情,实现"技、学、创"相互促进的专业教学新局面。

(三)教学质量监督保障体系建设

建立"追根溯源"教学管理体系,实现"双环"反馈通道,学校源头由校督导处、系督导组和学生评价组成的教学质量督导网络形成一环反馈通道,负责教学过程的质量的管理;社会根点由学校、政府、行业、用人单位、学生及其家长、社会机构构成多元评价主体形成二环反馈系统,负责学生毕业质量管理。人才培养每个过程中要贯穿 PDCA 循环,根据教学实际,持续改进教学手法、手段和内容,最终实现人才培养的有效性,对毕业生实施召回制度,根据往届毕业生对智能制造新技术、新工艺的要求,进行新技术培训,实现毕业生创新创业的持续成长,优化了专业诊断机制。

(四)个性化人才培养建设

通过内外策略并举,"查缺补漏"满足个性化培养,外策略通过改革教学模式手段、教学内容、搭建一流实训平台等显性举措促进学生培养质量的提高;内策略通过党员联系班级、人生导师辅导等隐性举措激励学生自我学习的潜力,针对学生的弱项"查缺补漏",通过人生导师等实施点对点辅导,最大限度满足学生的因个性化培养。

(五)全面育人教育建设

专业人才培养在全力提供学生专业技术能力的同时,社会主义核心价值理念融入教学培养过程当中,学生在学习专业知识同时也让学生知道如何做人,在教学过程和教学组织过程中,摒弃重技能轻素养的教学理念,实施全面育人计划,通过团队分组、成绩自评、考核救助等手段有效培养了学生社会主义核心价值观。

五、结　语

企业学院在保障人才培养的同时,按照"以服务为宗旨,以就业为导向",增强主动为经济社会服务的意识和能力,完善社会服务能力的机制建设,积极开展多层次、多形式、多对象的企业岗位培训、职工技能培训、企业创新转型咨询等服务,进而形成立体式、多元化的社会服务体系。结合"中国制造 2025",工业机器人企业学院要对接区域支柱产业,深度融入产业链,有效服务区域装备制造业、电子信息产业结构优化升级,立足江苏、面向全国,有效服务区域经济社会发展。

[参考文献]

[1] 杨运鑫,罗频频,陈鹏.职业教育产教深度融合机制创新研究[J].职业技术教育,2014(4):39-43.

[2] 牛士华,陈福明.新常态下深化高职教育产教融合研究[J].教育与职业,2016(4):25-27.

[3] 杨帅,薛岚,王超.高职人才培养与企业零距离对接的三重融合教育体系探索[J].职业技术教育,2013(23):63-65.

[4] 张振飞,张艳芳.高职院校产教融合教学模式的构建与实施[J].职教论坛,2015(20):54-57.

[5] 王丹中,赵佩华.产教融合视阈下高职院校协同育人机制探索[J].中国高等教育,2014(21):47-49.

高等职业院校产教融合模式的探索与实践

辽宁建筑职业学院　吴娜娜　陈　姝

摘　要:近年来,党中央高度重视职业教育工作,职业教育改革成为教育改革的重要环节。高等职业教育是国民教育体系和人力资源开发的重要组成部分,肩负着培养人才、传承技能、促进就业的重要责任。只有改变高等职业教育的传统模式,推行产教融合、校企合作的道路,高等职业教育才能成为具有中国特色的教育体系。

关键词:产教融合;双师型教师;产学研平台

2014年以来国家陆续出台了多项促进职业教育发展的政策文件,《中共中央关于全面加强深化改革若干重大问题的决定》中明确指出了加快现代职业教育体系建设的必要性和重要性。毫无疑问,深化"产教融合、校企合作"已经成为我国加快发展现代化职业教育核心问题。当前,我国的教育改革已经进入新阶段,各级院校正在寻求创新发展的新途径,而产教融合正是一条有效的捷径。如何开展产教融合、校企合作,是高职院校需要进行思考和探索的重要问题。

一、产教融合的内涵及现实意义

(一)产教融合的内涵

产教融合指职业学校根据所设的学科专业,积极同相关产业紧密结合,互相支持,共同发展,把学校办成集育人、科研、服务一体化的产业性经营实体,形成学校与企业同体的办学模式。"产"是指产业,从狭义来说,指生产物质产品的集合体,包括农业、工业、交通运输业等部门,一般不包括商业,有时专指工业;从广义上来说,包括工、农、商等各行各业。"教"指教育、教学,这里仅指职业教育。产教融合就是产业发展与职业教育的优势互补与资源整合。产教融合要求一个合作,即学校与企业合作,四个对接,即专业设置与行业需求对接、教学过程与行业经营过程对接、课程内容与职业标准对接、毕业证书与职业资格证书对接。

(二)产教深度融合的现实意义

产教深度融合使职业院校与行业企业、社会形成"合作多赢"共同体,学校方面能够更好地培养高素质劳动者和技能型人才;企业方面降低了对学生二次培训的人力成本,并促进其与学校的技术研发成果转化推动企业技术进步;社会方面减少就业压力,推动产业转型升级和区域经济社会的发展。因此,产教融合是职业院校进行职业化人才培养的必选模式。随着我国经济的飞速发展,高等职业教育越来越受到重视,高等职业院校只有走产教融合、校企合作之路才能在竞争中立于不败之地。

二、高等职业院校深化产教融合存在的主要问题

(一)学校缺少相应的管理体制和评价激励机制

大部分学校的领导层和管理者重视程度不够,没有冲破传统的教育观念、教育体制和教育模式的束缚,产教融合仍然停留在口头,没有制定出相应的促进产教融合的管理体制,没有对产教融合成效的评价与激励机制。大多数学校的校企合作只是依靠学校和企业双方共同制定的人才培养计划,没有制定出相应的产教融合的办法和实施细则,实施时也缺少监督和评价,导致产教融合只流于形式。

(二)企业未能充分发挥主体作用

产教融合的主体是企业与学校,而目前学校却成了"剃头挑子一头热",企业主体作用没有得到充分发挥。原因之一是高职院校的人才培养模式与市场需求脱节,人才培养的规格不符合企业需求。原因之二是企业对产教融合认识不足。企业参与职业教育的目的在于实现预期的经济利益,而企业尚未从合作中获得教育带来的真正利益,不愿意承担人才培养的成本,所以缺乏主动参与职业教育的动力。由于付出得不到回报,参与合作的热情不高,从而增加了产教融合的难度。

(三)双师型教师培养机制不够健全

职业教育的发展需要大量的具有专业技能的专兼职教师,但是目前高职院校的人事制度限制着教师的合理流动,一方面优秀的技能型人才进不来,另一方面不适应职业教育教学工作的教师流不出。另外,缺乏双师培训机构,目前职业院校的双师培训只是由本省教育厅组织各院校选派中青年教师到某所高校参加集体培训。由于缺乏专业的培训机构,导致培训由于时间和场所的限制而达不到真正的目的。

三、高等职业教育产教深度融合的思路

(一)校企合作是产教融合的基础

1. 转换合作观念,实现校企共赢

校企合作是平等的,不仅是学校单纯借助企业的有型资源培养学生,同时也是企业利用学校的研究团队进行科研开发,学校的课堂搬到企业,企业的技术研发与人才培养搬到学校,既节约企业的成本,创造效益,又能加强企业声誉,为企业做大做强奠定坚实基础。

2. 改变合作方式,充分发挥企业主体作用

改变传统的仅实践环节交由企业完成的模式,由校企双方共同制定人才培养方案,采取

"特色专业＋实训基地"建设工程,做到教学过程与生产过程无缝对接。高职院校要和企业专家代表共同参加"校企合作管理机构",将职业院校和企业的职业教育资源统筹规划利用。各专业要与行业企业共同成立专业建设指导委员会,按照"以就业为导向,以服务为宗旨"的职业教育目标,根据地域经济发展需要共同制定人才培养方案,共同开发课程,共同编写教材,开展横向课题,共同开展教科研工作,提升专业发展水平,通过特色专业的建立与实训基地的结合来培养行业急需人才。在合作中,要让企业真正参与到人才培养的全过程,促进职业教育的教学改革,如人才培养方案的制定、教学计划的编制、专业课程的设置等均由行业企业专家与学校专家骨干共同探讨研究,构建体现职业岗位核心能力和职业素质的专业课程体系,教学实施过程中,重视学生综合职业能力的培养,人才培养结果交由企业参与检验与评价。

(二)健全完善产教融合工作机制,保证产教融合成果

1.建立政府主导、行业指导、企业学校为主体、社会支持、协同发展的新格局

虽然产教融合的主体是企业与学校,但是离开了政府和社会的支持,产教融合也无法推进。政府要围绕产业整合学校资源,统筹城镇体系、产业与职业教育的布局,使教育资源围绕省、市的支柱产业及新型服务业的发展需求,培养产业与市场所需的人才。强化产教对接合作育人的发展模式,把城市发展、产学研训、职业教育相结合,使学校—工厂、教室—车间、学生—学徒、招生—招工等相融合。

2.建立评价指标体系,完善技能人才培养阶梯

政府、行业专家、企业资深人士及学校共同探讨建立评价体系,评价体系要包括对人才培养方案制定的评价、人才培养方式方法的评价、人才培养结果的评价等,以评价结果指导培养过程,充分发挥评价体系的作用。

3.完善培养方式,加强后勤保障

学生要走入工厂、车间、办公室进行实习相应的会带来很多问题,诸如食宿、安全、薪资等事宜;企业的科研、管理精英走进学校,也相应地出现诸如奖金福利、考勤、绩效评价等一系列问题,这就需要企业与学校共同研究制定出相关的制度方案,明确学校与企业的责任,保证学生与职工的权益,全面保障校企合作的效果。

(三)加强双师型教学团队的建设

随着产教融合的推进,推行校企专兼职模式至关重要,使教师与企业专家"互兼互聘、双向交流",使教师走进企业,参与企业的研发、生产、经营等,使企业专家走进课堂,参与专业建设、课程建设、教材建设、师资建设、专业课教学。建立"双师型"师资人才库,使学校摆脱教学师资力量不足、实践薄弱的困局,使企业人员弥补专业理论中的不足,双方互助互利,取长补短,实现共赢。

(四)搭建平台,推进科研与技术融合

1.要建立产学研平台

一方面,建立校内"大师工作室",引企入校,实现产学研一体化,与企业共建研发技术中

心。另一方面,在企业建立"教学实践基地",使学生成为企业"职工",将课堂搬到企业,使学生在企业的生产实践教学现场,参与劳动实践,获得实践技能。这样教师通过参与企业管理与研发,提高了专业水平;企业通过与学校合作共同研发管理,提高企业效率。

2.实现产学研平台的成果转化

在产学研平台应用中,实行师带徒的方式,由企业精英与学校教学骨干组成平台领导小组,制定产学研的方案,逐级分解产学研的目标,积极促进产学研的成果转化,为企业实现更大效益服务。

(五)坚持职业能力与可持续发展能力并重的育人理念

如今人才的培养不仅仅要考察其专业能力,更重要的是职业能力,任何职业所需的能力都不是单一的。职业能力是多种能力的综合,要求任职人员有基本的任职资格、良好的职业素质以及个人职业生涯管理能力。因此在产教融合的职业教育过程中,应将这三方面能力的培养作为基本育人理念。首先,不能忽视一般职业能力的培养。一般职业能力主要指一般的学习能力、文字和语言表达能力、办公自动化软件的操作能力等。此外,任何职业岗位的工作都需要与人打交道,因此,我们在教学与实践活动中还应注重培养学员的人际交往能力、团队沟通与协作能力、社会适应能力等。其次,突出专业能力的专业化水平。在求职过程中,甲方最关注的是求职者是否具备胜任岗位工作的专业能力,面对供大于求的人才市场,职业教育应把专业能力中的操作能力培养摆在首位。产教融合平台能够更"接地气"地培养行业企业所需的专业技术操作人员。再次,重视职业道德培养。学校的公共课程中通常会设置"大学生思想道德修养""职业指导与就业指导"以及道德法规专业课程,如"财经法规与职业道德"等,但是在课堂上以枯燥的职业道德理论去教导学生,很难达到教育目的,往往学生也不重视此类课程的学习,或者学了理论却不知道工作与此有什么关系,利用产教融合平台,学生走入企业、工厂、车间、办公室中,以真实案例去传授职业基本道德,在潜移默化中使学生将基本职业道德融入个人行为规范中,将达到事半功倍的效果。

四、产教融合模式在我校的实践

(一)构建产教融合新模式——把企业搬进校园,校企共建实践教学基地

职业教育强调实践能力,更多实践教学环境取代传统教室已成为大势所趋。我校财经管理系 2016 年与用友新道公司合作,"把企业搬进校园",共建财务全景仿真综合实训基地,建立了虚拟商业社会环境,在校园内用虚拟技术实现企业财务工作流程再现,用仿真技术实现工作数据、真实案例再现,将岗位职责、工作流程等真实的财务工作程序与情景搬进教室,解决了校内实习不够完整的困扰。

在该实训基地,学生身临其境的仿真模拟,以"企业人"的身份,逐步认知并熟悉现代商业社会内部与财务相关的各组织、各部门、各岗位的工作内容和特性,对财务工作有了更深刻的认识,并且提高了专业能力的同时,也提高了综合执行能力和决策能力等综合职业素养,实现"上学即上班""校内实训=校外实习"。

实训基地的投用,改变了以往财经类专业难以实践的困局,从理论强实践弱向理论实践双强转变,使学生摆脱了"眼高手低"的弱势,到企业就能顺利上岗,缩短了企业的再培养周期,降低了企业再培养成本。

(二)集团化办学使产教融合"开花结果"

我校牵头组建了辽宁建筑设备职业教育集团、辽宁信息教育集团,同时与辽宁建发集团、欧特克公司联合组建"双主体"运行的二级学院。另外,与多家企业共建科技研发中心,实现成果转化,为企业带去了经济效益;与多家企业合作建立生产性实训基地,融教学、生产、职业技能鉴定和研发功能为一体。

(三)双师型教师在产教融合中起引领示范作用

一支既能教理论知识,更能带实践操作的双师型教师队伍,是发展职业教育的重要保障,"技术技能型导师和教练"是对职业院校教师的重新定位。

财经管理系以让"老师能教真本事,学生学到真能耐"为核心目的,与辽宁恒利集团发展有限公司合作建立了辽宁恒利集团发展有限公司(财务管理)教师工作室,通过现场研修、跟踪服务、顶岗实践、合作开发等多种方式,帮助老师走进企业,提升实战能力,使老师们真正成为"进过企业、做过项目""怀中有理论,心中有案例"的技术技能型导师。教师工作室在培养了学生的实践技能、提升教师的教学科研能力和社会服务能力方面都进行了有效的实践,推进了"双师型"教师队伍建设,起到了教育研究和专业引领及示范辐射的作用,校企合作双赢初显成效。

高职院校产教融合是加快发展现代职业教育的新任务和新要求。产教融合、校企合作既是国家的职教战略,也是各高职院校的生存、发展的必由之路。产教融合是高等职业院校人才培养的需要,也是专业建设的根本。我们应积极借鉴国内外的经验,深入推进高等职业院校的产教融合,共同培养出更多更好的高素质高技能人才。

[参考文献]

[1] 尹少云. 在目前形势下,高等职业学校深化产教融合校企合作之探讨[J]. 课程教育研究,2014(5):48-49.

[2] 王志年. 高等职业教育产教融合人才培养模式构建路径分析[J]. 卫生职业教育,2015(11):7-8.

[3] 徐叶军. 高职院校产教融合校企合作模式的探索与实践[J]. 职教通讯,2016(32):8-9.

高职院校推进产教融合的实施路径与策略

烟台职业学院　　王友云

摘　要：加快发展现代职业教育，是我国经济进入新常态背景下调整优化教育结构的战略性举措，通过产教融合、校企合作培养高素质技术技能型人才是职业教育的神圣使命。目前，国家已完成现代职业教育体系的顶层设计，各省陆续出台相关制度和配套政策，职业教育进入快速发展的转型期。但从总体情况来看，在实施校企合作、推进产教融合中，无论从法规体系、政策落地、实施效能、结果质量等方面都存在一定问题。实现产教融合向深层次推进，需要政策落地，发挥政府、行业企业和学校的协同作用，加强统筹协调，合力推进，增强各方面积极参与的内在动力。

关键词：职业教育；产教融合；路径；策略

产教融合是职业教育的本质特征，是提高职业院校人才培养质量的重要保证。《国务院关于加快发展现代职业教育的决定》要求"突出职业院校办学特色，强化校企协同育人"，并将深化产教融合作为职业教育发展的基本原则。推进产教融合，是经济发展方式转变及产业转型升级的客观需要，也是培养适应市场需求的高素质技术技能型人才的需要。深化产教融合，对于加快职业教育改革发展具有战略性意义。高职教育要实现深层次校企合作，需要厘清政府、行业、企业、学校等利益攸关方在推进产教融合中的功能定位，从制度、政策和机制等方面，协调各方的权益和义务关系，发挥政府的主导作用、行业的指导作用，增强职业院校的服务意识，调动企业参与的积极性，构建校企合作的利益共同体，深入推进产教融合。

一、产教融合协同方的功能定位与职责

校企合作模式的构建和完善，产教融合的积极推进，需要各方的协同配合，明确学校、企业、行业、政府的功能和定位，既要调动行业企业的积极性，又要求政府建立起校企合作的体制、机制加以保障，发挥统筹和引导作用，实现学校办学与区域经济和社会发展的高度融合。

(一)政府主导，协调和保障校企合作的实施

职业教育具有"准公共产品"属性，举办和统筹发展职业教育是地方政府应该履行的法律职责，在校企合作中，政府应该承担更多的责任，起主导作用。如果政府不作为，那就是失职。根据我国现有管理体制，职业教育由地方管理，地方政府享有对职业教育的管辖权和统筹权。政府要转变职能，增强服务意识，综合应用立法、拨款、规划、信息服务、政策指导和必要的行政措施指导职业教育的发展，同时政府享有信息、政策、制度资源，根据行业企业、产

业及市场的人才需求状况,通过政策引导、信息发布、制定产业及教育发展规划,为职业院校和企业提供指导,搭建平台。政府投入资金、提供服务,以获取企业和职业院校对校业合作的支持,共同培养高素质人才,从而促进经济和社会的发展。政府职能主要体现在以下四个方面:一是引导。政府制定鼓励校企合作的政策,激发企业的合作动力。二是指导。政府应统筹管理各类公共实训资源,通过政策引导挖掘企业或学校可供利用的实训资源,建立覆盖一定区域范围的实训资源协作服务平台和协作服务网络,通过按需调配实训场地、设备、实训师资,为校企合作培养人才创建充足的实训环境提供服务。三是协调。政府应充分发挥民间组织的桥梁作用,做好企业用工需求与学校人才培养的对接,利用社会各类资源,为政府提供政策建议、咨询及企业对人才的需求预测信息,逐步形成面向社会各行各业的技能人才需求信息平台。四是评估。政府可以通过跟踪服务做好对校企合作项目的评估。从校企合作院校是否建立健全经费使用和管理的内控制度、监督机制方面,评估政府提供经费的有效使用情况,提高资金使用效率。

(二)行业指导,发挥桥梁纽带作用

行业是某一类企业的集合,对人才的需求具有代表性,掌握本类企业的现状、发展的需求和产品的质量标准。行业组织已成为举办职业教育的重要力量,在促进产教结合,密切教育与产业的联系,确保职业教育发展规划、教育内容、培养规格、人才供给适应产业发展实际需求等方面,发挥着不可替代的作用。行业协会作为某一行业内的生产经营者自愿组织起来的非营利性、自律性社团组织,代表着成员企业的利益,在企业与政府之间发挥着桥梁和纽带的作用。从经济较发达的国家来看,行业协会已普遍成为行业信息的集散地、行业技术标准与游戏规则的制定者、国家产业政策制定的主要建议者和参与者,在成员企业的管理上其作用有时甚至超过了政府。伴随国家经济市场化程度的日益提高,我国行业协会在功能上也得到了巨大拓展,其在专业领域上的权威性、与企业联系上的紧密性和社会服务上的广泛性,决定了它对企业日常生产、经营、运作具有全方位的持续影响力。基于此,职业院校在办学过程中如能处理好与行业协会的关系,充分发挥行业协会的桥梁、纽带作用,必将有助于"工学结合、校企合作"的推进和落实,使人才培养具备更加坚实的保障。

(三)企业参与,确立在校企合作中的主体地位

企业是职业教育发展的直接受益者,同时对职业教育的发展承担社会责任。培养技术技能人才需要确立企业在职业教育中的主体地位。技术技能人才的培养是从一个准员工开始到成熟的技能专家的过程。在这一过程中,没有产业部门和企业的参与,仅仅靠教育部门和职业院校,技术技能人才的形成过程就无法完成。同时,企业的发展也离不开良好的环境。企业的发展需要政府提供财政、税收和政策上的支持,需要职业院校提供人才、技术服务和职工培训,所以企业必须与政府和职业院校合作。企业参与校企合作,为学校提供支持,也能换取人力资本,可以从培养的学生中选出优秀的人才充实到员工队伍中去,而他们往往是企业技术革新和产品升级换代的中坚力量。企业参与职业院校办学,走校企结合之路是必然的。现代企业要树立长远的发展战略和高层次的企业价值观,充分认识校企合作对于企业科技创新、规范化管理、人力资源开发、业务领域拓展的战略意义,同时充分认识校

企合作在提升企业形象、进行人才储备、提高企业未来竞争力等方面的作用,主动参与职业院校的人才培养,积极探索产学研合作机制,选派工程技术人员到职业院校兼课,参与学校教学改革,与职业院校共建专业、实训基地、研发中心和经济实体,或组建职教集团,在"校企合作、工学结合"中共享职业院校人才资源和设备资源。企业要把职业教育的育人功能融入企业价值链中,在创造经济利益的同时,主动承担为社会培养高技能应用型人才的任务。依托高职院校的技术优势和人才优势,主动参与合作办学活动。紧抓办学体制改革契机,积极推进"双元制"办学模式,参与职业院校办学管理,逐渐在确立市场需求、人才规格、知识技能结构、课程设置、教学内容和成绩评定方面发挥相应作用,为加快培养高技能人才做出贡献。

(四)学校主动服务,积极推进校企合作

学校是校企合作的组织者和实施者,校企合作最终都要落实到人才培养上,具体说也就是落实到专业建设、课程建设、师资队伍建设和实训基地建设上。职业院校人才培养的特点决定其走校企合作之路是必然的。从技术技能人才培养的规律可以看出,校企合作是技术技能人才培养的客观要求。职业院校是职业教育培养主体,是校企合作的推动者。在校企合作中,职业院校以提高人才培养质量为根本目的,企业需要职业院校提供专门人才、技术服务和职工培训。职业院校的责任是培养技术技能人才,要明确办学定位,在人才培养、科技服务和文化传承方面服务区域经济发展,要主动了解行业企业的需求,瞄准专业和课程设置,加强师资队伍建设,练好内功,提升自己的服务水平,这样才能具备与政府和企业合作的基础。学校在组织、落实、实施合作的过程中,以市场和社会需求为导向,与行业企业在专业教学、师资培养、岗位培训、学生就业、科研活动等方面进行合作,利用学校和企业不同的资源和环境,培养适应社会发展、满足企业需求的高素质技术技能人才。在我国校企合作的实践中,职业院校组织实施的程度和效果决定着校企合作的深度。

二、我国推进产教融合的主要成效及问题

(一)主要成效

近几年,我国积极推进现代执教体系建设,把建立现代职业教育体系、推进产教融合作为深化教育综合改革的重要环节和有效突破口,取得了一系列成效。主要表现为:一是现代职教体系全面推进,制度政策体系不断完善,如山东省发布《关于加快建设适应经济社会发展的现代职业教育体系的意见》,抓住制约职业教育改革发展的突出问题进行整体设计、协同推进,出台了46项政策文件、建立了28项制度,涵盖招生、培养方案、技能竞赛、公共实训中心、师资队伍、经费使用等方方面面,支持产教融合的政策体系基本形成。二是校企合作模式不断创新,合作育人机制逐步形成。各职业院校积极探索校企合作新模式,政府推进、基地共建、订单教育等模式逐步发挥效能。如各职业学院拓宽合作领域和方式,开展形式多样的"订单式"培养,在各专业积极开展"前置订单"和"后置订单"人才培养模式改革,校企共同分析岗位需求,确定专业方向,明确人才培养目标,建立专业调整和优化机制,在企业开设"企业课堂",双员参与、双向融合,以企业工程案例为载体,校企共同开发人才培养方案、建

设核心课程,全面推动专业建设、辐射带动专业群建设。三是产教融合的形式逐步拓展,办学体制机制改革向深层次延伸。各地积极探索产教融合的实现形式,开展集团化办学和现代学徒制试点,如山东省出台《职业教育集团管理办法》,省级层面组建了 9 个职业教育集团,市级职业教育集团近 200 个,深化职业教育办学体制机制改革,推动了职教集团向集约化、规范化发展。8 所职业院校参加教育部 165 家现代学徒制试点,同时,省教育厅确立了 15 家高职院校和 5 家中职院校开展现代学徒制试点,推进 5 个对接,倡导校企协同育人,产教深度融合体制机制不断创新。四是职业教育经费投入持续增加,产教融合的保障机制逐步完善。近几年,各省教育附加费用于职业教育的比例逐年提高,教育费附加用于职业教育的比例一般保持在 30%左右。部分省份将学生实习实训补贴和投保经费统一纳入公用经费补助范围。烟台市六部门出台办法,由同级财政按照副高级专业技术职务 5 级岗位人员的平均薪酬水平核拨经费,专项用于支付专业兼职教师报酬。

(二)存在问题

我国在推进产教融合的过程中虽然取得了一定成效,但也存在一些突出问题。主要表现为:一是没有相应的地方法规,部分制度没有落地,各地虽然出台了有关推进产教融合、校企合作的政策和制度,但像宁波一样出台《职业教育校企合作促进条例》这样针对性法规条例的只是少数。政府、行业、企业、学校在校企合作中职责不清,权利义务关系不明确,推进产教融合校企合作的管理体制尚待健全和完善。二是职业院校办学自主权弱化,行政干预过多。一些职业院校的职能部门过多干预学校教学工作,学校工作受各种行政力量的束缚;个别地方政府插手企业用工,用分配指标的方式安排职业院校的学生参加企业的临时生产任务,严重影响学校的教学秩序;有些部门按照自己的管理方式束缚职业院校管理,造成学校有限的职业教育投入无法集中使用。三是校企合作深度不够,办学模式改革有待于进一步深化,职业院校与行业企业之间缺少信息沟通渠道和交流平台,学校不了解行业用工需求和企业用人标准,行业、企业不清楚职业院校的人才培养状况,致使职业教育人才培养针对性和适应性不强,产教融合、校企合作力度有待进一步加强。四是师资队伍不能完全适应现代职业教育需要,整体素质有待提高,主要表现为专业课教师结构性短缺的问题较为突出,专业教学和实训指导水平与企业需求不能有效对接;专业带头人和骨干教师数量少、行业企业高技能人才引进困难、教师整体实践能力达不到要求;教师招聘管理不灵活,政府部门在招聘计划、招聘管理方面还是遵循了"上报—审批"的体制;兼职教师管理难、规范性差,企业动力的缺乏,体制机制存在缺陷等。

三、推进产教融合的实施路径与对策

(一)加强政府统筹,进一步深化职业教育管理体制改革

建立面向市场、自主发展、灵活开放的职教运行机制,突出市场运作、产教结合、开放办学,推动公办职校办学体制改革,进行教育股份制、一校两制、国有民办、民办公助等试点,探索办学体制的多种实现形式。推动职业学校运行机制的改革,采取社会化、集团化、民间化、

市场化运营的方式进行学校与企业联合办学等。充分发挥行业企业对职业培训的指导作用，制定行业教育培训规划、培训机构资质标准和从业人员资格标准，组织和指导本行业职业教育与培训工作，开展各种形式的岗位培训。发挥行业企业对整个职业教育的引导作用，行业部门和协会开展本行业人才需求预测，促进就业准入制度落实，参与对职业院校的教育教学评估和相关管理工作。

（二）优化政策环境，推动产教融合、校企合作

加快制定和出台地方校企合作地方性法规，把校企参与校企合作的职责以法规形式固定下来，明确政行企校的职责、权利义务和法律责任。建立健全政府主导、行业指导、企业参与的办学体制，明确政府管理权限和职责，改进管理方式，减少和规范对学校的行政审批事项。明确行业企业承担职业教育的法律责任，积极支持鼓励行业企业举办职业教育或者是参与举办职业教育，依法推进校企合作、产教融合。政府应从税收和制度上引导企业加大与学校的合作力度，通过立法明确行业企业承担职业教育的法律责任，促进办学模式改革，积极支持鼓励行业企业举办职业教育或者是参与举办职业教育。省政府应加大督查协调力度加快落实，特别是在推动校企合作、企业接收学生顶岗实习、财政税收激励、就业准入、就业信息发布、统筹实习安全责任险等，尽快出台相应的具体配套政策。

（三）完善督导评估制度，督促各项政策措施落实到位

省、市政府和职能部门应当建立健全督导方面的规章制度，督促各级政府、行业、部门对职业教育政策、法规的落实，以促进职业教育的持续健康发展。把督导的重点落实在全面执行国家和省有关政策和文件上，督促各地市政府和职能部门尽快出台具体的办法，将相关政策措施落到实处。严格落实国家《教育督导报告发布暂行办法》，明确督导报告由谁向社会公布、如何公布、何时公布等问题，为依法依规实施教育督导提供制度保障。加强对职业教育投入的督导，促进职业教育投入不断提高。政府和教育行政部门应督促有关专项资金的落实，促进职业教育改革投入的不断加大。

（四）建立多元化评价体系，健全教学质量评价体制机制

建设完善政府、社会和高校多元化的评价体系，建立健全教育质量评估机构，借助信息技术实现教学质量的即时展示、监控、反馈。建立区域性的开放的行业评价组织，引入企业参与学校教育质量评价，形成高效、完善的教育质量评价机制。建立第三方机构实施教育质量评估的新机制，完善学校、行业、企业、研究机构和其他社会组织共同参与的职业教育质量评价机制。将第三方机构实施教育质量评估作为一项制度稳定下来，并提供相关政策与资金支持，确保第三方机构实施教育质量评估机制顺畅运行。

（五）加强专业师资建设，灵活教师补充机制

加大力度，继续完善教师招聘和引进体制、教师企业实践制度，科学核定职业院校教师编制，针对职业学校对专业师资的特殊要求，合理调整和完善教师补充办法，适量补充紧缺学科专业教师。制定科学的职业院校教师能力标准，成立省级专门机构负责师资队伍的规划、分类和认证，利用国培、省培或其他平台，以任务驱动的方式，对教师开展有针对性的、持续性的培养。落实好专业教师到企业实践制度，全面提高教师的综合实践能力，建设专家工作室，名师团队结对培养。采取专项措施，推动兼职教师队伍建设。鼓励企事业单位工程技术人员、高技能人才担任专业兼职教师或实习指导教师，建议一是切实贯彻 20％ 编制和专项财政拨款政策；二是梳理落实以税收优惠为主的鼓励企业参与职业教育的政策；三是集中调研兼职教师队伍的建设情况，出台能够切实吸引高技能人才从教的政策。

（六）推进人才培养模式改革，着力提升产教融合的效能

建立社会需求调研和专业动态调整的长效机制，根据区域经济发展及专业人才需求适时调整专业方向，满足产业对高端技术技能型人才的需求。准确掌握专业建设相关信息，为人才培养模式的改革提供依据。与企业共同制定专业人才培养方案、课程标准。在国家公布的专业教学指导方案的基础上，制订适应我省实际的专业教学指导方案，为高职人才培养提供更具指导性的教学方案。把创新精神、创业意识作为评价人才培养质量的重要指标，根据人才培养定位和创新创业教育目标要求，促进专业教育与创新创业教育有机整合，科学设计、合理调整专业课程设置，健全创新创业教育课程体系。建立由知名学者、创业成功人士、企业家等优秀人才组成的创新创业导师人才库，推动教师把国际前沿学术发展动态、最新研究成果和实践经验融入教学，培养学生的创造性思维，全面推动创新创业型人才培养步伐。

深入推进产教融合，应当构建协同方互利共赢的制度体系，重塑职业教育的治理架构，政府职能部门、相关行业机构、社会组织、培训机构等搭建全产业链式的合作平台。在产教融合的实现方式上，需要更多的探路者。国家可通过财政支持、减免税收等措施，鼓励企业尤其是国企率先参与产教融合。职业院校要主动求变，积极探索混合所有制形式，引入民营资本，探索股份制、企业化管理，通过企业文化、标准的输入，建立与市场同频共振的人才培养体系。职业院校内部管理应当实现办学主体下移，激发系部等二级办学单位的活力，有力推动产教融合的深化。

"互联网＋"背景下高职院校校企合作体系的完善研究

——基于共生理论的视角

安徽商贸职业技术学院　刘　超　冯春林

摘　要:"互联网＋"作为一种经济新形态,其如何推进高职院校校企合作体系的完善,成为研究的热点之一。笔者在文献综述的基础上,提出运用共生理论分析问题的新方向,阐述了共生理论的基本内涵,对高职院校校企合作共生系统(共生单元、共生模式及共生环境)及问题进行了分析。在"互联网＋"背景下,提出解决问题的思路,即:政府统筹搭建校企合作的互联网平台,建立校企合作的信息化教学资源体系,创建企业综合实训网络管理系统,依托信息化推进校企研发高效、深度融合,以提升共生单元间质参量的兼容度、提高共生模式中的共生新能量,优化校企共生环境。

关键词:校企合作;互联网＋;共生理论

在 2015 年政府工作报告中,李克强总理首提"互联网＋"行动计划,以促进互联网与各产业融合创新。2016 年的政府工作报告,对我国"十三五"发展做出展望,也强调了要促进大数据、云计算、物联网广泛应用,运用信息网络等现代技术,推动生产、管理和营销模式变革。作为一种经济新形态,互联网借助于信息技术与网络平台,已渗透、融合到多个传统行业,如交通、医疗、购物、农业、教育等行业,促进了各类资源的高效流转、优化配置,提升了传统行业的生产力和创新力。

在"互联网＋"浪潮冲击之下,高职教育自然须与时俱进,部分院校也积极地应用互联网思维解决教育教学的传统问题,如近年来 MOOC 及微课等网络资源的开发、智慧校园的建设、教师信息化大赛的举办等。校企合作作为高职院校人才培养、产学研融合的重要途径,目前存在利益相关度差异显著(企业对校企合作需求不足)、合作质量不高、合作深度不足等问题。如何在"互联网＋"背景下推进合作体系的完善,日益显现其紧迫性和必要性。

一、"互联网＋校企合作"的研究综述

以"互联网＋校企合作"为主题搜索知网显示,近年来研究论文数量逐渐提升,反映了互联网这一工具在校企合作中的作用、热度不断凸显,如图 1。

王艳(2015)基于"互联网＋"思维对校企合作模式进行分析,提出相应改进意见,如根据

[基金项目]本文系安徽省高等学校省级质量工程项目"房地产经营与管理教学团队"(项目编号:2016jxtd046)的阶段性成果。

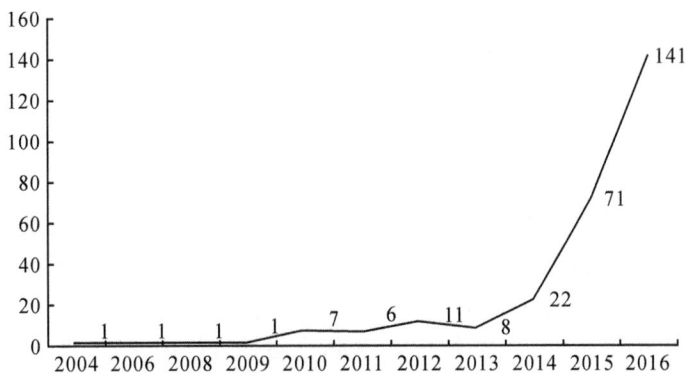

图 1 "互联网＋校企合作"研究热度趋势图

企业的特定文化制定诱人的校企合作政策,运用互联网思维,将系统信息化,统筹开展校企合作模式;校企搭建"互联网"平台共同完成教学任务。冯彦杰(2016)研究认为,利用互联网推进校企合作,实现资源的优化配置,是促进学生就业的一种有效的方法,他提出可以搭建"校企合作"APP平台,推动高校和企业通过线上、线下的方式直接对接,资源共享;提出在经过移动互联网大数据处理,开设企业所需要的专业课程,代替高校的某些课程。杨成青(2016)分析了现在校企合作中出现的基本问题,运用互联网思维提出了校企合作的一些新模式:校企共建仿真模拟校内实训室、建立"三赢"培训体系、基于"互联网＋"的学生实训模式。季付涛(2017)研究中,阐述了某校企合作智能平台,能实现企业远程教学、培训、岗位适应能力评价等多项功能,能大大地提高校企合作的效率。

总结既有研究文献来看,多数学者都是在探讨传统校企合作模式中的问题,借助互联网技术加以解决:从共建教学网络系统到利用互联网整合校企合作各方面的资源。笔者在此基础上,结合"互联网＋"的背景,运用共生理论系统化分析,提供了问题研究的新思路。

二、共生理论概述

德国真菌学家德贝里(De Bary)于1879年首次提出共生(Symbiosis)概念,其定义为"不同生物密切地生活在一起"。斯格特认同德贝里的定义,明确地提出共生是两个或多个生物,在生理上相互依存程度达到平衡的状态,而不是一方依赖另一方的关系。从理论来源看出,共生理论最先应用于生物界,后来逐渐发展至社会科学各领域。同理,校企合作主要成员虽由盈利机构的企业与公益性的教育机构组成,分属不同的组织类型,合作中需相互依存达到平衡,因此,校企合作适宜应用共生理论进行分析。

共生理论认为,共生系统主要包括三个方面要素:共生单元、共生模式和共生环境。共生单元是以需求为基础的基本能量生产和交换单位;共生模式亦称为共生关系,指共生单元相互作用、相互结合的形式,同时也反映出共生单元间的能量交换关系;共生环境是指影响共生模式发展的外在因素的总和。共生系统的三个要素相互联系,相互影响,其中,共生单元是基础,共生模式是关键,共生环境是重要的外部条件。

三、高职院校校企合作共生系统及问题分析

(一)共生单元

校企合作中的共生单元即校企合作的基本能量交换单位,主要包括高职院校和企业这两种行为主体,同一高校因不同专业的设置会有多个对应的合作企业,同一企业因业务领域、经营区域不同也会有多个对应的合作院校。

对校企合作共生单元的分析往往从质参量(内在性质的因素)入手,质参量的发展变化起着决定作用,并且只有当校企共生单元的质参量互相兼容时,共生系统才能稳定地生存发展。据此,高职院校提供的人力资源、技术攻关、员工理论培训等方面的质参量至少有一个,尤其是人力资源方面能满足企业的需求,企业提供的人才培养(学生实践实训、师资进修)、学生就业、科研项目、教学知识资源(如企业中技术、管理类员工进行课堂教学)等质参量至少有一个能满足学校的需求,这样才能保证校企单元能以质参量的兼容为基础而共生共存。因此,质参量不兼容(包括不对等)的校企之间很难达成合作关系,如提供人才的专业冷门或技能水平低在寻求企业过程中将阻力重重,行业地位低的或难以为学生提供实践、实训机会的企业在寻求学校合作中也存在较大难度。

目前,部分高职院校的个别专业设置与社会、企业需求契合度低,在人才培养方面,学生的知识、技能、素质无法达到企业的岗位要求;而一些企业所提供的实习、实训环节不合理,学生或老师对此满意度低,这都致使校企共生单元间质参量兼容度低,影响校企合作的稳定和深度开展,有必要借助互联网平台来提高共生单元的质参量兼容度。

(二)共生模式

校企合作中的共生模式即学校与企业相互作用、相互结合的形式,校企之间往往以学生培养、科研项目、管理咨询等为结合点展开合作。在共生模式形成与变化中,共生新能量的生成揭示了共生系统发展的本质属性,是共生单元寻求合作共生的动力源泉。在校企共生系统中,对于学校来讲,共生新能量主要表现为:学生专业技能的提高、就业率的提高、师资力量的增强、教学水平的提高、科研项目的获取,学生奖学金的获取等;对于企业来说,共生新能量主要表现为:弥补企业用人峰值时的劳务不足、获得专业技能和素质合格的毕业生、社会声誉的提高、员工专业知识的改善等。

共生理论认为,根据共生能量的对称性大小,共生模式分为寄生、偏利共生、非对称互惠共生及对称互惠共生,这几种模式的共生能量分配对称性逐渐提高,对称互惠共生系统是最有效率也是最稳定的系统。目前,大多校企合作共生模式呈现出非对称互惠共生:学校从共生系统中获取的共生新能量相对较高,寻求合作的意愿度高,资源依赖性较强,表现积极;而企业所分配的共生新能量相对较低,多数表现较为消极,动力不足。因此,为进化成相对稳定的对称互惠共生模式,企业所分配的共生新能量应得以增强。

(三)共生环境

校企合作中的共生环境是指影响校企共生模式发展的外在因素的总和,包括外部一般环境(法律环境、社会环境、政治环境、经济环境、技术环境、互联网环境等),外部直接环境(企业同行、劳动力市场、开设同专业的院校等),内部环境(企业文化、校园氛围、教学资源等)。这些环境都或正向或负向,或大或小地影响到共生系统的发展。如沿海的一些地区经济较为发达,校企合作的深度与广度(如混合所有制)也走在前端;随着校企合作的相关法律政策完善度提高,共生系统制度保障机制越健全,共生系统也越稳定。

在诸多共生环境中,互联网环境是重要的共生环境之一,推进其他各类环境便捷化、高效化地作用于共生系统,对校企共生单元的交流、共生能量的形成与发展以及共生效率等方面产生重要影响。目前,部分校企合作共生系统中,对应用互联网优化共生环境的重视程度明显不足,因而,应打造开放、包容的互联网环境,并积极利用互联网这一工具建立相关共生应用平台,优化校企合作的共生环境。

四、"互联网+"背景下完善校企共生体系的思考

完善校企共生体系,应在互联网环境下,利用网络信息技术,采取对应措施,不断提升共生单元间的质参量的兼容度,增加并平衡共生模式中共生新能量,优化共生单元的共生环境。

(一)政府统筹搭建校企合作的互联网平台

各级地方政府应结合区域产业、高校教育及专业开设现状,由地方教育行政主管部门牵头,教育协会及高校、合作企业(包括有意向的)参加,创建一个校企合作的互联网官方平台,该平台能统筹服务地方经济的企业资源及高校教育资源。在官网平台基础上,开通微信公众号、APP等互联网工具让手机客户端用户更便捷地实施操作。

首先,该平台能定期发布注册企业的合作需求,尤其是人才实习、就业的岗位需求,定期发布高校寻求企业合作的需求,并就对方的需求展开关键特性匹配,平台的负责单位定期牵头举办校企人才洽谈会、合作研讨会,为校企双方交流对话寻求机会,提高共生单元间的质参量兼容度;其次,平台中建立校企合作的激励机制,并借用官网、微信公众号等工具对外宣传,如对于合作取得成效的且配合度良好的校企,可以在平台中定期公布榜单,提升其社会美誉度和行业地位,也可以考虑给予优秀的合作企业在校企基地建设中金融贷款优惠、税负返还等方式奖励,通过这些激励手段提高企业参与校企合作的积极性,让其在共生模式中获取更多的净增新能量;再次,在平台中适时分享典型的校企合作成功案例,让开设类同专业的高校和企业学习借鉴;最后,平台中还应开创互动交流板块,供共生单元对出现的合作问题隔空展开会话交流,总结经验。如此,平台的建立与应用,能显著优化校企合作的共生环境。

（二）建立校企合作的信息化教学资源体系

传统的教学课堂逐渐被信息化课堂所颠覆，很多高校顺势开设了网络教学课程，不过在这些课程中很少将合作企业引入进来，具有一定的局限性。建议将信息化教学资源体系中的课程进行归类，如基础理论课、专业基础课，专业实践课等。对于基础理论课与专业基础课，学校教师负责网络教学资源的创建；对于部分专业实践课，宜由学校统筹，让企业一线技术和管理人员在操作现场中录制视频资料，上传到网络教学资源库中，相关专业师生可通过网络平台共享学习。在条件允许情况下，一方面，企业培训资源的网络端口接入高校教学资源体系，通过密码设置，让授权的师生获得企业学习资源，这也完善了双师型教师的培养路径；另一方面，在合作企业的管理现场中装设录播视频，让学生目睹工作现场的真实环境，学习专业实践的操作工艺与方法。当然，网络教学资源体系对共生新能量的增加是相互的，企业的员工也可以通过授权登录学习学校的专业基础课理论知识，强化员工的专业素养，以增加其共生新能量，激励合作企业在实践资源建设与共享方面的积极性。

（三）创建企业综合实训网络管理系统

学生实训是验证校企共生单元间质参量兼容度的重要途径，也是校企共生单元间发生能量转化的界面，高校学生通过实训增加专业知识、技能，实现了共生新能量的增加，企业通过学生的实训获得了人力资源，节省了成本开支，同样获得了共生新能量。当前，部分高校的企业实训环节设计不合理，过程中管理不规范，使学生产生了不满意感甚至抵触情绪，既降低了质参量的兼容度，也影响了共生新能量的增加。对此，高校应牵头，并联合企业创建综合实训网络管理系统，系统集成实训调配、指导、任务提交、反馈评价等模块，实现实训前任务的合理设计与调度；过程中由企业主管，指导教师结合系统教学资源及时跟踪指导；实训后通过系统端口快捷化实现任务提交，并对任务整个过程进行反馈评价，包括对自身的专业技能与素质的反馈，对实训过程的体验评价。管理后台接受信息后，校企能及时做出反应，如检验学生的技能、素质是否有效提高、是否对实训过程满意等。

（四）依托信息化推进校企研发高效、深度融合

科研服务是高职院校内涵建设的重要内容，也是校企共生单元间实现共生能量新增的重要途径。为促进校企研发的高效、深度融合，有必要利用信息化健全高职院校科研服务体系，发挥科研智能为区域产业的发展提供技术支持。在信息化服务体系中，实现研发的需求管理、项目申报与审核、人才资源整合、信息交流、技术转化、转让等功能，以此提高高职院校科研实力与研发成果转化率，增加校企共生单元的共生新能量。

五、展　望

共生模式的进化方向一般是：点共生→间歇共生→连续共生→一体化共生。高职院校校企合作遵循共生模式的进化规律，多数高校往往为寻求学生实训、实习而开始搜寻企业，开展合作（点共生），为减少搜寻成本，高校会积极主动地把频繁发生点共生的伙伴推向间歇

共生关系;由于校企合作的客观需要,一些质参量兼容度较好的发生间歇共生关系的企业会与高校推向连续共生阶段,如建立稳定的校外实训基地、产学研合作基地等;校企共生单元合作的最高阶段即一体化共生阶段,如混合所有制学院的建立。

在校企合作模式向正方向进化过程中,共生界面越来越宽泛、质参量兼容方式连续性增强、信息交流更加频繁,客观上对互联网的依赖性越来越强。其次,随着合作模式的持续进化,能量传递越来越多,企业为之消耗的能量也逐渐增多,在互联网背景下,应进一步发挥互联网的应用作用,优化共生环境,并补偿企业所需的共生新能量,完善进化的校企合作体系。

[参考文献]

[1] 潘海生,王世斌,龙德毅.中国高职教育校企合作现状及影响因素分析[J].高等工程教育研究,2013(3):143-148.

[2] 王艳."互联网+"校企合作模式探索[J].合作经济与科技,2015(12):130-131.

[3] 冯彦杰."互联网+"背景下校企合作问题的研究[J].才智,2016(20):14-15.

[4] 杨成青.基于"互联网+"的校企合作模式探索[J].湖北函授大学学报,2016,29(15):18-19,70.

[5] 季付涛,管成程,郑渊.一种基于互联网的校企合作智能平台的开发[J].科技经济导报,2017(1):12,27.

[6] 杨玲丽.共生理论在社会科学领域的应用[J].社会科学论坛,2010(16):149-157.

[7] 杜岩,王鹏.基于共生理论的校企合作问题研究[J].教育教学论坛:2012(S1):228-230.

基于产教融合的高职"校企共建"项目化课程设计

——以财经类市场营销专业为例

河北化工医药职业技术学院　孟高飞　张雪荣

摘　要:以市场营销专业项目化课程开发为例,通过分析校企双方共同开发课程的实施背景和高职院校课程体系现状,确立产教融合背景下的校企共建课程开发思路,并提出财经类市场营销专业项目化课程开发实施过程,为高职院校校企共建课程开发提供借鉴。

关键词:产教融合;校企共建;项目化课程;市场营销

一、校企共建项目化课程开发的背景

十八届三中全会明确要求,加快现代职业教育体系建设,深化产教融合和校企合作,培养高素质的技能型人才。为了践行十八届三中全会精神,围绕培养学生职业能力,满足产业发展需要,对现行的传统教学模式和课程体系势必要进行改革。以项目化教学为主体,通过把企业搬进校园、从课堂走向企业、教师在企业一线实践等途径开发校企共建课程,面向全体学生和教师的贯穿人才培养全过程的教育教学改革,离不开教师教学理念的转念、知识储备的重新整合和再学习以及教学方式方法的改革等方面的努力。通过对共建课程的学与教,旨在培养和提高学生岗位胜任能力、提升教师教育教学水平,适应新形势下企业对未来人才的需求,为高职院校学生高质量就业奠定夯实的基础。

作为国家骨干高职院校,河北化工医药职业技术学院始终坚持"依托医药行业、立足河北、服务京津冀"的人才培养定位,通过有效整合校内外各项资源,吸引企业优秀人才到校共同探讨专业人才培养方案的修订,积极摸索校企共建课程的建设模式,力求在产教融合的广度和深度上有所突破,使培养出来的学生能够为企业所用,并为企业创造真正的价值。同时,我校为适应"大众创业、万众创新"的新形势,与新道科技股份有限公司合作成立"河北化工医药——新道创新创业学院"。该学院的实训实践基地已经在我校建成并已正式启用,作为和实践基地融合度最高的财经类专业,下一步要着力提高校内实训基地的应用性功能,在校企联合、产教融合方面进行积极的探索和实践。

二、高职院校课程体系的现状及存在的问题

目前,我国绝大多数职业教育课程体系还是沿用高等教育的学科式课程体系建立起来的高职专业课程体系,学生在校通过公共基础课、专业基础课和专业核心课的三阶段学习模

式完成学业,各门课程的学习时间安排按照学科知识内容的递进关系进行,这种课程体系设置注重学生对知识体系的系统理解,强调学科理论基础知识的掌握。虽然在整个三年的学业教育中插入了实习实践教学,但实践教学多是单独课程并自成体系。和学科知识传授相互独立,交融性不强。这种课程体系设置的优势在于专业学科知识系统强,有助于学生理解学科理论知识,教师多是学科类专业出身,容易授教,便于组织教学和进行课堂考核评价。

但是,高职院校培养学生主要是面向就业,从以就业为导向的角度看,企业需要能够快速胜任工作的技能人才,学生需要在校完成对专业面向岗位技能的全方位操作模拟演练,对岗位从认知到熟练操作的全过程。因此,一方面,现行的课程体系尽管学生在校有独立的实习课程安排,但是学生无法将理论体系知识恰当运用到岗位实习中去,在岗位实习中仍然表现出对工作过程的生疏以及对所应具备的岗位素质能力的缺乏;另一方面,由于和实习单位合作的局限性以及实习岗位的单一性,导致学生在校可能只能去专业面向的其中一个岗位深入学习,对其他岗位并不了解,这就造成了很多学生局限性地认为实习岗位就是专业毕业面向的全部岗位,从而导致了学生对专业就业渠道认知的偏差,影响学生择业,也间接影响了学生对专业优势的传播,丧失口碑营销的潜在机会,导致专业可持续发展受阻。

三、基于产教融合的校企共建课程开发的总思路

对高职院校而言,产教融合的落脚点就是将用人企业与职业院校课程有效衔接,企业和院校联手提升教师技能,从而为用人企业培养具有工匠精神的专业人才,提升专业的内涵建设。实质上来说,产教深度融合是将行业企业的岗位工作过程融入职业教育教学的全过程,使职业与教育、企业与学校和工作与学习实现互通互融。在产教融合背景下开发的校企共建课程,主要是将岗位与课程相对接,将学习内容与岗位工作任务相一致。此次校企共建的课程体系开发就是立足岗位,通过分析专业面向的各个岗位能力,根据岗位所需能力设置课程群,学生完成岗位课程群的学习,就掌握了岗位核心技能,针对各个岗位课程群学习之后,学生就掌握了专业主要面向的所有岗位的技能,这样不仅让学生对专业和就业有一个清晰的认知,同时也让学生毕业之后能够快速成为企业所用之人,胜任岗位工作,对专业的可持续性发展和学生自身发展具有深远意义。

以市场营销专业为例说明,通过对市场营销专业所涉及核心专业课程进行梳理,主要有现代商务礼仪、客户关系管理、经济法律基础与实务、消费者行为分析与实务、网络营销实务、现代推销技术、公共关系学、广告实务、营销策划实务、市场调查与预测等课程。市场营销专业毕业生从事的岗位又可以大致分为市场岗位群、销售岗位群、销售内勤管理岗位群和客户服务岗位群等4种类型。而且,这4种类型的工作岗位需要的知识、能力既有相同,又有不同。

以销售岗位为例,上述10多门专业课程中,并不是每门课程或每门课程中每一章节都与销售岗位有关,有很多毕业生在座谈中反映,在学校学的东西与实际工作的关联度并不大,工作中没有机会充分将学校学的东西用起来。比如,普通的销售岗位,与国际贸易往往没有什么关系;除合同法律外,其他的经济法律知识在工作中也常常没有用武之地。这种掺杂在每种课程中独立的、有用的"碎片化"知识,学生往往在工作中要花费很多力气去整合,

难度也很大,客观上也影响了学生的职业胜任力。

因此,如何突破按课程安排,按专业课程体系"灌输"学生知识的传统方式,结合销售岗位工作实际,跨学科整合课程,让学生在学校中就能学习和获得胜任将来工作岗位的课程体系,也成了摆在高职院校和专任老师面前一道无法避免的课题。笔者在这方面进行了初步的研究和探索。

四、产教融合背景下的校企共建项目化课程开发实施过程

校企共建课程开发对我校财经类专业来说是史无前例,没有现成模式和经验可以遵循的创新性工作,对教师提出了更高要求,实施难度较大。但教师一旦摆脱现有的传统思维束缚,能够再学习和增加知识储备,学生教育教学质量的提升将迈向一个新台阶。

(一)围绕专业面向的各个岗位,确定岗位的胜任能力

高职职业教育要深化产教融合,落脚点还得是课程体系的全面改革,改革的中心就是打破现有的学科体系,建立以岗位能力为核心的课程体系,围绕某个岗位所需要的能力来设置课程,对课程结构、课程实现的资源配备、课程的组织形式和课程的评价考核标准进行全方位的改革。对岗位能力的分析,我们主要运用了岗位胜任力模型这一方法工具,通过行为事件访谈法、问卷调查等多种方法对企业相关管理人员、一线员工以及毕业生进行调查,充分明确岗位所需的核心能力有哪些,这是课程体系改革的第一步。

以市场营销专业销售岗位为例说明,在了解销售岗位所需能力的方法途径上,主要采取建立岗位胜任力模型的方法来识别销售岗位的胜任力。选择石家庄地区 30 名从事销售岗位 1—3 年的毕业生,及 10 名销售主管采取行为事件访谈法明确胜任力。对毕业生,让其描述在工作中最成功和最失败的一件事情,详细地描述当时成功和失败的原因是什么,给自己带来什么样的经验和教训,态度、知识和能力等要素在这两件事情中分别起到了什么作用等。对销售主管,说明下属是否胜任,胜任的原因是什么;不能胜任岗位的缺陷在哪里;哪些能力和知识是销售岗位工作中最需要的;等等。

通过整理分析访谈内容,从形象、态度和价值观,个性和特质,知识和技能等方面,确定了销售岗位职业胜任力模型,如表 1 所示:

表 1　销售岗位职业胜任力模型

形象、态度、价值观	个性和特质	知识和技能
服务意识		营销知识与技能
外在形象	抗压能力	产品推销
主动性	情绪控制能力	销售管理
工作态度	自我压力能力	客户管理
执行力	社会适应能力	商务谈判
团队协作		市场调研

对高职院校学生来说,形象、态度和价值观,个性和特质这两个要素无法通过传统教学方式获得,只能在不同的项目和任务实践中来获得。针对知识和技能要素,课题组邀请了

10名市场营销专业教师,对模型中的该要素进行分析,讨论列出可通过教学实现的素质、知识和技能,即普通的销售岗位(如有特殊要求,学生完全可以在工作中有针对性学习)在实际工作中,主要运用到现代推销技术、客户关系管理、消费者行为分析与实务等3门核心基础课程,以及渠道策划、促销策划,合同法律制度,公共关系技术,编制计划(确定目标、时间管理),网络促销专员岗位实务,商务人员仪表礼仪、交际礼仪和宴请礼仪等6方面核心知识。

(二)校企共建的项目化课程设计

校企共建的课程以项目化教学为载体,学生通过完成项目中的每个任务最终完成整个项目。考虑到学生完成项目需要一定的知识储备,所以建议保留原有的知识点较多需要花费较长时间讲解的专业基础课和专业核心课的理论教学,将现有的单独的实习实训课程和职业岗位专门能力课程整合在一起成为校企共建的项目化教学课程。通过设置一定的"跨课程"项目化教学的具体任务,学生在完成教学项目和具体任务的同时,整合理论教学中零散的知识点,提升职业胜任力。

以市场营销专业为例说明,市场营销有4类岗位群,学校和老师可以针对每类岗位群胜任能力的相同点和不同点,设计出符合各自实际的教学项目,分配一定的教学时间。在具体教学中,将这个大项目分解成为若干个子项目,明确具体子项目的完成目标、完成时限、完成方式和具体要求,采取台账管理法,完成一个、销号一个。以销售岗位为例,根据企业销售岗位工作的实际流程,教学项目大致可以细分为以下3个子项目:岗位认知能力子项目、客户开发能力子项目和关系维护能力子项目。各个子项目具体设计方案如下:

1.岗位认知能力子项目

培养学生的社会适应能力、职业道德,塑造学生的外在形象,使学生初步了解产品、客户等工作岗位基本技能以及工作环境等。

任务一:了解什么是销售人员和客户

在学校实训室,老师和学生着正装,分别扮演销售人员、客户,模拟学习商务人士仪表礼仪,了解消费者、消费者的需要和动机以及购买决策,认识客户关系管理工作等销售岗位基本知识。

任务二:实地参观企业和销售部门

选取1—2家公司,实地参观公司特别是其销售部门,了解公司的产品和服务、公司主要架构等,初步明白销售岗位人员工作状态、工作内容、工作流程等。

任务三:与销售岗位人员开展座谈研讨

通过角色扮演和实地参观后,在校内召开老师和学生参加的座谈会,交流心得体会,提出改进意见和建议。邀请2—3名具有实际工作经验特别是一线工作经验丰富的销售代表或者销售主管,到学校进行座谈研讨,讲解毕业生刚参加工作需要注意的工作事项,回答学生提出的问题。

2.客户开发能力子项目

培养提高学生沟通协调能力、服务能力、抗压能力、执行力,让学生认识客户和潜在客户,能够分析了解客户需求,独立与客户进行沟通,具有一定的推销能力。

任务一:展现销售人员实际工作场景

通过播放专题片、PPT 等形式,观看销售人员实际工作场景,了解销售人员应有的能力和品质,展示消费者个性分析、消费者群体的心理及行为、产品价格和消费者行为分析等,了解客户信息管理、合同法律制度,编制销售计划,以及网络营销等销售岗位必需的专业知识。

任务二:客户和销售人员的角色扮演

在校内实训基地,学生和老师分别模拟销售人员、客户,学生分析老师需求,和老师展开商务人员交际和谈判,提出渠道策划和促销策划,加大与老师的沟通和服务,加强销售计划的时间管理,向老师推销产品和服务,做到在模拟演练中完成客户开发工作。

任务三:在企业或公司实战练兵

在企业进行工作实习,通过跟班学习、实战演练的方式,让学生进一步理解、掌握和运用以前学到的市场营销各项知识,充分体会到客户开发过程中遇到的艰辛和困难,增强学生的抗压能力、实际动手能力和执行力。

3.关系维护能力子项目

进一步培养学生的人际交往能力、公共关系维护能力、危机处理能力,有针对性地维护和发展大客户,提升员工个人绩效和企业效益。

任务一:加强大客户的管理

在学校实训室,老师模拟政府单位、大企业等大客户,学生扮演销售人员,学习演练公共关系技术、大客户管理、商务宴请和舞会礼仪等基本知识。在实习的企业,重点在公关部门,跟班学习和参与企业的大客户开发和管理工作。

任务二:客户投诉与危机管理

在课堂上,模拟客户投诉场景,学习产品购买后消费者使用评价、经济纠纷仲裁和诉讼法律制度等知识,进一步掌握与客户的相关沟通技巧,提出客户投诉的解决方案。在企业的售后部门实习,积极面对和了解企业在遇到客户投诉、解约等棘手问题,学习实地处理能力和危机公关能力,提升情绪控制能力和抗压能力。

五、产教融合背景下校企共建项目化课程设计的困难、问题和建议

通过校企共建项目化课程来提升职业胜任力,能够让学生毕业后直接面对工作或者自己创业,节省几个月甚至 1—2 年的适应时间。但是,收获越大,前期相应的付出和投入也越大。校企共建项目化教学课程,在建设过程、建成后实施方面会存在以下几个方面的问题:

第一,课程再造的压力。校企共建项目化课程体系,针对不同岗位,将分散在十多门甚至二十多门专业课中的知识点挑选出来,有的岗位需要这一章、有的可能是另一章,不同专业零散的知识,如何通过不同的项目和任务来整合,对教师的要求很高。

第二,教师本领不足的恐慌。以往教学,教师有参考书和标准教材,只需要按部就班地讲课、考核、安排学生实习等,就可以完成教学任务。校企共建项目化课程,需要教师将知识与工作岗位实际相结合,来设计具体任务,这对任课老师是一个非常严峻的考验。

第三,和共建单位和实习单位合作过程中出现的未知问题。以往的实习,时间很集中、单位很统一,比较好协调安排。校企共建项目化课程,时间零散、单位分散,实习单位能否接受,能否顺利安排也是一个需要考虑和克服的现实问题。

第四,项目化课程考核办法有待调整。以往的课程考核主要是通过期末考试＋平时作业成绩＋考勤等方面确定学生课程学习结果,改革之后,要根据项目化任务的完成情况设计考核办法和考核标准,是摆在教师面前一项艰巨的任务。

建议针对上述问题,第一要提高教师素质和能力,加强对教师的学习培训力度,在设计教学项目时多征求企业负责人、学生以及相关专业教师的意见建议,尽可能地使学习项目贴近工作实际;第二要加强对学生的教育引导,校企共建项目化课程并不意味着放弃专业课的体系性,学生要多利用课余时间、自习课等,加强对专业知识的学习;第三要加强与共建单位和实习单位的沟通协调,通过为企业提供咨询服务、对企业员工进行培训等方式,加大学校与共建单位和实习单位的协调联络,尽可能使实习单位配合好项目化教学;第四要设计出切实可行的课程考核评价办法。考核应该包括项目指导教师评价、企业评价和学生之间评价等多个方面,通过全方位评价体系力求最大程度体现每个学生的学习成果。

[参考文献]

[1] 易正伟在.高职学生就业岗位与人格匹配度研究——以市场营销专业为例[J].长沙民政职业技术学院学报,2011(1).

[2] 李明斐,卢小君.胜任力与胜任力模型构建方法研究[J].大连理工大学学报(社会科学版),2004(1).

[3] 杨运鑫. 职业教育产教深度融合机制创新研究[J].职业教育教育,2014(4).

高职院校"校中厂"办学模式的理性思考

——基于多元利益主体生成的视角

辽宁金融职业学院　白广申

摘　要： 高职院校"校中厂"办学模式是我国高等职业教育校企合作发展的有效途径之一。从多元利益主体生成的视角分析学生、教师、企业、高职院校之间的利益关系，剖析企业生产性与高职院校教育性、企业收益与高职院校教学效果、企业产品更新与供应链管理的延滞性三对矛盾，聚焦高职院校"校中厂"办学模式中的冲突，进而提出高职院校"校中厂"办学模式协调创新机制。

关键词： 高职院校；校中厂；办学模式；多元利益主体

《国家教育事业发展"十二五"规划》明确指出："高等职业教育应培养出大量企业技术创新和产业转型升级所需要的创新、发展、复合型的专业技术技能人才。"这突破了高等职业技术院校教育目标的定位，对其提出了新挑战。"校中厂"为高职院校人才培养目标的实现奠定了坚实的物质基础，也开启了校企合作的新模式。这种教学模式的建立标志着学校内部生产性实训基地建设的逐渐成熟。"机制—文化—竞赛—创新—师资—管理"的"校中厂"教学模式是在对"校中厂"相关概念的分析以及过去相关研究梳理的基础上提出来的。

高职院校"校中厂"一般有两种运营机制：学校自营与校企合作。学校自营可以说是更加完善的"校内实训基地"，所以它首先必须具备学生技能训练基地的功能。而校企合作是吸引企业和学校合作，学校和企业共同承担或由一方投资，企业为学校提供资金和管理人员等等。高职院校"校中厂"可以帮助学校解决生产性实训高成本、高耗材等实际问题，学生通过真实操作、生产真实产品来增强他们的专业技能，在实际工作中培养其职业素养，教师通过与企业生产技术的完全接触，能够帮助他们尽快成为具有理论和实践能力的双师型教师[2]。

一、高职院校"校中厂"办学模式中多元利益主体的生成

高职院校"校中厂"教学模式能够推动学校的工学结合，促进理论基础和社会实践的结合，所以高职院校"校中厂"办学模式可以使多方受益。

（一）学生是主要利益主体

学生成为高职院校"校中厂"办学模式的最大受益者。主要表现在：首先，学生把在课堂上掌握的理论知识与具体的社会实践结合起来，既能提高他们的动手能力，又可以锻炼他

们,使之符合工厂的实际要求;其次,学生经历了高职院校"校中厂"的锻炼,对其今后的就业有很大的帮助,工学同步进行,不仅能减轻学生的经济压力,还提高了他们就业时的竞争力;再次,学生在高职院校"校中厂"办学模式的双环境中,更加明确自己的目标,树立志向,能够激发他们的学习积极性;最后,学生同时受到企业和学校文化的熏陶,在教室里就是学生,走进高职院校"校中厂"便成为工人,这种双重身份,锻炼了学生的交际能力,提升了他们的社会适应力。

(二)教师业务水平显著提升

《教育部关于全面提高高等职业教育教学质量的若干意见》指明了高等职业院校教师队伍建设的方向。教师在人才培养中起到关键作用,是提高教学质量的重要保障。教师的专业化水平对学校的发展起决定作用。一些高职院校的教师是从学校毕业不久的青年教师,在实际操作和社会实践能力方面还很欠缺,高职院校"校中厂"办学模式,也为教师提供了业务水平提升的机会。教师在"校中厂"中可以熟悉工厂的工艺流程、生产组织方式等基本情况;了解相关的用人标准、岗位职责和管理制度等具体规定;结合工厂的具体要求和用人标准,不断改进教学方法和教学内容;有利于提升教师专业化水平,使其培养更多的高质量的技能型人才,同时可以提高教师本人的科研水平,增强他们的社会服务能力。

(三)企业从合作中受益

企业也会从高职院校"校中厂"中获得显著的效益。第一,可以获得经济效益。在校园里面建工厂,就大大降低了修建办公楼和厂房的经济成本;因为学校有食堂和宿舍,这为解决员工的吃住问题提供了很大的便利。第二,有利于招聘优秀人才。在高职院校建"校中厂",企业可以直接从所在学校的学生中直接挑选适合生产和管理方面的人才,节省了企业在员工培训上的时间和成本。

(四)高职办学水平提高

通过高职院校"校中厂"的办学模式,学校能够提升它的办学能力和水平。企业的技术人员可以参与到学校制订培养方案、确定教学内容、选择课程与教材和实施组织教学的全过程,通过真实的工作场景、工作流程和生产任务进行现场教学,就把学校、学生和企业真正地连接在一起。学校就能培养出更多具有针对性和实际能力的优秀学生,也能符合各种企业对学生的不同需求,使他们在就业时更具竞争力,有助于提高学校毕业生的就业率和实现培养应用型人才的教育目标。在当今国家大力发展职业教育的时代背景下,高职院校开创"校中厂"的办学模式,深化校企合作,实现工学结合,提升了高职院校的教育教学质量,增强了其社会服务能力。

二、高职院校"校中厂"办学模式中的冲突

高职院校"校中厂"办学模式是学校生产实训成熟的一个重要标志,在以往一些院校的尝试中也曾取得一些明显的效果。但是由于文化传统、运行机制等的差异以及教学质量和

产品质量的冲突等等原因,高职院校"校中厂"办学模式在具体的实施过程中存在一定问题。

(一)企业生产性与高职院校教育性的矛盾

高职院校"校中厂"兼有学校的教育性和工厂的生产性,如何协调这两个属性的关系,实现高职院校"校中厂"办学模式的健康可持续发展,是高职院校"校中厂"办学模式的开展所亟待解决的问题。高职院校"校中厂"的工厂生产性,表现为不规律、不稳定与竞争性的特征;高职院校"校中厂"的教育性就是学校要制定整体的教学设计,按照规定完成相应的实训内容,具有稳定性、规律性的特征。因此,这就很难将它的企业属性和教育属性相统一,也就违背了开创高职院校"校中厂"办学模式的初衷。

(二)企业收益与高职院校教学效果的矛盾

企业的根本目标是为了追求经济利益的最大化,但是学生的实际操作技能从最初等级的实地观摩,到熟悉操作流程和能够熟练操作的过程中,必定会造成原材料、时间和劳动力的浪费,这些都会导致企业的运营成本的增加。对于高职院校内的"校中厂",为了工厂的健康可持续发展,必须重视"校中厂"企业收益与高职院校教学效果之间的矛盾。

(三)企业产品更新与供应链管理的延滞性

伴随着经济转型与产业升级的趋势,产品竞争日益激烈,更新周期不断缩短,产业供应链管理尤为重要。"校中厂"是高职院校生产性实训场地,拥有特殊的经营理念与固定的管理方式,可能会出现产品更新速度慢,供应链的管理能力不足。所以提高供应链运作效率、加快产品更新速度,提高市场占领性,是经营好高职院校"校中厂"的重要因素。

三、高职院校"校中厂"办学模式协调创新机制

(一)健全培养机制,提升学生技能

教学整体设计以及阶段设计方案的制定很重要,把每个岗位的任务要求和专业技能培养相结合,确定教学内容和教学顺序。依据不同学习阶段和每个阶段的生产特点,制定出工学紧密结合的教学方案,在合适的学习阶段分配给学生适当的生产任务,使学生在学习训练中参与实际生产任务。按照生产中不同的训练环节设计相匹配的教学项目,根据工厂实际的工作过程选择合适的载体,根据每一项工作的实际操作步骤进行课程安排。严格执行专职教师和兼职教师的聘用制度,确定教师的聘用标准。教师必须明确教学目标、教学进度、教学内容和考核的标准,确保在高职院校"校中厂"实习的学生尽量能够符合企业的用人标准和达到学校人才培养目标的要求,促进学校与工厂生产的高效融合。建立一套完整的以企业的用人标准为核心、以专业化应用型人才为培养目标的教学质量评价指标体系。

(二)引入企业文化,促进职业素质

高职院校"校中厂"是一种特殊企业创建形式,应当遵循企业发展的一般规律。企业文

化是在企业内部形成的具有企业特色的精神财富和物质形态,企业文化能够凝聚企业员工的归属感,增加荣誉感和责任感,在组织中具有传承性和相融性,影响到职工的职业素养的形成。职业素质是指员工对职业的适应能力的一种综合体现,包括敬业爱岗、团结合作、有责任心的职业操守;严格遵守工作规范、执行相关制度、不断学习新知识的工作态度;秉承环保、高效、经济的工作理念以及沟通交际、随机应变的能力等等。

　　营造良好的企业文化环境,给学校注入优秀企业文化,促进职业素养的养成的途径主要有:一是重视校企合作的师资队伍建设,促进教师的专业化和职业化发展。学校可以聘请企业专家和工厂的一线工人作为兼职教师。二是让企业的技术人员、管理者和学校教师共同参与到学生的课程开发与教学设计中。三是在实践教学环节,注重学生职业素质的培养和专业技能的提高。在人才培养计划的设计中体现学生综合素质的培养,建立一个健全的职业素质培养体系。四是根据企业组织的管理模式和要求进行严格的生产训练,培养学生的吃苦耐劳精神,安全责任意识,遵纪守法观念和团队合作精神。五是鼓励学生在"校中厂"进行社团活动,提高他们对企业文化的认同感,培养他们提高职业素养的意识和爱岗敬业的精神。

(三)整合优质资源,引领教学改革

　　建构主义理论为高职院校"校中厂"加入技能大赛的培训工作奠定了坚实的理论依据。技能大赛的考核侧重于员工的综合职业素质与他们的团队合作协调能力,在准备和训练过程中,能够帮助实现生产和培训的紧密对接,这正契合了高职院校"校中厂"办学模式的目标和初衷。利用高职院校"校中厂"特有的资源优势,服务于技能大赛,引领高职院校的教学改革,可以通过以下途径:第一,结合高职院校"校中厂"的实际情况,制定具有针对性的能力培养计划方案,由企业的管理者、工厂的一线工作者和专职教师共同参与制定,组成教学培训委员会,基于高职院校"校中厂"自身的独特性,对于条件较好的专业,引导它们建立完整的专业课程体系,编写相应的实训教材,应该把大赛的能力提升目标纳入学生课程整体设计中,在大赛中促进训练,通过不断的训练来提升学习的能力和水平。第二,扩大技能大赛选手培养计划的覆盖面,在训练的同时实现参赛选手的职业能力的提升,在训练和大赛的过程中也选拔出优秀的选手,采取全员和重点,分散和集中相结合的培训方式,通过多层次、多形式、多批次的选拔方法,对参与技能大赛学生的技能水平进行不断地逐级磨炼,使经过培训的学生最终能符合不同级别比赛的参赛要求。第三,充分发掘和利用好高职院校"校中厂"丰富的人力和物力资源,做到物尽所值,这样就解决了大赛培训原材料不足的问题。大赛培训活动,可以为企业储备大量的优秀人员,大赛一般会采取最新的行业理念和最先进的技术,它是一个行业先进生产力发展的代表,能够为高职院校"校中厂"不断创新理念、更新技术予以支持,也为高职院校"校中厂"成果展示提供了平台,实现高职院校"校中厂"的良性循环。

(四)建立创新机制,促进创业能力

　　把高职院校"校中厂"办学模式和创业培养教育结合起来就是一种复合式创业培训机制。制定出针对提高学生创新能力和自主创业的培养方案,将创新和自主创业教育融进高

职院校"校中厂"的教学实践中,开办有关生产革新和具有创新意识的大赛,给这些活动的顺利开展提供必要的人力、物力和财力的支持。鼓励学生不断创新,增强他们的创新和创业能力,为其以后的职业生涯发展打下坚实的基础。以培养应用型人才为目标,坚持学以致用的教学原则,利用高职院校"校中厂"的设备、场地、材料的优势资源,共同研究交流新技能和理论知识的对接,开发新技术。鼓励学生社会实践活动的开展,让学生切身体验企业经营的管理模式和氛围,培养和提高学生组织、管理、实际操作的能力,在教师的带领和指导下配合实训中心,完成指定的生产任务。

(五)利用企业平台,提升教师能力

通过高职院校"校中厂"办学模式有利于提高教师职业素质和专业化水平。首先,应该对师资结构进行优化,建立一支科学、合理的高职院校师资队伍建设,对教师予以系统的规划与指导,使他们的聘任能力、对学生进行培训的能力以及职业能力拓展都能实现高水平和专业化发展。其次,利用高职院校"校中厂"办学模式提供的企业平台与学校的"科研平台"相统一,为教师的专业能力的发展创设了一个方便的双向渠道,不用走出校门教师就可以进工厂锻炼学习,课堂上直接就能动手操作,使所掌握的理论知识和实践实践相结合得更好更方便。把教学融于生产之中,有助于及时地把科学的理论知识转化为优秀的技术成果来服务于社会,也有助于推进高职教师向同时拥有扎实的专业理论知识、较强的实践能力以及丰富的工作经验的双师型教师的转变。再次,借助高职院校"校中厂"的设备、企业专家和一线技师对高职教师进行专业技术能力的培训,督促他们参加技能鉴定资格考试,拥有匹配的职业资格证书,还要把高职院校的教师与企业专家一起,共同组建一支高水平的技能大赛的指导顾问团队,这样就可以实现双方的共同提高、共赢发展,达到双方的理论与技能水平同时提升的状态。

(六)健全管理制度,提高管理水平

高职院校"校中厂"具有双重属性,即生产性和教育性,这是它区别于普通工厂的主要特征。建立一整套实践教学的质量评价指标体系,以企业的生产要求为培养标准,去除学校的教育机制对于企业生产管理的束缚作用,改善高职院校"校中厂"的生产和育人环境,只有这样才能提高企业的市场竞争力。制定出规范化、制度化的生产管理标准,组织学生对其学习并进行考核,增强学生的安全意识、环保意识和效益意识;制订切合实际便于执行的实践管理制度,通过文本任务的布置,逐渐形成一个步骤完善、条理清晰、各环节衔接紧密的建设框架;把企业质量管理条例中与质量管理程序有关的内容列入评价内容里面,学生在真实的企业环境中进行实际练习和培训,在真实的岗位上,按照具体的要求对学生进行培训;将具体的实训要求和关键步骤融入实训内容,营造高效和谐的工作环境和安全稳定的生产环境,最大限度规避可能出现的意外,将实训的最终结果列入评价的内容。

[参考文献]

[1] 王治雄,曹明顺,高锦南."校中厂"人才培养模式的探索与实践[J].淮北职业技术学院

学报,2011(8):91-92.

[2] 钟彬杉."校中厂"校企合作模式的探索与实践[J].黄冈职业技术学院学报,2009(6):26-28.

[3] 张冬梅,罗诗文.产教融合校企合作办学模式的实践与研究[J].职教论坛,2014(35):46-49.

[4] 孙鹏,蒋海萍.高职院校校企合作现状调查[J].教育与职业,2014(4):81-83.

[5] 关琦.基于区域经济互动的新升格高职院校办学模式重构[J].教育与职业,2014(12):15-17.

[6] 杨林生,牟惠康.高职院校办学定位的理性思考与现实探索[J].职教论坛,2007(8):43.

基于紧密型校企合作下酒店管理专业顶岗实习教学改革

——以泉州理工职业学院为例

泉州理工职业学院　叶城锋

摘　要: 泉州理工职业学院酒店管理专业紧紧围绕高素质高技能应用型基层酒店管理人才培养为目标,在紧密型校企合作下共同设计酒店管理专业顶岗实习教学模式。通过分析职业院校酒店管理专业实习中存在问题,构建"一个目标、两个模块、三个阶段"教学新模式并实施,实现酒店管理专业实习教学新模式改革的意义,并希望得到推广。

关键词: 紧密型;酒店管理专业;教学改革;新模式

根据《国家中长期教育改革和发展规划纲要(2010—2020 年)》中明确提出高等职业教育要实行顶岗实习的人才培养模式。高职院校的顶岗实习,是高职教育教学过程中的关键环节,是强化学生职业道德和岗位责任意识的良好途径,是培养具有良好职业素养和熟练专业技能人才的有效方式。泉州理工职业学院酒店管理专业根据专业特点结合地方酒店业,确定学生以就业为导向,以专业建设为出发点,以课程改革为核心的指导思想。通过校企合作,产教融合,构建酒店管理专业实习教学新模式。

一、职业院校酒店管理专业学生顶岗实习中存在问题

(一)校企之间缺乏深度合作

目前高等职业教育校企合作渠道比较单一,主要以学生顶岗实习这种合作形式存在,对于校企双方只是为了实现单方利益而建立浅层次校企合作。例如,酒店业接收实习生实习一方面为了满足酒店劳动力供给不足,另一方面接收实习生实习相对劳动成本比较低。职业院校安排学生到酒店业顶岗实习,一方面是为了完成教学计划安排的集中实践课程,另一方面是为了更好地实现学校毕业生就业率。没有完全融入学生培养目标、课程设置、师资培训、实训基地建设、员工培训建立的紧密型校企合作关系。

(二)学生缺乏管理

1.指导教师缺乏指导

目前学生在顶岗实习过程中基本配备两位指导教师,但是在实际指导过程中,却严重缺位;指导教师的职责没有很好地履行,大多是形同虚设,对学生的顶岗实习缺乏应有的指导。例如:有的学校酒店管理专业学生在顶岗实习结束前都难得见上指导老师一面。企业指导

教师对实习生的实习过程也根本不管。而职业院校学生顶岗实习,身份是双重的,从"学校人"到"职业人"角色的转换不是一蹴而就的,需要指导老师的指点和引导,这样才能让学生尽快适应工作岗位,迎接新环境带来的挑战。

2.酒店注重效益

酒店业作为服务性产业,员工需求量大,但员工流动率又频繁,因此,酒店业为了实现企业自身效益最大化,基本要求是满足现有人员的基本配备,实现酒店的正常运营。但是这样的基本要求,还是有许多酒店都没办法达到。多数酒店在人员配备上都属于严重不足状态。可想而知,学生到酒店业顶岗实习,酒店基本是按照正式劳动力来使用,根本谈不上师傅带徒弟,学生基本是学生到员工的角色转变,从而缺少准员工这样的一个角色的培养,恰恰这个角色的培养正是学生顶岗实习是否有效的体现。

3.缺乏有效的考核评价体系

学生顶岗实习作为职业院校教学环节中一个重要组成部分,就应和其他专业课程一样,应有相应的考核评价体系,能够对顶岗实习的效果进行科学评价,并且赋予学生相应的成绩和衡量指导教师指导水平高低的标准。然而,大多数职业院校并没有根据学生实习具体情况给予综合评价的成绩或者学分,也没有对指导教师指导水平进行评价。只是学生顶岗实习结束后凭教师个人意见给个成绩就算了事,甚至有的院校连成绩都不用给,只是以学生有没有去实习来判定成绩。目前酒店管理专业学生顶岗实习虽然各个院校都有自己相对的一些评价标准,但考核评价标准缺乏有效性。例如,评价体系由校方单独制定出来,可学生是在酒店顶岗实习的,这样的评价体系就缺乏有效性,再比如制定评价体系内容上,不够全面、不够详细、没有结合学生实际实习情况进行考核评价等等。

(三)所学知识与实践脱节

1.专业课程设置与酒店岗位要求不匹配

目前大多数职业院校在酒店管理专业课程设置上基本还是按照传统的专业人才培养方案来制定课程,没有结合实际按照现代高星级酒店岗位需求、职业技能证书、行业标准执行;没有结合工作过程岗位需求项目化对专业课程进行设置,并且都是按照传统的"填鸭式"教学模式,而现代酒店业岗位工作都以实践操作为主。所以学生在顶岗实习时,酒店普通反映学生的实际操作能力和动手能力较差,而学生又反映在校所学知识与酒店工作岗位要求区别较大。因此,要探索根据酒店岗位增减需求变化设置专业课程,以及建立与行业、酒店接轨的授课内容和授课方式。

2.教学环境与职场情景不相似

当前职业院校酒店管理专业都具有校内专业实训室,如:餐饮实训室、客房实训室、酒吧实训室等等;学生在校内教学环节上也得到实践机会。但是校内教学环节缺乏真实的工作氛围,只是采取模拟形式进行实训,成为当前培养学生能力目标的主要瓶颈,学生的职业素养和职业能力的培养受到严重的制约,从而导致当学生进入酒店开始顶岗实习时,又要重新开始学习。以能力为本位的培养目标得不到实现。

二、"一个目标、两个模块、三个阶段"新模式的运用

泉州理工职业学院酒店管理专业与晋江市 4 家五星级酒店(晋江宝龙大酒店、晋江金玛国际酒店、晋江佰翔世纪酒店、晋江宝辉大酒店)进行了紧密校企合作,针对酒店岗位职业能力和需求,进行大量调研;共同构建酒店管理专业学生顶岗实习教学改革新模式并实施。即:一个目标是培养高素质技能应用型酒店管理人才为目标;两个模块是酒店前厅与客房管理操作模块,餐饮管理操作模块;三个阶段是实习前阶段、实习中阶段、实习后阶段。从而达到毕业后能把所学知识在酒店中得到灵活运用,实现学生毕业与就业无缝衔接。

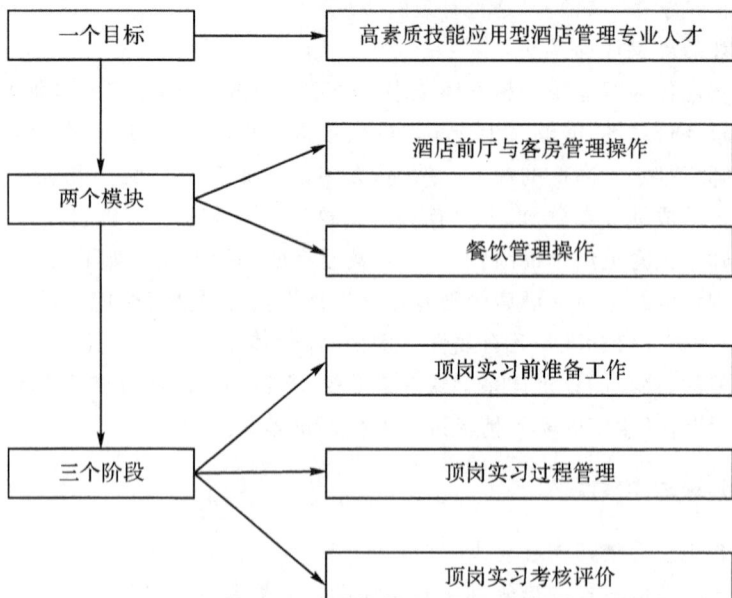

图 1　酒店管理专业学生顶岗实习教学模式

(一)培养高素质技能应用型酒店管理人才

泉州理工职业学院酒店管理专业以就业为导向,结合地方酒店业岗位人才需求培养高素质技能应用型酒店管理人才。结合酒店管理专业人才培养方案,按"2+0.5+0.5"培养方式,两年在校学习期间主要通过专业理论课程学习和校内集中实践完成,半年顶岗实习主要在晋江五星级酒店进行,最后半年通过酒店与学生的共同协商,确定学生是否留店。通过这几年酒店管理专业顶岗实习生不完全统计,顶岗实习结束后只要留店继续工作的学生都转为正式员工,毕业前基本都成为酒店基层管理人员。

(二)培养酒店前厅与客房管理和餐饮管理人员

晋江酒店业经营额主要来自客房和餐饮这两大块,因此,位于晋江市内坑镇的泉州理工职业学院以产业伙伴型,创业者的摇篮为办学理念,为了更好地适应地方产业的发展 ,酒店

管理专业在课程设置上主要以前厅与客房管理、餐饮管理这两块专业课程为主,例如前厅管理与服务、客房管理与服务、餐饮管理与服务、前厅信息管理系统、宴会设计实务等等。同时学生在顶岗实习期间基本安排这两个部门进行顶岗实习;例如:前厅接待员、客服人员、餐厅服务员、吧台员、房务文员等等。实现专业与产业对接,专业课程与职业标准对接。从而培养真正适应地方酒店业岗位需求人才。

(三)顶岗实习阶段安排

1.顶岗实习前准备工作

首先,当前晋江市一共有11家五星级酒店,包括6家按照五星酒店标准建造。安排学生顶岗实习前,酒店管理专业负责人、专业教师到五星级酒店实地考察,与酒店人力资源部总监座谈,包括企业对实习生的需求,实习生的管理、工作环境,校企合作等等方面。通过对各家五星级酒店的了解结合本专业实际情况,最后确定4家校企合作的五星级酒店;并且与四家酒店共同制订《泉州理工职业学院酒店管理专业顶岗实习生协议》《酒店管理专业顶岗实习学生手册》《酒店管理专业顶岗实习教师指导手册》等相关文件。

其次,召开酒店管理专业顶岗实习生说明会,主要介绍学生参加顶岗实习的必要性、顶岗实习要求、顶岗实习酒店以及顶岗实习的意义。并安排专业老师带领学生到4家酒店进行实地参观以及跟酒店各部门领导沟通;在这期间,酒店人力资源部培训经理还会对酒店整体概况进行介绍、顶岗实习生的管理进行说明,以及各部门领导对本部门岗位工作进行简单介绍。使学生对该酒店有个更深入的了解。

最后,学生会结合自己的兴趣、爱好以及学习的目标对这四家酒店进行依次排序来选择实习酒店;专业负责人会对学生所选择的实习酒店和实习岗位以及各酒店人力资源部经理进行商定,最后确实各个酒店顶岗实习的学生。

2.顶岗实习过程管理

根据学校、酒店、学生三方最终商讨的结果,分别安排学生到对应的酒店进行顶岗实习,岗位主要集中在前厅部、客房部和餐饮部。根据《泉州理工职业学院酒店管理专业顶岗实习生管理规定》,校方对于每家实习酒店会专门安排一位专业指导老师以及对四家酒店的实习生会统一安排一位生活老师,专业指导老师主要负责这家酒店实习生在实习期间专业方面的指导,实习情况跟踪、毕业设计的指导以及跟酒店导师在实践教学方面的探讨,必要情况下会直接安排专业教师入住酒店跟岗实践等等,同时也进一步加强校企合作,产教融合;生活老师由辅导员担任,主要负责学生在顶岗实习期间在生活方面碰到的问题、思想教育以及毕业前相关手续的办理等等。酒店会根据到店实习生人数和岗位安排情况,指定部门的经理或者主管作为他们的实践导师,人力资源部经理作为生活导师,负责他们在半年顶岗实习期间专业技能方面的指导和在店实习期间的日常生活工作。学生在顶岗实习期间,根据岗位工作性质,在企业导师的指导下,利用在校所学理论知识,更好地运用到实践中。如前厅部接待员在掌握书本理论知识的前提下,结合本酒店前台信息管理系统如何办理客人登记、入住、退房。为了保证学生顶岗实习的效果,学生在顶岗实习手册中每天用一句话概况当天的实习内容,每周总结一次,实习结束提交实习总结报告。作为企业导师每周要对学生实习情况进行评价,专业指导老师每月根据学生实习情况以及企业导师给予学生的评价进行归纳总结,提出个人意见。另外学生在实习期间,作为校方领导、指导老师、生活老师必须每个月至少一次到酒店了解学生实习情况。平时利用线上互动平台与学生进行沟通,时刻关注学生的实习动态。

　　3.顶岗实习考核评价

为了保质保量完成学生顶岗实习实践教学内容,结合职业院校学生顶岗实习管理规定由双方导师共同来制订学生顶岗实习考核评价体系。主要包括《学生顶岗实习手册》《企业导师指导手册》《专业指导教师指导手册》《学生顶岗实习总结报告》《学生顶岗实习成绩评定表》《客人评价意见表》等。通过该评价体系对学生在顶岗实习过程中对专业实践内容、实习表现情况给予整体评价,总结学生在实习过程中的优缺点,了解企业导师、专业教师对顶岗实习的指导情况,对实践教学进一步改进。通过评价体系得出学生最后的实习成绩,对企业导师和专业教师的评价。

三、酒店管理专业实习教学新模式改革的意义

第一,建立专业指导教师与酒店导师共同完成顶岗实习教学与实训指导内容。结合每个酒店工作岗位过程化,通过专业指导教师与酒店导师共同对每一位实习生实习内容的安排,使学生在真正的实习过程中做到教学一体化。

第二,顶岗实习任务与毕业设计相结合。酒店管理专业通过顶岗实习统一安排,结合专业自身特点,学生通过顶岗实习来完成毕业设计。如酒店管理学生顶岗实习期间积累的相关酒店案例、岗位工作项目化,通过整理,归纳形成毕业设计案例分享、工作项目流程步骤。

第三,利用"互联网+顶岗实习",构建学生顶岗实习微信平台。通过微信平台建立顶岗实习微信公众号,由专人负责。把学校、企业有关顶岗实习相关信息及时在平台上公布以及指导教师、学生在顶岗实习期间碰到问题、需要解决和探讨的内容都可以通过微信平台来处理。

第四,顶岗实习与全国、省、市专业技能大赛无缝隙衔接。通过顶岗实习,学生利用酒店资源在酒店导师指导下加强岗位技能的培训,为学生参加全国、省、市各级岗位技能竞赛提供帮助,同时还能起到资源共享作用。这两年内,酒店管理专业学生通过顶岗实习生技能培训,在全国、省、市各项岗位技能竞赛中取得佳绩。全国高职院校技能竞赛三等奖 2 个,福建省高职院校技能竞赛二等奖 3 个,三等奖 5 个,晋江市旅游行业岗位技能竞赛一等奖 1 个,二等奖 3 个,三等奖 1 个。

第五,加强双师型教师队伍的建设。通过顶岗实习,聘请酒店实践经验丰富的管理人员作为本专业的兼职教师。邀请他们到校内进行专业技能实践模拟并宣讲目前行业最新动态和酒店文化;校内专任指导教师到企业参加跟岗实践,一方面加强学生顶岗实习管理,一方面加强自身专业实践操作能力。提高教师的科研能力,也能为企业解决实际问题,创造效益。目前校内专任教师已获立项的省级课题项目 3 个、市级课题 3 个,发表论文 5 篇。

四、结　语

　　相对于国外职业教育,我国的职业教育起步比较晚,尚未形成一个比较成熟的教育体系,又因为我国的职业教育发展速度快,所以职业院校在教学模式构建中仍然还有很长的路要走。当前全国各地职业院校都在积极开展这方面的研究和实践。但能完全形成可以借鉴的经验还是偏少。泉州理工职业学院酒店管理专业组织的"一个目标,两个模块,三个阶段"顶岗实习教学新模式经过这两三年的实践尝试,取得一定的成绩。希望在校企合作,产教融合的大背景下对教学改革具有一定的理论价值和实践意义。

[参考文献]

[1] 潘海生.中国高职教育校企合作现状及影响因素分析[J].高等工程教育研究,2013(3):
　　143-148.
[2] 李秀婷.天津市高职院校学生顶岗实习现状及问题实证研究[D].天津:天津职业技术师
　　范大学,2014.
[3] 梁瑜.基于就业岗位群的高职酒店管理专业人才培养模式研究[D].哈尔滨:哈尔滨商业
　　大学,2013.
[4] 张永华.顶岗实习背景下高职酒店管理专业实习教学改革新模式的研究与探索[J].教
　　育与职业,2012(18):95-96.
[5] 陈辉.高职酒店管理专业学生顶岗实习情况调查研究[J].青岛职业技术学院学报,2013
　　(2):48-50.

"互联网＋"校企在线课程的构建与实施策略研究

绍兴职业技术学院　蔡晓霞　柴科技

摘　要：针对目前校企合作过程中因时间、空间限制而导致课程教学活动难以有效实施等问题，本文提出了基于"互联网＋"校企在线课程开发体系的构建，即在现代信息技术的支撑下，校企合作共同开发在线课程资源，并同步实施线上与线下的课程教学。该体系包含课程开发平台、校企实训平台、校企在线教学平台、线上学习平台、双师互动平台系统框架，该体系的构建是一条突破传统校企合作、工学结合人才培养模式限制的有效新途径。

关键词：校企合作；在线课程；教育平台；信息化

自进入 21 世纪以来，信息技术得到了快速的发展，极大地影响着人类的生活方式、生产方式以及思维习惯，而其在教育领域的广泛应用，更是给传统教育带来了巨大的变革，深刻改变了传统教育的教学理念、教学方法、教学模式和教学形态。近几年，随着大数据、云计算、移动技术等"互联网＋"时代的到来，教育领域又将迎来巨变，教育内容的持续更新、教育样式的不断变化、教学方法的快速创新、教育评价的日益多元，都将深深地影响着现代教育。

基于"互联网＋"校企在线课程指的是在现代信息技术的支撑下，校企合作共同开发在线课程资源，线上与线下同步开展和实施课程教育。学校为企业提供人才服务，企业为学校提供实践教学资源，双方互利互惠，成为一种低成本高效率的校企合作在线联合体。

一、校企合作共建在线课程的必要性

对于高职教育而言，"校企合作、工学结合"在推动高职专业建设、课程建设、提高人才培养质量起着非常重要的作用。但是纵观这些年，我国高职院校课堂教学仍旧基本以学校为主体的单边教育为主，企业参与度较低，"校企合作、工学结合"停留在形式或表面上。深入去分析潜在的问题原因，诸如时间、空间限制而导致课程教学活动难以有效实施是主要的因素之一，具体现象表现为高职院校聘请企业高级技术人员或专家为兼职教师相对容易，但真正来校授课难。企业高级技术人员承担着企业核心岗位上的重担，分身乏术是现实问题，即使来校兼课，多数也是以来校讲座形式为主，对学生的培养作用发挥极其有限。而学校在校实践教学，其人才培养质量与企业实际所需存在差距，课堂教学中学生职业体验感不强，无论是教学内容还是实践环境，与企业真实现场、真实岗位操作区别较大，企业真实的生产环境、生产条件、生产方式及设备操作多数情况下无法有效模仿。而若去企业现场进行大范围授课，则实施也难，由于政策激励不够，多数企业不愿或无力容纳大规模学生实训，不能给学生提供充分的实训指导和培训。

那么,如何借助"互联网+"技术解决以上问题,让"校企合作、工学结合"人才培养模式在高职教育普及深化、落地生根,推动深层次的教学改革,基于"互联网+"技术的校企在线课程的构建与实施不失为一条有效的新途径。

二、校企合作共建在线课程的意义

校企在线课程的开发与实施,无限扩大了学生学习知识的时间和空间范围,为学生提供了多元化、个性化、优质化的课程资源。该课程模式的研究价值在于借助现代信息网络技术,通过校企在线课程的构建,突破传统校企合作的限制,降低校企合作的门槛,为企业参与学校人才培养提供方便,成为一种具有较大推广价值的校企合作人才培养新模式。同时通过探寻构建校企在线联合体的有效途径与实施策略,形成一种校企合作的新机制,提供一种课程资源构建的新途径,建立一种校企双边在线实时互动教学新模式,从而改善课堂教学效果、提高人才培养质量。

三、校企在线课程平台的构建

校企在线课程平台以校企深度合作为基础,以现代信息技术为支撑,从而构建课程开发平台、校企实训平台、校企在视频线教学平台、线上学习平台、双师互动平台等系统框架。其结构如图1所示。

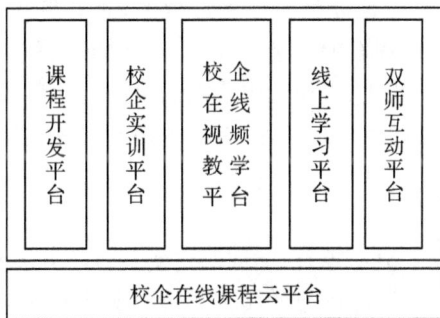

图1　校企在线课程的系统框架

(一)课程教学项目的开发

校企双方基于"互联网+"技术,结合人才培养方案和课程标准,双方共同开发在线课程,重点引入与企业生产技术和职业能力素养培养相配套的适合校企在线互动教学的项目,编入教材,引入课程教学。以机电一体化技术专业核心课程"自动控制综合应用技术"为例,结合课程的教学目标,选取省内具有代表性的大、中、小型企业的典型机电产品的电气系统的开发、调试项目为教学案例,并由校企双方结合学校现有的实训条件和企业的生产特点,将产品的设计方案、组装工艺、调试流程等引入教材,作为课程的典型教学项目,由校企双方共同组织教学实施。教学案例的选取应考虑案例本身所涉及的知识、技能点的覆盖面以及难易程度,同时考虑如何实现在线教学。

(二)校企在线视频教学平台的实现

企业的生产现场即为实践教学的现场,企业的生产培训即为实践教学的内容。为确保校企在线教学资源方便、迅捷、有效的收集,校企双方共建在线联合式网络教学平台,在企业生产现场和校内理实一体实训室分别搭建网络教学软硬件平台。软件平台可借助常见的"超星学习通""蓝墨云课堂"等各类网络教学平台,来实现企业生产现场和校内实训室的同步教学,企业生产现场网络教学硬件平台可随时满足相关场景的切换需求,企业兼职教师在企业生产现场进行实景教学,实时解答学生的提问,形成一种在线远程实景教学。在项目答辩评审环节,学生通过 PPT 和作品展示等形式进行项目汇报,企业导师通过远程查阅学生的设计报告和听取学生的汇报,与校内教师共同完成项目的考核工作。

(三)线上学习平台的实现

传统的线上学习平台以网络共享的方式将在线教学资源以视频和图文并茂的形式展现在学生眼前,方便学生下载和学习。而"互联网+"在线课程学习平台在传统线上学习平台的基础上,新增手机 APP 移动线上学习平台,方便、快捷,突破使用时间和空间的限制;利用云技术可以大量存储和共享企业技术专家授课视频、图片和课程资料等信息,突破信息容量的限制;利用大数据可以有效地分析和收集学生学习信息状况,方便教师在线交互反馈和教学改进。尤其是针对企业真实岗位现场操作或设备操作内容,重点开发现场视频在线学习项目;针对现场安排困难或危险性高的专业领域内容,重点开发替代性虚拟仿真(AR/VR技术)在线学习项目;针对难以理解的复杂运动内容,重点开发仿真教学在线学习项目。通过在线课程项目的开发,将复杂化、操作化内容以简单的视频形式或仿真形式再现在学生眼前,学生可通过线上学习平台随时随地学习,有效地提高课程教学的效率。

(四)校企实训教学的开展

校企双方选择并评估企业典型项目,共同制定实践教学方案和评价标准,并设计开发实训装置。当开发与企业生产实际相配套的实训环境与装置成本较高时,则开发使用虚拟仿真实训,或安排学生企业现场顶岗实训,校企双方现场共同指导学生实训。当开发与企业生产实际相配套的实训环境与装置成本不高时,则设计与开发校企在线联合式实训装置,使得校内学生实践项目与企业生产项目相配套。在教学组织时,以安排学生校内实践教学为主,企业现场实训为辅,即便是校内实践教学,企业导师也可在线指导学生实训。以"自动控制综合应用技术"课程中的"钢板成型生产线电气控制系统设计与调试项目"为例,我们按企业的生产要求设计校内电气控制实训装置,并录制企业现场生产视频,学生在观看企业生产视频的基础上,根据企业的生产设计要求并借助学校的电气实训装置,完成电气控制系统的设计,企业导师可通过远程在线指导的方式,实时了解学生的实训进程。学生在校内完成电气控制系统调试后,则被安排去企业现场与设备的机械部分进行联机调试。这种通过预学习再实训的方式,可有效避免学生"不熟悉、没技术"上岗操作现象,该教学组织形式降低实践教学成本,提高实践教学质量和安全,增强校企合作在线联合体的吸引力。

(五)互动交流平台

互动交流平台为教师与学生、学生与学生、校内教师与企业教师提供更多沟通的机会。如在互动交流平台上开设网上"工匠讲坛",定期邀请企业导师在平台上为学生做专业认知讲座、职业规划讲座、企业文化讲座、项目开发讲座等,并网上解答学生的提问。平台促进企业教师与学生的沟通,有助于学生尽早了解企业对高职人才在职业素养、职业能力上的实际需求,帮助学生树立明确的就业方向和学习目标,这种方式有时比校内教师在课堂上的说教更有说服力。由于时间和空间的限制,传统的面对面沟通方式很难在校内教师与企业教师经常组织进行,而互动交流平台为校内教师与企业教师提供便捷的沟通方式,双师之间可以通过平台探讨人才培养规格,课程教学实施策略,甚至合作开发生产项目等。

四、校企在线课程平台的实施策略

(一)校企在线课程教学活动方案的设计

校企双方深度合作、有效的沟通是校企在线课程教学活动顺利开展的前提,校企在线课程教学活动方案的设计是课程实施的保障。为确保校企互动式课堂教学活动的有效实施,课程组老师需对课堂教学的内容安排、教学活动的组织、校内外教学如何有效地衔接、课程项目内容的考核等问题预先进行认真的研究和规划,确保课程教学的有效实施。

(二)校企在线课程教学活动的实施策略

校企在线课程的实施,不仅要有合作的企业,更要挖掘企业在校企合作的内在需求,目前企业对高职院校的需求更多停留在用工的需求上,因此订单班是开展校企在线课程教学最有效的驱动力,可在订单班人才培养的过程中实施在线课程教学活动,分批组织订单班学生到企业现场由企业教师授课,非订单班学生借助校内平台学习通过在线视频与企业教师互动学习。在校企合作订单人才培养的基础上,企业也更愿意通过校企在线平台将企业的资源向校内的其他学生开放,使更多学生在潜移默化的学习过程中认同企业的文化,企业也能从更广泛的范围中找到合适企业用工需要的学生。

(三)校企在线课程考核方式的设计

校企在线课程考核方式根据实施评价主体的不同,可由企业教师和校内教师分别对学生学习过程、学习效果进行线上和线下的考核评价。对学生学习过程、学习效果的线下考核评价部分偏重于学生实训态度、实训质量,线上考核评价偏重于学生的学习效果。课程考核方式可建立双师联合评价机制,所占考核比重根据教学考核内容分配比例系数。

(四)校企在线课程实施效果的评价

校企在线课程的实施效果可通过专题研讨、座谈会、学生访谈、教学效果分析调研、教学质量评价打分等形式开展,收集教学督导、教师团队、合作企业、实训学生的校企在线课程的实施意见,以及毕业生就业端的反馈信息,建立评教、评学、评建和评管教学质量监控体系,并在此基础上总结提升和试点推广。

五、校企在线课程的创新

(一)课堂授课模式的创新

"工程师""教师"双师在线实时互动授课,实现双师互补,资源互补。同时将企业的技术和环境优势与校内理实一体化的教学优势有机结合。

通过基于互联网技术的远程视频教学,解决企业兼职教师来校上课难的问题,实现企业兼职教师不脱岗,在企业现场就能给学生上课,避免了企业兼职教师将大量时间浪费在企业与学校之间来回。开发与企业生产项目相配套的校内实训项目,设计并制作与合作企业生产现场相接近的实训装置,解决课堂教学内容与生产实际脱节现象,企业兼职教师在企业生产现场进行实景教学,实时解答学生的提问,形成一种在线远程实景教学。通过远程教学与本地教学结合,构建校企一体化的教学环境,实现校企双导师教学,解决单一远程教学所带来课堂教学组织松散问题。

(二)校企在线课程

"校企在线课程"是一种低成本高效率的校企合作课程教学模式,是一条突破传统校企合作、工学结合人才培养模式限制的有效新途径。

校企在线课程在尽可能降低对企业生产过程干扰的前提下,以在线视频教学的方式向学校输出生产工艺、生产技术。在线视频教学,方便学生感受企业文化、职场氛围、岗位要求和技能要领,缩短了学生在企业实训的时间,降低了学生校外管理成本和组织成本。校内外在线联合实训的组织形式,也在一定程度上保证了课程实训的效果,提高了人才培养的质量。

[参考文献]

[1] 王吉斌,彭盾.互联网+:传统企业的自我颠覆、组织重构、管理进化与互联网转型[M].北京:机械工业出版社,2015.

[2] 邱璃轶.高职校企合作的影响因素分析[J].教育探索,2011(4).

[3] 段素菊,庄曼丽,董新稳,等.企业参与职业教育:现状、问题与对策[J].中国职业技术教育,2012(3).

[4] 易新河,李岚,成亚玲,李琳叶,等.长株潭地区高职教育校企合作机制创新研究[J].中国电力教育,2012(17).

[5] 夏建国.校企联合培养人才的创新探索[J].中国高校科技,2010(12).

[6] 李娜.互联网+思维在职业教育中的应用研究[J].职成教与成才研究,2016(1).

[7] 孔原.基于互联网思维的产教融合模式创新与实践[J]职教论坛,2015(3).

第三编　互联网＋教学

我国职业教育发展的方向和重点

天津职业大学　刘　斌　邹吉权

摘　要：十九大报告提出中国特色社会主义进入新时代，我国社会主要矛盾已经转化为人民日益增长的美好生活需要和不平衡不充分的发展之间的矛盾；提出要优先发展教育事业，加快推进教育现代化，完善职业教育和培训体系，深化产教融合、校企合作。自1996年《中华人民共和国职业教育法》颁布实施以来，我国职业教育经过20多年的快速发展，取得了辉煌成就，但职业教育仍然是教育中的短板，不平衡、不充分的矛盾仍然存在。如何以十九大精神为指引，加快推进职业教育现代化，全面完成新时代职业教育的新任务，是职业教育战线当前和今后一个时期的重大课题。

关键词：十九大；职业教育；新时代；新任务

十九大报告指出中国特色社会主义进入新时代，我国社会主要矛盾已经转化为人民日益增长的美好生活需要和不平衡不充分的发展之间的矛盾。提出要优先发展教育事业，加快推进教育现代化，完善职业教育和培训体系，深化产教融合、校企合作。相比十七大"大力发展职业教育"和十八大"加快发展现代职业教育"，十九大对职业教育的提法有了重大改变，这一提法与新时代中国特色社会主义的主要矛盾高度契合。

一、我国职业教育已经进入新时代

自1996年《中华人民共和国职业教育法》颁布实施以来，经过20多年的努力，我国职业教育改革发展在抢抓机遇和应对挑战的改革实践中不断创新，取得了令人瞩目的重大成就，实现了从规模发展向内涵发展的重大转变，标志着我国职业教育进入中国特色社会主义新时代，主要体现在以下几个方面。

（一）关于职业教育的法律法规更加完善

1996年出台《职业教育法》，2002年国务院出台《关于大力推进职业教育改革和发展的决定》，2005年国务院出台《关于大力发展职业教育的决定》，2010年中共中央、国务院颁布《国家中长期教育改革和发展规划纲要（2010—2020年）》，2014年国务院出台《关于加快发

［基金项目］本文系天津市教育科学"十三五"规划重点课题"天津高职院校产教融合育人机制研究"（项目编号：VE1046）和天津市教育科学十三五规划课题"职业教育产教融合的国际比较研究"（项目编号：VE3135）的阶段性研究成果。

展现代职业教育的决定》。一系列重大政策的出台,把职业教育摆在了前所未有的高度,加快了职业教育现代化进程,使职业教育进入了黄金发展期。

(二)我国建成了世界上规模最大的职业教育体系

2016 年,全国共有 1.09 万所中等职业学校,中等职业教育招生 593.34 万人,在校生达 1599.01 万人,共开设近千个专业、近 10 万个专业点,基本覆盖国民经济各领域。2016 年,高职高专院校共有 1359 所,招生 343.2 万人,在校生 1082.9 万人。中职、高职已分别占我国高中阶段教育和普通高等教育的"半壁江山",建成了世界上规模最大的职业教育体系。

(三)走出了一条中国特色职业教育发展道路

经过 20 多年的发展,职业教育不断深化改革,以立德树人为根本,以服务为宗旨,以就业为导向,坚持产教融合、校企合作,坚持工学结合、德技并修,走出了一条中国特色社会主义职业教育发展道路。表 1 总结了我国职业教育 20 多年改革发展脉络。

表 1　我国职业教育改革发展脉络

序号	内容	发展脉络
1	国家政策变化	大力发展→加快推进→体系完善
2	层次结构变化	中职重点→中高职并重
3	办学定位变化	促进经济社会发展→为经济结构调整和技术进步服务,促进就业→以服务为宗旨,以就业为导向→以立德树人为根本,以服务发展为宗旨,以促进就业为导向
4	培养目标变化	实用人才→技能型人才→技术技能人才
5	培养模式变化	加强实践教学→订单式培养→校企一体化育人
6	职教体系变化	参照高中、本科→中、高、本、硕衔接的现代职教体系
7	行企角色变化	产教结合→产学研结合→校企合作、工学结合→产教融合、校企合作、工学结合、德技并修
8	校企合作方式变化	松散校企合作→职教集团→行业指导制度化
9	办学要求变化	规模扩张→内涵建设→中国特色世界水平院校建设 办学条件建设→示范校建设→优质校建设 粗放管理→精细管理→院校治理
10	服务对象变化	学历教育→学历教育与职业培训并重

二、新时代下我国职业教育存在的主要矛盾

然而,我国职业教育仍然是教育中的短板,发展不平衡不充分问题依然存在,矛盾突出,表现在以下几个方面。

(一)是职业教育区域发展不平衡

主要表现在欠发达地区职业教育资源不足;中西部人均占有职业教育资源的规模远低于东部地区,中西部地区职业教育资源与社会发展实际需求不相符;欠发达地区职业院校主要集中在省会城市,个别地市级城市甚至没有职业院校;中西部地区职业院校的办学条件师资水平和生源素质等方面更是不可与东部地区同日而语。

(二)职业教育与产业结构不协调

经济转型期产业结构升级要求职业教育大规模高质量发展、调整职业教育层次与专业设置,以职业性、技术性为导向强化学生的知识、技能和态度的培养。近年来,虽然产业结构升级对人才的需求已经通过市场传导机制促进了职业教育的专业设置以及人才培养模式改革,但职业教育和实体经济脱节现象普遍存在,职业院校尚未真正成为面向市场办学的主体单位,职业教育与产业结构间的协调度还有待提升。

(三)职业教育的层次不系统

从 2013 年开始,国家通过引导部分地方普通本科高校向应用型转变,使之成为职业教育的本科层次,系统构建从中职、专科、本科到专业学位研究生的人才培养体系,以此来提高职业教育的吸引力,构建职业教育与普通教育之间横向沟通、纵向衔接的"立交桥",打通职业教育缺少高层次学历教育的断头路。职业教育应紧跟产业发展而全面升级并逐步系统化,使学生能够根据自身意愿灵活地在职业教育与其他类型教育之间、大专层次高等职业教育与本科层次高等教育之间实现升学和转学。此举,不仅是实现从制造大国向制造强国转变的需要、职业教育发展内在规律性需要,更是满足个体发展的需要,是解决就业结构性矛盾的重要途径,是构建现代职业教育体系的必由之路。

(四)职业教育质量有待提高

职业教育的质量直接影响劳动者的素质,影响职业教育的声誉和吸引力,提高人才培养质量是职业教育的核心任务。目前,部分职业院校在教育质量提升中还存在着诸如培养目标出现偏差,培养方向偏离市场化,全面深化职业教育供给侧改革不彻底,落实"创新、协调、绿色、开放、共享"五大发展理念的办法不多,现代职业学校制度建设还有待完善等瓶颈问题亟须解决。随着经济社会逐步过渡到"提优增质"的发展新阶段,与经济社会发展联系最为密切的职业教育为顺应这一发展变化,也应当调整姿态,通过增幅换挡、结构优化、动力转换,从而实现自身质量的提高。

(五)社会认同度偏低、保障水平偏低、管理体制不顺畅

全社会对职业教育的重视程度逐步提高,但大力发展职业教育的步伐还需更快、落实职业教育发展的政策文件的途径还应更广、力度还应更强。比如,对高职生均拨款仍低于本科生生均拨款,高职院校在资源的获取、项目指标的分配等方面,与普通高校相比,还处于弱势地位。在管理体制方面,教育主管部门比较偏重职业教育的学历教育,而劳动主管部门比较

偏重职业培训。实际上,职业教育既包含学历教育也包含职业培训,这需要在国家层面进行协调。同时还存在着现代职业教育体系建设"偏国民学校教育体系建设,忽视终身教育体系建设"的现象。

三、完善职业教育和培训体系,加快推进职业教育现代化

根据我国职业教育新时代特点和主要矛盾,职业院校必须要通过深化改革,明确办学定位,构建起符合时代发展的现代学校治理体系,使高职院校内外利益相关者在平等和相对自主的基础上共同参与办学,形成与区域经济社会发展良性互动的高职院校办学新模式、新机制。

到 2020 年建成现代职教体系,是 2010 年教育规划纲要中提出的战略目标。7 年来,围绕这一战略目标而进行的系统培养人才的改革探索,取得了阶段性的成果。教育部等六部门制定了《现代职业教育体系建设规划》,在这份顶层设计中,系统构建了从中职到研究生的培养体系,打破技术技能人才成长"天花板"。按照这一设计思路,各地纷纷进行试点探索,江苏、湖北、广西、甘肃等省完善 5 年贯通培养的高等职业教育制度,推进中职、高职、应用技术型本科教育分级培养或联合培养。

同时,面对国家终身教育体系构建的新要求,职业院校要积极应对、主动作为,成为国家终身教育体系和学习型社会建设的一支重要力量。以行业、企业对技术技能人才需求为导向,开发职业技术类培训课程资源库,推进优质培训资源跨区域、跨行业共建共享,为行业企业提供多层次、多类型、立足岗位需求的技术技能教育培训服务和学历继续教育。开辟多种入学渠道,推进职业资格证书教育和企业职工教育、岗位培训并举,建立合理的衔接机制。将职业教育体系与终身教育体系有机融合、协同发展、同步构建,中高职相结合、职业教育与普通教育相衔接、职业教育与行业企业的技术应用和创新相衔接、职业教育和终身教育相结合,通过制度创新、政策配套和体制、机制改革,建立完备的政策法规和社会保障体系,形成技术技能人才教育培养、岗位成才的系统工程,逐步形成与经济社会总体发展相适应的格局,促进经济社会的可持续发展。

四、新时代我国职业教育的新任务

(一)深化产教融合、校企合作,坚持工学结合、德技并修

产教融合是职业教育的本质要求,是现代职业教育发展的重要方向,是构建现代职业教育体系的关键,是建设中国特色、世界水平职业教育的核心。职业教育是与产业发展关联度最高的一种教育类型,产业与教育的关系源自职业教育的属性。从国外职业教育发达国家的先进经验来看,成功的职业教育模式通常基于产业与教育的良好合作关系。然而良好产教关系的模式并非固化的,也会随着社会变革、经济发展、产业转型等因素的变化而不断做出调整。产教融合的内涵和形式在此过程中不断地调整、丰富与创新。必须以职业教育的本质属性即职业性、技术性和终身性为逻辑起点,深入研究产教融合的内涵,从专业结构与

产业结构精准对接,教学过程与生产过程深度融合,学历教育与在职培训并重,为行业企业提供技术服务和技术开发等多方面,探索深化产教融合的模式和实现路径。

1. 履行政府宏观指导职能

社会主义市场经济的发展和国家治理体系的建设,是一个长期的过程,宏观社会背景决定了职业教育的公益属性,运用"外力"推动产教融合的深化与发展。首先通过立法的方式明确产教融合主体责任,构建教育、产业、财政多层面的国家法律政策框架,为职业教育产教融合制度的实施提供法律保障。其次,做好统筹规划、合理部署、服务、管理监督、经费保障等系列工作。逐步引导产教融合走向"内部驱动",随之减少政府的直接参与,实现职业教育的现代化治理。

2. 发挥职业院校创新能力

职业院校在职业教育中的主体地位是毋庸置疑的,产教融合的意愿也更为迫切,在产教融合、校企合作过程中能够积极承担、主动推进,然而要想深化产教融合,职业院校应拓宽思路,提高自主创新能力。首先,深化体制改革,主动接洽社会力量以资本、知识、技术、管理等要素参与职业教育人才培养,探索混合所有制、股份制办学。其次,在专业设置、人才培养方案制定、课程设置等方面积极与行业企业沟通合作,实现职业教育的"精准供给",培养真正适应区域产业发展的人才。再者,职业院校要充分发挥科研服务职能,瞄准区域行业企业,特别是中小微企业,面向企业实际、整合科研资源,在技术研发、技术创新、人才培训、共建共享实训基地等方面实现与产业的深度合作。

3. 确立产业在职业教育的主体地位

行业企业在职业教育中的非公益性行为常常使人淡化其在职业教育中的主体地位。首先通过产教融合国家法律政策框架的构建,确立产业在职业教育中的主体地位,允许企业在产教融合中的非公益性行为,只要其结果符合职业教育发展规律,即应受到保护与支持。其次,发挥行业协会在产教融合中的重要作用,简单的线性校企合作关系,无法走向真正的产教融合。通过行业协会提供平台,能够保证产教双方的充分沟通,降低企业参与教育公益行为的风险并约束企业行为,通过行业协会对产教融合的作用,实现政府职能转变,提高社会治理社会化、专业化水平。再者,行业协会承担行业标准制定、发布产业信息、开展职业资格考核与科技成果鉴定、与职业院校协作开展相关培训,完善职业培训体系。

(二)面向产业转型升级,培养大批知识型、技能型、创新型人才

职业教育的使命是面向产业培养技术技能人才。高职教育人才培养目标定位是培养产业转型升级和企业技术创新所需要的发展型、复合型、创新型技术技能人才,而中等职业教育主要是培养面向生产、管理、建设、服务一线的高素质劳动者和技能型人才。高职教育更强调技术和智力技能,强调技术应用和创新,而中职教育更强调按标准、规范操作的熟练程度,强调技能实践。

党的十九大报告提出建设现代化经济体系,加快建设制造强国,加快发展现代制造业和现代服务业,促进我国产业迈向全球价值链中高端,培育若干世界级先进制造业集群,这就需要建设一支知识型、技能型、创新型劳动者大军,而职业教育正是培养这支产业大军的主体。

按照十九大报告描绘的蓝图,互联网、大数据、人工智能将与实体经济深度融合,智能信息技术将得到快速发展,这种产业转型升级和技术进步,将会深刻改变岗位需求和职业结构。据预测,未来 30 年,能源技术、生命科学、健康服务、教育服务、移动技术、网络零售及社交媒体、高端机械及零部件、现代物流、航空服务等九大行业将会成为中国经济增长的支柱产业。随着产业的转型升级和技术进步,许多常规性工作将被机器人取代,常规性体力劳动者(如金属制造)和常规性脑力劳动者(如银行职员)的需求将会显著下降,而非常规工作劳动者的需求将会显著增加(如管理咨询师、商业分析师)。

职业教育必须主动适应新时代经济现代化的需要,面向现代化,面向世界,面向 2035 和 2050,深化供给侧改革,为新时代中国特色社会主义现代化建设培养知识型、技能型、创新型劳动者大军。

(三)为国家乡村振兴战略提供强大的人才保障

党的十九大报告指出,要实施乡村振兴战略,"培养造就一支懂农业、爱农村、爱农民的'三农'工作队伍"。要实施乡村振兴战略,需要通过职业教育大力培养新型职业农民,全面提升农村人力资本,推进农业农村实现现代化。

1. 加大政策支持力度,创造良好发展环境

要确保政府在新型职业农民培养中的主体地位、主体责任、主导作用,进一步加大政策支持力度,制定科学的惠农政策,为农村职业教育快速发展奠定坚实的基础。一是要完善农村职业教育法律保障制度和配套扶植机制,增强对农村职业教育的管理力度和法律保障,积极推进相关法律法规的颁布、执行、落实;要因地制宜地制定创业资助、投资补贴等方面的政策,尤其是要健全涉农专业学生到农村从业以及回乡创业的新型职业农民的扶持政策。二是增加农业职业教育和培训经费投入。要明确各级政府及其职能部门在农民职业教育和培训中的职责和财政投入比例,同时坚持多形式、多渠道的方针,充分发挥企业、行业、社会力量举办农民职业教育的积极性,逐步形成以政府投资办学为主体、各种办学形式共同发展的良好格局。

2. 完善职业教育体系,努力培养新型职业农民

新型职业农民是指以农业为职业、具有一定的专业技能、收入主要来自农业的现代农业从业者,主要包括生产经营型、专业技能型和社会服务型职业农民。要实施国家乡村振兴战略,关键就是要培养适应我国现代农业发展的新型职业农民。要以我国多元化的农业现代化模式为依据,进一步完善职业教育体系,努力培养满足不同发展需求的农业从业人员。

一是要树立大职业教育观,实现终身教育。要将在职培训、继续教育等都纳入职业教育的范畴,使得城市职业教育与农村职业教育有机融通、中等职业教育与高等职业教育科学衔接、职业培训与学历教育互相补充的完善的现代职业教育体系,为农民更好地接受职业教育提供渠道,为农民成长成才搭建立交桥,以满足现代农业的不断发展对于农民知识和技能提出的新要求。二是要提高农村职业教育办学质量。农村职业教育要进一步明确学校办学定位,构建与现代农业发展相适应的课程体系,紧紧围绕农村劳动力的就业需求和当地农业发展特色调整专业设置,在教学中强化对学生现代农业技术的训练,加强对学生现代农业经营能力的培养,注重对学生现代农业意识的养成,真正提高农业职业院校自主发展能力和办学

质量,从而提升农业从业人员的综合素质。三是增强城市职业教育服务"三农"意识。仅仅依靠农业职业教育不能完全满足现代农业发展的现实需要,需要城市职业教育增强服务"三农"的意识,按照"工业反哺农业、城市支持农村"的要求,坚持"以工促农、以城带乡、工农互惠"的原则,加强与农村各级政府、职能部门及企业的合作,积极建立职教城乡互动平台,有效发挥城市职业教育产教融合的优势,通过集团化办学、建立分校等形式带动农业职业教育的发展。

3. 加强职业教育培训,加快推进农业农村现代化

当前,在现代农业高科技化、产业化发展的背景下,进一步加强职业教育培训,培养大量技术技能人才作为推进农业农村现代化的智力支撑,是职业教育的重要任务。一是要结合区域发展和产业类型,选取适合的培训模式。如对于重要粮食生产区的中部地区,应以政府引导为主,加大在农业新方法、新技术等方面的培训投入,同时加大力度与农业龙头企业和农业科研院进行合作,制定出政府与企业合作的农民培训模式;对于畜牧业和农产品加工主要基地的东北地区,要紧紧围绕农业机械技术来开展培训,加强培训内容的实用性,扩大机械化服务的范围,推进农业生产经营的规模化发展。二是要根据培训对象实际需求,选择相应的培训模式。如对于进入城市务工的初、高中毕业生,不仅要对其进行技术技能培训,还应该给予其就业或者继续升学的自主选择空间;对于非农就业者,主要对其进行初级技能、专项技术等方面的就业培训。

(四)面向"一带一路"倡议,推进职业教育国际化

党的十九大报告提出:"要积极促进'一带一路'国际合作,努力实现政策沟通、设施联通、贸易畅通、资金融通、民心相通,打造国际合作新平台,增添共同发展新动力。"职业教育如何更好地服务"一带一路"倡议,坚持"请进来"和"走出去"相结合,最终实现人才输出、技术输出、文化输出、教育理念输出,将是我国职业教育提升国际化水平的重大机遇。

职业教育若要更好地服务"一带一路"倡议,必须紧跟产业走出去的步伐,要与国家经济利益的海外存在相伴随。随着中国高铁、电信、有色金属、石油化工以及基础设施装备走出去的步伐不断加快,国际产能合作日益深化,将需要大批具有国际视野的技术技能人才,为职业院校扩展国际空间、提升国际化水平提供难得机遇。正如前文所述,我国职业教育经过20多年快速发展,积累了丰富的办学经验,走出了具有中国特色社会主义职业教育发展之路,在职业教育的国际舞台上已经占有一席之地,职业院校要以"一带一路"重大项目和重点工程为依托,通过鲁班工坊等多形式、多渠道在"一带一路"沿线国家设立分校和培训机构,以满足项目工程建设和后期运行对技术技能人才的持续需求。

当然,职业教育服务"一带一路"倡议是一项全新的任务,既充满机遇,也面临挑战,如职业教育社会认可度不高,质量有待提升,互联互通合作的学历互认,招收留学生的国家资助名额短缺,境外办学审批和资金投入程序复杂等诸多困难。职业院校要想在服务"一带一路"倡议上有重大作为,必须做好顶层设计,将自己放到更开放的市场中谋划长远发展,创新与沿线国家共鸣的商业模式,开展沿线国家产教协同规划对接、技术技能标准、专业建设标准等对接研究等。

（五）大力弘扬企业家精神、劳模精神和工匠精神

党的十九大报告指出,要激发和保护企业家精神,弘扬劳模精神和工匠精神,营造劳动光荣的社会风尚和精益求精的敬业风气。企业家精神、劳模精神、工匠精神这三种精神彰显了社会主义核心价值观的深刻内涵,更为培养知识型、技能型、创新型劳动者大军的职业教育进一步确立了人才培养目标,指明了前进方向。

1. 保护企业家精神,激发企业深度参与校企合作

《中共中央 国务院关于营造企业家健康成长环境 弘扬优秀企业家精神 更好发挥企业家作用的意见》(中发〔2017〕25 号)用三个"弘扬"诠释了经济新常态下企业家精神的重要内涵:爱国敬业、遵纪守法、艰苦奋斗、创新发展、专注品质、追求卓越、履行责任、敢于担当、服务社会。正是这种优秀企业家精神造就了具有核心竞争力的知名企业,创造了各行各业的工作岗位,促进了经济社会发展。在尊重和激励企业家干事创业的社会氛围下,职业院校可以通过定期邀请合作密切的知名企业家进校园做讲座和培训等途径,积极建设弘扬和学习企业家精神的校园文化,激发和保护企业家精神,增强企业服务社会的责任感与使命感,使得企业积极参与职业教育校企合作,深度参与学校育人全过程,才能更好地发挥企业家示范带动作用,有利于劳模精神的发扬,有利于工匠精神的传承,有效推动建设知识型、技能型、创新型劳动者大军,加快深化供给侧结构性改革。

2. 弘扬劳模精神,引领职业教育立德树人

劳模精神是劳动模范在各自的职业岗位中、在点滴的日常工作中、在每天的辛勤劳动中所表现出的脚踏实地、爱岗敬业、不怕困难、任劳任怨、奋发向上、乐于奉献等传统美德,升华了劳动者热爱劳动的朴素情感,为社会各界广大劳动者树立了学习的榜样,引领广大人民群众积极投身于新时代中国特色社会主义伟大事业的建设。作为培养生产、建设、管理、服务一线劳动者的职业院校要大力弘扬劳模精神,在校园中营造劳动光荣的风尚,形成向劳模学习的氛围,崇尚争当劳模的风气,一方面要加强德育工作,注重发挥"两课"即马克思主义理论课和思想政治教育课的主渠道作用,增强对学生的思想品德教育,以新时代的劳模精神引领学生树立正确的劳动观念,强化学生热爱劳动的思想情感,坚定学生劳动奉献的理想信念;另一方面,要鼓励学生积极参与生产劳动实践活动,让学生在实践中确立正确的劳动观、世界观、人生观、价值观,将个人的价值追求融入推动国家社会发展的事业中,融入努力实现中国梦的奋斗中,在今后的平凡的工作岗位中创造出不平凡的业绩。

3. 传承工匠精神,增强职业院校职业素质教育

2016—2017 年,工匠精神已经连续两年被写入政府工作报告中,这次又写进了十九大报告,这体现了党和国家对工匠精神培养的高度关注,反映了"中国制造 2025"战略计划对具有工匠精神的技术技能型人才的迫切需求。职业院校要进一步增强职业素质教育,将工匠精神作为学生职业素质训练和职业能力培养的核心文化,将培养工匠精神和提高职业技能有机融合,构建科学、完善、有效的工匠精神培养机制,在人才培养方案中融入工匠精神要素,在日常课堂教学中融入工匠精神内涵,邀请行业企业的能工巧匠到学校进行技能展示和讲座,营造精益求精的校园职业文化,积极参与现代学徒制试点工作,深化校企合作使学生在实训中将工匠精神内化于心,外化于行。大力传承工匠精神,就是要培养学生尊师重教的

学习精神、精益求精的职业作风、爱岗敬业的职业态度、积极创新的职业理想、知行合一的实践精神,从而有效提高职业教育人才培养质量,真正提升劳动者整体职业素质,大力推进民族精神的发扬与传承,努力践行社会主义核心价值观,使"中国制造"更多走向"优质制造""精品制造",全力促进新时代经济社会发展。

(六)以就业为导向,学历教育和职业培训并重,大力倡导终身教育和终身学习

科学技术的迅猛发展使其成为决定生产力的核心要素。在强国战略目标引导下,我国的产业结构不断调整,科学技术广泛运用,新技术、新工艺、新方法、新设备、新材料、新产品、新服务不断涌现,这些新科技的应用对企业员工的理论和技能都提出新的要求,倒逼着企业员工进行终身学习和参加技能培训。同时,企业员工为了自身职业的更好发展,转岗、晋升成为常态,也需要终身学习不断更新知识和提升技能。在社会需求和自身发展双重因素作用下,大量企业员工需要进行职业培训、终身学习,以适应科技发展和产业升级需求。作为职业院校必须密切关注产业转型升级和技术创新的动态,积极深入到行业、产业进行调研,开展各种技能培训和技能提升,对接企业员工终身学习和技能提升需求,不仅为企业在职员工提供及时、优质培训,也为终身学习者提供各种岗前培训、转岗培训、就业培训、创业培训以及农村剩余劳动力转移培训。从产业结构的供给侧解决劳动者就业的各种社会问题,解决产业企业高素质技能技术人才的需求,可以说职业培训可实现劳动者终身学习和企业高技能人才需求的双赢。

据《人民日报》消息,2012—2016 年,这 5 年间城镇新增就业人数年均超过 1300 万人;2017 年 1—9 月城镇新增就业累计 1097 万人。近几年我国每年大中专毕业生就业人数就接近 1000 万,这部分人员的就业问题关乎着千家万户的生计,关乎国家的长治久安,更关乎我党的执政能力。因此,十九大报告提出:"就业是最大的民生。要坚持就业优先战略和积极就业政策,实现更高质量和更充分就业。大规模开展职业技能培训,注重解决结构性就业矛盾,鼓励创业带动就业。"报告不仅将就业工作提升到民生高度,而且给就业工作提供了一剂良方——"大规模开展职业技能培训"。这既是提高就业人员技能的举措,另一个角度看也是解决就业结构性矛盾、提高国民素质的举措。那么如何更高质量和更充分就业呢?职业教育者和职业院校确确实实需要认真思考:国家就业工作的结构性矛盾是什么?企业需要的教育和培训是什么?员工需要的技能技术是什么?只有从民生的高度、从就业的结构考虑才能找到答案。在我国,职业教育是国民教育的重要组成部分,职业院校是开展职业培训的重要单位。因此,从职业教育角度讲,就是要加快与产业融合,让职业教育适合产业发展和产业结构调整的需要,培养出与产业结构需求相一致的人才;从职业院校角度讲,就是要开展多种形式的职业培训,培养更高水平的技能技术人才,让其适应创新型社会需求。只有教育与产业融合,人才与技能匹配,就业与需求符合,劳动者才能就业稳定、收入稳定,民生问题才能得到较好解决。

(七)加强思想政治教育,践行社会主义核心价值观,促进青年健康成长

习近平同志在党的十九大上的报告中做出了"中国特色社会主义进入新时代"的重大战略判断,提出了"培养担当民族复兴大任的时代新人"的重大战略命题,还十分突出地对青年接力奋斗实现中国梦提出重大战略要求。这些重要论述,昭示着一个承载历史、贯穿当下、引领未来的深刻论断——伟大的新时代,召唤堪当大任的新青年!

现在高校学生大多是"95 后",高职院校的学生作为高校群体的重要组成部分,同样属于时代新人,国家的未来属于他们。新时代是成就青年梦想的时代,高职学生需要从思想上坚定理想信念,从行动上践行社会主义核心价值观,努力学习专业知识,掌握实践本领,争取早日成为报效祖国的建设者。因此,高职院校要以更高的标准、更严的要求做好各项工作,而当前首要的工作就是进一步加强和改进学校政治思想工作。

将社会主义核心价值观教育融入高职教育全过程。高职院校学生思想政治教育工作是高职教育教学工作的重要组成部分。以学生为中心、时时刻刻关心学生、全身心服务学生,努力提升学生思想政治觉悟、道德和文化的品质与素养,把学生培养成为新时代的建设者和生力军是高职院校思想政治教育工作的根本宗旨和立足点。

将社会主义核心价值观融入职业教育,贯穿于教育教学过程的各个环节中,能够潜移默化地对学生的思想和行为起到规范引导作用,树立正确的理想信念,从本质上领悟社会主义核心价值观的真正内涵,自发、主动地去践行社会主义核心价值观。

将新时代中国特色社会主义思想作为职业院校学生思想政治教育的重要内容。当前做好学生思想政治教育工作,就是要引导广大学生理解、领会、掌握新时代中国特色社会主义思想的理论精髓,在广大学生当中深入开展中国梦教育实践活动,激活学生的理想追求,让每个学生在逐梦旅程当中经磨炼、受教育、长才干、做贡献。

培养学生努力练就更敏锐的眼光思维、更宽广的格局视野、更高强的能力素质、更自信的胸怀气度、更坚毅的意志品格,主动适应创新、协调、绿色、开放、共享发展的新需要,主动适应新时代中国特色社会主义发展大势。

[参考文献]

[1] 刘延东.加快推进职业教育现代化开创我国现代职业教育新局面[N],中国教育报,2017-01-24(1).

[2] 葛道凯.中国职业教育二十年政策走向[J].课程·教材·教法,2015,35(12):3-13,81.

[3] 欧阳河.展望 2030:全面实现职业教育现代化[J].教育与职业,2017(15):8-14.

[4] 教育部,2016 年教育统计数据[EB/OL]. (2018-11-12)[2017-08-22]. http://www.moe.gov.cn/s78/A03/moe_560/jytjsj_2016/.

[5] 覃川.破解"不平衡不充分",高职院校怎么做[N].光明日报,2017-11-02(14).

[6] 董仁忠.高等职业教育发展中的五个不公平问题[J].职业技术教育,2012(24).

[7] 苏丽锋.职业教育发展对产业结构升级的支撑作用分析[J].高等工程教育研究,2017(3).

[8] 黄达人,王旭初.关于现代职业教育体系的一些思考[J].中国职业技术教育,2016(10).

[9] 朱德全,徐小容.协同共治与携手共赢:职业教育质量治理的生成逻辑与推进机制[J].西南大学学报,2016(4).

[10] 喻涛.现代化视野下的农村职业教育可持续发展[J].继续教育研究,2017(5):41-43.

［11］韩宏莉，刘文焕.现代农业视角下农民职业教育的困境与出路［J］.职业技术教育，2011
　　　（10）：53-56.

［12］唐智彬.论农业现代化、新型职业农民培养与农村职业教育改革创新［J］.职教通讯，
　　　2015（13）：30-35.

［13］盛子强.中国特色新型农业现代化与农村职业教育发展策略［J］.中国职业技术教育，
　　　2015（24）：40-46.

［14］乔平平.基于新型职业农民培育的农村职业教育行动策略［J］.教育理论与实践，2016
　　　（33）：23-25.

［15］陈衍，徐梦佳，郭珊，柳玖玲.面向 2030 年我国农村人口发展与职业教育现代化刍议
　　　［J］.河北师范大学学报，2017（5）：20-25.

［16］刘红."一带一路"倡议背景下我国职业教育发展机遇、挑战与路径［J］.中国职业技术
　　　教育，2017（4）：20-23.

（本文刊载在《天津职业大学学报》2017 年第 5 期）

职业院校教师职业发展规划的意义、特点和内容研究

秦皇岛职业技术学院　刘志国　刘志峰

摘　要：教师的职业发展是职业院校发展的重要范畴，开展教师职业发展规划研究有助于提升职业院校师资队伍建设水平、提高职业教育质量、推进职业院校内涵建设、增强职业教育竞争力。职业院校教师职业发展规划具有动态性、长期性、系统性和复杂性等特点，需要注重发展定位、发展目标、发展环境和发展途径等。

关键词：职业院校；教师；职业发展规划；特点；内容

党的十八大以来，以习近平同志为核心的党中央团结带领全国各族人民，取得了全方位的、开创性的成就和深层次的、根本性的变革，中国特色社会主义进入了新时代。党的十九大报告明确指出，"加强师德师风建设，培养高素质教师队伍，倡导全社会尊师重教"。职业院校必须要按照党的十九大精神，依据中央关于全面深化新时代教师队伍建设改革的意见，强调教师职业发展规划，突出师德师风培养，深化教师队伍建设，提升教师整体水平。本文主要以中国特色社会主义进入了新时代为分析背景，重点探讨职业院校教师职业发展的意义、特点和内容等问题，以期为相关理论研究和实践探索提供有益借鉴。

一、开展职业院校教师职业发展规划的主要意义

职业发展是直贴职业院校教师生命力的内在关切。推动职业院校教师职业发展，首先要做好规划，即教师职业发展规划。开展职业院校教师职业发展规划具有十分重要的意义作用，具体表现在如下四个方面。

（一）提升职业院校师资水平

2014 年教师节前夕，习近平总书记到北京师范大学看望教师学生时指出："一个人遇到好老师是人生的幸运，一个学校拥有好老师是学校的光荣，一个民族源源不断涌现出一批又一批好老师则是民族的希望。"可见，优秀的师资队伍对于学生成长、学校发展和民族进步具有十分重要的作用。师资队伍建设是职业院校内涵建设的重要范畴。没有高水平的师资队伍，就没有高水平的人才培养质量。师资队伍建设涉及师资理念建设、结构建设、能力建设、

————————
[基金项目]本文系中国高等教育学会职业技术教育分会 2017 年重点课题"高职院校青年教师职业发展制约因素与促进对策研究"（项目编号：GZYZD2017004）、现代职业教育研究院"现代职业教育教师与专业协同发展"专项研究课题"教师职业发展规划研究与实践"（项目编号：ZYK2016-FZZ10）的阶段性成果。

发展建设和文化建设等方面内容。理念建设侧重于师资队伍的认知、观念方面的建设。结构建设侧重于师资队伍年龄结构、专业结构、性别结构、职称结构等方面的建设。能力建设侧重于师资队伍教学能力、实践能力、技术研发能力、社会服务能力、文化创新能力和对外合作交流能力等方面的建设。发展建设侧重于师资队伍发展观念、发展胆识、发展见识、发展能力、发展环境和发展途径等方面的建设。文化建设侧重于师资队伍文化观念、文化认知、文化自觉、文化修养等方面的建设。从根本上讲,师资队伍建设要落实到每位职业院校教师层面上,只有全体教师的职业能力得到提升,才能够保证职业院校师资队伍建设水平的提升。教师职业发展规划的重要目的就是提高职业院校教师的职业能力,进而提升职业院校师资队伍建设水平。

(二)提高职业教育质量

职业教育质量是职业教育的灵魂,失去质量等同于职业教育失去生命。参照《教育大辞典》中关于教育质量的概念解释,我们可以将职业教育质量理解为对职业教育水平高低和效果优劣的评价。职业教育水平实际上体现职业教育规模、结构和效益之间的协调度。一般而言,当职业教育的规模合理、结构有序,往往会产生较高的职业教育水平。反之,规模、结构层面的不合理往往是造成职业教育水平不高的重要原因。职业教育效果主要是人才培养质量,这个质量体现为"当下"质量和"发展"质量,"当下"质量主要指人才培养质量对特定时期内地方经济社会发展、行业企业发展的适应度,以及对职业教育对象成长的匹配度;"发展"质量主要指职业教育培养对象的发展力、竞争力和贡献力。我们认为,教师水平是职业教育规模把控、结构调试、水平提升和质量保证的关键。通过职业发展规划有助于促进职业院校教师职业发展,提高职业教育质量。

(三)推进职业院校内涵建设

内涵建设是职业院校建设发展的根本,也是职业院校改革创新的立足点。回顾我国职业教育发展的历史,我们可以得出一个初步的结论,职业教育发展历程不仅是职业教育创新发展历程,也是职业教育内涵建设历程。近年来,以习近平同志为核心的党中央高度重视职业教育发展,国务院颁布了《关于加快发展现代职业教育的决定》,为职业教育发展提供了坚强的政治保障和制度支持。全国职业教育工作会议和教育部2017年全国教育工作会议都突出强调职业教育现代化的战略部署,唯有推进职业院校内涵建设,注重职业院校特色发展,实现中高职协调发展,才能够切实增强职业教育对服务国家发展的支撑力。如前所述,职业院校内涵建设涵盖的内容较为广泛,其中最关键的是师资队伍建设。作为师资队伍建设的重要内容,教师职业发展规划关系到教师职业生命力和发展力。合理的职业发展规划是提高职业院校教师职业生命力和发展力的重要举措,是推进职业院校师资队伍建设的有效抓手,也是提高职业院校内涵建设的积极补充。

(四)增强职业教育竞争力

职业教育竞争主要是人才培养质量竞争,人才培养质量竞争说到底是师资实力竞争。在全国高职教育研究会理事长、浙江金融职业学院党委书记周建松教授看来,职业教育因创新而生、因创新而异、因创新而兴，也因创新而特，也一定会因创新而强、因创新而优。在充分认识职业教育创新重要性和战略目标的基础上，明确创新主体责任，落实创新任务就显得尤为重要和关键。创新主体是谁，谁又能切实担当创新主体的使命和任务就成为摆在我们面前必须认真思考的紧迫问题。我们认为，职业教育创新主体在宏观层面上主要包括国家、社会、政府、行业企业、职业院校、职业院校师生以及其他社会组织等；在微观层面上则主要是指职业院校及其教职工、学生。尽管职业院校领导团队在职业教育创新战略谋划、领导、组织和实施中发挥统领性作用，但是教职工却是落实创新任务的主体。因此，适应职业教育竞争，推动职业教育创新，必须在职业院校师资队伍上下功夫、出实招、见实效，而通过教师职业发展规划提高教师职业发展能力无疑具有明显的战略作用。

二、职业院校教师职业发展规划的基本特点

发展规划是人们对事物未来发展走向的理性研判，使得事物能够在合理的预设轨道上不断前行，进而承担和发挥应有的更好的发展使命。职业发展规划主要指对自己或他人未来职业发展的规划。作为职业发展规划的表现形式之一，职业院校教师职业发展规划具有动态性、长期性、系统性和复杂性等特点。

（一）动态性

职业院校教师职业发展的动态本质决定了职业发展规划的动态性。也就是说职业发展规划既要体现职业院校教师职业发展的动态属性，也要体现职业发展规划应有的发展性、持续性。发展性和持续性强调职业发展规划的价值指向——促进职业院校教师的职业能力不断提升、职业生涯健康发展。具体而言，职业院校教师职业发展规划的动态性至少应该体现在发展内容、发展方式和发展途径上。发展内容的动态性就是要求职业院校教师职业发展内容应该体现经济社会发展变化、行业企业发展变化、职业教育发展变化、职业教育培养对象发展变化和自身成长变化等方面。发展方式要适应和满足发展内容，体现发展内容的实际要求，不断促进职业院校教师职业发展。发展途径是实现职业院校教师职业发展的具体举措。长期来看，由于职业院校外部发展形势和内部发展要求"无定态"，因此，职业院校教师职业发展途径、举措也应该体现一定的动态性。

（二）长期性

职业发展是一个长期过程，始终伴随着人的生命周期的不断演进。按照目前的职业年龄界定，人的职业发展时间大概为 35—40 年。在这个时间段中，职业发展可以划分为职业初创期、发展期、成熟期和衰退期四个阶段。同样，职业院校教师职业发展过程也遵循从职业初创到职业发展、成熟再到职业衰退的长期演变。在这个过程中，职业院校教师要树立长期发展的理念和认知，不能够将职业发展规划仅仅理解为职业发展期和成熟期，忽视对职业初创期和衰退期的规划和应对；要增强面对和应对职业发展过程困境、问题的胆识与魄力，能够采取积极有效的举措摆脱困境、解决问题，最大化地破除限制自身职业发展的各种环境条件制约，不断实现职业持续发展；要积极培育自身的职业竞争优势，提升职业品牌力和影

响力,更好地为职业教育发展和高素质技术技能型专业人才成才服务。

(三)系统性

职业院校教师是职业院校系统的核心构成要素,其职业发展不仅与职业院校外部社会环境、经济环境、政治环境、教育环境、科技环境、文化环境、国民心理环境和自然环境之间存在一定联系,也与职业院校内部办学条件,例如办学模式、人才培养模式、专业基础、师资水平、实习实训条件、学情、教风学风、校园文化等具有广泛联系。外部环境与内部条件之间相互联系、相互作用,形成职业教育教师职业发展的环境系统。作为职业院校教师职业发展的保障形式,职业发展规划也应该体现职业发展的系统性和整体性。我们认为,除了上述原因之外,职业院校教师职业发展规划的系统性更多体现在规划内容方面,具体包括职业发展定位、职业发展目标、职业发展方式和职业发展途径等内容之间的有机统一。这些方面之间彼此关联,共同组成职业院校教师职业发展规划的有机体。

(四)复杂性

职业院校教师职业发展规划是一个关于职业院校教师职业发展前景的预设和愿景。从职业发展规划到职业发展目标离不开职业发展实践。然而,职业院校教师职业发展实践过程充满了一定的不确定性,集中表现为职业院校教师职业发展轨迹的分叉,即职业院校教师职业发展轨迹偏离或游离于职业发展目标。职业院校外部环境的急剧变化、内部条件的缺失都会造成职业院校教师职业发展轨迹出现偏差,当然也不排除职业院校教师放弃职业理想、丧失职业能力等方面的原因。事实上,职业院校教师职业发展具有内在自校稳定机制,当职业院校教师内外力量的干扰和作用力超过了职业发展的自校稳态性就极易导致发展轨迹出现偏差。从这个层面上来讲,职业院校教师职业发展的复杂性也使得职业发展规划呈现出复杂性,这就要求职业院校教师在制定和实施职业发展规划中应该树立复杂观念,在积极培育职业竞争优势和特色的同时,不断适应经济社会发展和职业教育发展的实际要求,积极采取有效举措解决职业发展问题,规避各方面力量的负向影响,保证职业发展的稳步有序进行。

三、职业院校教师职业发展规划的核心内容

职业院校教师职业发展规划具有特定的内容,主要包括职业发展定位、职业发展目标、职业发展方式和职业发展途径等方面。这些方面之间相互联系、相互作用,共同组成职业院校职业发展规划的内容体系。任何一个方面的缺失都会影响到职业院校教师职业发展规划内容的整体性。

(一)职业院校教师职业发展定位

职业发展定位主要基于职业院校外部环境和内部条件的分析,立足于职业院校教师职业发展基础和实际做出的结果体现。在职业院校教师职业发展规划内容体系中,职业发展定位是首要前提,只有职业发展定位准确,符合职业院校教师职业发展基础和实际,才能进

一步明确职业发展目标和方向,优化职业发展环境,改善职业发展条件,进而达到职业院校教师职业持续发展的目的。具体而言,职业发展定位首先要系统分析职业院校外部环境和内部条件,通过研判内外环境条件,识别职业发展机遇和突破口;其次要明确职业发展使命,更多体现在促进职业教育不断发展、促进高素质技术技能型专业人才发展以及促进职业教育服务经济社会持续发展等方面;最后要树立动态观念,不断满足职业院校内外环境的实际要求,使得职业院校教师职业发展定位更具有适应力。

(二)职业院校教师职业发展目标

职业发展目标是发展定位的具体化表现,主要指职业院校教师职业发展的主要方向,"是综合高校自身发展、社会需求、个人愿景等诸因素的参考量值,其重点往往倾斜于考量个人自身的价值实现"。根据职业院校教师职业岗位的不同,可以将职业院校教师职业发展目标划分为管理型、教学型、研发型和教学研发复合型等类型。管理型的职业发展目标倾向于职业院校教师担任管理者角色,承担管理事务,服务于职业院校办学管理的实际需要。教学型的职业发展目标侧重于职业院校教师教书育人的职业追求。研发型的职业发展目标突出职业院校教师对于研发行业企业技术、工艺等的职业倾向。研发型职业发展目标也是职业院校深化校企合作、产教融合的现实需要。教学研发复合型的职业发展目标体现新形势下现代职业教育发展对于职业院校教师"双师型"素质的要求。现实中,职业院校教师可以根据自身专业优势和兴趣爱好,选择适合自己的职业发展目标。

(三)职业院校教师职业发展方式

职业发展方式是职业院校教师实现职业发展目标的方法。不同的职业发展目标决定不同的职业发展方式。管理型职业发展目标需要采取广泛管理理论学习、多岗位管理部门锻炼、一线管理经验积累的发展方式。越高的管理层级越需要职业院校教师不断涉略教育学、高等教育学、职业教育学、管理学、职业院校管理学、管理心理学、职业院校战略管理学等方面的理论学习。教学型职业发展目标需要采取深化教学改革、提高教学能力的发展方式。职业院校要为教学型职业发展的教师提供教学改革的良好环境,从政策、资金和技术等方面予以全面支持。职业院校教师要不断创新教学理念,积极探索教学改革实践,总结教学改革经验,提高教学水平。研发型职业发展目标需要职业院校教师采取掌握行业企业技术发展态势,利用所学专长不断推动和引领行业企业技术创新升级的发展方式。教学研发复合型的职业发展目标需要职业院校教师不仅要采取教学型职业发展方式,也要利用研发型职业发展方式。

(四)职业院校教师职业发展途径

职业发展途径是职业院校教师职业发展采取或实施的策略措施,是职业院校教师职业发展定位、发展目标和发展方式的具体体现。对于职业院校教师而言,职业发展途径不能仅仅局限于某个方面,通常需要采取不同的且相互之间存在依存支持关系的途径。首先,要从职业院校层面建立教师职业发展领导机构,统筹领导教师职业发展工作;要将职业院校教师职业发展列入职业院校章程中,制定职业院校教师职业发展计划,完善教师职业发展管理制度;要优化职业院校教师职业发展环境,广辟有助于职业院校教师职业发展的渠道和平台,争取或创设职业院校教师职业发展机遇;要"强化待遇保障,让教师在岗位上有幸福感"。加强职业院校教师职业发展保障,设立教师职业发展专项资金,切实满足职业院校教师职业发展的资金需求,特别是对于优秀教师的职业发展应该给予更充足的资金投入,积极培育名师大家;要突出职业院校教师职业发展评价,定期开展教师职业发展评价工作,通过及时系统地评价,不断发现问题、总结不足、探索路径,提高职业院校教师职业发展水平。从职业院校教师层面来看,应该将专业化发展奠基于职业发展中,强调职业发展学习、职业发展实践、职业发展总结等途径。

[参考文献]

[1] 习近平:一个人遇到好老师是人生的幸运.[EB/OL].(2018-11-12)[2014-09-10].http://hi.people.com.cn/n/2014/0910/c231187-22263160.html.

[2] 刘志国,刘志峰.高等职业院校战略管理研究[M].北京:中国工信出版社,电子工业出版社,2015:51-62.

[3] 袁海霞.高校职业发展教育师资队伍理性诉求与价值实现机制研究[J].职教论坛.2014(2):13.

[4] 陈宝生.让教师成为让人羡慕的职业——深入学习贯彻习近平总书记在八一学校看望慰问师生时的重要讲话精神[N].人民日报.2016-12-08(11).

[5] 塔娜.试论牧区双语教师职业发展现实困境及其改进策略[J].民族教育研究.2017(2):100.

（本文刊载在《职教论坛》2018 年第 1 期）

"互联网＋"时代的高校思政课"空间讨论教学模式"探析

山东商业职业技术学院　马广水　王岳喜

摘　要："互联网＋"时代的核心特征是"跨界融合、连接一切","互联网＋高校思政课"是时代发展的必然要求。本文深入分析了"互联网＋"的内涵、特征以及对高校思政课教学提出的挑战，论证了创新高校思政课"空间讨论教学模式"的必要性，探讨了"空间讨论教学模式"的构建路径以及实施效果，希望能对"互联网＋"时代的思政课教学改革创新有所裨益。

关键词："互联网＋"；高校思政课；空间讨论教学模式

2016 年 5 月，教育部、国家语委发布《中国语言生活状况报告（2016）》，"互联网＋"入选十大新词和十个流行语。2015 年 7 月，国务院印发《关于积极推进"互联网＋"行动的指导意见》，由此可见，"互联网＋"不仅深入了社会生活的方方面面，而且已经上升为国家战略。高校思政课作为落实立德树人根本任务的主干渠道和帮助大学生树立正确世界观、人生观、价值观的核心课程，必须在改进中加强，提高亲和力和针对性。因此，"互联网＋高校思政课"既是时代的发展要求，也是提升思政课教学效果的现实需要。"空间讨论教学模式"正是在"互联网＋"的时代背景下，把传统教学优势同信息技术高度融合，创新思政课教学模式的一种探索和实践。

一、"互联网＋"的内涵与特征

2017 年 1 月，中国互联网络信息中心发布了《中国互联网络发展状况统计报告》。报告显示，截至 2016 年 12 月，中国网民规模达 7.31 亿，其中，手机网民 6.95 亿，互联网普及率为 53.2%。[1]移动互联网的迅速发展，使互联网距离人类仅有"一厘米"，当今 95 后的大学生逐渐成为与传统媒体绝缘的一代，网络不仅成为大学生获取信息的重要渠道，也改变着大学生的生活方式。如何让高校思政课在与网络形影不离的大学生身上发生作用，首先需要我们了解"互联网＋"内涵与特征。

[基金项目]本文系 2014 年度山东省高校思想政治理论课改革项目"基于世界大学城云平台的'空间讨论教学法'创新与实践"、2015 年度山东省社会科学规划（高校思想政治教育研究专项）项目"'大思政'育人体系建设与高校立德树人实现路径研究"、2016 年度高校示范马克思主义学院和优秀教学科研团队建设项目"高职高专思想政治理论课教学方法研究"和 2016 年度山东省高校思想政治理论课教学名师工作室"王秀霞工作室"的阶段性成果。

(一)"互联网＋"的内涵

2012年11月,易观国际董事长兼CEO于扬在"易观第五届移动互联网博览会"上首次提出"互联网＋",认为它是互联网对传统行业的渗透和改变。2015年3月,李克强总理在政府工作报告中首次提出"互联网＋"行动计划,腾讯公司董事会主席马化腾作为人大代表提出《关于以"互联网＋"为驱动,推动我国经济社会创新发展的建议》。2016年11月,第三届世界互联网大会发布的《2016年世界互联网发展乌镇报告》指出:世界因互联网而更多彩,生活因互联网而更丰富,让互联网更好造福世界。这些标志着"互联网＋"时代真正到来。

目前关于"互联网＋"的内涵,社会各界还没有完全达成共识,其内涵主要可以从下述内容来理解,"互联网＋"是指"互联网＋各个传统行业",但这并不是简单的两者相加,而是利用信息通信技术以及互联网平台,让互联网与传统行业进行深度融合,充分发挥互联网在社会资源配置中的优化和集成作用,将互联网的创新成果深度融合于经济、社会各领域之中,提升全社会的创新力和生产力,形成更广泛的以互联网为基础设施和实现工具的经济发展新形态。[2]"互联网＋高校思政课"也必将以互联网为基础设施和实现工具,实现两者的深度融合,创造新的教学模式。

(二)"互联网＋"的特征

1.跨界融合
"＋"就是跨界,就是变革,就是重塑融合。"互联网＋高校思政课"就是通过教学改革变革原有的教学模式,使互联网融入高校思政课,就是在跨界融合基础上教学模式的重塑。

2.创新驱动
"互联网＋"时代最重要的是思维、理念上的创新。习近平总书记在全国高校思政工作会议上指出:"思想政治理论课要坚持在改进中加强,提升思想政治教育亲和力和针对性。"这就需要用互联网思维来求变、自我改进,发挥创新的力量。

3.重塑结构
信息革命、全球化、互联网业已打破了原有的社会结构、经济结构、地缘结构、文化结构。"互联网＋高校思政课"也要打破传统的以课堂教学为主的组织形式,重塑教学组织结构,加强教学设计,创新教学流程。

4.尊重人性
互联网强大的力量最根本地来源于对人性的最大限度的尊重、对人体验的敬畏、对人的创造性发挥的重视。习近平总书记在全国高校思政工作会议上指出:"思想政治工作从根本上说是做人的工作,必须围绕学生、关照学生、服务学生。"由此可见,互联网与思想政治工作有着内在逻辑上的一致性,因此"互联网＋高校思政课"更要遵循以人为本,以学生为本的理念。

5.连接一切
从桌面互联(Internet1.0)到移动互联(Internet2.0)再到万物互联(Internet3.0),体现了互联网连接层次的提升和连接价值的巨大,万物互联就是一种"任何人、人和物、任何时间、任何地点、永远在线、随时互动"的存在形式。"互联网＋高校思政课"就是要实现线上线下教师学生实时的连接与互动。

二、"互联网＋"时代"空间讨论教学模式"创新的必要性

互联网对教育教学信息化产生了巨大的推动作用，互联网打破了权威对知识的垄断，教育由封闭走向开放，每个人能非常方便快捷地获取知识、共享知识。在"互联网＋"时代，一个创新开放的教育生态将会被重塑。

（一）"互联网＋"对传统教学模式提出挑战，要创新教学模式

互联网的迅速发展，技术上的不断革新，对高校思政课的教育理念、教学方法，学生的学习方式等方面都产生了深刻的影响，对高校思政课传统的教学模式提出了巨大的挑战。互联网环境下，学习成为无时不可、无地不可的事情，只要连接网络就可以学习，不必再完全依赖于课堂和书本，学习者突破了校园的局限，真正实现了时空上的自由。[3] 而传统的教学模式中，信息的传递是单向的，学生是信息的被动接收者，这不符合互联网信息传递的立体化要求，导致学生在思政课教学过程中的兴趣不浓、参与性不够。显然，传统教学模式的教学效果并不理想，没有得到学生的真正认同。因此打破以填鸭式、满堂灌、以课堂为中心的传统教学模式是时代发展的必然要求。"互联网＋"时代的高校思政课教学改革就是在尊重教育规律的基础上，用互联网思维重塑教学模式的过程。"空间讨论教学模式"就是适应了"互联网＋"时代发展要求的一种创新教学模式，它是以学生为中心，以问题为导向，以教师引导下的师生和生生在线上线下的对话、讨论为主要手段的一种教学模式。它由传统教学模式中"以课堂为中心"转变为"线上线下相结合"；由"传授知识为主"转变为"以解决问题为主"；由学生的"被动参与"转变到"主动讨论"；由单向灌输"转变到"双向沟通"。

（二）"互联网＋"对教师的地位和信息技术素养提出挑战，要转换教师角色

传统的高校思政课教学过程中，教师是教学的主体，扮演着教学组织者和实施者的角色，发挥着重要作用。但在"互联网＋"时代，师生双方都将成为教学主体，共同加工认知教学客体（教学信息材料），教师如何利用信息技术设置教学情境，提供合适的认识条件，激发学生的求知欲望；学生如何使用信息技术对教师提供的材料进行自主探究、分析论证，成为教育教学过程中的核心问题。因此，在"互联网＋"时代，教师的权威地位受到巨大挑战，教师和学生的角色发生了重大变化，教师成为教学的设计者和引导者，学生变成了学习的主人。师生角色的变迁和学习方式的变化，要求教师必须具备较高的信息技术素养。高校思政课教师只有具备了较高的信息技术素养才能在各种网络信息鱼龙混杂的背景下，紧紧地把握学生的思想动态，对学生关心的问题进行深入的解剖，主动引导学生对各种网络信息进行正确的分析和评判，帮助学生在讨论、交流中确立正确的评判标准，形成正确的价值体系。"空间讨论教学模式"就是在"互联网＋"的时代背景下，适应教师角色地位转换和信息素养提高的一种创新教学模式，其中教师信息素养提高是前提，教师角色转换是关键。教师借助网络平台，在信息技术素养提高的基础上，通过对"两个阶段，六个环节"空间讨论教学模式

的整体设计和实施,教师设计者、引导者的角色得以凸显;学生通过线上线下对相关专题问题的自学、讨论、交流和发言,学生的自主学习和探究能力不断提高。

(三)"互联网十"对传统的课堂教学管理提出挑战,要创新激励机制

"互联网十"时代,智能化手机普及,网络资费较低,学生用手机上网成为普遍现象。智能手机为学生提供了丰富多彩、方便快捷的资讯和教育资源,有利于增强学生的自主学习能力,满足学生的个性化学习需要。但智能手机多样化的娱乐方式和广阔的交流平台有巨大的诱惑力和吸引力,使很多学生对智能手机产生了依赖,有些同学公然在课堂上聊QQ,聊微信、刷微博,甚至为了追剧、看娱乐节目而逃课,这对课堂教学管理提出了严峻挑战。某高校的一位资深思政课教师曾感慨,我现在上课就是在和手机争夺学生,每一堂课都和手机斗争得很艰苦,这可能是很多高校思政课教师的困惑。面对这种挑战和困惑,思政课教师不能怨天尤人,必须主动出击,创新激励机制,充分尊重学生的主体地位,实现教学活动的双边互动。"空间讨论教学模式"为了回应这种挑战,创新了助教制度和免考制度。助教制度是指学生给老师当助教,帮助教师完成线上和线下的相关任务布置、统计考核、课堂管理、沟通协调等工作,对学生是很好的锻炼和提高。免考制度则是为了充分调动所有学生参与教学的积极性和主动性,对全勤、积极参与课堂讨论发言、对每一次过程考核优秀的学生实行免考,让学生回归课堂,回归课程学习,提升教学效果。

三、"空间讨论教学模式"的构建路径

(一)"空间讨论教学模式"的构建基础

讨论式教学源远流长。早在古希腊时,哲学家苏格拉底即主张用辩论和对话的方法发现真理,将其称之为"精神助产术"。我国春秋时期的先贤孔子提出了以启发诱导、学思并重为主线的教育方法。我国清代教育家梁启超倡导教学方法改革时要求教师用"讨论式讲授",以"培养自学能力教学法"进行教学。苏联教育家苏霍姆林斯基主张:"一个人到学校上学,不只是为了取得一份知识的行囊,而主要应该是获得多方面的学习能力,学会思考"。历代智者先贤大力倡导讨论式教学法,由此可见它的教育价值和作用,因此,在"互联网十"的时代背景下,在海量信息对大学生的冲击下,在大学生网络技术不断提高,网络依赖不断加强的今天,利用网络平台,结合课程内容,密切联系大学生关心、关注的热点和难点问题,开展网络空间讨论,不仅契合网络时代的发展要求,适合95后大学生的特点,而且有利于培养学生的思辨能力和自主探究能力。通过"空间讨论教学模式"的运用和实施,总体目标在于:充分利用信息化教学手段,调动学生参与的积极性和主动性,为学生提供自主学习的空间,变"教"为"学";培养学生自主探究的能力,变"死记"为"活学";提高学生自主学习的层次,变"学会"为"会学"。

(二)"空间讨论教学模式"的实施路径

山东商业职业技术学院探索的"空间讨论教学模式"是以世界大学城"云空间"为平台,

以学生为中心,以"讨论促成长"为基本价值取向,以主动学习为基本学习方式,以问题为导向,以教师引导下的师生和生生在网络空间的对话、讨论为主要手段的一种教学模式。为使"空间讨论教学模式"全面实施,思政课教师结合课程内容,针对学生关注的热点和难点问题,在《思想道德修养与法律基础》课程中围绕"信念信仰、爱国明理、认识幸福、创新创业、爱情婚姻、诚实守信"六个主题进行空间讨论设计;在《毛泽东思想和中国特色社会主义理论体系概论》课程中围绕"实事求是、走进伟人、先富共富、深化改革、经济转型、深入反腐、政治文明、生态文明、社会主义核心价值观"九个主题进行空间讨论设计。具体实施主要通过"两个阶段、六个环节"来进行,第一阶段空间阶段,主要包括理论讲堂、抛砖引玉、思想交锋等三个环节,第二阶段课堂阶段,主要包括助教总结、课堂深化、教师提升等三个环节。空间阶段的理论讲堂、抛砖引玉、思想交锋,使原来在课堂上进行的传道、授业的工作在课下进行,课堂阶段的助教总结、课堂深化、教师提升使原来在课下进行的总结、巩固和提升转为课上进行。改变了传统的教学生态,实现了课堂的翻转,使教师教学更具有针对性,促使学生主动学习,培养学生自主学习的能力和思辨能力。

第一环节:"理论讲堂"方便学生自主学习。在空间讨论课程网站中,"理论讲堂"环节设计了丰富的教学资源包括教师对相关知识点讲授的微视频、教学课件、电子教案以及学习指南等,学生可以非常方便地点击查看"理论讲堂"中的资源,进行上课前的自主学习。

第二环节:"抛砖引玉"启发学生积极思考。为指导学生更好地利用"理论讲堂"进行自主学习,教师在空间设计了一些和教学内容相关的思考题,并有相关案例视频和采访学生的微视频,以此来引发学生积极思考,让更多的学生参与到线上自主学习中,调动学生的学习积极性。

第三环节:"思想交锋"促进学生观点碰撞。学生在空间进行自主学习的过程中,针对讨论主题存在的疑问和自己感兴趣的话题以及教师提前设计好的有争议性的问题,通过空间发表观点,其他同学及时回应,在空间展开激烈讨论、辩论等形式,进行思想交锋,助教要及时关注学生思想交锋的情况,总结。

第四环节:"助教总结"陈述空间讨论情况。在课堂教学中,首先由各班助教同学总结一周来学生参与空间阶段三个环节(理论课堂、抛砖引玉、思想交锋)的情况,然后推荐各组代表上台发言,陈述本组学生的参与情况、思想交锋情况,陈述对空间讨论主题的基本观点。

第五环节:"课堂深化"引导学生深入讨论。在助教总结和各组陈述本组观点后,学生对空间讨论的焦点问题凸显出来,这些问题往往是大家最关注,最困惑,也最想弄清楚的,因此,在课程深化环节,针对焦点问题,师生共同在课堂中展开深入的讨论和辩论,期待达成共识。

第六环节:"教师提升"全面概括总结提升。这是讨论课最关键的一个环节,经过一周以来,线上线下的自主学习、积极思考和讨论辩论,学生对相关问题已经有了比较明确的认识,但对一些争议大、疑点多的问题期待老师来解答,所以教师的总结提升起到系统梳理、解答疑难,画龙点睛的作用。

四、空间讨论教学模式的实施效果

(一)改变了传统的教学生态,实现了课堂的翻转

空间讨论教学模式,借助"互联网＋"时代的网络平台,通过"两个阶段,六个环节"进行,空间阶段的理论讲堂、抛砖引玉、思想交锋,使原来在课堂上进行的传道、授业的工作在课下进行,课堂阶段的助教总结、课堂深化、教师提升使原来在课下进行的总结、巩固和提升转为课上进行。改变了传统的教学生态,实现了课堂的翻转,使教师的信息化教学能力不断提高,使教学更具有针对性,促使学生主动学习,培养了学生自主学习的能力和思辨能力。

(二)探索出助教制度和免考制度,提高了教学管理能力

学生助教在教师的指导下,协助教师进行网络空间作业的批改、统计、总结和课堂展示,充分锻炼了学生的判断力和组织协调能力。免考制度更加注重过程管理和激励,充分调动学生的潜能,学生在新的学习过程中成为学习的主体。通过教师的精心设计、引导和相关措施的激励,逐渐使学生把手机作为学习的移动工具,教师不再和手机争夺学生,而是引导学生利用手机积极参与线上线下的自主学习和思考讨论,使课堂教学面貌焕然一新,教师的教学管理能力不断提高。

(三)增强了学生对社会主义核心价值观的认同,提高了教学的针对性

"真理愈辩愈明",空间讨论教学模式使思政课教学不再是从结论出发,而是从学生关心的问题出发,激发学生的兴趣和主动的探求欲望,教学的亲和力进一步提高。通过"两个阶段、六个环节"的学习、思考、碰撞和提升,使学生对教材中的重点难点问题,社会热点问题和学习生活问题,有了更加清晰的认识,理想信念越来越坚定,爱国情怀进一步增强,感恩意识逐步提升,增强了学生对社会主义核心价值观的认同,增强了四个自信。

(四)增进了师生感情,提高了教学的亲和力

学生亲其师才能信其道。空间讨论教学模式实现了教师与学生、学生与学生的全面互动。师生交流打破了时空的限制,通过线上线下随时互动、交流、反馈,真正做到了师生无界,加深了师生之间的感情。通过师生真切的讨论,缩短了师生之间的距离,使教师真正成为学生的良师益友,学生愿意和老师分享他们在生活和学习中的感悟、收获和困惑,正是因为学生信赖老师,亲和力增强,思政课教师的引导才能发挥作用,教学效果才能得到切实提高。

[参考文献]

[1] 李景梅,周建华,王亚慧."互联网＋"时代下的中国古代文学教学改革[J]. 赤峰学院学报(汉文哲学社会科学版),2016(4):270-271.
[2] 张岩."互联网＋教育"理念及模式探析[J]. 中国高教研究,2016(2):70-72.

"互联网＋"背景下高职院校思想政治理论课教学改革研究

广州城建职业学院　郭巍巍

摘　要：当前高职院校思想政治工作面临许多新情况新任务新挑战，为确保民族大业后继有人，必须举全力上好思想政治理论课，守好守牢我们的主阵地和责任田，打响打赢提升思想政治理论课质量和水平的攻坚战。在"互联网＋"背景下，广大思想政治教育工作者必须把握形势、提高认识，全面贯彻习近平总书记在全国思想政治工作会议的重要讲话精神，增强时代感责任感使命感，科学分析推进思政课建设的现实依据，遵循高职思想政治教育规律，抓住高职学生特点，做足课堂教学，突出实践教学，打造"互联网＋思政"教育模式，形成全方位全过程全员立体化育人体系。

关键词：思想政治工作；思想政治理论课；立德树人；高职院校；"互联网＋思政"

我国高校思想政治工作极端重要、关系根本。近年来，国内外形势复杂多变，敌对势力对高校意识形态渗透不断加强，同我国争夺阵地、争夺青年、争夺人心的斗争日益激烈 。全国高校思想政治工作会议的召开，为广大思想政治工作者指明了方向、增强了信心、勾画了重点，高校思想政治工作的春天已经到来。高校思想政治工作者必须着眼大局、把握大势，认真学习、贯彻落实习近平总书记重要讲话精神，牢固树立"四个意识"，着力提升工作能力和工作水平。思想政治理论课（以下简称"思政课"）是高职院校立德树人和开展大学生思想政治教育的主渠道和主阵地，是加强思想政治工作的重要平台，在高等职业教育人才培养中发挥不可替代的重要作用，建设好思政课，事关高职院校思想政治工作的稳定，事关我党意识形态工作大局，事关中国特色社会主义事业后继有人，事关中华民族伟大复兴中国梦的实现。如何更好地推进思政课建设、发挥思政课主渠道主阵地作用、高效组织思政课堂、提高思政教学实效性、突出立德树人实践育人、加强思政队伍建设等一系列问题，是新形势下高职思想政治工作亟待解决的重大课题。

[基金项目]本文系广东省 2017 年省级学校德育项目高校思想政治教育课题"基于高职学生核心素养提升的思想政治教育'五位一体'育人机制研究"（项目编号：2017GXSZ139）、广东省质量工程教学改革项目"基于'互联网＋'时代下融合传统文化提升学生素质的高职思政课教学改革路径研究与（项目编号：GDJG2015159）、高等职业教育技术研究会重点课题"基于学生选择权的高职思想政治理论课教学改革研究"（项目编号：GZYZD2016016)的阶段性成果。

一、准确把握加强和改进高职院校思政课建设的重大意义

(一)坚持社会主义办学方向的主阵地

新形势下,加强和改进高职院校思政课建设具有极大的特殊性、重要性和紧迫性。高职院校肩负着人才培养、科学研究、社会服务、文化传承创新等重大使命,是巩固马克思主义指导地位,发展社会主义意识形态的重要阵地。习近平总书记指出:"我们的高校是党领导下的高校,必须坚持正确政治方向,抓好马克思主义理论教育,为学生奠定思想基础。"思政课是坚持社会主义办学方向的主阵地。巩固马克思主义指导地位,培育社会主义核心价值观,坚持正确的政治方向,是思政课重大政治任务和战略工程。要办好思政课,让中国特色社会主义理论进教材、进课堂、进头脑。

(二)落实立德树人根本任务的主渠道

立德树人是高等教育的根本任务。习近平总书记强调"要坚持把立德树人作为中心环节"。高职院校思政课,是落实立德树人根本任务的主渠道,在高素质技术技能型人才培养中,要坚持把立德树人作为根本任务,体现到思政课教育教学的方方面面。广大教师要以德立身、以德立学、以德施教,把学生培养成有历史发展眼光和责任意识的人,培养成具备世界眼光和广阔胸襟的人,培养成勇担时代责任和历史使命的人,培养成兼具远大抱负和踏实作风的人,最终培养成德才兼备、全面发展的中国特色社会主义建设者和接班人。

(三)培养高素质技术技能型人才的主课程

教育的功能就是育时代英才,促社会进步。重视德育教育是高职教育的必然选择。思政课是高职院校人才培养的骨干课程、核心课程,对于促进学生发展具有不可替代的重要功能和作用。

根据中央文件要求,当前高职院校开设的思政课有三门:"毛泽东思想和中国特色社会主义理论体系概论"(简称"概论")、"思想道德修养与法律基础"(简称"基础")、形势与政策。"基础"课是以社会主义核心价值观为主线,对大学生进行思想道德教育、理想信念教育、爱国主义教育、传统文化教育和法治教育,解决大学生成长成才实际问题的公共必修课。"概论"课是用马克思主义中国化理论武装大学生头脑,提高大学生政治理论素养的公共必修课,以中国化的马克思主义为主线,帮助学生系统掌握毛泽东思想、邓小平理论、"三个代表"重要思想、科学发展观和习近平总书记系列讲话精神和治国理政新理念新思想新战略,增强学生走中国特色社会主义的"四个自信",培养学生运用马克思主义观点分析解决问题能力,激发学生投身现代化建设事业和实现中国梦的积极性和创造性。"形势与政策"课是根据新世纪新阶段面临的新情况新问题,针对大学生关注的热点问题,进行党和国家基本理论、基本路线、重大方针政策、国际局势等教育,帮助学生树立马克思主义形势观、政策观,引导大学生集聚正能量、提高政治鉴别力和是非分辨能力。建好思政课,方能确保中国特色社会主义事业兴旺发达、后继有人。

二、科学分析高职院校思政课改革创新的现实依据

（一）增强高职思政课教学实效性的需要

高职院校思政课是对大学生进行思想政治教育的主渠道和主阵地，是开展思想政治工作的重要平台，是促进学生全面发展、帮助学生成长成才具有独特功能和作用的课程。但多年来教学实效性不强，使得该课程面临相对尴尬的处境，往往被边缘化。虽然课程性质和作用使其拥有特殊光环和地位，但实际上已然成为许多高职院校的"鸡肋"。虽然近年来高职思政课不断创新求变，但育人实效并未明显改善，"重专业，轻思政"现象依然存在，思政课教师倍感苦恼和困惑。扭转实效性不强的沉疴痼疾的困局，成为课程建设和教学改革的必然选择。

（二）适应高职教育供给侧改革的要求

供给侧改革是中央针对经济新常态提出的战略举措。供给侧改革的思维方式和基本要义，对于理清思政课的问题根源具有指导作用，是创新教学模式的重要依据。思政课只有把握好教学模式的变与不变，才能更好地适应教育供给侧改革的要求。高职思政课要把握 95后学生的需求和特点，不断创新讲授内容，更接地气，更适应时代变化，更能引起学生兴趣；改革讲授形式，变说教为说理，变灌输为互动，把课上活，理论教学和实践教学两手抓两手都要硬，提高思政课的满意度和获得感，给学生一个精彩高效获益的课堂。

（三）应对"互联网+"时代挑战的选择

随着信息技术的发展，互联网、人工智能对人们的生产生活、工作学习、思维方式产生重大影响，现代生活已越来越离不开网络。习近平强调，"要运用新媒体新技术使工作活起来，推动思想政治工作传统优势同信息技术高度融合，增强时代感和吸引力。"然而，网络信息技术的影响是双重的。思政课既要利用其有利影响，又要有效应对网络信息技术带来的挑战。有效应对西方对我国进行文化渗透和对主流意识形态冲击的影响，有效应对"微时代"话语体系和宣传特点的影响，有效应对学生多元需求取向的影响。

三、积极探索高职院校思想政治理论课建设的有效路径

教育部部长陈宝生指出："高校思想政治工作的成效很大程度上取决于思政课水平高不高、效果好不好、阵地牢不牢。全国高校要打一场提高思政课质量和水平的攻坚战。"只有适应时代和社会发展新变化，不断推进思政课改革创新，推进理念思路、内容形式、方法手段创新，增强工作时代感和实效性，方能使思政课功能和效用最大化。要办好思政课，必须发挥好哲学社会科学育人功能，推进中国特色、一流哲学社会科学学科建设；必须加强阵地建设管理，加强师资队伍建设；必须强化问题导向，弘扬改革创新精神，在破解教育教学短板上取得实质性进展。

(一)构建以问题为导向的全过程课堂育人体系

在全国高校思想政治工作会议上,习近平指出:"做好高校思想政治工作,要因事而化、因时而进、因势而新。要遵循思想政治工作规律,遵循教书育人规律,遵循学生成长规律,要用好课堂教学这个主渠道,思政课要坚持在改进中加强,提升思想政治教育亲和力和针对性,满足学生成长发展需求和期待。"教育部部长陈宝生指出:"办好思政课,要重点抓思想政治理论教育课程体系建设,重视发挥课堂的育人功能。"思政课的主阵地在课堂,必须抓好课堂教学,提升教学质量,打造高效课堂、精品课堂、满意课堂。

第一,要以问题为导向开展专题式教学,健全课堂教学管理方法,完善课程设置管理制度,建立课程标准审核和教学设计评价制度,落实领导督导听课制度,强化教学纪律约束机制。当代主要的社会思潮作为交织重叠的话语体系,充斥着多元与统一、差异与相同、冲突与融合等多种矛盾,是多样的矛盾运动过程。当代大学生大多是95后,他们朝气蓬勃、好学上进、视野宽广、开放自信,是可爱、可信、可为的一代,但是面对意识形态的较量和斗争,面对矛盾和问题,思想容易受到冲击,因此,思政课必须正视和回应这些问题,不能规避问题。"缺乏问题意识的思政课教学,是没有真实主题的教学;没有问题意识的课堂,是没有灵魂的课堂,没有问题导向的教学,是不可能有吸引力和说服力的。"第二,要充分发挥党委书记、校长上第一堂思政课的效应,引起学校党委各部门对思政课的关注和重视。第三,合理利用信息化手段,探索翻转课堂、信息化课堂、智慧课堂,提升学生兴趣,增强教学的吸引力、说服力、感染力。第四,思政教师要强化大学生理想信念教育和价值引领,推动传统文化融入教育教学,旗帜鲜明地批判错误思潮。第五,提供思政课教师教学研讨交流学习平台,倡导集体备课和名师引领、开展公开课观摩、示范课展示、优秀教案评选,组织开展"精彩一课"、说课、教学设计、基本功竞赛等,以赛促学,以赛促教。

(二)构建以能力为本位的全方位实践育人体系

实践育人是思政课教育教学的重要途径。《普通高校思想政治理论课建设体系创新计划》(教社科〔2015〕2号)中明确指出,"努力强化实践教学,建设思政课第二课堂教学体系"。高职院校更应高度重视思政课实践教学,从高职人才培养目标出发,将理论教育与学生实践相结合,以知促行、以行促知、学以致用、知行合一。着力破解思政课实践教学中存在的突出问题,形成富有高职特色的思政课实践教学体系,不断强化价值引领,构建中华传统文化和社会主义核心价值观认同教育格局,通过实践育人不断提高学生的沟通能力、团队合作能力、创新能力、分析解决问题能力。

探索构建3S实践教学模式(即"课内实践十课外实践十社会实践"),设计多元的实践教学内容,创新实践育人活动形式,比如:课内可以开展新闻播报、红色经典诵读、模拟法庭等活动;课外举办"我的中国梦"主题系列教育活动,制作社会主义核心价值观、长征精神、党的光辉历程、全国两会等主题手抄报,开展校园文化、发现身边的美、不文明现象等专题调查、访谈、微视频等;校外组织建立爱国主义教育基地和社会实践基地,开展义工、学雷锋志愿服务活动、社会公益活动、暑期三下乡社会调研、关爱留守儿童老人等系列活动。积极开展实践教学研究,系统设计实践育人体系,分类制定教学标准、实践指导书、实训报告,开展实训成果展,完善配套管理制度,完善质量体系、评价体系和保障体系,加强实践教学基地建设,完善协同育人模式,发挥共青团、学生会、党员之家和学生社团的作用,开展丰富多彩的实践教学活动。

(三)构建以学生为中心的"互联网+思政教育"立体育人体系

现代教育的重要特征,就是要面向学生个性化多样化需求因材施教,促进学生释放潜能。习近平总书记强调指出,"思想政治工作从根本上说是做人的工作,必须围绕学生、关照学生、服务学生"。高职院校思政课需要构建起适应学生学习特点、满足学生学习需求的学习体系,按照"自主学习、合作学习、探究学习"方式进一步深化教育教学改革,积极探索多样化、行之有效的教学新形式,采用启发式、体验式、互动式的方法,根据 95 后学生特点,有的放矢、生动活泼地开展教学。尊重学生自主选择,推进学分制改革,探索建立与学分制相适应的课程设置、质量监控、考核评价、教学形式等教学管理制度,研究教师挂牌授课形式,从管理者本位向学生为中心转变,加快建立以生为本的人才培养模式,进行"一制四化"(导师制、小班化、个性化、信息化、立体化)课程改革。

为适应"互联网+"背景下教学改革的现实要求,必须树立互联网思维,推动思政课教育教学与信息技术高度融合,使互联网成为思政课教育教学新平台,打造"互联网+思政教育"模式,加强网络思想政治教育教学建设,以学生喜闻乐见的形式开展思想政治教育。丰富网络思政课教育内容,推进慕课、网络课、精品课、微课建设,创建网络论坛,开办思政微信公众号,开展网上师生互动,红色经典诵读,举办网络思政展示节,成立由思政教师指导的学生实政学社,组织开展专题研讨、学术沙龙,多途径发挥新媒体育人功能。通过课堂教学、学生演讲、自主网络学习平台进行线上线下互动,充分调动学生学好思政课的积极性、主动性、参与性,提高课程实效性、针对性、趣味性以及吸引力、感染力、影响力。

(四)构建以思政课教师队伍为主导的全员育人体系

教育不是单向的、孤立的,思政教育必须全员育人,思政课教师队伍、学生工作队伍、党建工作队伍、专业教师队伍要形成合力,同向同行,突出抓好思政教师团队。

加强思政人才体系建设、提高思政队伍整体素质和能力,越来越成为高职院校思政课建设的决定性因素。思政课教师队伍,是党的理论路线方针政策的学习者、研究者、宣讲者,是高校思政课教育教学和马克思主义学科建设的主要承担者,因此必须要重视抓好这支队伍,推动队伍的专业化职业化。办好思政课,必须建设一支政治坚定、业务精湛、师德高尚、结构合理的思政团队,培养造就一批有理想信念、有道德情操、有扎实学识、有仁爱之心的好老师。在队伍建设方面要做到以下四点。第一,健全各项制度,加强师德师风建设。建立教师政治理论学习制度,建立思政课专职教师任职资格制度,推行思政课特聘教授制度。第二,建立高校思政课协同创新联盟或教育教学指导委员会,条件成熟的高职院校鼓励成立马克思主义学院,成立名师工作室,打造马克思主义理论教学、研究、宣传和人才培养的坚强阵地。第三,拓展选拔视野,抓好教育培训,强化实践锻炼,健全激励机制,提供发展平台,鼓励辅修深造。第四,完善思政课教师评聘和考核机制,把思想政治表现和课堂教学质量作为首要标准,加强对教学水平和科研成果创新、实际贡献的评价,促进教研相长、教学相长,整体推进思政课教师队伍后继有人、源源不断。

[参考文献]

[1] 中共中央国务院印发《关于加强和改进新形势下高校思想政治工作的意见》[N]. 人民日报,2017-02-28(1).

[2] 张烁. 习近平在全国高校思想政治工作会议上强调:把思想政治工作贯穿教育教学全过程 开创我国高等教育事业发展新局面[N]. 人民日报,2016-12-09(1).

[3] 陈宝生. 办好中国特色社会主义教育 以优异成绩迎接党的十九大胜利召开[N]. 中国教育报,2017-02-07(1).

[4] 邹宏秋. 高职院校思想政治理论课教学模式研究[M]. 北京:中国金融出版社,2016.

[5] 刘同舫. 在应对当代各种社会思潮的挑战中发挥马克思主义的威力[J]. 马克思主义研究,2010(3):106-114.

[6] 习近平谈治国理政[M]. 北京:外文出版社,2014:173-174.

[7] 王永斌,李建丽. 基于问题导向的高校思想政治理论课研究性教学[J]. 西北成人教育学院学报,2015(3):51-53.

[8] 教育部社会科学司司长张东刚同志就《普通高校思想政治理论课建设体系创新计划》答记者问[J]. 思想理论教育导刊,2015(9):4-6.

[9] 习近平. 做党和人民满意的好老师[N]. 人民日报,2014-09-10(2).

"互联网＋"背景下高职教师职业能力提升路径研究

扬州市职业大学　　王志伟

摘　要:2015 年 3 月 5 日,李克强总理在政府工作报告中首次提出"互联网＋"行动计划,"互联网＋"正式被提升至国家战略层面。"互联网＋"时代的到来,带给教师们不仅仅是一种挑战,更是一次机遇。高职教师也要顺应时代的潮流,要不断地提升各方面的职业能力,为高职教育教学做出自己的贡献。本文结合"互联网＋"与高职教育教学,针对目前高职教师所面临的职业能力发展问题与挑战,从职业角色定位、转变教学方法、注重科研能力等多个方面对高职教师职业能力提升的路径进行了研究,并提出"互联网＋"时代下,高职教师职业能力发展带来的思考。

关键词:"互联网＋";高职教师;职业能力;教育教学;提升路径

信息化是世界发展的潮流,对职业教育发展具有革命性影响。伴随"互联网＋"的提出,职业教育人才培养模式、职业教育教学改革、职业教育办学质量等方面将受到深刻的影响。就高职教师职业发展而言,新技术、新理念短时间内扑面而来,教师们应接不暇。面对"互联网＋"时代,对教师的能力、素质的提升要求显得更加突出,如何适应社会和时代的发展?如何定位自身的职业能力发展方向? 将是每一位高职老师必须思考的问题。因此,在新的环境下,教师要与时俱进,顺应时代发展潮流,利用信息技术与"互联网＋"的平台,使互联网与传统教育行业进行深度融合,从而创造出新的职业发展生态。

一、"互联网＋"与高职教育教学

2015 年 3 月 5 日,国家总理李克强在政府工作报告中首次提出"互联网＋"的行动计划,"互联网＋"正式上升到国家战略层面。同年 7 月 4 日,国务院正式发布《关于积极推进"互联网＋"行动的指导意见》。"互联网＋"概念的提出,将加速推进"互联网＋职业教育"的新生态,创新职业教育教学新模式,助力高校的信息化建设。依托"互联网＋",可以进一步发挥职业院校培养多样化的人才、传承技术技能以及促进创新就业的作用,而这些需要职业院校更加重视教育教学模式的转变,充分融合好"互联网＋"等信息技术,使教学资源得以高效合理的配置。同时在新的历史时期,高职教师职业发展道路也进入新的阶段,面临诸多问题和挑战,只有提升教师自身的职业能力水平才能适应互联网信息化的浪潮。

[基金项目]本文系江苏省高校品牌专业建设工程资助项目(项目编号:PPZY2015C234)的阶段性成果。

二、目前高职院校及教师现存状态

(一)技能型人才培养目标的教育理念

随着互联网的快速发展,高职院校以前的育人目标已经不能满足社会的需求,"互联网＋"时代更加强调技能型人才的综合素质。企业对复合型人才的需求将日益走高,多学科交叉融合、综合化的趋势日益增强。利用互联网相关技术,重组各种教学资源,探索新的教学方法,创新技能教学模式,如何培养出高质量的复合型创新型人才,或已是摆在高职教育者们当前十分突出的问题。高职学生应具备最重要能力的调查如图1。

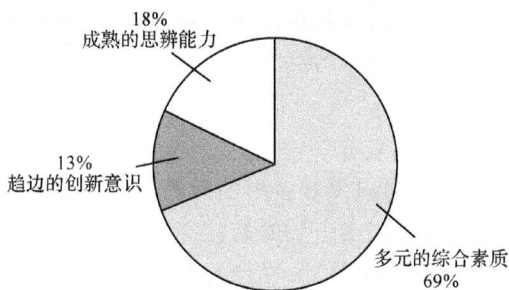

图1 高职学生应具备最重要能力的调查

(二) 传统课堂为主导的教学模式

传统课堂的教学模式往往呈现出老师单向灌输而学生被动接受的局面,我们也不难看出传统教学模式弊端是非常明显的,其中关键的问题是在整个教学过程当中作为认知主体的学生一直处于被动地接受知识的境地,学生的学习地位得不到充分的体现和尊重,严重束缚了学生学习的积极性、主动性和创造性的发挥。如何打破时间和空间的限制来调动学生学习兴趣,让学生能够主动去学习,这就需要教师去尝试新的教学模式。

(三)教师信息获取及应用能力偏低

教育信息化前提要教师信息化。但目前很多高职教师信息化水平不高,信息获取及应用能力偏低。这与学校信息化基础设施建设和优质的教学资源短缺有关,但更多的是缺乏信息意识和观念,许多教师不是去适应信息化教学的需要,而是逃避使用信息化教学手段,尤其是年龄偏大的教师,尽管他们有更高的教学水平。信息化使教师的视野更加开阔,教学设计更丰富,教学效果更好,摒弃教学信息化,也就限制了个人能力的发展。

(四)知识面狭窄及知识结构老化

对于高职老师,一般都具有较高的专业理论知识,但存在知识结构单一,新增知识少、更新慢,各种知识在教学实践中贯通性差等问题。互联网时代,学生与外界交流途径较多,知识结构复杂。如果高职教师自身受到知识结构老化和知识面窄的限制,不能全方位给予学生指导,势必影响到学生的全面发展。现代科学发展,出现了既分化又综合的趋势,教师既要学有专长,又要广泛涉猎,既要专精,又要博学。

三、"互联网十"背景下高职教师面临的新挑战

(一) 师生关系地位的变化

信息时代的大学生具备四个关键特征:多样性、娱乐性、可能性和参与性。面对他们,教师应该具备理性的精神和开放的心态。师生间的关系要建立在平等、民主、积极互动、融洽和谐的基础上,才能更好地促进教育教学的进一步发展。伴随着互联网的发展,知识的平等性带来课程与教学的平等性,未来教师将逐渐从主导课程建设转变为与学生共同开发和实施课程建设,师生将成为更加平等的学习共同体。

(二)教学资源的多样丰富

传统的教育资源形态基本是教科书和教师的教案。在互联网时代,这种形态仍然是必要的,但却正在悄然拓展和变迁。网络资源能够使文本、图像、图形、声音、视频以及动画等多种媒体进行有机组合,能够为学生提供多样性的外部刺激和创设多样化的情境,通过丰富的感受性与新颖性,更加有利于诱发学生的好奇心理和求知欲望,从而引起学生的学习兴趣,达到提高学生学习积极性的目的。所以恰当地运用网络资源,可以把抽象变为具体,很好地调动了学生各种感官协同作用,解决教师难于讲清楚,学生难以听懂的内容,有效地突出重点,突破难点。

(三)教学设计的自由开放

当前的高职学生生活在信息技术日新月异、生活水平逐步提高的年代。环境的改变使高职学生性格特征出现了变化,同时对学习需求也产生了影响。他们期望看到生动灵活的教学内容和多样自由的教学形式,更渴望教学过程能尊重个体需求。他们喜欢具有弹性的学习进度,不受时间和地点限制碎片化的学习形式,希望获得真正个性化学习机会。因此,高职教师要用互联网思维武装自己,积极尝试多种教学设计方法,满足不同层次的学生和不同学习风格的需要。

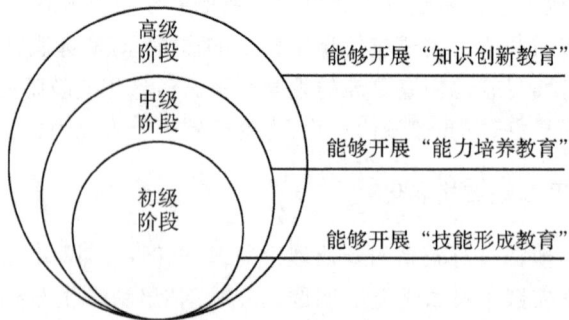

图 2　高职教师教学能力发展的三个阶段

（四）创新能力素质的增强

21世纪是一个知识经济时代，自主创新能力已成为国家核心竞争力的决定性因素，提高人的综合素质，培养创新型的人才已经成为每个国家优先发展的目标。教师是创新型人才培养的实施者，每一个学生都有巨大的创新潜力，但关键是教师如何运用有效的方式将这种潜能给挖掘出来，转变成现实的创造力。很明显，教师自身首先就应该具备这种创新精神和创新能力，持续创新自己的课堂结构和教法学法，只有具备创新教育能力的教师，才能教出有创新思维和创新能力的学生。高职教师教学能力发展的三个阶段如图2所示。

四、"互联网+"背景下高职教师职业能力提升路径

（一）重新定位职业角色

传统的学习过程，教师主要是在课堂上传授知识，学生被动吸收知识，课外则通过做作业等基本形式内化课堂上所学到的知识，教师成为课堂教学的中心。在"互联网+"的时代，教师、课本和课堂不再是学生学习知识的唯一来源，师生之间的角色差距越来越小，教师将会变成课堂的设计者、组织者、陪伴者、评价者，角色变化很大。借助互联网技术转换师生之间的角色，让学生始终处于主体地位，只有充分尊重每一位学生的学习需求，才能够真正实现学生对个性化学习的需要。新形势下高职教师角色的定位如图3所示。

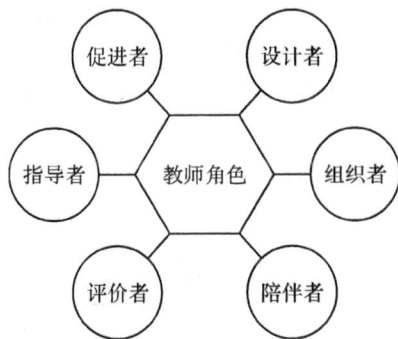

图3 新形势下高职教师角色的定位

（二）构建新的教学方法

课堂新教学方法构建原则是"促进有效学习"，主要体现在两个方面：一是学习质量的提高，二是学习能力的增强。很多教师普遍擅长整节课的满堂灌，用较为复杂的方式将庞大的知识体系与技能体系传授给学生。而崇尚简约化和娱乐化形式的当代大学生，更期望在故事中获得知识、在简约中收获深刻。在"互联网+"的时代，教师要从需求出发用娱乐化方式引领学生在技能与素养方面的双重提升，进行教学方法的不断创新，从而改变传统广播式教学的种种弊端，激发学生自主学习的能动性。像翻转课堂、在线课堂、电子书包、混合教学等方法应该逐渐被教师认识和掌握。

（三）注重科研促进成长

教学与科研是高校教师的基本任务，两者并不对立。搞好科研工作，将科研取得的前沿成果融入教学过程中来，才能够不断提高教师的教学水平。而教学过程能够扩大和积累教师广博的学科知识，通过学习用生动准确的语言与文字来描述学科内容，促进教师的全面发展。"互联网＋"技术的发展，使得教师教学科研能力有了新的发展渠道。而互联网信息技术与专业研究内容相结合，有效促进了科技创新方式的转变，进而更好地提高科学研究成果的水平。

（四）营造适宜校园环境

要想运用互联网技术，提高高职教师的教育教学能力，营造适宜的校园网络环境很重要。采取的措施主要有：完善校园网络基础设施的建设，构建技术先进的、安全可靠的校园网络环境。建立公共信息服务系统，实施先进的数字化管理手段，提升管理效率；建立一套功能齐全的教学管理系统；建设内容丰富的网络教学资源平台，实现数据资源共享。通过不断建设、日益完善信息化校园环境，为教师职业能力发展提供充足的条件。

（五）加大教师培训力度

为了适应"互联网＋职业教育"新常态，提升教师信息化素养和能力，高职院校有必要加强教师信息化培训力度。目前教师信息化技术培训中存在一些问题，比如理论与实际脱节、培训的师资力量不足、培训模式单一等，这些都需要学校及相关培训部门重视起来。注重提高教师解决实际问题的能力，可以让教师观摩案例并进行讨论，也可以让教师作为亲身体验者直接参与案例的教学和讨论，来获取经验，促进其自身能力的提高。案例引导式信息化培训方案流程如图 4 所示。

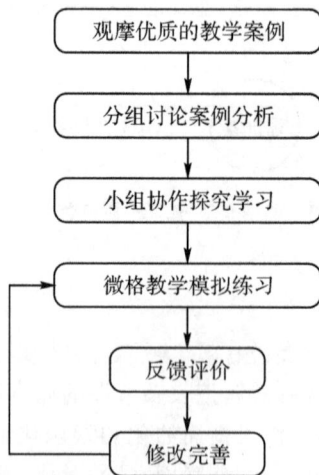

图 4　案例引导式信息化培训方案流程

五、"互联网＋"对高职教师职业能力发展带来的思考

（一）主动接受互联网的时代

互联网作为一项信息技术革命,它对人们生产生活的影响存在于每一个角落,是颠覆性的。但就每个个体而言,环境变化只是一个外部因素,不会决定着一个人成功或是失败。诚然"互联网＋"对我们传统的教育教学方式会造成一定冲击,但真正对教师构成挑战的仍是来自教师本身对教育的态度和行为。因此,教师没有必要恐惧"互联网＋"到来,相反应该欢迎,信息技术带给教育的改变不仅是成本的降低,更是带来了生机和活力,教学的效率大大提高了,教师的作用也因此更加凸显,调整心态,主动适应新的时代。

（二）注重师生间的情感沟通

教育是点点滴滴的,需要教师们真情地坚守;教育是生命对生命的影响,是以心养心的过程。这种影响和过程可以通过信息技术,通过互联网技术来达成,但不能忽略人与人面对面的交流,心灵与心灵的交流,在"互联网＋"的时代,我们的教育不能只关注教育价值的理性追求,更要注重学生精神、信仰、信念、理想和慈爱悲悯人文情怀的培养,使学生拥有善良的心灵,德智体全面发展,这才是教育的重要使命。

（三）做一个终身学习的教师

对高职教师来说,构成现实挑战的不是"互联网＋"技术,而是教师自身。高职教师应将自己转变为学习者,树立终身学习的信念,善于借助各种平台促进自己不断提升自己。通过学习新的技术技能、新的学科知识以及新的教育教学理论知识,不断建构自己个性化知识体系,同时投身于高职教育改革实践,通过实践丰富完善职业能力。热爱教育事业、善于学习进取、敢于去接受新鲜事物等这些优秀品质才是最终决定教师能否成功的根本。

六、结　语

"互联网＋"在中国的发展,对高职教师提出了更高的要求,教师需要尽快适应教育形势的变化,提升自身的职业能力。本文结合互联网＋与高职教育教学,针对目前高职教师所面临的职业能力发展问题与挑战,从职业角色定位、转变教学方法、注重科研创新等多个方面对高职教师职业能力提升路径进行了研究,并提出"互联网＋"对教师职业能力发展带来的思考。教师唯有不断提高自身专业素养,不断加强对现代化教学手段的运用,才能不落后于时代对高等教育者的要求。

[参考文献]

[1] 李一红.高职院校信息化教学现状问题与优化对策[J]. 当代教育实践与教学研究,2016

（6）：52-53.

［2］国务院.关于积极推进"互联网＋"行动的指导意见［EB/OL］.（2018-11-21）［2015-07-04］. http：//www. gov. cn/zhengce/content/2015-07/04 /content_10002. htm,2015-8-21.

［3］财经网.解读:李克强政府工作报告的"互联网＋"是什么［EB/OL］.（2018-11-21）［2015-08-21］http：//economy. caijing. com. cn/20150305 /38 32729. shtml,2015-08-21.

［4］胡学知.高职院校教师信息化素能发展的现状与路径探索［J］.武汉职业技术学院学报,2015(4):28-32.

［5］艾亚钊."互联网＋"时代高职教师角色定位与职业特性的若干思考［J］.江苏建筑职业技术学院学报,2016,16 (3):13-17.

［6］储常连."互联网＋"时代高等教育的创新发展与未来走向［J］.重庆高教研究,2017,5 (4):121-127.

高职教师信息化教学能力提升对策研究

山东商业职业技术学院 张宗国 徐 红 孙君辉

摘 要：教育信息化"十三五"规划中明确指出，要依托信息技术营造信息化教学环境，促进教学理念、教学模式和教学内容改革，推进信息技术在日常教学中的深入、广泛应用。本论文首先分析了发达国家对教师信息化能力的重视程度，以及在信息化教学领域的研究现状，并根据教师信息技术应用的实际需要，提出从提高教师信息化教学理念、课程开发与组织、教学方法运用、技术与装备运用等方面全方位提高教师的信息化应用水平，不断提高人才培养质量。

关键词：信息化教学；线上线下混合教学模式；教学方法

一、提高教师信息化教学能力迫在眉睫

教育信息化的目的是推动教育现代化，全面革新传统教育方式，以提高教学的交互性和授课效率，培养学生独立思考和实践创新能力。2015 年 5 月，国际教育信息化大会在青岛举行，国家主席习近平强调：中国愿同世界各国一道，开拓更加广阔的国际交流合作平台，积极推动信息技术与教育融合创新发展，共同探索教育可持续发展之路，共同开创人类更加美好的未来。2016 年 2 月，教育部印发了《教育信息化"十三五"发展规划》，明确指出积极组织推进多种形式的信息化教学活动，鼓励教师利用信息技术创新教学模式，推动形成"课堂用、经常用、普遍用"的信息化教学新常态。2016 年 7 月，国务院办公厅印发了《国家信息化发展战略纲要》，是对《2006—2020 年国家信息化发展战略》的调整和发展，是规范和指导未来 10 年国家信息化发展的纲领性文件，文件中明确提出大力推进教育信息化，要建立网络环境下开放学习模式，鼓励更多学校应用在线开放课程。从国家领导人发言以及一系列国家政策来看，教师信息化教学能力的提升势在必行。

二、国内外对信息化教学能力的研究现状

20 世纪 90 年代，美国、日本等一些发达国家已开始重视教师的信息技术应用能力，并采取一系列措施，提高教师的信息素养。美国 1996 年发表了第一份有关信息技术教育的报告，要求美国高校所有教师都应受到必要的信息技术培训。日本也非常重视教师的信息技术能力，并为此开设了"教师信息化方法与技术"的教师培训课程。因此，各国都把应对信息化挑战，作为教师自我提升的重要内容，教师要迎接信息化的挑战，就必须具备相应的信息

技术能力。

在教育发达国家信息化教学突飞猛进发展的同时,我国的教育信息化还处于起步阶段,教育信息化已经成为教育领域内一个最大的趋势,目前我国的教育信息化正在面临的挑战为三个方面:第一,信息技术与教育教学融合不足;第二,教育教学资源建设有待加强;第三,教育均衡问题没有根本解决。2013 年,教育部职业院校信息化教学指导委员会成立,在教师信息化能力培养方面进行了相对系统的研究,取得了一定成绩。同时国内的部分学者也进行积极探索,西北农林科技大学张虹教授对高校教师信息技术的态度、技能、应用、理论基础及培训需求五个方面的若干项目进行调研,提出提高高校教师信息技术能力,建立新的培训体系迫在眉睫[1]。但是总体来说,我国的信息化教学仍然有待进一步提高。

三、教师在信息化教学中存在的普遍问题

(一)信息化教学观念淡薄

在数字化时代,部分老师在教学理念、意识和态度上还没有跟上时代发展的步伐,缺乏信息技术与课程教学整合意识,只是为了迎合学校要求而开展信息化教学,平时仍然通过"黑板＋粉笔"或者仅限使用 PPT 进行授课,不能将信息技术渗透在日常教学观念、教学组织、教学内容、课程教学模式、教学方法等一系列信息化教学环节中,并没有从思想上认识到信息化教学的重要意义,没有将运用信息技术转化为一种自觉意识,并自觉地落实在教学行动中。

(二)信息技术应用技术欠缺

在信息技术的应用上,大部分老师处于学习探索阶段,特别是一些年龄较大或者所学专业与信息技术相差较远的老师,在信息化教学方面遇到了很多困难。通过调研来看,大多数教师认为信息化教学对老师的要求非常高,超出了他们的技术储备,同时缺乏相关培训和学习,在实际应用中遇到一些问题,阻碍了信息化教学手段的使用。在青年教师方面,具备了一定的信息技术应用能力,但不能进行相对较为复杂的课程资源开发能力和网络与课程整合能力。教师对于课程资源的利用大多采用"拿来主义",只能进行简单地修改,不能熟练地运用信息技术自主开发教学资源。

(三)繁重的工作任务影响了教师的学习积极性

高职教师一般承担的教学任务比较繁重,并且从高职的实际来看,课程更新较快,教师大量的时间用于准备新课。高职教师往往还承担班主任、心理导师、创业导师等一系列课外工作任务,分散了教师的学习热情。基于上述原因,部分教师在信息化教学方面的学习时间较少,也为教师的信息化教学开展带来了难题。

四、教师信息化教学能力的提升对策

(一)教育部门与学校应该将信息化教学能力落到实处

教育主管部门和各高职院校应该广泛宣传并组织教师开展培训和学习,培训中专门安排信息化教学培训内容。定期举办专家专题讲座,邀请校内外专家、学者为教师介绍微课、信息化课堂教学、信息化教学设计、翻转课堂、精品资源共享课等专项讲座和建设技巧。利用校内信息化专业队伍和设备资源,每学期开展基于网络的信息化教学能力培训。教育主管部门应围绕信息化教学,组织各类作品制作比赛,如多媒体课件、微课、信息化课堂教学、信息化教学设计等比赛。通过各类竞赛,极大地提高了教师教学能力,提升了学院的整体教学质量。应该鼓励教师创设各种信息化教学作品,积累各种信息化教学资源。制定、完善相关制度,将教师信息化教学能力与水平与教师职称评聘、评优评先、考核奖励挂钩。

(二)不断提升教师的课程开发与组织能力

1.教师应该掌握课程资源制作技术

首先,根据人才培养的实际需要,确定需建设数字化资源的课程,并按照课程资源建设的总体要求,将教学理念融入教学资源,结合技术手段,丰富课程内容及表现形式。其次,需要教师能够熟练使用 PowerPoint、Focusky 等演示文稿制作工具,Camtasia Studio 等屏幕录制、视频编辑软件等,完成课程内容设计、表现形式设计,以及素材脚本设计。主要的课程资源包括:各类资源电子教材、教学设计文档、教学课件、音频、视频和动画文件等。最后,教师能够简单掌握摄像机、交互式平板、手机、录播系统、虚拟仿真系统以及增强现实系统等先进软硬件的使用,进行微课、动画等课程素材的制作,形成该课程的数字资源包。

2.提高教师使用网络课程平台进行教学的能力

目前,优秀的课程教学平台非常多,例如蓝墨云班课、UMU 课程教学平台等,他们都有一些共同的特征,支持电脑 Web 端和手机客户端,能够非常好地支持教师备课、授课与学生学习。网络课程平台具有非常多的优点,例如资源利用最大化、学习行为自主化、学习形式交互化、教学形式个性化、教学管理自动化等。教师应该将平台打造成教学主阵地,应用网络学习空间开展备课授课、网络研修、指导学生学习等活动,依托网络学习空间逐步实现对学生日常学习情况的大数据采集和分析,优化教学模式。充分发挥平台的功能,记录每个学员的个性资料、学习过程和阶段情况等,实现完整的系统跟踪记录,并针对不同学员提出个性化学习建议。教师要引导学生使用课程平台进行预习复习、作业自测、拓展阅读等学习活动,为学生养成自主管理、自主学习、自主服务的良好习惯。

(三)利用线上线下混合教学模式,实施翻转课堂等教学方法

线上线下混合教学模式能够使目标学生不受地点和时间的限制得到良好的学习和辅导。基于线上线下的教学模式是一个跨越虚拟,可以实现在线与实时交流、多种要素(教师、学生、主题、学习材料和情境)协同运作的混合式课堂结构。这种混合式教学可以利用近年

来国内外所大力提倡的"翻转课堂"模式从多维度、多阶段实施教学。翻转课堂是指重新调整课堂内外的时间,将学习的决定权从教师转移给学生。在这种教学模式下,从时间上分为课前、课中、课后阶段,从空间上分为线上、线下、再线上阶段,从知识上分为传递、内化、再内化阶段。课前一般通过布置任务,提前预习,准备相关材料,带着问题参与学习;课中一般通过情境创设,视频等导入课题,引导学生分组合作完成任务,并进行过程性评价,教师不再占用课堂的时间来讲授信息,这些信息需要学生在课后完成自主学习,学生能够更专注于主动的基于项目的学习,共同研究解决本地化或全球化的挑战以及其他现实世界面临的问题,从而获得更深层次的理解;课后一般通过布置任务,借助教学平台进行课后拓展、交流、反馈等活动。

(四)利用现代信息化工具开展课堂教学

手机、掌上电脑和平板电脑等手持式移动设备可以让我们在任何时间或地点获取、处理和发送信息,移动性已成为如今世界越来越突出的特点,所以如何利用移动智能终端设备和无线网络更好地开展教育活动、传递教育信息,实现教学交互活动便成为当下国内外教育界研究的前沿和探讨的热点,移动学习将是未来教育的主要方向。

使用移动式学习,首先能够进行信息互换,学习者彼此之间可以用手持式设备交换信息,互通学习资源,交流学习经验,共享学习发现等。其次能够进行信息检索,通过移动互联网络技术,随时检索网络搜索引擎,及时获取和保存所需信息。再次能够进行多媒体学习,目前市场上的手持设备都支持多种对象(包括文字、声音、图片、视频)的播放,通过这些功能可以有效支持多媒体学习课件播放,实现多媒体自主学习。

(五)依托大赛提高教师的信息化应用水平

全国职业院校信息化教学大赛是由教育部主办的年度性赛事,起始于 2010 年,第一届仅限于全国中等职业学校教师参加。2012 年起,将高等职业院校教师纳入大赛参赛范围。经过多年的积累,信息化教学大赛主要分为信息化教学设计、信息化课堂教学和信息化实训教学三部分。信息化教学设计比赛重点考察教师充分、合理运用信息技术、数字资源和信息化教学环境,突出教学重点,解决教学难点,系统优化教学过程,完成特定教学任务的能力。信息化课堂教学比赛重点考察教师在课堂教学中运用信息技术、数字资源或教学平台完成教学任务的能力。信息化实训教学比赛重点考察教师在课堂教学中运用信息技术、数字资源或教学平台完成教学任务的能力。积极参加比赛是提高信息化教学能力的重要途径,教师应该积极备战,深度挖掘,认真研读、准确理解各个赛项及要求,紧扣大赛规则进行备赛,选择适合的教学内容,注意必要性和可行性,解决教学中的实际问题。

经过职业院校信息化教学大赛的历练,很多参赛教师能够组建课程建设团队,申报省级精品资源共享课程建设项目,并在建设过程中起到了中流砥柱作用,为课程改革注入了新鲜活力。据统计,近年来山东省 90 多位信息化教学大赛二等奖以上教师主持或参与省级以上精品资源共享课程 168 门,信息化教学能力与课程资源开发能力提升明显。通过大赛,除了能够提升获奖教师的水平以外,同时获奖教师也积极进行经验分享,带动了其他教师信息化教学能力的提升,3 年来带动教师 5000 多人,对我省信息化教学能力提升提供了强大助力。

五、总　结

　　随着互联网＋时代的到来,教学信息化势在必行,教师应该顺应教育信息化发展浪潮,不断提升自己的课程开发与组织能力,积极实施线上线下混合式教学模式,创新翻转课堂等教学方法,能够非常好地利用现代化教学工具,不断提高人才培养质量。

[参考文献]

[1] 张虹.甘肃省高校教师信息技术能力发展现状分析[J].国家教育行政学院学报,2005(8):81-86.

[2] 刘秀伦,陈柏瑾.翻转课堂教学模式研究综述[J].教育参考,2016(6):46-51.

[3] 林晓凡,胡钦太.一种提升学生21世纪技能的路径——基于混合式移动学习活动的实证研究[J].中国电化教育,2016(11):39-44.

基于现代学徒制的"双导师"队伍建设机制研究

徐州工业职业技术学院 张 书 冷士良 祝木伟

摘 要：在现代学徒制试点实施中，"双导师"队伍是关系人才培养质量高低的重要条件。基于对"双导师"的内涵界定和现状分析，提出了现代学徒制"双导师"队伍的建设标准、选拔、培养、考核与激励机制，旨在为现代学徒制试点单位开展师资队伍建设提供有益借鉴。

关键词：现代学徒制；"双导师"；机制

2014 年教育部等六部委颁布的《现代职业教育体系建设规划（2014—2020 年）》中明确提出"要发展工学交替、双元制、学徒制、半工半读的职业教育"，其中一项重要任务就是完善双师型教师培养培训体系，依托高水平学校和大中型企业建立双师型职业教育师资培养基地；到 2020 年，有实践经验的专兼职教师占专业教师总数的比例要达到 60% 以上。文件不仅指出了师资建设的方向，更凸显了"双导师"作为保障人才培养质量的重要性，因此，研究"双导师"队伍建设势在必行。

一、"双导师"内涵界定

（一）现代学徒制特征

现代学徒制实质上是产教深度融合的一种人才培养方式，要求学校与企业合作办学，共同育人。主要表现为五"双重"特征：一是学生的身份双重，即学校学生和企业学徒；二是学生学习的地点双重，即学校和企业；三是接受的教育双重，即理论教育和专业实践教育；四是掌握的知识双重，即显性专业知识和隐性专业知识；五是获得的证书双重，即学历证书和职业资格证书。这就对"双导师"队伍提出了更高的要求。

（二）"双导师"内涵

现代学徒制下的"双导师"与传统意义上的双师型教师内涵不同。首先，"双导师"队伍包括学校专职教师和企业师傅两类导师；其次，"双导师"队伍中来自校企的教师均应具备专业理论知识、专业实践能力和教学能力；最后，"双导师"需要学校专职教师和企业师傅之间相互配合，共同育人。

二、现代学徒制下"双导师"队伍的现实困境

在实行现代学徒制的过程中,各校均在"双导师"队伍建设方面做了一些探索,但没有从根本上解决"双导师"队伍的建设问题,目前的师资队伍存在的不足已严重制约了现代学徒制的进一步推广和实施,具体表现在以下三个方面。

(一)队伍结构失衡、比例失调

现代学徒制的"双导师"队伍是由学校专职教师和企业师傅共同构成的,二者的位置同等重要,结构、比例应当协调配置,才能满足人才、经济的需要。当前,由于缺少企业工程师到学校兼职的政策,互兼互聘机制不完善等原因,企业不愿意与高职院校合作,因此,双方的合作还停留在表层阶段,对话交流虽有所增多但缺乏深层次的实质合作。另外,很多企业从自身利益出发,缺少社会责任意识,不愿意派遣优秀的技术人才来学校任教或承担实践教学任务,因此,现代学徒制中师资来源的重要保障——企业师傅的数量严重不足,师资比例失衡,"双导师"队伍不稳定。

(二)师资建设标准缺失、要求不明确

现代学徒制下的"双导师"队伍建设标准和要求应当比一般意义上的教师略高一些。除了教育学意义上的知、情、意、行等方面的要求外,还要有专业的理论知识和一定的实践操作技能。

国外很多国家对职教教师的准入做了明确规定,如德国职业教师除了要完成大学学业,还要完成与从事的职业教育相关的专业课程和教育学等课程,之后还要在企业工作 3—5 年才能进入职业教育领域;日本的职教教师有 2 条途径:一是高中毕业后,在学校、研究所从事过有关的教育或研究、技术工作 4 年以上;二是短期大学或专门学校毕业后,在学校、研究所从事过有关的教育或研究、技术工作 2 年以上。

我国目前尚未出台《高等职业学校教师专业标准》,2013 年国家颁布的《中等职业学校教师专业标准(试行)》,在教育学者眼中,这是对普通中小学教师标准的模仿与参照版本。那么现代学徒制下的学校教师达到什么要求可以教学生?什么样的企业师傅才有带学徒的资格?"双导师"队伍建设需要有明确的标准。

(三)"双导师"职责不清、分工不明、配合失当

学校专职教师缺乏实践教学技能。很多高职院校出台了教师下企业锻炼考核办法,规定至少一个学期的下企业锻炼时间,目的在于让专职教师与企业、工作岗位和生产过程紧密接触,促进实践教学技能的提高,反过来促进教学过程与生产过程的深度融合。但是,事实上,实践锻炼环节流于形式是普遍存在的问题,通过下企业锻炼环节对教师实践教学技能提升的作用微乎其微。

企业师傅育人能力不足。企业师傅在自己从事的领域有精湛的技艺,大国工匠里的匠人们能在牛皮纸一样薄的钢板上焊接而不出现一丝漏点,能把密封精度控制在头发丝的五

十分之一,还有人检测手感堪比 X 光般精准,令人叹服。但是,他们缺乏相关教育学的知识,没有教书育人的经验,一身本领无法很好地传授给学徒。

学校专职教师理论知识丰富而企业实践经验缺乏,企业师傅实践操作技能专业而理论知识欠缺,当前,二者各自承担教学和实践,是相互割裂的两个环节,无法进行有效的衔接。现代学徒制下的"双导师"作为师资共同体,需互通有无,取长补短,深度融合,共同育人。

三、"双导师"队伍建设路径

"双导师"队伍建设是现代学徒制试点工作中的主要内容之一,是保障人才培养质量的重要一环,因此,应积极探索"双导师"队伍建设标准体系、选拔与培育机制、保障机制及评价考核机制。

(一)构建"双导师"队伍建设标准体系

师资标准体系的确定是"双导师"队伍建设的前提和基础。现代学徒制下的人才培养,对师资提出了更高的要求,"双导师"至少应具备以下两种素质:

1.具备岗位从业资质

从业资质是对所从事职业必备的学识、技术和能力的基本要求,直接、准确地反映了特定职业的实际工作标准和操作规范,以及劳动者从事该职业所达到的实际工作能力水平。这就要求教师具备一种或者多种岗位从业资格或执业资格证书。如会计专业的教师需要考取会计资格证,只有具备了从业资质,才有带学徒的资质。

2.具有岗位工作经验

"招生即招工"的现代学徒制下,学生既是学徒又是企业准员工,这就要求教师要有一定的工作经验,而且必须是直接经验。参照德国、日本等国家的标准,教师至少有 2 年及以上的企业工作经验。

(二)建立师资选拔与培育机制

1.建立严格的师资准入和选拔制度

职教教师的专业水平和职业素质是决定职业教育优劣的主要因素。德国的职教教师要经历两次国家考试才能入职,从开始学习职业教育到取得职教教师资格证书一般需要 6—8 年的时间,这样培养出来的人员一旦独立任教,就已经具备了相当雄厚的职业功底和业务素质。参照国外的标准,我国应制定和出台严格的职教教师准入标准。

学校专职教师一般取得一定的学历和学位;获得相关的职业教育资格;有一定的理论教学经验;有相关的企业工作或实践经验;掌握一定的教学方法,具有培养学生成长成才的能力等。企业师傅的选拔应该是品格高尚、专业技术水平高、功底扎实的技术骨干。通过主动申请——企业、学校共同考评——颁发"双导师"证书等选拔程序,持证上岗。

2.规范师资队伍的在职培训

产业的不断转型升级和企业对人才需求的变化,要求双导师不断更新知识,提高技术技能,因此,师资培训必不可少。高职院校要与行业企业相关专家共同制定双导师培训计划,共同保证计划的实施。一方面,学校专任教师作为校企合作的纽带,要积极参加下企业锻炼,与企业师傅交流合作,在教学、实习等方面与企业师傅互通有无,开展校企合作课程建设、指导学徒实习实训等工作,促进现代学徒制人才培养顺利实施。另一方面,企业师傅要到师范院校或相关教育机构参加有关教育学培训的课程,掌握教学方法和教学手段,充实和丰富职教师资队伍,成为职教教师的生力军。

3.打造"双导师"教学团队

通过"互兼互聘、双向交流"机制,打造一支稳定的"双导师"教学团队。双方对照行业、企业需求和学校的办学特色,共同制定现代学徒制所需要的人才培养方案和课程标准,让办学专业与地方经济产业充分对接,课程标准与职业标准无缝对接,教学过程和工作过程融合式对接,形成现代职业教育的良性循环,使现代学徒制人才培养模式成为现实。

(三)完善师资保障机制

1.政府层面

一方面出台相关政策,鼓励企业师傅加入到现代学徒制"双导师"队伍中来,如学习加拿大的退税政策,提高企业参与人才培养的积极性。另一方面努力提高教师的经济待遇和社会地位,增加职教教师的薪资,在社会上营造尊重职教教师的氛围,以优厚的待遇和崇高的社会荣誉感吸引最优秀的技术技能型人才从事职业教育,从而保证职业教育的质量。比如日本是全世界公认的教师福利好的国家之一,教师待遇好、社会地位高,工资比普通公务员工资还要高,从事职业教育的教师工资比普通教师工资要高出10％左右,从而吸引了很多优秀的人才从事职业教育。

2.企业层面

职业院校是向企业输送一线技术技能型人才的主要基地,现代学徒制把高职院校和企业紧紧联系在一起,企业的发展强大与职业教育质量息息相关。企业作为现代学徒制模式的主要受益者,理应为职业教育出力,从制度上、资金上、师资上为职业教育提供保障。

3.学校层面

应出台相关的配套政策,鼓励教师下企业锻炼或进修,重点解决专业教师日常教学与下厂锻炼或进修中存在的矛盾,合理安排教学与实践的时间,解决专业教师参与现代学徒制教与学的后顾之忧。

(四)重构师资评价考核机制

成立现代学徒制下的师资管委会,通过多主体、多方位、动态化的考核机制对"双导师"队伍进行统一管理和监督。

1.多主体共同考评

按照"新教师→双导师→骨干教师→专业带头人→教学名师"的培养路径,形成政府、行业、企业和学校"四元合一"的考评体系,各主体按照规定的内容乘以系数进行考评,考核的结果作为双导师评价等级的重要参照。

2.考评内容多样化

考评内容要涉及教师育人的各个环节,在教学、职业资格、职业技能、职业精神、职业素养、学生的岗位胜任力等方面对双导师进行考评。

3.建立动态奖惩机制

以调动双导师工作的积极性和责任心为目的,建立年审制度,对考核优秀的双导师进行专项补贴,并且可以作为职称晋升、年度评优的重要依据。不合格的教师进入重新认定流程,便于进一步提升。

[参考文献]

[1] 李传伟,董先,姜义.双师型师资队伍建设的研究与实践——基于现代学徒制培养模式下的师资队伍建设[J].湖北工业职业技术学院学报,2015(1).

[2] 孙蓓雄.“双师型”背景下的高职院校青年教师培养机制研究[J].黑龙江高教研究,2012(2).

[3] 潘伟洪,江建敏.论现代学徒制下的师傅型师资队伍建设与管理[J].广州职业教育论坛,2015(3).

[4] 欧阳斌,易利英.现代学徒制下“双导师”选拔和培育机制研究[J].职业教育研究,2016(2).

"互联网＋"背景下高职双轨制人才培养模式设计

天津职业大学 郑 伟 费晓瑜

摘 要:在"互联网＋"背景下,高职学生需要具备自主学习和创新能力,传统的人才培养模式,已无法满足"互联网＋"时代对高职学生的要求。面对新的形势,提出双轨制人才培养模式,一方面针对大多数学生,在传统培养模式的基础上,强调实际应用项目的融入,并搭建独立的网络学习和交流平台——教学云平台,使高职学生进一步体验到互联网学习的便利;另一方面,建立高职学生研发小组,独立培养敢于接受"互联网＋"时代挑战的学生,让他们进行应用方面的探索与创新,承接智能制造和创新创业的使命。双轨制人才培养模式的初步应用实践已经取得了令人满意的结果。随着对双轨制人才培养模式的进一步研究和应用,希望对高职院校人才培养模式的改革起到积极的推动作用。

关键词:"互联网＋";高职;人才培养模式;双轨制;创新创业

在 2015 年政府报告中,李克强总理第一次提出了"互联网＋"的概念,同年七月,国务院发布《关于积极推进"互联网＋"行动的指导意见》,"互联网＋"上升到国家战略。"互联网＋"概念和行动计划的提出,对传统教育形成了巨大的冲击,进一步倒逼传统教育改革。在新形势下,对于高职教育而言,需要高职院校培养出拥有互联网思维,动手实践能力强,熟悉产品与技术,具备创新创业意识的复合型人才。原有的以教材为中心、以考试为目标的单一人才培养模式,已经无法满足新形势对高职学生的要求。而且,在原有的人才培养模式下,高职学生学习动力不足,缺乏学习兴趣,独立面对问题、解决问题能力较差等问题突出。针对高职学生培养模式改革的研究,也受到了越来越多的关注。

在"互联网＋"大背景的驱使下,针对高职教育的 MOOC、微课、教学云平台等网络学习资源越来越丰富,培养高职学生的助力越来越多,高职学生培养模式转变的时机越来越成熟。因此,高职院校应从思维方式、政策导向上主动适应"互联网＋"的需求,借助互联网新媒体技术,整合网络教学资源,运用 O2O 互联网思维,实现线上与线下培养的有机融合;而且要不断创新教学方法和手段,探索新的人才培养模式,使高职学生适应智能制造和创新创业的发展趋势,跟上时代发展的步伐。

一、新型人才培养模式

目前,新型人才培养模式层出不穷,其中多种新型人才培养模式已经应用到学生培养当中,以下对几种较为主流的新型人才培养模式进行探讨。

(一)"网络互动"人才培养模式

"网络互动"人才培养模式是在网络大背景下,运用现代教育技术和多种信息媒介为辅助,在课堂教学的基础上,鼓励学生使用智能手机、平板电脑等便携设备,利用 QQ、微信、微博、微视频等社交媒体,与教师进行线上互动,弥补课上师生交流不足的培养模式。这种线上线下融合教学,教师引导,学生积极参与的培养模式,可以强化学生的网络应用能力,促进师生多维互动,激发学生的学习动力,提升学习效果。但此人才培养模式的核心是"网络互动",教师和学生一对一网络互动,时间成本太高;一对多网络互动,又导致互动性和自主选择性变差,实际操作中存在困难。此外,高职学生自控能力较差,容易被网上的杂乱信息吸引、干扰,对学生的学习同样存在负面影响。

(二)"自主学习"人才培养模式

"自主学习"人才培养模式的典型代表就是翻转课堂,该人才培养模式近些年来受到了广泛的关注。翻转课堂是指重新调整课堂内外的时间比重,将学习的决定权从教师转移给学生,学生自主学习基础知识,教师在课堂上不再讲授教材内容,而是通过与学生现场互动,实现知识运用、完成答疑解惑,进而使学生收获更好的学习效果。翻转课堂将以教师为主导、以知识灌输为核心的培养模式,转变为以学生为主导、以自主学习为核心的培养模式。它可以有效提升学生的自主学习能力和交流表达能力,但是高职院校学生整体的自主学习能力较差,自主学习持久力也不足,对全体学生实施翻转课堂等"自主学习"人才培养模式,往往无法取得令人满意的效果。因此,现实中在高职院校应用翻转课堂等"自主学习"人才培养模式,还需要做因地制宜的改良。

(三)"学思达"人才培养模式

"学思达"人才培养模式是我国台湾地区设计开发的基于小组合作的人才培养模式。在该人才培养模式中,班内学生分成几个小组,教师是主持人,统一布置任务,小组利用互联网等资源,通过协作,完成任务目标。具体实施过程是:首先,把班内所有学生划分成不同小组,教师给出统一任务;其次,组内成员先自己搜索资料、自己研读、自己思考;然后,小组共同分析、讨论、归纳、整理每位成员的资料和想法,形成小组统一的方案后上交;再次,教师根据小组方案和组内每位成员的学习记录,给出小组和组内每位成员的评价结果。"学思达"人才培养模式,学习任务从基础知识开始,逐渐增加难度、广度和深度,最终使每位学生获得较好的学习效果。这种以小组合作为基础的人才培养模式,不仅可以用于单门课程的学习,也可以贯穿于某一专业领域的整体学习当中。"学思达"人才培养模式在我国台湾地区已经取得了较好的培养效果,值得借鉴。

二、双轨制人才培养模式

(一)双轨制人才培养模式设计

　　面对"互联网＋"新的形势,以及我国高职院校学生多、学生水平参差不齐、教师少、实训实验设备不足的现状,本文提出双轨制人才培养模式,即2种平行的人才培养模式。第Ⅰ轨人才培养模式是在传统人才培养模式的基础上,强化基于实际项目的实验实训,同时结合"网络互动"人才培养模式和"自主学习"人才培养模式,搭建并利用独立的网络学习和交流平台——教学云平台,使高职学生体验互联网学习和自主学习的便利;第Ⅱ轨人才培养模式是借鉴"学思达"人才培养模式,建立高职学生研发小组,让敢于接受"互联网＋"时代挑战的学生,组成团队,利用专业领域知识,进行应用方面的探索与创新,承接智能制造和创新创业的使命。双轨制人才培养模式的整体设计如图1所示。

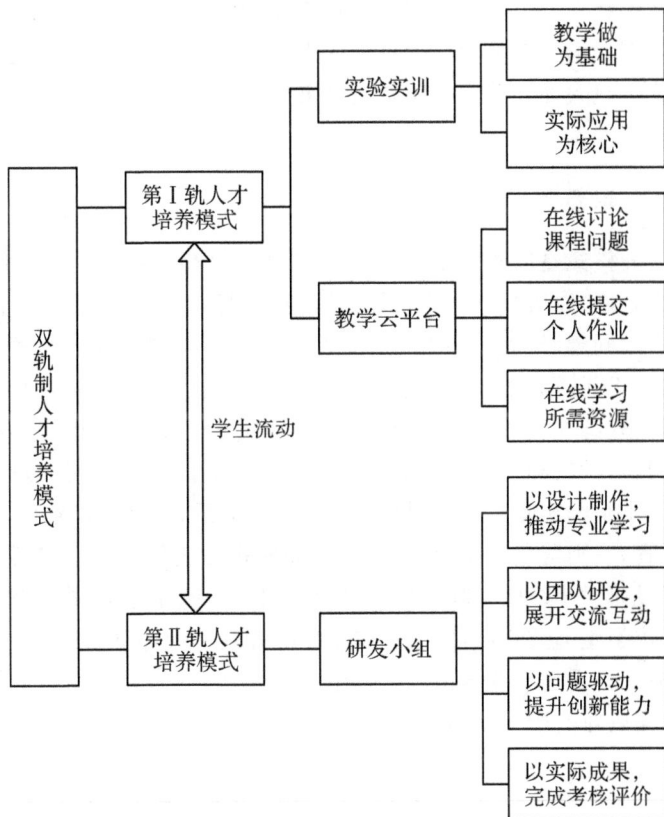

图1　双轨制人才培养模式整体设计

　　从图1中可以看出,双轨制人才培养模式由第Ⅰ轨人才培养模式和第Ⅱ轨人才培养模式组成。在大一基础课学习完成之后,选拔出有志向、对"互联网＋"相关技术内容感兴趣且学习基础较好的学生,让他们进入第Ⅱ轨人才培养模式,选拔人数对于每个专业而言原则上不要超过 10％,专业内其他 90％以上的学生进入第 I 轨人才培养模式。而且,在大一之后的专业学习过程中,允许学生在第 I 轨人才培养模式和第 II 轨人才培养模式之间流动,即进入第 II 轨人才培养模式的学生可以退出该人才培养模式回到第 I 轨人才培养模式中,在第 I 轨人才培养模式中表现优秀的学生,也可以再选拔进入第 II 轨人才培养模式。

(二)第 I 轨人才培养模式设计

为了让大多数高职学生适应"互联网＋"的发展,第 I 轨人才培养模式一方面是增强"教学做"的实施力度,在"教学做"项目中,进一步加强学习项目与现实项目的联系,给学生学以致用的体验,并将项目的实操考核作为课程最终成绩的一部分,强化学生对实操技能学习的重视程度。第 I 轨人才培养模式另一方面是增加网络交流和自主学习平台——教学云平台,平台为每门课程开设了单独的课程模块,课程模块包含众多功能,例如:"讨论板"功能,实现了师生的在线交流,并且讨论板内所有交流信息对课程内所有师生均可见,弥补了师生日常交流讨论的不足;"课程信息"功能,可以使学生根据自己的学习情况选择学习内容,帮助学生自主学习;"课程作业"功能,实现了课程作业的网络提交和网络实时评价,进一步提高了学生的学习效率。学生在教学云平台上的表现,都会留有记录,而且也将作为课程最终成绩的一部分。第 I 轨人才培养模式还是通过每门课程的学习,以及每门课程的最终成绩,完成对高职学生的培养。

(三)第 II 轨人才培养模式设计

第 II 轨人才培养模式是以研发小组的形式,搭建以学生为中心的学习和创新平台,研发小组以创新制作为导向,以实际产品为目标,借助互联网资源,展开专业知识的学习和应用。一个研发小组应由不同年级(大二和大三)的学生组成,保证技术的传承,而且组内最好含有不同专业的学生,便于任务分工和不同学科之间的学习交流。一个研发小组至少需要配备一个指导教师,指导教师在引导学生的同时,要全程参与研发,和学生们一起解决学习和研发过程中遇到的问题,学校和二级学院也要为研发小组提供实验场所以及一些必要的实验设备和耗材。研发小组的实际成果一则可以在学校内展示,二则可以参加"互联网＋""挑战杯"等创新创业比赛,三则可以与企业合作,切实完成科技成果转化。在第 II 轨人才培养模式中,学校可以通过研发小组的实际成果水平对小组进行整体评价,指导教师在整体评价的基础上,再根据每位学生的贡献度,给出每位学生的客观评价,完成对学生专业学习的考核。第 II 轨人才培养模式是通过专业知识的整体学习和团队学习,以及综合运用专业知识产出实际成果的情况,完成对高职学生的培养。

三、双轨制人才培养模式的应用与讨论

笔者在天津职业大学机电工程与自动化学院电气自动化专业,展开双轨制人才培养模式的实际探索,以下对双轨制人才培养模式应用情况进行说明和讨论。

(一)第Ⅰ轨人才培养模式的应用与讨论

为了使实验实训更贴近实际应用,从 2013 年 3 月开始,先后与西门子(中国)有限公司、天津博诺智创机器人技术有限公司等企业开展深入合作,整体引入基于实际项目的软硬件教学设备,包括:自动运料控制系统、变频调速控制系统等,相关"教学做"课程根据实际项目展开实验实训,让学生了解工程应用实践中的各个环节,包括:调研、设计、选型、安装、组态、编程、调试、运行和维护等,并在各个环节中着重训练学生的动手实践技能。而且在课程的考核中,每个学生都需要独自完成实操考试,实操考试成绩占课程最终总成绩的 40%。

为了同时提升学生自主学习能力和网络应用水平,2014 年 3 月搭建完成教学云平台,学生可以从学校网站主页进入教学云平台,再进入相关课程,学习自己需要的课程资源和实验实训指导内容,而且通过教学云平台,可以实现和教师的在线交流,随时讨论实验实训以及课程中遇到的问题,并在线完成作业提交、查看作业评价。教师也能根据学生们存在的共性问题,有针对性地调整教学重点。每个学生在教学云平台上的学习、交流、作业等表现均会留有记录,教师根据每个学生的记录,给出教学云平台成绩,教学云平台成绩占课程最终总成绩的 20%。

第Ⅰ轨人才培养模式以"教学做"课程为主体,注重基于实际项目的实验实训,在训练学生动手实践技能的同时,也能培养学生发现问题、解决问题以及团队协作的能力。第Ⅰ轨人才培养模式同时以教学云平台为辅助,通过互联网资源的整合,强化学生运用互联网进行学习和交流的意识,使学生适应"互联网＋"时代通过网络工作和再学习的趋势,同时,教学云平台的应用也能减弱互联网不良信息对学生学习的影响。目前,第Ⅰ轨人才培养模式运行良好,能够帮助大部分学生跟上"互联网＋"时代前进的步伐。

(二)第Ⅱ轨人才培养模式的应用与讨论

从 2014 年 10 月开始,笔者在电气自动化专业应用第Ⅱ轨人才培养模式,成立了"智彩之创"研发小组。在学校和二级学院政策的支持下,研发小组以创新制作为导向,以人工智能产品为目标,通过互联网充分调研电气自动化前沿技术与行业热点,同时展开对专业知识的学习,并学以致用。截止到 2017 年 6 月,研发小组已完成路径搜索微型机器人(俗称电脑鼠)和便携式双微控制器开发板 2 款人工智能产品的开发,这 2 款产品已经作为教仪产品进行市场推广。2 年多来,研发小组还取得了省部级竞赛一等奖 1 项,二等奖 3 项,三等奖 2 项,申请发明专利 2 项,实用新型专利 1 项,研发小组也被评为校级优秀创新创业团队。截止到 2017 年 6 月,在第Ⅱ轨人才培养模式下,共培养电气自动化专业学生 11 人,毕业 7 人,其中 4 人升入本科,1 人创业,2 人找到工程师工作;在学的 4 人中,有 1 人中途退出,转回第Ⅰ轨人才培养模式,其他 3 人现均成为研发小组骨干力量。

通过第Ⅱ轨人才培养模式培养的学生,探索能力突出,有着较强的钻研精神和责任意识;学习意愿强烈,具备良好的自学能力和创新思维,毕业后升入本科的比例也较高。另外,以研发小组为核心的第Ⅱ轨人才培养模式,不仅可以提高学生的实践动手技能和创新研发能力,还能提升学生的组织协调能力和团队合作精神,同时也使学生具备了一定的抗压能力,为日后的工作发展及创业打下了更加坚实的基础。

目前，由于政策制度的限制，进入第Ⅱ轨人才培养模式的学生，还要兼顾第Ⅰ轨人才培养模式的学习，负担较重；而且，高职院校也缺少对学生科研创新成果以及教师教学成果的评价考核标准。此外，第Ⅱ轨人才培养模式下的研发小组，在产品开发过程中，缺乏配套资金的支持，导致产品的研发创新和应用推广都受到了一定的制约，一定程度上限制了第Ⅱ轨人才培养模式的快速发展。

四、结　论

在"互联网＋"的大背景下，高职院校传统的人才培养模式已难以符合时代的发展，对于新型人才培养模式的探索与应用已势在必行。本文提出了一种双轨制人才培养模式，通过平行培养，一方面，让大部分学生增强动手能力、提高自学能力，积极主动运用"互联网＋"资源，跟上时代发展的步伐，另一方面，让能力突出的学生增强探索能力，提升创新意识，积极主动参与到"互联网＋"相关领域的竞争中，承接智能制造和创新创业的使命。通过将近3年的实践探索，双轨制人才培养模式虽刚刚起步且尚不完善，但仍取得了令人满意的效果，希望双轨制人才培养模式对我国高职院校教育改革起到积极的推动作用。

[参考文献]

[1] 周兰菊，曹晔. 智能制造背景下高职制造业创新人才培养实践与探索[J]. 职教论坛，2016(22)：64-68.

[2] 谢志远. 高职院校培养新技术应用创业型创新人才的研究[J]. 教育研究，2016(11)：107-112.

[3] 张文. 基于"互联网＋"的高职院校人才培养模式创新[J]. 教育探索，2016(12)：34-39.

[4] 郭明净，纪在云. 试析 MOOC 对高校教学模式和培养模式的变革——兼论大学生自我教育时代的来临[J]. 现代教育科学，2014(11)：112-117.

[5] 张灵芝. 微课在高职教学改革中的应用研究[J]. 中国职业技术教育，2014(26)：70-72.

[6] 贾永枢. 依托教育云平台推进高职教学改革的研究与实践[J]. 中国教育信息化，2013(20)：70-72.

[7] 陈瑶，胡旺，王娟. "互联网＋"时代大学生培养模式转变研究[J]. 江苏开放大学学报，2016(2)：61-65.

[8] Bull G，Ferster B，Kjellstrom W. Inventing the Flipped Classroom [J]. Learning and Leading with Technology，2012，40(1)：10-12.

[9] 孔德兰，刘丽. 翻转课堂在高职教学改革中的应用与实践[J]. 职教论坛，2015，(24)：65-69.

论行业高职院校文化育人

广东交通职业技术学院　　刘　喻　卢晓春

摘　要:行业高职院校文化育人不仅应具有其行业文化,也要体现传统文化与自身校园文化,实现行校文化共融共育。目前行业高职院校在文化育人上与其他高职院校并无多大区别,同质化严重。文章从"促进内涵发展,培养文化内核,实现文化共融"三方面分析了行业高职文化育人的重要意义;从"文化育人视野、功能和原则"探讨了目前行业高职院校的文化育人现状;提出"树立理念、注重功能、遵循原则与构建机制"的行业高职院校文化育人的路径选择。

关键词:行业;文化育人;内涵;文化共融

一、行业高职院校定位

普通本科院校与高职院校都在提倡文化育人,但高职院校的高等性与职业性决定了其与普通本科在文化育人方面既有共性也有个性。行业高职院校与行业企业联系更加紧密,在文化育人上又与一般的高职院校存在一定的差异。因此,在了解行业高职院校的文化育人之前有必要先了解行业高职院校的定义及其范围。

行业高职院校是我国特定时代、特定需求的产物,此类学校大多是由原行业部委主管或大型企业举办的中等专业学校升格转型而成。行业高职院校在本行业发展以及我国国民经济发展、产业结构调整、技术升级换代中发挥了重要的功能。据统计,在全国独立设置的33所交通高等职业院校中,21所隶属各省(市、自治区)交通运输厅(委),5所隶属交通大型企业,7所学校隶属地方教育部门,行业高职院校占78.8%。

文化有广义与狭义之分,文化"无处不在,无时不在",只要时刻留心,认真辨别,都能发挥育人作用。中华文化博大精深,是一个民族的精神和灵魂,它要内化于人的生命与成长之中,化为人的精神内核,伴人一生。习总书记在主持中共中央政治局第十三次集体学习时指出:"培育和弘扬社会主义核心价值观必须立足中华优秀传统文化……有扬弃地予以继承,努力用中华民族创造的一切精神财富来以文化人、以文育人。"

行业高职院校在经济发展、行业发展、高等教育大众化进程中已发挥了而且还将继续发挥着重要的作用。那么,行业高职院校实施文化育人有何重要意义?目前我国众多行业高

[基金项目]本文系广东省高职高专校长联席会议2015年度重点课题"高职教育创新性技术技能人才培养的实施路径研究"(项目编号:GDXLH15ZD004)的阶段性研究成果。

职院校文化育人现状如何？文化育人在行业高职院校该如何实施？这是我们不得不认真思考和研究的问题。

二、行业高职院校文化育人的作用省思

随着时代的发展与社会对人才培养质量的要求，高职院校已经进入了教育改革的"深水区"，走内涵式发展道路，提高学生综合素质，培养全面发展的技术技能人才是目前高职院校必须坚持的基本目标。行业高职院校实施文化育人是响应国家号召，顺应时代发展，提升人才质量的有效途径，对于学校、学生、行业以及整个经济社会的发展都具有重要意义。

（一）促进学校内涵发展

1. 依附行业发展

行业高职院校因行业发展对人才的需求而产生，虽然一些行业办的高职院校已经不再隶属于行业部委或行业行政部门管理，但其发展仍然离不开所在行业的大力支持与帮助。行业高职院校实施文化育人，利用"产业文化进教育，工业文化进校园，企业文化进课堂"的育人理念走内涵发展道路，让行业企业文化与人才培养质量紧密联系，将学校作为文化育人实施主体，邀请行业企业专家共同制定人才培养方案、建构课程体系和编制课程标准，将岗位职业要求注入行业高职院校的专业建设、课程建设及教学的各个环节中，促进行业需求与人才培养的"无缝对接"，提高人才培养质量。

2. 凸显行业专业优势

高职院校走内涵发展道路必须做大做强自己的品牌与特色专业，行业高职院校实施文化育人具有其他院校无法比拟的专业优势，只有一定发展基础和发展后劲的专业才具有一定文化基础与积淀，才能培养出高质量的优秀技术技能人才，才能体现出人才发展的后劲。行业高职院校文化育人需要开展专业文化建设，凸显其专业文化优势。专业文化包含了一个专业师生的思维模式、价值标准以及对专业教育的认知，因此而确定了师生的思维方式和行为准则，同时又直接影响专业建设中的专业理念确立、培养目标制定、教学设计与实施、学生教育与管理、科学研究的方向。之所以优势专业能够体现一定的专业精神，是因为其在一定的积淀之中逐步积累、凝聚，专业精神一旦确立，将会一直影响着教师的从教理念和学生的从业态度。例如，交通类高职院校的道路桥梁专业以及水利水电类的水电专业经过多年的依托行业发展，将行业企业的技术文化与人文文化引入行业高职院校的专业之中，形成具有特色优势的专业文化，培养着一代代"交通人"和"水利人"，在行业之中占领着一席之地。

3. 培养优秀的行业教师

行业高职院校实施文化育人需要将行业文化的发展历程、精神及职业道德传递给学生，需要学生具有行业企业岗位所需要的高素质和高技能。因此行业高职院校注重行业优秀教师的培养，通过聘请行业企业精英与模范人物、技术骨干作为学校的兼职教师，对学生进行职业道德、实践技能和就业创业的教育，把扎根基层、爱岗敬业、勤学苦练、重诚信、讲创新等优良的职业精神生动地传递给学生。行业高职院校能充分挖掘行业企业人力资源优势，能通过这一优势将行业企业多年积淀的行企文化通过各种方式进行传递。

(二)提高学生文化素养

1. 文化育人"内化于心"

教育的真正目的是培养人和塑造人。行业高职院校实施"文化育人",是一种文化"跨界"融合,它包含着中国传统文化、高职校园文化以及行业企业发展文化渗透融合形成的文化。行业高职院校学生通常会受"功利主义"思想的影响,追求技术技能培养,容易忽视自身品德和人格的锻造;"以就业为导向"的政策也给行业高职院校的师生们造成片面的理解:按照市场需要培养人才,以市场需求为唯一因素。因此,行业高职院校实施文化育人,将社会主义核心价值观融入学生素养、职业素养的引导教育上,将行业及知名企业的核心价值观、做事准则等提炼或改造成标语,从精神内涵塑造学生,让学校、行业企业文化精髓内化到学生精神内核,从而塑造出全面发展的"职业人"。

2. 文化育人"外化于行"

行业高职院校实施文化育人能够有效提升学生的文化素养,通过校行企三方的共同努力,让学生在文化育人的"大熔炉"中进行锻造,使学生在课堂教学、文化活动、社区服务、顶岗实习、创业就业等各方面既能表现出色的技术技能,又能实现可持续发展,将学生打造成为学校满意,企业欢迎的高素质技术技能人才。

(三)促进"行校"文化共融

1. 实现价值观的共融

行业文化在中华传统文化之中衍生发展,形成独特的文化领域。行业文化尤其是内在的价值理念,并不能与高职文化很好地融合。因为行业文化以企业为载体,通过企业文化中表现出来,而企业以追求"利益"为目的的价值理念与高职院校以"育人"为理念的价值观并不能很好地达到一致要求。因此,行业高职院校要努力成为两种文化交融共生的载体,通过实施文化育人,能恰到好处地将两种文化共同融合,既有行业文化的特点又有高职教育文化的内涵,使单纯的行业文化与高职院校育人文化中的价值理念的冲突逐渐消失,不再是单纯追求市场利益和个人价值,将人才培养放在重要地位,达到最终服务社会的价值观。

2. 实现育人机制共融

"工学结合,校企合作"的人才培养模式深受高职院校欢迎,行业高职院校实施文化育人,能将校企有效联合,实现"以学校为主体,行企深度协同"的共融。为达到人才培养共同目标,在组织架构上保证行企的深度参与,具有一定的话语权;在管理机制上不再是单纯的柔性和刚性管理,形成刚柔相济的管理局面;在保障机制上形成学校领导统筹协调、行企引领帮带、师生共同参与的有效机制。

三、行业高职院校文化育人问题所在

(一)缺乏文化育人的视野

从教育目标上看,重视"成才",忽视"成人"。我国大部分行业高职院校依托行业发展壮大,在自身人才培养体系中已经形成一种固定的思维方式与价值观念,所提倡的"文化育人"对于他们来说还是一种新生事物,片面认为文化育人是一种比较隐性的育人方式,还难以接受。因此在教育目标的上不能很好地将"文化育人"贯穿其中,除了培养学生技术技能之外忽略学生人文素质的培养,对"以就业为导向"政策的片面理解,最终导致把学生就业作为人才培养的终极目标,作为高职教育的终极目标,认为学生"毕业就能马上就业"是学校育人的终点。目前学校仅有的文化育人方式也是通过校内开展的校园文化,例如学生活动、社团、比赛、讲座等等,形式比较单一,层次较低,缺乏内涵。因此,目前行业高职院校过于注重学生技术技能的培养,忽视学生的思想的培育,价值观的塑造,忽视学生智慧与灵魂的培育,未能站在一定的高度来实施文化育人。

从教育内容上看,强调专业性,实践性,忽视学生通识性、文化性;重视知识的掌握与应用,忽视学生主动性和创造性;忽视行业企业文化内容的教育与培养,缺乏人文通识课程的设置,不能将专业文化与通识课程进行有效融合。行业高职院校凭借行业优势,过于注重行业发展所需专业技术技能人才的培养,强调学生的就业岗位,忽视学生的发展岗位(学生毕业 3 到 5 年后的岗位),导致学生的发展后劲受到限制,岗位可迁移能力不足。

从教育手段上看,注重显性教育,忽视隐形教育;重视共性教育而忽视个性教育。文化的品质、品位随时随地影响着学生,使师生们形成共同的价值认同,激励好的方面,抑制不好的方面。而行业高职院校的文化育人在时间和空间、显性和隐形教育上都具有很大的局限性。除了保证现有的课堂上课时间外,学生在课外很难找到授课教师进行深入的交流与沟通和给予一定的指导;学生顶岗实习或实训也仅仅局限于校内以及实训基地,校外行业企业的实训都相对较少,学生难以获得行业企业优秀的文化熏陶。教学形式单一,教学方法陈旧,主要还是以课堂讲授为主、教师讲授为主,没有采用目前较为先进的教育教学理念和方式进行教学,教学资源匮乏,慕课、微课等翻转课堂的教学尝试很少,不能激发学生的学习积极性和学习热情。

(二)错位理解文化育人

行业文化一般是从现代工业发展过程中萃取出来的,凝聚着特殊行业人的奋斗史,书写着特殊行业的发展史,蕴含着共和国的进步史。行业高职院校依靠行业发展壮大,形成一定的行业文化积淀,对于育人具有特殊的重要意义。现状是行业高职院校的文化建设效果并不理想,普遍存在着认知错位、主题错位和方法错位的现象。认知错位主要表现在学校一般习惯并满足于完成上级的"规定动作",很少主动思考应该如何来实施文化育人,服务文化育人这一中心工作的意识和能力也有所欠缺。主题错位主要表现在"素质文化"往往习惯于依赖第二、第三课堂,不少行政领导、专业教师都置身于文化育人工作之外。方法错位主要表现在"思想文化"过于宏大,脱离了高职学生的心理接受实际,未能充分发挥职业院校的先天优势,校企文化共同育人的意识和能力不足。

对文化育人三种错位的理解最终导致了整个教学及管理的运行都出现了不同程度的"效果损耗"。从学生的日常管理、课堂教学、教风学风、社团活动等都难以体现行业企业特色文化在其中发挥的积极的教育作用,文化育人的载体欠缺,表现形式较为肤浅。例如石油行业高职院校在日常教育中是否有要求时刻坚持着"石油人"的大庆精神与铁人精神?交通行业高职院校是否有体现出"铺路石品格、航标灯精神"的文化育人环境？这些不仅仅是挂在口头、贴在墙上的标语，这是一所院校最核心的价值观和精神所在，忽视这种行业特色文化潜移默化的力量，会将学生的心灵与精神排除在行业情感之外，不能内化为自身的行为习惯，最终难以体现出对行业，对职业的坚守和热爱。

(三)偏离文化育人的原则

教育部副部长鲁昕在全国职业院校德育创新暨校园文化建设工作座谈会上的讲话中提到了坚持文化育人的基本原则：一是坚持以人为本；二是坚持"三全"育人，即全员育人、全程育人、全方位育人；三是坚持"三个贴近"，即贴近社会、贴近职业、贴近学生。

为响应国家以及教育部的政策号召，行业高职院校文化育人的口号喊得很响，但其实质却偏离了文化育人的三原则，相去较远。首先，偏离"以人为本"的原则。"生本教育的理念，师本教育的逻辑"依然在行业高职院校唱响着育人的主旋律，文化育人依然是以教师为主，学生在教师的指挥棒下学习，就如同"提线木偶"般被动。其次，偏离"三全"育人原则。文化育人的理念在高职院校并未形成应有的意识，他们奉行的还是基本的"我教你学"育人观念。学生在校三年，教师授课有限，"第二课堂""第三课堂"等实施文化育人的重要载体薄弱，行政部门人员以及管理人员忽视自身育人作用和服务作用，摆出一副"事不关己"的姿态，与学生形成一定的"距离"。再次，偏离"三个贴近"原则。高职院校文化育人并未能贯穿到教育教学的各个环节，没有融入教育教学之中。课程、教学、实践等环节中无法寻找到行业文化与企业文化育人的根基，其实质不是三个"贴近"，而是三个"远离"。

四、行业高职院校文化育人的方略

(一)树立文化育人的理念

文化无处不在，无处不有，具有隐性和渗透性，能通过人的意识的能动作用指导人的行为。行业高职院校的育人文化需要一定时间的积累与沉淀，但对于教师和学生来说，必须树立一种文化育人的理念。首先，对于行业高职院校，要明确自身的特色和优势，要有明确的人才培养目标定位，要在全校形成师生共同遵循的核心价值观，这种核心价值观就是文化育人的精髓，是育人的根本所在。对于教师来说，自愿学习和了解校园文化、行业企业文化甚至是专业文化的有关理论知识，将其融入日常教育教学过程当中，使之成为自身的一种行为习惯，而不是只是挂在口头。要注重培养学生的综合素质和创新能力，注重学生的全面发展。对于学生来说，积极参加校园文化活动，有意识地培养自己多方面的能力，摒弃功利性思想的影响，努力使自己成为一个素质全面的人。

(二)注重文化育人的功能

行业高职院校要营造一种良好的文化育人氛围，以行业背景为依托，以各种载体的形式体现。具体来说，主要体现在以下几个方面：第一，学校的整体文化体现主要集中在办学理念、办学特色及专业建设上。行业高职院校首先要明确办学理念与定位，加强自身品牌及特色专业的建设,优化专业结构,提升教学质量,形成特色的专业文化等;使校歌、校训、教风和学风等形成丰富的文化育人资源。第二,将行业文化、传统文化与校园文化融入日常教学之中。教师在课程的设置、教材的选择以及学生实习实训等方面要邀请行业企业专家与技术骨干参与其中,通过培养学生从进校开始感受自身承担行业发展的责任感和使命感,逐渐引导学生"学什么、爱什么、献身什么"的价值追求。第三,文化育人需要通过一定的载体实现。行业高职院校要通过实物、雕塑、图片、视频和场景等多种形式将行业精神具体化,使学校师生员工不断了解、学习、传承行业文化精神。例如笔者所在的交通行业院校通过实物船体、仿真救生艇、实体雕塑、以交通名词命名道路与建筑等,使学生能在耳濡目染中感受行业的光荣感、责任感和使命感。这些具有一定优势的文化育人物化载体,都能在文化育人中体现特色,行业高职院校拥有的物化载体越多,这所学校的特色就越发明显,文化育人影响力就越大。

(三)遵循文化育人的原则

教育部副部长鲁昕所提出的文化育人三原则很好地概括了当前行业高职院校所应当达到的最基本的要求。首先,坚持"以人为本",对于学校来讲,笔者可以理解为坚持"以生为本"。学生是学校的"主人翁",一切教育教学活动要围绕学生来展开,满足学生的各种基本需求,为学生的可持续发展提供保障。"三全育人"的原则不仅对专任教师提出了要求,对于学校管理人员和其他岗位人员也要有一定的育人要求,他们也需要不断提升自身的服务意识与服务能力,让学生能体会到被尊重,被重视的感觉。无论是学习生活还是其他的方方面面,要始终体现出学校的育人理念与育人精神,让学生的行为逐渐变成一种自觉遵守的习惯,而不是强制性的要求。

(四)健全文化育人的体制机制

第一,实施文化育人没有一定的组织保障是难以成功在校园展开的。因此,成立以主管育人工作的校领导为主要负责人的机构,其下包括学生工作处、团委,人事处以及教务处等有关部门的人员都要作为其成员,保证文化育人的组织机构分工明确。第二,建立并完善文化育人的管理制度,例如教师教学、实训等管理制度,学生社团活动管理制度,学分互换、学分要求以及表彰鼓励等制度体系的建立,鼓励和引导学生文化参与,通过有效制度来进行合理的管理,实现制度文化育人,管理文化育人。第三,构建行业文化日常教育机制。要将行业文化融入各专业之中,形成具有一定行业特色的专业文化,在开展专业建设时注重专业文化的建设,将专业文化融入人才培养方案之中,在课程体系构建之中开设职业道德和职业素养等人文类课程;要开展系列的有关行业文化的讲座,聘请行业专家或学者,培养学生为行业奉献的理想与信仰;进行素质教育基地的建设,与行业中大型的企业签订合作协议,组织学生参观企业,了解行业企业文化,培养学生的"爱行业、爱学校、爱岗位"的精神。第四,要构建行业文化在日常生活中的引导机制。开展与行业相关的主题教育活动或者举办主题展览,引导学生将行业精神逐渐内化为个人行为;注重学生社团活动与行业文化相结合,积极引导各类社团开展行业文化的学习与宣传,培育校园文化活动的新亮点。

[参考文献]

[1] 兰小云.行业高职院校校企合作机制研究[D].上海:华东师范大学,2013:1-2.

[2] 张延华.充分发挥行业优势促进交通高职教育发展[J].中国高等教育,2010(21):49-50.

[3] 张新科,邓虹.论高职教育专业文化[J].教育发展研究,2013(21):77-81.

[4] 王建利.发挥行业特色高效文化育人功能[J].思想政治教育研究,2012(2):45-47.

"互联网＋"背景下农业高职院校创新创业 教育体系构建研究

辽宁农业职业技术学院   关　震

摘　要:农业高职院校在正确理解"互联网＋"时代内涵和应用范围的基础上,充分认识"互联网＋"背景下农业高职院校创新创业教育体系构建必要性,直面"双创"教育重视不足,组织机构不够健全,教育体系不够完善,师资力量不足,教育实践内容欠缺,服务体系有待加强的现状,积极探索加强顶层设计,深构保障机制;深化教育教学改革,凸显创新创业教育;搭建多样化实践平台,助力学生创新创业实践;加强校园创新创业文化建设,打造创新创业指导服务体系等路径,必将助推"双创"教育发展,从而为培养创新创业型人才,促进国家经济发展提供保障。

关键词:"互联网＋";农业高职院校;创新创业教育体系

2015 年 3 月,在第十二届全国人民代表大会上,李克强总理在做政府工作报告时明确提出了"互联网＋"行动计划。"互联网＋"作为一种新的经济形态,对中国经济发展的方式与内涵产生根本性变革,对包括教育领域在内的社会各领域产生深远影响。农业高职院校作为高等教育的主要力量之一,在"互联网＋"的时代背景下,在创新驱动战略指引下,构建完善的创新创业教育体系,对于培养学生创新精神,提升创业能力,从而促进国家经济持续健康发展意义重大。

一、"互联网＋"背景下农业高职院校创新创业教育体系构建的内涵界定

"互联网＋"代表一种新的经济形态,即充分发挥互联网在生产要素配置中的优化和集成作用,将互联网的创新成果深度融合经济社会各领域之中,提升实体经济的创新力和生产力,形成更广泛的以互联网为基础设施和实现工具的经济发展新形态。"互联网"代表最先进的科学技术,"＋"是深度融合产生化学变化的过程。"互联网＋"即是用最新的科学技术与商业模式、经营理念、组织流程等深度创新融合使之产生新的经济形态的过程。

在经济发展过程中,"互联网＋"不仅拘泥于实体经济本身在宣传、销售、运营、管理等方面使用到互联网,而应在广义上充分理解,"互联网＋"代表的不仅仅是互联网本身,而是代表以互联网为代表的最新的科学技术、商业模式、经营理念、组织流程等方面深度创新融合,

[基金项目]本文系辽宁省教育科学"十三五"规划 2017 年度立项课题"农业高职院校创新创业教育生态体系构建研究"(项目编号:JG17EB133)的阶段性成果。

使之产生新的经济形态的过程。对于实体经济来说,经济本身的产品或服务采用了互联网思维,或在组织、流程、经营理念等方面全面互联网化及业务开展方面采用团购、定制化生产、工厂直销、个性化需求满足等方面,都可以算得上符合"互联网十"新经济形态发展的要求。通俗讲,"互联网十"就是用互联互通思维,整合资源,创造新经济业态的过程。

农业高职院校在"互联网十"背景下构建创新创业教育体系应在充分理解"互联网十"新经济发展形态,建立通识教育类、专业教育类和实践教育类"三类并重"创新创业课程体系基础之上,设计与构建包括内容体系、支撑体系、管理体系、实施体系和保障体系及子系统的构建等内容在内的创新创业教育子生态体系,并进一步构建创新创业教育体系与专业教育体系、素质教育体系相嵌入、支撑的"三教融合"校内生态教育体系构建,最终实现在积极争取政府支持基础之上,与校企合作、工学结合、产教融合人才培养模式相适应的和谐大生态教育体系。推动互联网由消费领域向生产领域拓展,加速提升产业发展水平,增强各行业创新能力,构筑经济社会发展新优势和新动能的重要举措。

二、"互联网十"背景下农业高职院校创新创业教育体系构建的必要性

(一)抓住机遇,紧随时代步伐

2015年7月,国务院印发《关于积极推进"互联网十"行动的指导意见》。这是推动互联网由消费领域向生产领域拓展,加速提升产业发展水平,增强各行业创新能力,构筑经济社会发展新优势和新动能的重要举措,在此背景下,农业高职院校发展创新创业教育,构建创新创业教育体系,应深刻理解"互联网十"时代内涵,抢抓发展机遇,适应经济发展新常态,使"双创"教育发展融入"互联网十"的时代背景下,符合时代发展潮流,使"互联网十"发展模式贯穿"双创"教育始终,优化教育效果,提升教育影响。

(二)创新驱动,促进"双创"教育发展

2015年5月,国务院办公厅印发《关于深化高等学校创新创业教育改革的实施意见》(国办发〔2015〕36号),坚持创新引领创业,创业带动就业,主动适应经济发展新常态,不断提高高等教育对稳增长促改革调结构惠民生的贡献度,国家在创新驱动发展战略的引导下,高度重视创新创业教育。农业高职院校作为高等教育的重要组成部分,担负着大力发展创新创业教育义不容辞的责任,在"互联网十"时代背景下,充分运用"互联网十"经济发展新模式,明确创新创业教育目标,设计创新创业教育内容,构建创新创业教育体系,凸显创新创业教育效果,必将大力促进农业高职院校创新创业教育发展,从而实现培养规模宏大,富有创新精神,勇于投身实践的创新创业人才队伍的目的。

三、"互联网十"背景下农业高职院校创新创业教育现状

随着"互联网十"时代的到来及国家高度重视创新创业教育,近些年来,农业高职院校越来越注重"互联网十"背景下创新创业教育的发展,总体趋势良好。但与此同时,我们也

应注意到,农业院校在创新创业教育的发展过程中也存在着一些不可忽视的问题。

(一)对时代背景理解不够深刻,对"双创"教育重视不足

在"互联网＋"时代,部分农业高职院校在发展创新创业教育过程中,对"互联网＋"时代内涵理解不够深入,仅仅将"互联网＋"作为一种经济发展手段,而未能从生产方式转变的高度进行深入理解,使得"双创"教育的顶层设计起点较低,教育效果难以得到保障。与此同时也存在对"双创"教育重视不足的现象,仍未形成高度重视"双创"教育的共识,浓厚的"双创"校园文化氛围,及全员参与"双创"教育生动实践的良好格局。依然实行以往的"双创"教育模式,使"双创"教育成为农业高职院校发展的"软肋"。

(二)"双创"教育组织机构不能健全,制度建设急待完善

部分农业高职院校"双创"教育领导组织机构不够健全,权责不够明确,分工不够细致,上下联动机制尚未完全建立,严重影响"双创"教育的组织实施,培养"双创"人才的目的难以实现,制度建设急需加强。从人才培养方案到"双创"教育体系建设,从"双创"工作绩效考评到教师职称评聘等各个方面,在"互联网＋"时代背景下融入"双创"教育的因素很少。制度建设不够规范,使得部分农业高职院校"双创"教育建设与发展缺乏制度保障,成为无源之水,无本之木,发展进程举步维艰。

(三)"双创"教育体系不够完善,监督评价体系建设有待加强

"双创"教育体系是实施创新创业教育的基础,但部分农业高职院校尚未建立与校企合作,工学结合,产教融合人才培养模式相适应的和谐生态创新创业教育体系,无法形成创新创业型人才培养合力。针对现有的创新创业教育体系,在兼顾评价信度和效度的基础上,构建以教学输入质量、教学运行质量、教学输出质量为质量评价目标,以组织机构、制度建设、学生素质、师资队伍、课程教学、孵化基地建设、创业实践、吸纳就业、校园环境、社会声誉为质量评价指标体系,以创新创业学分、绩效考核评价、政校企教学评估为质量评价监督考核方式在内的创新创业教育评价体系更是无从谈起。

(四)"双创"教育师资力量欠缺,人员结构不够合理

"双创"教育师资是实施"双创"教育的执行者,部分农业高职院校"双创"教育师资缺乏,尚无专门从事"双创"教育教学、科学研究的师资队伍,多数为专业教师兼职,接受过专业"双创"教育的教师屈指可数,因此无法产生优秀的教学团队,形成精品课程,品牌教材。同时,双创教育教师多以校内教师为主,缺乏来自企业成功创业人士,校外优秀创业专家,知名学者等组成的校外创业导师团队,校内外创业导师结构不够合理,重理论讲解,轻创业实践现象严重。

(五)"双创"教育实践内容空缺,教育针对性不强

部分农业高职院校创新创业孵化基地建设不够明确、内容不够完整,且孵化能力发挥不够充分。对于校内正在运行的创业项目监管不力,扶持力度不大。教师科研项目吸纳学生参与意识不强,锻炼学生创业效果不够明显,科技成果转化为学生创业项目不多。以赛促练,以赛代学的氛围尚未形成,虽然十分重视国家、省市各类创新创业大赛,但参赛作品质量不高,专业结合密切度低,遴选项目只是为了参加比赛,比赛过后参赛项目落地运营少之又少。

(六)"双创"教育服务体系有待建立,指导功能有待完善

作为"双创"教育成果转化的最后一公里——"双创"教育服务体系对于学生创新创业项目产生、发展到运营来说作用巨大,但部分农业高职院校"双创"服务体系不够完善,"双创"教育工作人员对国家、省市"双创"政策了解不够及时准确,对于学生创业项目运营不能给予正确指导。学生创新创业社团管理不够规范,活动内容流于形式。在"互联网＋"时代,网络数据平台运用较为生疏,"双创"教育网站、交流软件应用缺失,严重影响"双创"教育建设与发展。

四、"互联网＋"背景下农业高职院校创新创业教育体系构建路径探讨

农业高职院校应高度重视创新创业教育工作,在充分理解"互联网＋"时代内涵的基础上,进一步形成思想共识,坚持以深化创新创业教育改革为突破口,以人才培养体系、模式、机制创新为抓手,深化校企合作、产教融合,全面、全员、全程培养农业创新型优秀人才,在"互联网＋"时代背景下确保"双创"教育工作取得突出成效。

(一)加强顶层设计,深构保障机制

1.健全组织,创新机制

成立由学院主要院领导为组长的创新创业工作领导小组和创新创业学院专门工作机构,组建创新创业教育专家指导委员会,形成"院系两级衔接、内外专家协作"组织运作体系。推行"导师制",建立"1＋N"(即学院加多家校企合作紧密型企业)协同育人机制,形成"统一领导、齐抓共管、开放合作、全员参与、协同育人"的工作机制。加强顶层设计,保证创新创业工作高效推进。

2.创新理念,完善制度

以"创新创业教育与专业教育、素质教育三教融合实施,共促大学生创新创业"和"创新促进创业,创业带动就业"的创新创业教育理念为引领,将创新创业教育融入人才培养全过程。完善制度体系建设,制定本校深化创新创业教育改革规章制度文件,建立就业创业工作联席会议制度。落实"机构、场地、人员、经费"四到位,明确院系两级管理体制和全体教师的主体责任,将各系及教师创新创业工作成效与绩效考核、工作量认定、岗位聘任、职称评聘挂钩,保证大学生创新创业的有效实施。

3.打造创新创业教师团队

线上充分利用互联网技术,线下通过培训学习、岗位认证、企业实践、地方挂职锻炼等多方培养和绩效考核导引,建设专职创新创业导师队伍。聘任创业教育专家、教育培训机构、企业家、优秀校友为创业导师等,构建了多元并存、专兼结合、内外互补、双师素质能力强的

专业化教师团队。组建创新创业导师库,合理搭配校内外创业导师比例。

(二)深化教育教学改革,凸显创新创业教育

1.依托专业,创建产教融合的创新创业教育体系

基于人才培养定位、学生发展诉求和创新型应用人才培养目标要求,制定并修订各专业人才培养方案,充分考虑本校教学实际,充分利用"互联网+"技术,确定"双创"课程结构,构建创新创业课程体系。基于创新创业人才培养规律,依托专业,形成"加强创新创业教育、提高创业能力、促进创业实践"的"三位一体"人才培养体系。

2.统筹规划,构建"三类并重"创新创业课程体系

建立通识教育类、专业教育类和实践教育类"三类并重"创新创业课程体系。通识教育类课程应包括职业发展与就业指导、创业基础等必修课和创新创业类公共选修课。专业教育类课程应包括专题研讨课、项目课程和融入创新创业教育内容的专业课程、交叉课程等。实践教育类课程应包括企业主修课、专业实践课、企业创新创业教育实践课,以及科研实践、素质教育实践、社会实践、学生创业等隐性课程。面向全体学生开设通识教育类课程,面向有较强创业意愿和潜质的学生开设创业实务课程和交叉融合课程,普惠式与个性化教学并举,校内外相结合。各专业开发出多门专业教育类和实践教育类创新创业课程。建立在线开放课程学习认证和学分认定制度,认定学生在线学习学分,同时建立毕业生成功创业案例库,宣传本校创业成功典型,以达到示范榜样的作用。

3.遵循规律,深化创新创业教育教学改革

遵循职教规律和行动导向理论,在"互联网+"背景下,坚持和发扬本校育人理念,加大课改力度。专业课做到项目导向、任务驱动与启发式、讨论式、案例式、信息化教学相结合,教学内容增加创新性、设计性和综合性内容,引入企业模拟管理、项目推演等创业培训内容,将创新创业观念、原则和方法,以及创新性、批判性思维等融入专业教学各个环节,实现职业能力和创新创业能力的同步培养。外语、体育、思政等公共基础课推行分层、小班型、活动+授课结合式同步教学,突出学生个性化培养。课程考核注重考查学生运用知识分析解决问题的能力,推行多元考核、学生组内组间互评和开展包括职业素养、创新创业意识与能力考核在内的综合考核,加大形成性考核和非标准答案考试,改革单一考核模式,采用多次考试、综合评价优秀免考等多样化、个性化考核方式。

4.系统设计,加强创新创业教育教学管理

各校结合自身实际设立创新创业学分,制定创业奖学金评比和竞赛奖励办法等,鼓励学生参加各类各级创新创业实践。建立学生创新创业教育档案,其成果作为学生评优选先的指标之一。实行顶岗实训校企双导师制,允许学生利用顶岗实习期间自主创业,并依据创业成效认定学分。实行学年学分制和弹性学制,建立学分积累与转换制度等,放宽学生修业年限,为有意愿和潜质的学生配备创业导师,制定创新创业能力培养计划,允许其优先参与专业创新项目、科研小助手选拔、第二专业辅修或跨专业学习,允许其调整学业进程和保留学籍休学创业。

(三)搭建多样化实践平台,助力学生创新创业实践

1.多元协同,共建创新创业实践平台

农业高职院校作为创新创业教育主体,应充分发挥主体作用,在"互联网＋"时代背景下,充分利用互联网技术,整合校内外资源,积极争取当地政府支持,校企合作紧密型企业支持,在充分理解国家、省市政策文件的基础上,搭建创新创业实践平台。积极探索混合所有制二级学院及企业创新创业分院建设。充分利用国家、省市职教集团资源,创设学院创新中心。深挖校内外实训基地资源,为学生创新创业项目落地运营提供条件。

2.创设载体,开展创新创业实践

积极探索创新创业实践教育内容,采取"导师＋项目＋团队"的教学模式,学生分组"做中学、做中练",培养学生创新创业能力。建立院、系二级大赛平台,组织参加省和国家大赛,激发学生创新创业激情,并以科技创新平台、教师科研项目、创业项目品牌、基地管理等载体为辅助,开展创新创业实践活动。制定大学生创新创业能力训练计划,优先安排拟创业学生参与基地管理、生产科研实践,强化学生创新创业能力培养。学院应每年拨专项经费用于"双创"教育事业发展,设立扶持学生创业项目运营基金,加强管理,充分发挥作用。

(四)加强校园创新创业文化建设,打造创新创业指导服务体系

1.加强校园创新创业文化建设

以农耕文化载体建设来培养农业高职院校学生"亲农,爱农"思想意识。通过创业教育成果展示周、创业大讲堂、校友企业家报告会等活动建设,培养创新创业价值观。通过创业政策宣讲、学生创业典型宣传、企业奖助学金评选等活动,培养励志文化,促进校企文化互融,激发学生的创业动力。组建学生创新创业协会,搭建学生实践与交流平台。打造以大赛等活动文化品牌,激发学生创新创业激情,营造出氛围浓厚的校园创新创业文化,提升学生创新创业能力,每年定期审查学院学生创业项目,对于符合学院要求,发展前景广阔的创业项目允许其入驻基地孵化,鼓励扶持学生创业项目落地运营。

2.打造创新创业立体指导服务体系

通过"一台一网两群五化"建设,打造创新创业立体指导服务体系,实现全程指导、持续帮扶和一站式服务。"一台"即建立本校大学生创新创业综合服务中心;"一网两群"即创业服务网、创新创业交流 QQ 群和微信群;"五化"即导师按照国家标准配备,自新生入学始至毕业 2 年内,全程化、全面化、全员化、信息化和专业化指导服务学生学业和创业。

在"互联网＋"时代背景下,农业高职院校大力发展创新创业教育,既是促进自身发展,更是完成教育历史使命的体现。农业高职院校充分把握"互联网＋"国家经济发展方式转变,生产方式更新的历史契机,在国家创新发展战略指导下,努力构建创新创业教育体系,着力培养创新创业型人才,对于解决就业民生问题,促进国家经济在新常态在平稳发展将发挥更加巨大的作用。

[参考文献]

[1] 陈吉胜,等. 大学生创新与创业指导教程[M].北京:首都师范大学出版社,2016.

［2］殷朝华,等.大学生创新创业基础［M］.上海:上海交通大学出版社,2016.

［3］马桂芬,等.大学生创新创业指导［M］.北京:北京工业大学出版社,2016.

［4］王光炎.创新创业教育［M］.长春:吉林大学出版社,2017.

［5］吴彬瑛,等."互联网＋"时代高职院校创新创业教育应用研究［J］.职教论坛,2017(2):30-34.

［6］朱孔阳.构建"互联网＋"新形态下高职院校大学生创新创业教育的三大体系［J］.河北软件职业技术学院学报,2017(1):25-27.

［7］安光."互联网＋"背景下高职院校创新创业教育探索［J］.职教论坛,2016(36):34-37.

［8］鲁艳."互联网＋"与高职院校创新创业教育［J］.当代教育实践与教学研究(电子版),2016(8):17-18.

［9］于奕."互联网＋"背景下高职院校创新创业教育的研究［J］.农业网络信息,2016(4):152-154.

［10］白广申."互联网＋"时代背景下高职院校创新创业教育改革探索［J］.广州职业教育论坛,2016,(2):1-5.

"互联网＋"背景下高职院校专业课程建设研究

——以汽车电气系统故障检修课程为例

日照职业技术学院 刘成好 李永冰

摘 要：随着互联网技术的发展和移动终端的普及，作为肩负为国家经济建设输送高端技能型人才重任的职业教育，在教学模式、教学手段以及教育资源等多个方面都面临前所未有的机遇和挑战，而承载学生能力和素质培养的专业课程建设如何适应这一变化，是每位高职院校专业教师都必须面对的问题。本文结合汽车电气系统故障检修课程，对基于"互联网＋"背景下高职院校专业课程建设思路和方法进行了探讨，并针对课程建设过程中出现的一些困难提出了建议。

关键词：互联网＋；高职院校；课程建设

专业课程是实现学生能力和质量培养的载体。在"互联网＋"背景下，大规模在线开放课程（MOOC）的开放以及各种网络教育平台的出现，各种教学资源的获取已经摆脱了传统课堂和教师的限制。学生可以在宿舍甚至在户外就能依靠手机自主完成各种课程的学习和作业的提交；各种专业知识的获取也不再局限于任课教师，学生可以通过各种网络搜索引擎或者在线课堂就能得到理想的结果。为适应新形势发展，传统职业教育的教学模式和教学方法等方面都要面临着改革，本文从目前高职院校学生课堂的学习状况入手，结合汽车电气系统故障检修课程在"互联网＋"背景下的建设状况，针对高职院校基于"互联网＋"背景下专业课程建设思路和方法进行探讨。

一、"互联网＋"背景下高职学生课堂学习状况分析

(一)课堂"低头族"现象普遍存在

"互联网＋"背景下，智能手机的普及和网络技术的发展，高职学生对手机的依赖性越来越强，不仅生活中空闲时间被手机所占用，课堂上学生看手机现象十分普遍。教师在课堂上辛辛苦苦讲课，即使课件做得再出彩，也鲜有学生看上一眼，这样的教学效果可想而知。为了改变学生看手机现象，学院采取了很多措施，比如在教室悬挂手机袋，希望能够得到好的效果。可实际情况却是学生不看手机现象仅仅能持续一两周，随后就会发现手机袋里的手机变成了备用手机或手机模型，甚至有的教室手机袋都被学生藏了起来，课堂"低头族"现象依然存在。造成该现象有多方面的原因，这与授课教师的授课方式、学生的能力素质以及授课的内容都有密切的关系。但最主要的原因是学生学习兴趣和动力不足，教师授课的内

容肯定没有游戏和小说更有吸引力,再加上个别专业教师只是照本宣科,一味灌输,而大多数高职学生的自制能力又普遍较差,这样学生就很容易变成了"低头族"。为了提升课堂的授课效果,避免学生成为低头一族,"互联网+"背景下高职院校的课程改革势在必行。

(二)专业课程一体化教学效率低,管理差

为改变原来的"注入式"或"填鸭式"课堂教学模式,提升高职学生的授课质量,越来越多的专业课程会采用"学训同步"的一体化教学模式。以汽车电气系统故障检修为例,为保障该课程一体化课堂的顺利实施,学院专门建设了汽车电器一体化实训室,配备了各个教学模块相应的实训设备和实训设施,并为专业教师都配备了专门的实训车辆,但具体实施一体化教学时却显得实训设备不足了。这是因为,学院授课班级定额一般为 30 人左右,一体化教学时根据学生人数和教学内容可分成 5—6 组,而对应模块的实训设备一般为 1—2 套,只能满足一两组学生同时进行练习,而剩余的 3—4 个组就会处于等待状态,降低了一体化课堂学生的学习效率。同时,为保证学生人身安全和一体化课堂设备安全,专业教师必须实时监控实训学生的动态,而等待的学生必然疏于管理,造成该部分学生课堂管理秩序较差,降低了整个一体化课堂的授课效率。

二、"互联网+"背景下专业课程设计

(一)改变专业课程传统教学模式与教学手段

随着移动互联技术的迅猛发展和普及,专业课程的教学模式和教学手段也在发挥着深刻变革,网络教学和网络自主学习得到了广泛的开发和应用。高职学生通过运用网络学习资源实现个性化的自主学习方式等新型教学组织形式快速发展起来。

"互联网+"背景下,专业课程的教学手段主要有:以师生角色互换的翻转课堂;大型在线教育 MOOC;主题突出、内容精练的微课以及混合式教学方式等。以下是这几种新型教学手段的简单介绍。

1. 翻转课堂

教师将学习的决定权转移给学生。汽车电气系统故障检修课程操作性强,在该教学手段中,教师不再占用课堂的时间来讲授相关知识内容,相关知识内容放在课下由学生主动进行学习,这样就可以让学生充分利用课堂内的宝贵时间,更专注于汽车电气系统故障检修技能的学习,从而提升课堂的授课质量和效率。

2. 微课

整个教学过程可以分为三个环节,课前环节中教师按照课程标准及教学实践要求,录制教学视频,然后把课程所需的上课的资源通过课程平台发布给学生,以便学生课前学习;课上环节教师指导学生进行任务实施;课后环节中教师再进行辅导。本文在课程实施中就是采用微课的教学手段进行教学。

3. 雨课堂和课堂派

雨课堂和课堂派是清华大学和北京大学为解决翻转课堂存在的线上线下容易脱节,学

生学习内容不完整等缺点而分别研发的一种高效的课堂管理平台。

雨课堂将复杂的信息技术手段融入 PowerPoint 和微信，为教师在课外预习与课堂教学间建立沟通桥梁。教师在课外把制作的 PPT 和录制的语音信息通过微信发给学生，以供学生课前预习；教师可以收到学生的学习进度等情况，其巧妙的限时设计和方便快捷的课堂测验、课堂签到，为教师节约了宝贵的课堂时间，提升了授课效率。

课堂派为老师及学生提供便捷的班级管理、作业在线批改、成绩汇总分析、课件分享、在线讨论等服务。课堂派最大的优点就是在学习的过程中，学生可随时跟老师进行沟通和分享，不仅提供跟老师同学交流的机会，还能够获得别人的指导和鼓励，让整个学习过程更加轻松，从而提升学生学习的积极性和教师的授课质量。

在"互联网＋"背景下的专业课程教学中，教师可以根据实际教学条件和课程需要，选用翻转课堂、微课等适合课程特征及内容的新型教学手段。这些新型教学手段的使用，改变了传统的教学模式与教学手段，变学生的被动学习为主动学习，学生的学习兴趣得以激发，创新思维得以发展，综合职业能力得以提升。

同时，如果利用手机快速上网的优势让其成为学生的辅助学习工具，从上课禁止学生看手机到要求学生使用手机，化学生被动学习为主动学习，充分调动了学生学习的积极性，提高课堂的教学质量和效率，有效解决传统课堂教学中"低头族"的现象。而网络技术和手机引入课堂，学生在等待实训时，可以利用手机里安装的虚拟软件同步进行模拟实训，从而解决了因实训设备不足导致的一体化课堂授课效率较低的难题。

(二)"互联网＋"背景下专业课程的组织实施

采用了新的教学模式和教学手段后，"互联网＋"背景下专业课程如何设计和组织实施，就成为提升专业课程教学效果的关键了。

学生对于汽车电气系统故障检修专业课程的学习，特别是汽车电路分析部分，需要有较强的理解力，但高职学生的相关专业基础普遍比较薄弱，如果在学习过程中遇到的问题得不到及时解决，就会影响到课程后续内容的学习。而采用微课、翻转课堂等新型教学手段则会有效帮助学生自主学习，激发学生的学习兴趣，从而大大提升教学效果。

微课教学方法设计具体可分为三个教学环节，即课前引导、课上指导与课后辅导。本文以汽车电气系统故障检修课程中起动系统故障检修任务为例，其具体授课过程设计如下：

1. 课前引导环节

教师将本次课的工作任务—汽车起动系统故障检修的教学目标、教学资料（微课视频、维修手册等）通过网络平台发布给学生，要求学生在课前了解本次课的教学目标，熟悉教学内容，通过观看教师发布的微课视频及自主查询等途径了解起动机的相关专业知识。通过课前引导环节，学生自主学习新课内容，记录学习过程中遇到的问题，提前了解新课的重点和难点，激发了学生的学习兴趣，明确了学习方向，有效提升了学生获取和处理信息的能力。

2. 课上指导环节

在一体化课堂上，教师引导学生以小组为单位把课前引导环节获取的关于汽车起动系统的知识进行交流、讨论和分享，解决学生在自学中存在的问题。

教师布置工作任务，即要求学生维修由于起动系统原因导致的汽车不能正常起动这一典型汽车故障,然后组织各小组学生自主讨论,分工合作,确定汽车起动系统故障诊断的工作流程。

学生以小组为单位准备维修工具,查找故障点,对实训车辆进行维修。学生在维修过程中出现的问题可以借助观看存储在手机中微课视频解决,也可随时寻求教师的帮助。

教师实时监控各个维修小组的状况,随时解决学生在维修中出现的问题,并对学生的维修过程给予及时反馈与评价。

整个课上指导环节的学习中,学生是通过自主练习和教师指导相结合,不仅提升了学生发现问题、分析问题和解决问题的能力,而且又强化了学生的团结协作和协调沟通能力。

3.课下辅导环节

学生以小组为单位,通过网络平台查询和分析不同车系起动系统电路图,并结合汽车起动系统的常见故障制定相应的诊断流程,最后将完成结果传至课程平台,教师可根据学生提交的结果,针对出现的问题,及时给出评价和反馈。

在该环节中,学生通过教师布置的拓展任务既强化、加深了学生在课上所学的专业知识和技能,又培养了学生的创新能力和知识迁移能力。

通过以上微课教学设计的三个环节,在整个专业课程的教学实施中,学生都需要通过自主学习的方式来进行学习,学生始终处于主动学习地位,提升了学生的学习兴趣,很容易将课堂所学的知识和技能内化成学生的综合职业能力。

三、完善专业课程建设保障机制

为保障"互联网+"背景下专业课程的顺利实施,课程建设时应建立健全相应的保障机制。

(一)完善校园网建设,创建网络教学机制

"互联网+"背景下,专业课程的教学离不开网络平台的支持,而现有校园网建设还不能实现学生生活区和教学区的免费全覆盖,因此需要学校扩大和完善校园网建设,加大 WiFi 的覆盖区域,保障高职院校的学生无论在课堂还是在宿舍甚至在整个大学城园区都能自由免费上网。

同时,鼓励学生使用微信、微博及其他手机 APP 等常用热门交流工具作为课程信息交流平台,师生共同在线进行交流讨论,开展专业课程的网络学习及教学资源的分享,创建"互联网+"背景下的专业课程网络教学机制。

(二)完善"互联网+"背景下的课程评价方式

科学合理、及时准确的课程评价是课程取得良好学习效果的重要保证。传统教学中课程评价侧重于平时的作业和最后考试的成绩,这种课程评价方式不可避免存在延迟性和片面性的缺点。

而"互联网+"背景下的课程评价,教师通过统计课前引导环节发放学习资源,提前了解学生的知识和能力状况,使其备课更有针对性。学生做完作业后,可以通过互联网快速上

传,教师可以实时审阅和评价学生的学习成果,并且能够在线与学生互动交流,及时解决问题,保障了课程评价的及时性,从而提升学生对课程的学习效果。"互联网＋"背景下的课程评价也很容易实现同个别学生单独进行交流,使得课程评价更人性化,学生更乐于接受。

另外,采用"互联网＋"背景下的课程评价使得学生自评的机会增多,学生在上传自己学习成果的同时,也可以查看其他学生成果的质量和进度,学生通过查找与其他学生的差异,就会对自己的课程学习有更真实客观的评价,增强了学生学习的积极性和针对性。

通过完善"互联网＋"背景下的课程评价方式,丰富了课程评价的内涵,突破了传统课程评价的延迟性等制约瓶颈,增强了教师授课的针对性和课程评价及时性,提升了学生的积极性,促进了课程授课质量的明显提升。

四、"互联网＋"背景下专业课程建设过程中存在的困难及建议

"互联网＋"背景下专业课程建设使得课堂教学质量显著提高,但是在课程建设过程中也面临着不少的困难。比如,"互联网＋"背景下专业课程教学要实现以课堂教学为主向课内外结合转变,课程评价也以终结性评价为主向形成性评价为主转变。但是由于长期以来形成的固化的根深蒂固的教学模式和教学方法在短时间内难以改变,这成为"互联网＋"背景下课程建设的一大障碍,而要突破这个障碍,必须要打造一支适应"互联网＋"背景下教学的专业师资队伍。

"互联网＋"时代下,专业教师的教学能力越来越多地呈现出信息化特色,教师需要对学生学习过程中形成的大量信息进行处理与分析,专业教师如果不能紧跟"互联网＋"发展的潮流提升自身的信息素养,就无法保障"互联网＋"背景下新型教学手段的顺利实施。因此,专业教师必须要自觉了解和学习信息化的前沿技术,并通过各种不同形式的培训和学习,提升自身的信息化素养,把信息化技术与专业课程建设进行深度融合,不断提升专业教师信息化执教能力。

另外,"互联网＋"背景下专业课程需要大量的视频资源,这些视频资源从搜集到录制、从修改完善到最终完成,都需要投入大量的人力、物力和经济成本。

而专业课程在设计和制作上不仅需要满足传统课程设计的要求,还要满足网络课程具体形式的要求,再加上不断地进行修订、改进和完善,完成这些工作需要专业教师持续付出更多的、艰辛的努力,这些大量的智力和体力劳动,也阻碍了专业课程建设的顺利实施。

面对专业课程建设中的种种困难,学院需要制定相应的政策和经济手段来支持、鼓励"互联网＋"背景下专业课程建设,同时专业教师要充分发挥主观能动性,尽量想办法解决专业课程建设过程中的一些困难,为"互联网＋"背景下课堂教学质量的提升扫除障碍。

五、结　语

面对"互联网＋"背景下专业课程在教学理念、教学模式与教学手段等多个方面的重大变革,专业教师要不断提升自身的信息化教学能力,充分利用网络资源的优势,促进信息技术与专业课程的深度融合,面对专业课程建设中的一些困难,专业教师要积极发挥自己的主

观能动性,勇于创新,不断提高课堂教学质量,全面提升学生的综合职业能力。

[参考文献]

[1] 熊艳,王雅娟."互联网＋教育"背景下高校在线开放课程建设的制约因素与发展对策[J].黑龙江教育学院学报,2017,36(1).

[2] 秦晓峰."互联网＋教育"背景下高职公共课程教学手段应用[J].科教导刊,2017(6).

[3] 李文,高健.基于"互联网＋教育"的高职课程建设[J].青岛职业技术学院学报,2016,29(4).

[4] 宗树兴.教学有效性评价模式在互联网背景下的实现[J].教育实践与研究,2016(20).

[5] 孙焕志."互联网＋"时代下的高职计算机类专业课程改革探讨[J].齐齐哈尔师范高等专科学校学报,2016(3).

[6] 林红."互联网＋"背景下高职院校课程资源建设的创新探索[J].新疆职业教育研究,2016(2).

[7] 廖淑梅."互联网＋"时代高职英语教师素质现状及提升路径[J].高教学刊,2016(13).

[8] 田其英.大数据时代对高职教育教学影响及变革研究[J].现代交际,2016(16).

[9] 陈艳,姚月."互联网＋"时代高职院校思政课行动导向教学模式研究[J].浙江工贸职业技术学院学报,2016,16(4).

[10] 付宁,张东霞.基于"互联网＋"视域下高职创新创业教育的研究[J].无线互联科技,2017(4).

网络学习领域中的几个关键性问题探讨

陕西职业技术学院　　张新平

摘　要:运用文献计量可视化软件CiteSpace分析出了1990—2016年国内外网络学习研究的热点主要集中在学习资源个性化推荐、本体技术验证模型、网络学习行为及学习状态评估等领域,结合国内外最新研究资料,在网络学习感知满意度、网络学习资源推荐与挖掘和视觉感知识别网络学习状态方面进行了详细论证,并为网络学习的未来发展提供了启示。

关键词:"互联网＋学习";文献计量;感知满意度;个性化推荐;学习状态评估

信息技术的爆炸导致了教育的变化。网络学习融入大学课程中,是信息爆炸的一个组成部分。随着互联网的快速发展,从Web1.0到Web2.0再到Web3.0,网络使用者接受信息的方式发生了深刻变化,如表1所示。距离学习(distance learning)、电子学习(e-learning)和在线学习(online learning),对学习环境与认知的期望值不同而已。远程教育通常用来描述努力为那些地理上遥远的人提供学习的教育形式(如广播电视大学、网络学校等)。电子学习,是指借助应用程序、软件、对象和网站等载体,为使用者提供一个学习的机会。在线学习是一个远程学习的升级版。本文将这三者合并为网络学习,即以互联网为知识信息传输通道,以共同的主题或课程为学习任务,构建的互动性网络学习社区或班级。许多教育(培训)机构和公司为使用者开展网络学习(web-based learning)项目做出了巨大的努力,并投入了大量资金。然而,在把网络学习项目推荐给各种水平的使用者过程中,持续使用这一系统的意向仍然是非常低的。综合国内外相关研究报道,发现基于课程的网络学习系统满意度、网络学习资源推荐和网络学习效果监控等方面是主要影响因素。本文以报道的实证性实验结果为依据,探讨网络学习中以上关键性问题的解决途径,以期为网络学习的创新与发展提供启示。

表1　Web1.0—Web3.0网络学习相关特征的转变

	Web1.0	Web2.0	Web3.0
时间	1993—2003年	2003年以后	
表现	网站中心化	分布式,个人中心化	分布式,个人中心化,移动化
内容来源	网编和IT经营者	普通用户	任何网络用户
内容形式	跳转的表态网页	动态的发展,记录	高聚合度,可编辑性
用户模式	阅读为主,被动接受	读写并用,主动参与建设	读写并用,视听为主,主动参与
服务体系	C/S模式	B/S模式	跨平台信息一站式服务

续　表

	Web1.0	Web2.0	Web3.0
表现特征	通过浏览器阅读	用户模式网页,互动的应用程序	高速,精准,系统
信息交互	网站对用户	群体内容的 P2P 互动传播	利用 Mashup 技术整合用户数据信息
信息组织	网站管理员组织	自组织,协同组织	自组织,协同组织
传播目的	满足用户共同需求	满足用户个性需求	满足用户个性、精准和职能服务
知识分类	显性知识交流	显性知识与隐性知识的分享、积累	显性知识与隐性知识的整合、挖掘

一、国内外网络学习研究热点追踪

(一)年文献量增长动态

图 1 表明,CNKI 与 WOS 年文献量的呈增长趋势,近 5 年维持在平稳增长状态。两者的累积文献量分别为 2505 篇和 8489 篇。随着,互联网向教育领域的渗透和融入,未来在线学习的文献量将呈上升趋势。这与张子石等人研究结果相一致。

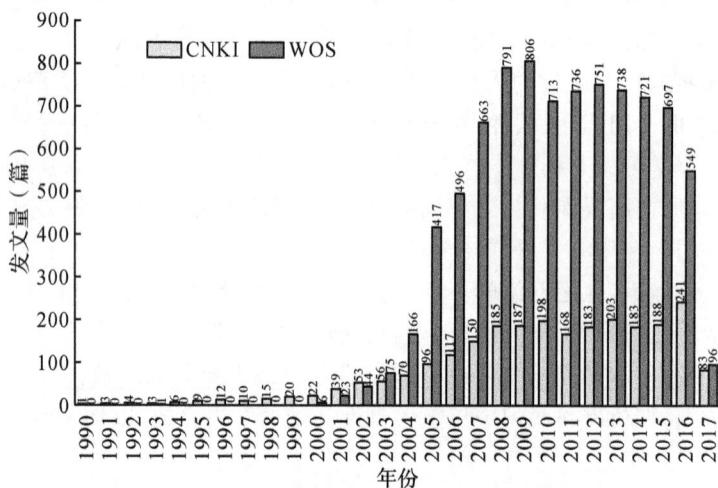

图 1　1990—2017 年国内外网络学习研究年文献量分布图

(二)共现关键词图谱分析

2017 年 6 月 3 日分别以检索关键词"网络学习""e-learning""web-based learning",在中国学术期刊全文数据库(CNKI)、Web of Science™核心合集(WOS)数据库中检索所有相关的中文、英文全文期刊文献,分别以"Refworks""全记录与引用的参考文献"在线输出文献信息数据,作为 CiteSpace 分析的数据源。

图 2 表明,中国国内(CNKI)网络学习研究中共现频率较高的关键热词分别为:网络学习(786)、网络学习平台(150)、网络学习共同体(108)、网络学习空间(99)、网络学习环境

(97)、网络学习行为(83)、神经网络(44)、大学生(22)、学习共同体(20)、网络学习资源(19)、自主学习(13)、网络学习社区(10)、学习算法(8)、学习资源(7)和网络学习系统(6)等。国内网络学习研究中突变度较高的关键热词分别为神经网络(14.46)、web2.0(10.72)、moodle(10.56)、学习算法(10.17)、MOOC 慕课(6.4)、sn 序列号(6.25)、信息技术(6.04)、bp 神经网络(5.77)、moodle 平台(5.26)、个性化(5.06)、实证研究(4.34)、影响要素(4.32)、网络学习空间(4.22)、社会认知理论(4.22)、知识共享(4.22)、pdf 文档(4.21)、Aspnet(4)、Sakai(4)和人工神经网络(3.83)。

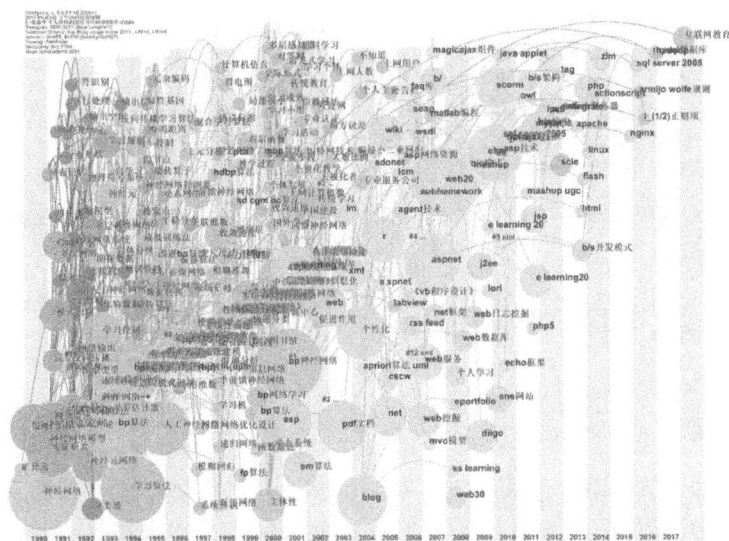

图 2 中国 1990—2017 年 CNKI 中网络学习研究热点演进时区图谱

图 3 表明,国际(WOS)在线学习研究中共现频率较高的关键热词分别为:e-learning 网络学习(153),education 教育(35),technology 技术(24),model 模型(18),e-learning 网络学习(18),higher education 高等教育(17),performance 性能(16),system 系统(15),meta-analysis 整合分析(13),medical education 医学教育,(12)student 学生(12),environment 环境(11),information technology 信息技术(10),technology acceptance model 技术验证模型(10),satisfaction 满意度(9),knowledge 知识(8),web 网(8),ontology 本体论(8),acceptance 验证(8)和 motivation 动机(8)。

综合以上,学习资源个性化推荐、本体技术验证模型、网络学习行为及学习状态评估等领域是国内外网络学习研究的主要焦点。

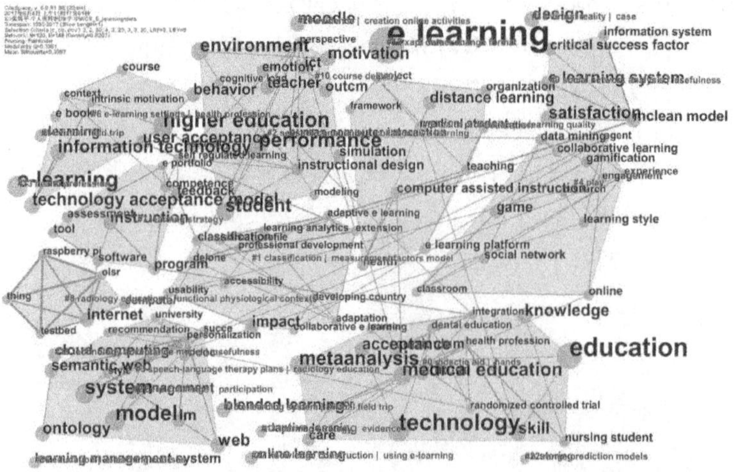

图 3　中国 1990—2017 年 WOS 中网络学习研究高频关键词共现网络图谱

二、网络学习感知满意度

(一)影响因素

Lee 期望—验证模型分析了 363 名对网络在线学习项目持续性教育的影响因素,发现满意度是最大的影响因素,其次是感知有用性、态度、专心、主观准则、知觉行为控制。如果普通学习者们的需要被考虑的话,网络学习班级的形成将会使其获益。例如,使用者之间的信任关系的建立,将会增加班级同学参与活动动力。大量实践表明,网络学习教室与主题社交网络群体在形成动态方面存在大量的相似性。

在大学课程体系中,开发或实施提供网络学习的课程时,构建网络学习课程的关键成功因素(critical success factors,CSFs)归为四类:(1)指导教师。①对课堂教学充满热情;②课堂风格受学生喜爱;③友好地对待个别学生;④对学生有真正的兴趣;⑤学生在寻求建议/帮助时受到鼓励;⑥鼓励学生互动;⑦有效地处理网络学习单元;⑧说明如何使用网络学习组件;⑨老师很喜欢使用基于单元的网络学习的学生;⑩学生被邀请问问题/提供答案;⑪学生被鼓励参与课堂;⑫教师鼓励和激励学生使用网络学习;⑬教师主动通过网络学习来教学生课程项目。(2)学生。①学生认为,相比传统方法,网络学习鼓励其寻找更多的事实;②学生认为,相比传统方法,网络学习鼓励其在参加讨论过程中表现更为主动;③热爱使用个人电脑;④用个人电脑来工作和娱乐;⑤学生在接受网络学习之前,舒适地使用个人电脑和应用软件;⑥学生以前使用个人电脑和应用软件的经历有助于其从事基于课程的网络学习;⑦学生不惧怕使用基于课程的网络学习;⑧学生觉得易于理解网络学习组建的结构;⑨学生觉得课程材料被及时地在线呈现。(3)信息技术。①在校园易于访问互联网;②浏览网页时,没有实践性问题;③浏览速度令人满意;④信息架构和呈现好;⑤屏幕设计令人舒适;⑥通过网页可以与同学互动;⑦容易联系上课程教师;⑧在大学校园里使用同一个账号和密码可以使用任何个人计算机;⑨校园计算机网络具有较高的可靠性。(4)大学的支持。①拥有访问中央图书馆网站和搜索材料的权限;②获得技术人员的技术支持;③学校对网络学习支持很好;④拥有满足使用和练习的计算机;⑤能够轻松地打印作业和材料。

(二)改善措施

来自 8 类 CSFs 的 538 名大学生调查结果表明,事实上,信息技术是驱动网络学习革新的引擎。基于某一课程的网络学习系统中信息技术的高效和有效使用程度是学生是否成功接受网络学习的关键所在。因此,确保大学信息技术基础设施能够多样化地和可靠地提供课程所必需的 IT 工具来使得信息传递过程尽可能畅通无阻是网络学习成功的关键。信息技术工具包括网络带宽、网络安全性、网络可访问性、音视频插件、多媒体课件创作、互联网络可用性、教学多媒体服务、视频会议、课程管理系统和用户界面。如果技术性建议和支持达不到的话,网络学习是很难取得成功的。此外,大学行政支持是网络学习成功必不可少的关键性因素。在采用任何形式网络学习系统的前、中、后各环节中,都必须仔细预评估。采用网络学习技术是一个建立和开发一项综合的信息技术系统的复杂过程。教师的特点(对技术的态度和控制,教学风格),学生特点(计算机能力、互动合作、网络学习课程内容与设计),技术(易于访问和基础设施)以及支持是课程网络学习系统采用需要考虑的关键因素。其中,主要因素的效度系数排序为:课程管理系统(0.89)＞计算机网络可靠性和学生信息管理系统(0.87)＞学生动力和技术能力(0.76)＞教师教学风格(0.69)。

三、网络学习资源推荐与挖掘

(一)网络学习资源推荐

近年来,学习者们对网络学习资源的使用在显著增长。然而,由于信息过载,许多学习者在检索满足他们学习需要的、有用的和相关的学习资源的过程中,正经历着许多困难。尽管现存的推荐系统已经在电子商务领域取得了成功,但由于学习者的不同学习风格、知识水平以及学习者的连续学习模式等特征方面的差异,使得这些推荐系统在网络学习领域向学习者精确地推荐学习资源方面,仍表现得经验不足。现存的大多数推荐技术没有考虑学习者特征方面的差异。在推荐过程中通过融合学习者的附加信息可以缓解这一问题。此外,许多推荐技术经历过冷启动评级稀疏问题。Tarus 等人提出了基于本体论和序列模式挖掘(SPM)的混合知识推荐系统,较好地克服了以上问题。在这一系统中,本体论被用于模型化和代表关于学习者和学习资源的领域知识,SPM 算法发现了学习者的历史的学习顺序模式。该方法主要包括以下四个步骤:(1)创建代表学者和学习资源领域知识的本体;(2)基于本体领域知识和对目标学习者的预测计算评级形似度;(3)通过协作过滤推荐引擎生成 N 个学习项目;(4)应用 SPM 算法将前 N 个学习项目生成目标学习者最终的推荐方案。大量实验结果表明,这一混合推荐系统具有良好的改善效果。

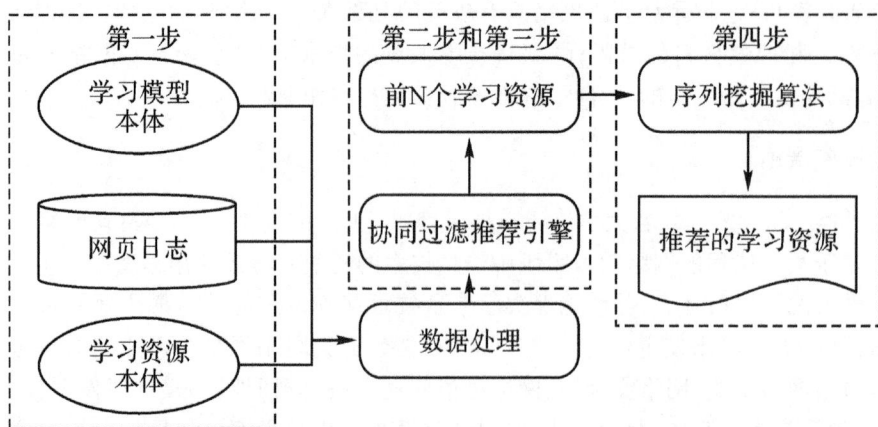

图 4　基于本体论和序列挖掘算法的网络学习混合推荐模型

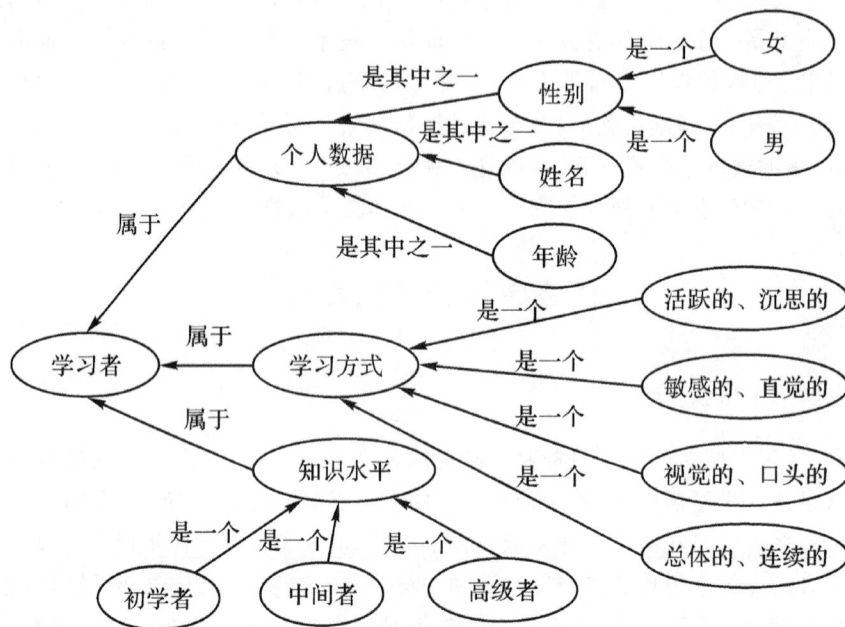

图 5　被推荐的学习者模型本体的总体设计

(二)网络学习资源挖掘

网络学习平台常见的挑战包括,学习材料的收集和注释,便于使用方式的知识组织,用更有意义的方式从知识空间中检索和发现有用的学习材料,传递适配的和个性化的学习材料等。为了处理这些问题挑战,Appalla 提出了一个支持网络学习的创新型教育数据挖掘技术(见图 6,笔者改绘)。

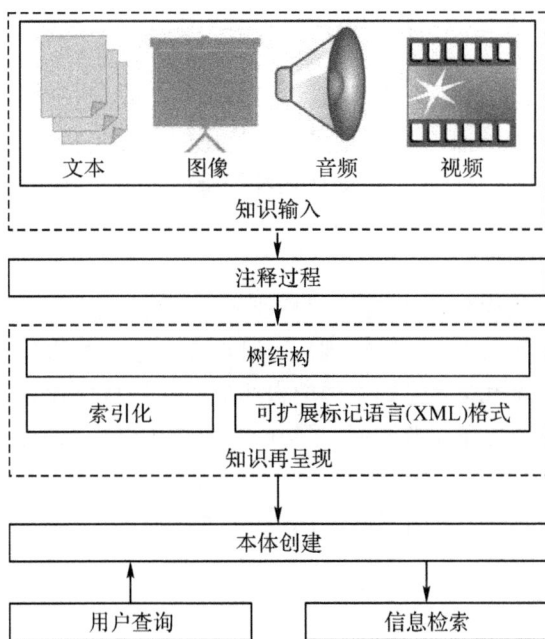

图 6　基于本体论和 XML 索引的网络学习资源挖掘技术流程

1.服务器模块

从数据库中读物文档并呈现相应的知识。主要包括以下技术环节：

（1）起始过程。

通过构建四个向量来分别初始化文档、图像、音频和视频文件。

对于文档（X）：$X = \{x_1, x_2, \ldots, x_{Nx}\}$；对于图像（Y）：$Y = \{y_1, y_2, \ldots, y_{Ny}\}$

对于音频（A）：$A = \{a_1, a_2, \ldots, a_{Na}\}$；对于视频（V）：$V = \{v_1, v_2, \ldots, v_{Nv}\}$

总文档（数据）可以表示为 $D = \{d_1, d_2, \ldots, d_{Nd}\}$，其中，$d_i \in X, Y, A, V$ 且 Nd＝Nx＋Ny＋Nv＋Na，$0 < i \leqslant N_d$。

（2）独特词语筛选。

构建文件题目的词语向量，$W_z = \{w_{z,1}, w_{z,2}, \ldots, w_{z,Nwz}\}$，Nwz 为文件 Z 中总字数。计算所有文件中每个词语的频率，从每个文件中并筛选出词频排名前十位的词语。$S_{wz} = \{sw_{z,1}, sw_{z,2}, \ldots, sw_{z,10}\}$，简记为"Top10 words"，含有 Top10 words 的所有文档中的常见独特词语（common unique words，CUW）就被筛选出来，CUW 表示如下，$CUW = \{cuw_1, cuw_2, \ldots, cuw_{Ncw}\}$，$cuw_i = \{Sw_1 \& Sw_2 \& \ldots, Sw_d\}$，随后找出常见独特词语的频率（$fre(cuw_z)$）。$fre(cuw_z) = fre(Sw_1^{cum_z}) + fre(Sw_2^{cum_z}) + \ldots + fre(Sw_d^{cum_z})$，其中 $fre(Sw_i^j)$ 代表词语 j 在文件 i 的 Top10 words 中出现的频率。

（3）K 均值聚类与结构形成。

K 均值聚类是一种将输入数据分成 K 个数据聚群的常用方法。数据点的分组所形成集群取决于其到几何中心距离的值。各组内的数据保证数据点与其邻近的聚类中心的欧式距离最小。主要原理如下：$DP = \{dp_1, dp_2, \ldots, dp_G\}$，DP 为 G 个数据点，cen$_i$ 为几何中心值，$0<i\leqslant k$。最小值算法为：$\frac{1}{G}=\sum_{j=1}^{G}[mindis^2(dp_j,cen_i)]$，$dis(dp_j,cen_i)$ 为数据点 dp_j 与聚类几何中心 cen_i 之间的欧式距离。一般取 $k=2$，在每一个聚类中找出频率前五名的常见独特词语，形成该聚类的主题。即聚类 i 表示为：$Top_i=\{\omega_{i,1},\omega_{i,2},\ldots,\omega_{i,5},\}$，$\omega_{i,j}$ 表示第 i 个聚类中第 j 高频率的词语。如此循环和细分就会达到网络学习资源逐层深入挖掘的目的。

2.客户端模块

用户通过客户端模块检索信息，基于用户的文本、图像、音频和视频的本体通过电子化的可扩展标示语言(XML)读取和存储。随后，用户通过输入查询条件，获得数据。基于用户查询和包含所有用户个性化信息的本体的自适应性学习材料检索系统，实现了用户需求与学习材料推荐的吻合。验证试验表明，平均匹配精度在 80% 以上。

四、视觉感知识别网络学习状态

(一)操作方法

借鉴 Yu Siyang 等选择五分制的多种学习状态(见表 2)，即注意力、学习方式、内容复杂性、热爱程度，对网络学习者进行学习状态数据采集(见图 6)，通过评分标准和层次分析法(AHP)进行学习状态综合评价。每一个学习周期被划分成若干个具体的学习片段或间隔(通常为 30 s)，每一个学习间隔，需要进行特征检测，并进行学习状态评估(见图 7)。

表 2　学习状态五分制评价表

学习状态	5	4	3	2	1
注意力	非常集中	集中	中等	分散	非常分散
学习方式	非常精细	精读	中等	浏览	快速浏览
内容复杂性	非常复杂	复杂	中等	简单	非常简单
热爱程度	非常感兴趣	感兴趣	中等	厌烦	非常厌烦

(二)特征检测

1.低水平特征检测

三维的头部姿势(位置和角度)，脸部运动，身体面积和距离，通过 RGB-D 影像获得。在相机坐标系中，头部姿势通过平移和旋转角度来表示。嘴和眉毛的运动间接地代表了神经的位置和嘴与美貌的形态。

2.中间特征检测

存在信息、头与面部部分信息、凝视屏幕的概率等中间特征，通过低水平特征检测获取。

3.支持向量机分类

在 LIBSVM，ENVI 等软件中，通过径向函数，利用内核一对一的方法来处理多类分类。

在原型足够具有代表性的情况下,从精度或相似度方面选择分类器。验证试验结果表明,随着原型学习者数量的增加,会较少分类器对不同特征原型学习者训练时产生的个体差异,从而会逐渐改善最小精度。建议用统一的分类器对所有样本进行分类并作为基线。对于一个新学习者,可以尝试选用适当的分类器,为了提高精度,可以采用考虑更多细节的综合分类方法。

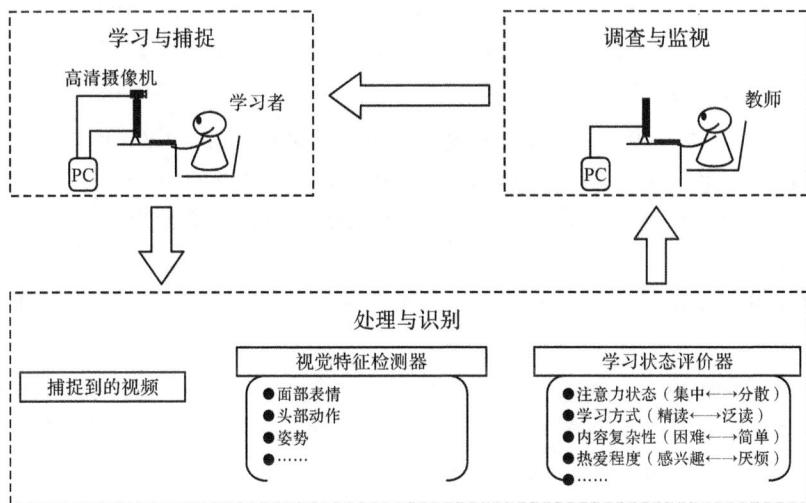

图7　网络学习状态监视与评价技术框架

五、讨论与展望

网络学习已经并将会被更多的高等教育机构所采用。因此,几个采用相关的关键性因素必须,首先是基于课程开发的网络学习系统的用户满意度、技术先进性、网络可靠性及师生的互动性。其次是网络学习资源的个性化推荐和挖掘服务的强化。再次是网络学习者学习状态的检测和评估。最后,要对网络学习系统的实效进行跟踪调查,及时发现缺陷,并采取措施予以完善和提升,尽可能最大化地发挥网络学习系统的效能。

[参考文献]

[1] 余燕芳,葛正鹏. 终身学习平台设计与构建——以 Web2.0 到 Web3.0 的学习理念变迁为视角[J].中国远程教育,2014(4):70-76.

[2] Moore J. L, Dickson-Deane C, Galyen K. E-Learning, Online Learning, and Distance Learning Environments: Are they the same? [J]. Internet & Higher Education, 2011, 14(2):129-135.

[3] Lee M. C. Explaining and Predicting Users' Continuance Intention toward E-learning: An Extension of the Expectation-confirmation Model[J]. Computers & Education, 2010, 54(2):506-516.

［4］Selim H. M. Critical Success Factors for E-learning Acceptance：Confirmatory Factor Models［J］. Computers & Education，2007，49(2)：396-413.

［5］Meo P. D，Messina F，Rosaci D，et al. Combining Trust and Skills Evaluation to Form E-Learning Classes in Online Social Networks［J］. Information Sciences，2017，105：107-122.

［6］Tarus J. K，Niu Z，Yousif A. A Hybrid Knowledge-based Recommender System for E-learning Based on Ontology and Sequential Pattern Mining［J］. Future Generation Computer Systems，2017，72：37-48.

［7］Yu Siyang，Nonmember，Kondo K，et al. Learning State Recognition in Self-Paced E-Learning［J］. IEICE Transactions on Information and Systems ，2017，2：340-349.

［8］张子石，吴涛，金义富. 基于 CiteSpace 的网络学习知识图谱分析［J］. 中国电化教育，2015(8)：77-84.

［9］陈悦，陈超美，刘则渊，等. CiteSpace 知识图谱的方法论功能［J］. 科学学研究，2015，33(2)：242-253.

［10］Liu X. Y，Sun H. L，Wu H. X，et al. Using Sequential Pattern Mining and Interactive Recommendation to Assist Pipe-like Mashup Development ［EB/OL］. (2014-06-12)［2018-11-12］. http：//iee explore. iee. orgldocument/0830903.

［11］Appalla P，Kuthadi V. M，Marwala T. An Efficient Educational Data Mining Approach to Support E-learning［J］. Wireless Netw，2017，23：1011-1024.

［12］傅钢善，王改花. 基于数据挖掘的网络学习行为与学习效果研究［J］. 电化教育研究，2014(9)：53-57.

基于翻转课堂的高职专业基础课混合式教学模式研究

重庆财经职业学院 王 伟 肖 妍

摘 要：翻转课堂混合式教学模式有效整合了翻转课堂和混合式教学，是高职专业基础课新型教学模式。与传统教学模式相比，它具有协同性、灵活性、参与性和多元性等内在特征。在具体实施中，翻转课堂混合式教学组织包括准备工作、学生自学、师生讨论和拓展训练等，教学步骤涵盖任务导学、视频助学、习题测学、反馈评价、活动驱动、合作共学和竞争监测等。

关键词：翻转课堂；混合式教学；高职专业基础课

在"互联网＋背景"下，MOOC、翻转课堂等掀起的教学模式改革为教育界广泛关注。从已有的实践来看，高职院校一些理论性偏强的专业基础课程实施完全的翻转式教学，很容易导致学习偏离教学目标，达不到预期效果（郭晋杰，2015）。事实上，专业基础课具有基础性、理论性和专业性等特性，其教学改革难度大，既不能因循守旧、满足现状，也不能激进式的"炒理念""一刀切"。如何在传统教学方式基础上，借助翻转课堂的理念和思路，进行混合式教学模式改革，成为高职专业基础课亟待解决的重要问题。

一、基于翻转课堂的混合式教学模式内涵

(一)翻转课堂内涵

翻转课堂最初的构想来源于美国林地公园学校的乔纳森·伯尔曼和亚伦·萨姆斯两位化学教师。其基本思路是：把传统的学习过程翻转过来，让学习者在课外时间完成针对知识点和概念的自主学习，课堂则变成了教师与学生互动的场所，主要用于解答疑惑、汇报讨论，从而达到更好的教学效果（Kathleen，2012）。翻转课堂重视学习过程，对学习时间进行了重新规划，学生在课前通过教师提供的个性化协作式的学习环境，例如微视频、动画、基于课程内容的在线游戏、电子教材、数字化学习平台等媒体资源进行自主学习，在课堂上通过项目、讨论等活动完成知识的内化（见图1）。

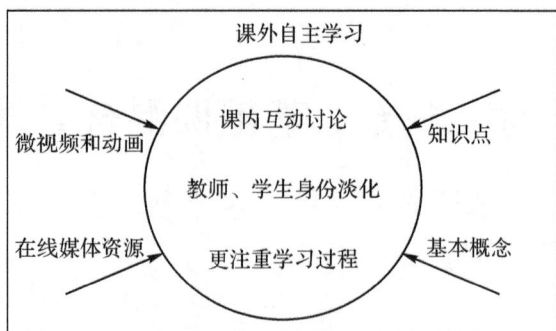

图 1　翻转课堂基本原理

(二)混合式教学内涵

司戴克和郝恩(Staker&Horn,2012)在总结美国基础教育混合式教学项目基础上把混合式教学模式划分为四类:轮转模式(rotation model)、弹性模式(flex model)、自我混合模式(self-blended model)和全校虚拟模式(enriched-virtual model)。轮转模式进一步细分为四种:教室轮转、实验室轮转、翻转课堂和个人轮转,其中翻转课堂是使用最频繁的混合式教学模式,如图 2。目前,混合式教学模式已被广泛使用,并产生出多种教学理论的混合、多种学习环境的混合、多种教学方法的混合、多种教学资源的混合、多种教学风格的混合、多种学习评价的混合等丰富的内容体系,有力地发挥了学生的主体作用,培养了学生积极性和创造性。

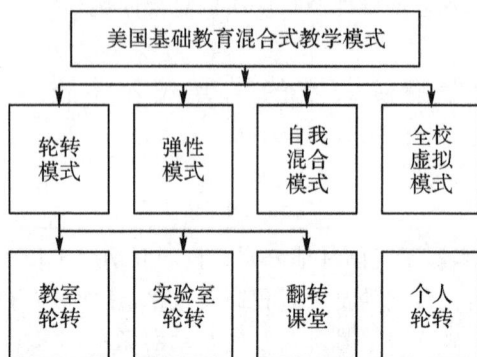

图 2　美国基础教育混合式教学模式

(三)基于翻转课堂的混合式教学模式内涵

基于翻转课堂的混合式教学模式是指混合式翻转课堂教学模式,是将翻转课堂和混合式教学有效整合、优势互补的新型教学模式,也是新时期高职专业基础课程与教育信息技术深度融合、提升教学有效性的必要途径。由新媒体联盟和美国高校教育信息化协会共同发布的《地平线报告》(2016 高等教育版)把混合式学习设计的广泛应用列为促进高等教育技术应用的短期关键趋势,将翻转课堂视为高等教育领域一年内投入使用的技术,也是最常用的混合式教学模式之一（金慧等，2016）。见如图3。

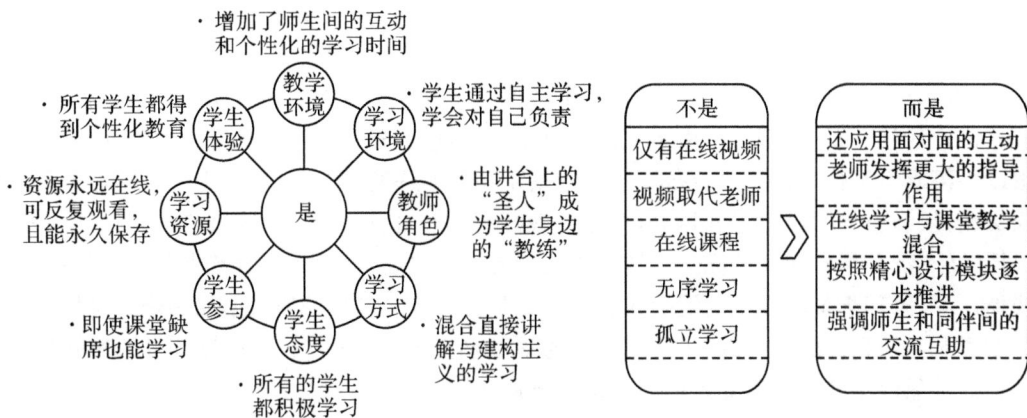

图3 基于翻转课堂的混合式教学模式原理

就知识适切性而言，翻转课堂比较适用于程序性知识教学；就课程适切性而言，翻转课堂实践大都聚焦科学、技术、工程和数学（STEM）等理工类课程。高职专业基础课程实施完全的翻转课堂教学难度较大，只有和混合式教学模式进行有效整合、优势互补，实施课内与课外、线上与线下相结合的混合式翻转教学模式（方义桂，2016）。

事实上，混合式翻转课堂教学模式是一种将传统课堂师生面对面教学与数字化学习相结合的教与学的新方式，它既能发挥教师在教学过程中的引导、启发、监控等主导作用，又能体现学生在学习过程中的积极性、主动性和创造性，将传统的面授课堂教学与现代网络多媒体教学方式结合起来，以获得更好的教学效果。该模式能进一步增加学生与教师之间的互动以及学生个性化学习时间的一种手段，是一种全新的"混合式学习方式"。

二、基于翻转课堂的混合式教学模式特征

（一）协同性

传统的专业基础课讲授知识传递方式单一，不利于调动学生学习的主体积极性，剥夺了学生课堂教学中的情感生活，造成了课堂教学的沉闷局面，不利于发展学生的创新能力。而纯粹的网络多媒体技术对于专业基础课教学，也会存在学生参与性不够、教师"PPT依赖症"等问题，难以充分发挥教师的主导和学生的主体作用。基于翻转课堂的混合式教学模式利用了现代网络和多媒体技术优势，为教学构建友好逼真的学习环境，能提供丰富形象的教学资源、多样的知识获取途径和多元的师生交流方式。基于翻转课堂的混合式教学发挥了传统课堂讲授和现代网络多媒体教学的优势，将两者协同推进、有机结合，产生了"1+1>2"的效应。实践证明，基于翻转课堂的混合式教学使学习方式更加多样化，学习途径更加多元化，学习体验更加形象化，对高职专业基础课教学有很好的适用性。

(二)灵活性

高职专业基础课程教学中,有的内容需要传统的课堂讲授教学,有的可采用完全翻转课堂,亦可以在二者之间进行交叉,即部分翻转课堂。教师选择教学内容的重点部分在课堂上进行讲授教学,而其他部分可由学生课前自主学习,也可根据内容选择特定主题或项目让学生以小组或学生代表形式进行基于主题或基于项目的探究学习,在课堂上分享学习成果、讨论交流,教师引导学生思考和讨论,并进行答疑解惑和补充说明。在教学实施中,可以采取讲授教学、部分翻转课堂和完全翻转课堂三种混合形式,根据课程内容特点和学生特点灵活选择。可见,基于翻转课堂的混合式教学模式是高职专业基础课程教学的一个有益探索,既注重了专业知识的教学,又给予学生一定的学习自由度,激发了学生参与学习的积极性,还能有效避免由于各种因素导致的翻转课堂形似而神不似。

(三)参与性

在翻转课堂的混合式教学模式下,教学活动的行为主体是教师和学生,但更加强调学生的参与性,发挥学生的自主性和能动性。所有教学活动的开展过程、教学环境的创设等都是围绕着"促进学生发展"的这一目标进行的。在基于翻转课堂理念的混合式教学模式下,专业基础课教师的教学活动和学生的学习活动如表1所示。

表 1　教师教学活动和学生学习活动

教师活动	课堂讲授、准备和发布学习任务和资源,教师点评、组织讨论、解答疑难、批改作业、与学生互动交流、补充讲解
学生活动	课堂听讲、基于资源的自学活动,完成个人作业或小组作业,课题汇报、提问讨论、互动交流、课外拓展训练

一方面,翻转课堂的混合式教学模式颠倒了传统的教学理念和流程,强调"课外传授知识,课间内化知识",这时学生学习活动和教师教学活动顺序和组合也将发生不同的变化,学生成为课堂的主角,课堂活动主要以学生的问题探究或主题汇报、学习成果分享、讨论交流、提问等活动为主,以内化或修正知识理解,教师则成为学习活动的引导者、指导者和对话者。另一方面,这种混合式教学模式将师生参与课堂发挥到最大,既有较为固定的教学活动角色定位,又有明显的管理弹性,可以对现场教学进行个性化调节,保证了基础理论学习和基础实际操作的有机统一。

(四)多元性

首先是人才培养的多元性。基于翻转课堂理念的混合式教学模式既强调专业基础课教师的课堂讲授,又强调学生基于资源的自主学习和合作学习,注重培养学生的职业素养和表达交流能力,引起了学生的认知模式、学习方式以及教师的教学模式和师生角色的深刻变革。其次是教学方法的多元性。翻转课堂可以将案例教学法、项目教学法、任务驱动法、角色模拟法等有效嵌入,并依据教学内容和学生实际结合使用。最后是课程考核的多元性。由于课堂的多元性,课程考核上也能较好地进行多元评价,将形成性评价与总结性评价结合,根据需要还可以加大形成性评价比例。实际上,在翻转课堂的混合式教学模式下,学生出勤、平时作业、个人或小组学习的质量和效果、成果展示、参与交流讨论的活跃度等形成性评价可操作性强,相反,传统的讲授法和多媒体教学往往还存在执行困难的问题。

三、基于翻转课堂的新型混合式教学实施

(一)基于翻转课堂的混合式教学组织

1.准备工作

专业基础课教师准备混合式的教学资源,确定多平台的线上支持系统。教师将图4中的教学示范项目录制成微课视频、制作成动画、基于任务需求的在线互动游戏等,同时,准备电子课件、立体教材、讲座视频、技术网站、试题库等混合式的教学资源;接着选择课程支持平台,包括数字化学习平台、技术论坛、微信互动平台、移动学习平台等(林雪燕和潘菊素,2016);最后,将混合式的教学资源上传到课程线上支持平台,并设置学习任务,搭建在线讨论、答疑等学习环境。学生了解课程信息,熟悉线上学习平台。

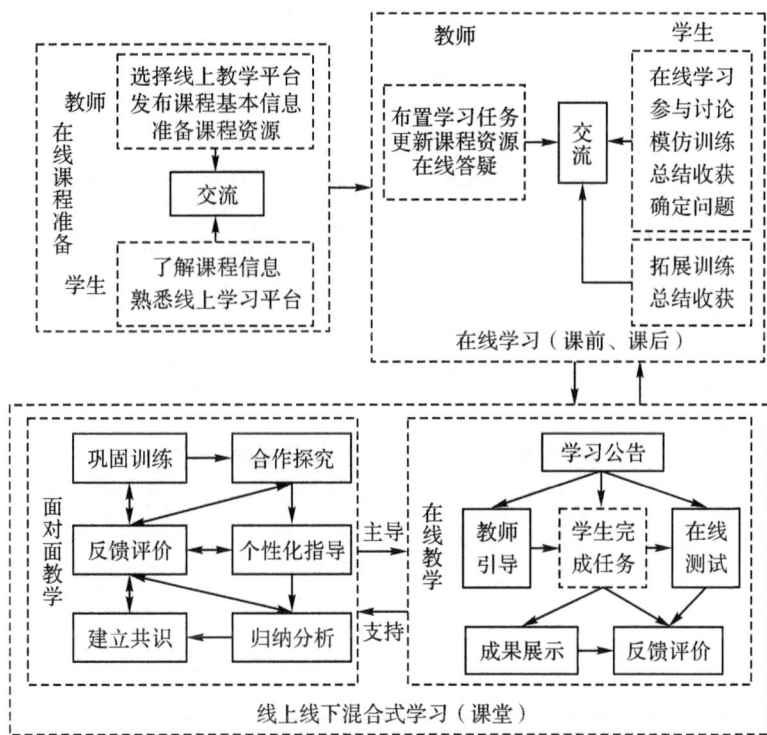

图4 基于翻转课堂的混合式教学组织

2.学生自学

课前专业基础课教师发布学习任务通知,学生通过在线自主学习完成模仿训练,提出问题,学生互相讨论、答疑,总结收获,明晰问题。教师利用碎片化的时间在线答疑,收集学生

的学习情况信息。

3.师生讨论

课堂上专业基础课教师针对学生的课前在线学习情况,引出重点、难点供学生分析讨论;在此基础上,发布学习公告,引导学生向探究的深层思维发展;学生分组,通过项目学习、任务引领式学习、启发式学习、讨论式学习、探究学习、协作学习、自主学习等教学方法的混合使用完成课堂训练项目,达到巩固训练的目的;在此期间,教师面对面观察学生完成任务的情况,并给予个性化指导;学生完成的作品可在线提交以供小组互评、教师点评,以达成共识。

4.拓展训练

是在课堂建立共识的基础上,专业基础课教师在线发布拓展训练项目并利用碎片化时间进行引导,以供学生课外提高训练,培养学生知识、技能迁移的能力。

综上所述,基于翻转课堂的混合式教学组织将学习过程分为课前、课堂和课后三部分,课前注重培养学生自主学习能力,课堂上引导学生向探究的深层思维发展,以挖掘学生学习的潜力、发挥学生学习的主动性,课后引导学生完成知识技能的迁移,培养学生的职业素养。同时,重视课堂上混合情境的创设,既强调学生的学习"主体"作用,也强调教师的"主导"作用,通过"混合"为学生带来更优化的学习绩效和最佳的教学质量。

(二)基于翻转课堂的混合式教学步骤

翻转课堂混合式教学的基本流程,包括以下七个步骤,如图 5 所示:

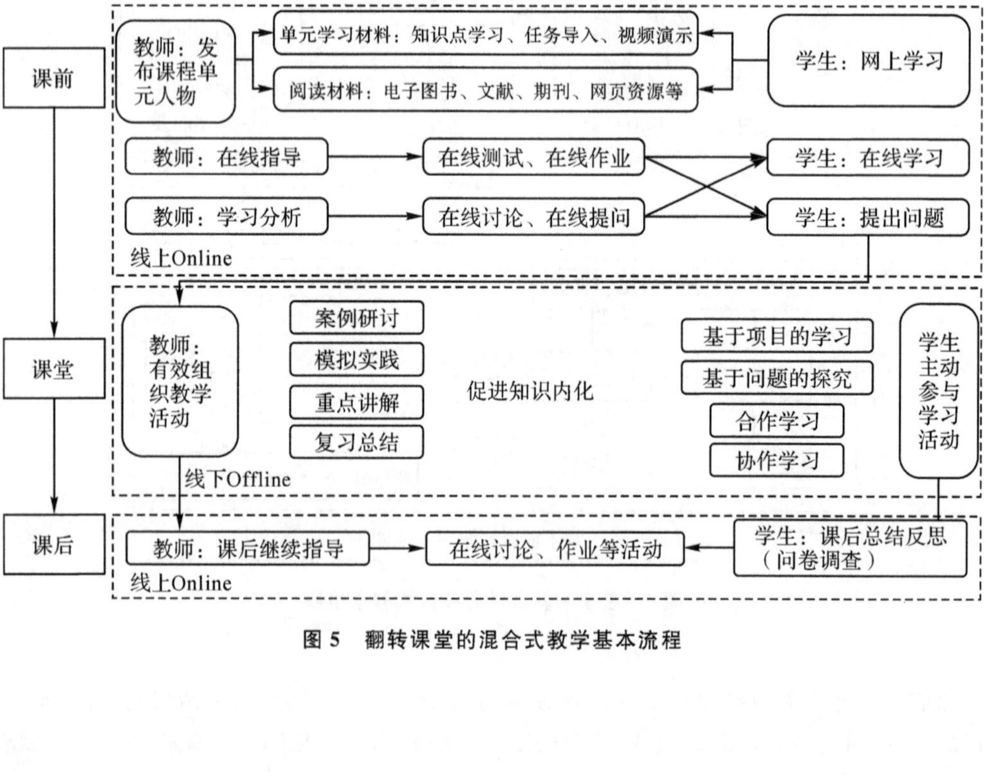

图 5　翻转课堂的混合式教学基本流程

1. 任务导学

专业基础课教师根据教学目标,合理设计预习与复习的任务来引导学生的课外学习。预习任务建议选择良构性的、趣味性的任务,旨在激发学生的学习兴趣,解决非教学重难点,帮助学生建立新旧知识间的联系,体会新知识在实际生活中的价值等;复习任务建议适当选择非良构的、分层挑战性的任务,旨在帮助学生自我检测与反思,在应用中优化认知结构,促使知识积累向综合能力的转化等(刘军等,2015)。

2. 视频助学

微课是当前最为热门的课外助学资源,专业基础课教师根据教学大纲的要求具体划分知识点,通过教学设计分析出重难点、考点、易错点等,然后进行微课设计和录制。专业基础课程教师可以设计四类视频,视频时长一般为 5—15 分钟。具体包括:新知学习视频,主要用于新授课前的预习,基于电子教材,教师以问题引导的方式带领学生预习并做好课上任务的布置;易错点学习视频,这类视频将课堂练习、考试习题中易错的内容进行分析,用于学生自主反思与提升;复习视频,这类视频一般用于复习课前的准备,进行阶段性的知识总结梳理;自我学习视频,这类视频的制作主体是学生,由学生录制新知学习视频、易错点视频、复习视频等,一方面用于教师检测学生的真实学习情况,另一方面也通过网络共享促进学生间的互助学习。

3. 习题测学

专业基础课教师发布在线习题对视频助学的学习效果进行检测。

4. 反馈评价

在课外,专业基础课教师可通过学习管理平台阅览学生视频学习的情况(包括打开视频时间、观看时间、是否完整观看、学生对视频学习内容的反馈等)以及习题完成情况(时间、正确率)等方面的数据,进行在线评阅和答疑,全面了解学生课外学习情况,为课内教学提供决策依据。课内教学也以反馈评价开始和结束,课程开始时教师进行集中的面对面答疑、反馈与评价,课程结束时教师针对学生的学习检测情况进行总结、提炼、反馈和评价。反馈评价是贯通课内外的纽带,也是推动教学智慧不断发展的助推器,其中包括教师对学生的评价,更重要的是学生的评价。

5. 活动驱动

专业基础课教师围绕专业基础课教学重难点和学生能力发展目标,根据教学内容的类型,设计多样化的小组合作学习活动,例如"名词我来猜"、"问题我来解"、"参观校外实习实训基地"、"模拟公司我能行"、课堂辩论赛、校内外技能竞赛等,这类活动形式灵活多变,关键是常态化的开展有助于调动学生学习的参与度,提高教学的效果。

6. 合作共学

通过合理的分组、分工机制以及过程监控策略,提高学生小组内的共学互助。

7. 竞争检测

引入组间竞争机制,安排练习检测,帮助学生进行巩固和融会贯通。

[参考文献]

[1] 郭晋杰.翻转课堂教学法在教学过程中的制约因素分析——以财务管理课程为例[J].

会计师,2015,(20):66-67.

[2] Fulton K. Upside down and inside out：Flip Your Classroom to Improve Student Learning.[J]. Learning & Leading with Technology，2012，39(6):12-17.

[3] Staker Heather，Horn Michael B. Classifying K-12 Blended Learning. [J]. Innosight Institute，2012：22.

[4] 金慧,刘迪,高玲慧,等.新媒体联盟《地平线报告》(2016高等教育版)解读与启示[J].远程教育杂志，2016，35(2):3-10.

[5] 方义桂.混合式翻转教学模式对高职院校外语师资的要求及建设策略[J].职教论坛，2016(26):17-20.

[6] 林雪燕,潘菊素.基于翻转课堂的混合式教学模式设计与实现[J].中国职业技术教育，2016(2):15-20.

[7] 刘军,祝雪珂,郑涛,等."双主"式翻转课堂教学模式构建及其应用研究[J].电化教育研究，2015(12):77-83.

师生共建共享的"职教新干线"云空间平台
教学资源应用探索

湖南工业职业技术学院　　段傲霜

摘　要:"职教新干线"云空间平台教学资源建设进入高速发展阶段后,云空间资源的深度应用存在各种困境,其中对于海量碎片化资源的精确检索是其中一个亟待解决的问题,直接影响空间资源的推广和应用,逐渐成为沉睡资源。使用科学的资源命名编码规范,建立标准的命名字段,形成统一规律的资源名称,师生共同参与空间资源的建设和分享,对海量空间资源进行规范命名。在"职教新干线"云空间平台上传资源前,师生遵循资源命名编码规范,对上传的空间资源进行标准、统一的命名,实现海量资源名称的秩序化存在,既有利于资源的精准共享,为云空间资源的应用建立快捷的检索路径,又为资源的历史积累提供了可执行的参考规范,达到师生方便应用"职教新干线"云空间平台资源目的。

关键词:共建共享;云空间;编码规范;资源建设

一、背景与问题

(一)空间资源课程建设情况

《国家中长期教育改革和发展规划纲要(2010—2020 年)》提出加快教育信息化进程,促进优质教育资源普及共享。从 2010 年 9 月,湖南省高职院校开始进行"职教新干线"云空间资源和课程建设,到 2015 年 11 月 19 日,湖南省的职教新干线有教育机构平台 309 个,师生的空间 110 多万个,空间发布的教学视频 336 万个,浏览次数近 4500 万次,师生的交流互动接近了 1.7 亿人次。职教新干线,即湖南职业教育网络学习平台,以个人空间为基础,是一个基于实名制开放的覆盖全省各职业院校的网络学习互动平台。"职教新干线"拉近了学生和教师之间的距离,教学活动延伸到了更宽广的时空,教师的教学效率获得了提高,学生的学习效果得到大幅提升。

"职教新干线"云空间平台资源经过 6 年多的建设,已经积累了海量的碎片化教学资源,随着资源量逐渐庞大,教育工作者对"职教新干线"云空间平台资源、空间资源课程的建设展开理性的探索与思考,对资源存在的方式、资源的组织方式、基于"职教新干线"云空间平台

[基金项目]本文系 2014 年度湖南省教育科学"十二五"规划一般资助课题"建设'维基'理念空间教学资源面临的问题与对策研究"(项目编号:XJK014BXX003)的终结性成果。

的教学方式进行了深入的探索和研究。教师和学生作为教学活动的主体,既是资源建设的使用者,也是资源建设的参与者,要实现教师之间、学生之间、师生之间的资源交叉共享,需要为实现这种共享设计切实可行的方法。

(二)空间资源课程存在的问题

1.海量资源杂乱无序

随着空间资源的极大丰富,资源建设的无序问题也逐渐凸显,主要问题之一是命名标准不统一,数字化教学资源共享平台的资源来源于众多单位部门,具有复杂性和多样性,因此在资源开发行为的规范、制作内容的要求、管理平台的功能等方面容易造成标准的不统一,致使资源库缺乏对资源元数据标准的支持,最终导致系统平台整体效率低和资源质量不够优化。教师的教学资源与学生的项目实践作业资源、课程作业、随堂作业、互动问答等资源相互混杂,这些资源虽然经由教师创建的课程相互联系在一起,但是教师的云平台之间缺乏联系,资源仍处于散乱分布的状态。例如多所院校开出同一门课程的情况,每一个教师和学生需要重新建设一次课程资源,不同班级的学生上传的各种课程作业等资源并未进行统一汇总和整理,日积月累,教师也难于从散乱的资源当中找到特定的学生建设资源。

2.优质资源共享困难

优质的"职教新干线"云空间平台资源是建设优质空间资源课程的重要基础,由于"职教新干线"云空间平台用户的相对独立性,教师与教师之间的交流贫乏,导致教师相互交换优质资源、引用优质资源困难。只有不同专业、不同学校、不同地域的教师之间相互交流,才能促进空间资源质量的提升,才能够保证教师建设的空间资源课程质量更高、教学效果更好。例如为了培育优质空间资源课程,一位教师建设的空间资源共享课程作为学校的优质课程进行推广,其作为示范课程应当能够实现课程资源的最大限度共享,可是由于获取资源的路径困难,只能复制、粘贴空间资源的超链接地址,其他教师在调用这门示范课程的资源时既烦琐又不够直观,严重影响了示范课程的推广成效。

3.资源难以体现积累的历史

"职教新干线"云空间平台利用现代计算机技术和互联网技术,将教师、学生建设的资源存储在云服务器上,但教师、学生建设的资源却没有体现历史积累过程。以教师建设的"职教新干线"云空间平台资源课程为例,教师每个年度都需要将自己所教授的课程进行资源更新,同一个知识点对应的资源经过3~5年的积累可能达到数十个,而这数十个资源之间存在历史更新的先后顺序,这个历史积累的顺序既无法体现在课程搭建的环节,也无法体现在知识点分类下的资源当中。

二、资源编码规范的建立

"职教新干线"云空间平台应当向更深层次的应用方向推进,应该加大对教学资源库推广应用的研究,提升师生、企业员工参与的积极性,增加教学资源的利用率,提高教学资源库的使用效率。"职教新干线"云空间平台资源呈现碎片化散乱分布的情况,教师在教学活动当中,学生在学习实践活动当中,难以从海量的资源当中筛选优质的教学、学习资源。依据建构主义学习理论,教师对学生学习的指导起到关键作用,而教师教学素材的选取则深刻影响学生知识结构的建立,所以需要使用编码规范对已经建成的资源进行统一管理,方便教师对资源进行筛选,获得有效的教学素材开展教学活动。学生获得知识也是带有经验指导和目的性的活动,学生在"职教新干线"云空间平台筛选可用的学习资源途径也应当准确、有效,尽量避免学生检索资源的时间消耗,使学生能够按照自己的目的快速得到可以学习的资源,通过资源编码规范,为学生提供一个有效的资源获取途径,其实质意义是为学生提供畅通的学习路径。

"职教新干线"云空间平台资源编码规范主要目的是按照由大到小的逻辑对每一个碎片化资源进行物理编码,其编码规则由学校、学院、系室、专业、班级、个人逐级递减组成编码,资源编码规范应用逻辑图展示了资源编码规范的产生与应用途径,并且通过对比传统的资源检索方式,资源查找的速度更为有效。通过这种编码规范,教师、学生每分享一个资源,都编码规范对资源进行统一管理,方便未来素材的搜索,能够再次快速找到资源,提升学习效率。

三、课程实践

"二维场景"课程是动漫制作技术专业的核心课程,本门课程共有 72 个学时,讲授 24 学时,实践 48 个学时,按照课程标准的要求,课程要完成 16 个实践项目,每个项目耗时 2—4 个学时。按照 2014 年前"职教新干线"云空间平台课程建设方式,教学资源、学生作业资源散存储在云空间当中。如图 1 所示,学生的实践项目作业资源是以回帖的方式留存在教师发布的作业跟帖当中,严重阻碍学生资源的整理和分享。

图 1　学生作业回帖

(一)资源编码规范

为了解决教师教学资源、学生项目实践作业资源的精确共享,师生在课程资源建设之初,使用一套编码规范对课程的所有资源区分,让每一个资源都具备唯一的身份标签。如表 1 所示,教师资源命名规范可以根据学校、专业、年级、教师姓名、课程名称等进行编码,实现资源命名的唯一性。如表 2 所示,学生资源命名规范与教师资源命名规范类似,目的也是实现每一个资源的唯一属性。如表 3 所示,对课程名称进行了统一规范,所有执教课程的教师都根据表 3 的规范对课程资源进行命名,将不同课程资源进行有序的梳理。

表 1 教师资源命名规范

学校	专业	年级	教师名称	课程名称	课程资源编号	资源类型	编号
01	dm	14	das	06	01	i	01
更换	更换	更换	更换	更换	更换	更换	类推

表 2 学生资源命名规范

学校	专业	年级	班级	学号	教师名称	课程名称	资源类型	模块	编号
01	dm	13	1	01	das	06	i	01	01
更换	更换	更换	类推	类推	更换	更换	更换	类推	类推

表 3 动漫 S2013 级课程编码

序号	课程名称
01	图形图像处理
02	三维制作基础
03	二维道具
04	三维特效
05	三维道具建模
06	二维场景
07	二维角色
08	场景建模
09	角色建模
10	材质与贴图
11	虚拟漫游

使用教师资源命名编码规范,学生资源命名编码规范,有以下三点好处:第一,可以系统地对教师、学生的资源进行归类,所有资源都有唯一的标签,并且此标签遵循大范围包含小范围的规范进行编码设计。第二,资源共享方便,依据命名编码规范,教师、学生查找资源更

快,学生既是资源的建设者、分享者,也是其他同学资源的受益者。第三,所有的资源都具备历史性特点,随着课程的推进,不同年级,不同学校的相同、交叉专业的学生可以获得历史学习资料,作为学习的重要参考。

(二)教学实施,资源建设

在教学实施中,第一,教师在备课环节就要严格执行此命名规范,教师将课程资源全部进行规范编码命名,方便课堂教学和学生课后学习,如表4所示,"二维场景"课程教师部分教学资源整理情况,教师资源分为一级栏目、二级栏目进行归类整理,参照此表格,学生可以使用搜索工具迅速地找到需要的资源,方便学生课后进行学习,也方便其他教师对资源进行查看或引用。

表 4 教师教学资源命名表

动漫 S2013 级"二维场景"课程教师资源一级栏目统计分享表格			
序号	资源名称	资源编码	备注
01	课程介绍及要求	01dm13das0601	
02	表格化教案	01dm13das0602	
03	教学课件	01dm13das0603	
04	教学视频	01dm13das0604	
05	课堂作业	01dm13das0605	
06	考试题库	01dm13das0606	
07	课程成果	01dm13das0607	
08	学情分析	01dm13das0608	
09	课程反思	01dm13das0609	
10	课程特色和方法创新	01dm13das0610	
11	课程拓展资源	01dm13das0611	
动漫 S2013 级"二维场景"课程教师资源二级栏目(课程介绍及要求)统计分享表格			
序号	资源名称	资源统计编码	备注
01	课程介绍	01dm13das0601i01	
02	逻辑图解(课程内容组织结构)	01dm13das0601i02	
03	考核要求	01dm13das0601i03	
04	参考书籍	01dm13das0601s01	
05	课程标准	01dm13das0601d01	

第二,在课程介绍阶段,对学生资源命名编码规范进行说明和示范,既要学生认识到资源命名规范的重要与益处,鼓励学生积极地参与到"职教新干线"云空间平台资源的建设与分享中,更要学生遵守资源命名的规范,方便自己历史积累,方便其他同学分享资源。

　　第三,学生依照资源命名规范完成各自的实践项目资源,并将资源上传在各自的"职教新干线"云空间平台当中。如表 5 所示,展示了两届共 13 名学生同一门课程的资源整理情况,教师只需根据命名编码规范依次类推即可得到学生的实践项目,无论是查看、批改项目实践作业资源都比以往便利许多。学生也可以根据此表获得其他同学的作业资源,定位资源更加迅速、准确,极大缩减了"职教新干线"云空间平台资源获得的时间。

表 5　学生实践项目资源汇总表

动漫 S2013—1 班"二维场景"课程卡通咖啡馆作业资源统计分享表格				
序号	姓名	资源编码	检查情况	备注
1	陈诗琪	01dm13101das06i0501	是	
2	张 倩	01dm13102das06i0501	是	
3	陈慧敏	01dm13103das06i0501	是	
4	刘 叶	01dm13104das06i0501	是	
5	刘紫欣	01dm13105das06i0501	是	
6	夏 涛	01dm13108das06i0501	缺	

动漫 S2014—1 班"二维场景"课程水果色彩练习作业资源统计分享表格				
序号	姓名	资源编码	检查情况	备注
1	杨 阳	01dm14101das06i0101	是	
2	何思慧	01dm14102das06i0101	是	
3	罗友乔	01dm14103das06i0101	是	
4	黄嘉豪	01dm14104das06i0101	是	
5	马艳萍	01dm14105das06i0101	是	
6	龙泳志	01dm14106das06i0101	缺	
7	周 楠	01dm14107das06i0101	是	

　　第四,教师将课程资源进行整理汇总,教学设计、教学过程、考核结果、教学评价等资源有序展示于云空间网页当中,实现师生共建共享空间课程的整体建设。作为学生个体,也可以将自己的课程作业资源进行整理,如表 6 所示,只需要获得命名规范就可以迅速得到自己所学课程的所有作业资源。

表 6　学生课程资源汇总表

动漫 S2014—1 班"二维场景"课程马千惠作业资源统计分享表格			
序号	作业名称	资源编码	备注
1	水果色彩练习	01dm14112das06i0101	
2	组合静物色彩练习	01dm14112das06i0102	
3	卡通云	01dm14112das06i0201	

续 表

动漫 S2014—1 班"二维场景"课程马千惠作业资源统计分享表格

序号	作业名称	资源编码	备注
4	写实云	01dm14112das06i0202	
5	卡通天空	01dm14112das06i0203	
6	写实天空	01dm14112das06i0204	
7	卡通草	01dm14112das06i0301	
8	写实草	01dm14112das06i0302	
9	卡通自然风光场景	01dm14112lql06i01	
10	写实自然风光场景	01dm14112lql06i02	
11	卡通刀剑绘制	01dm14112das06i0501	
12	写实刀剑绘制	01dm14112das06i0502	
13	卡通风格古代场景	01dm14112das06i0601	
14	卡通风格现代场景	01dm14112das06i0701	
15	写实风格场景	01dm14112das06i0801	

(三)精确分享资源

使用资源命名编码规范,实现资源的精确共享,主要体现在系统性、精确性、便利性、历史性四个方面。此编码规范依照范围逐渐缩小的逻辑进行编码设计,用户只需要得到逻辑结构就可以轻松推导出所有的资源名称,全面而系统地获得分享的资源。只要得到资源命名的编码,就可以通过"职教新干线"云空间平台提供的搜索功能,准确定位需要查找的资源链接地址,快速、准确地打开资源链接页面。此资源命名规范为企业指导教师查找资源提高准确性、便利性,节约了指导教师的资源查找时间,为学生及时获得企业的指导提供了便利。随着教学过程的逐步推进,可以实现资源的历史积累,无论是学生还是教师的资源都可以通过命名编码规范实现积累历史。

四、推广与不足

"职教新干线"云空间平台资源命名编码规范进行了 3 年的教学实践,资源命名编码规范已经在动漫制作技术专业的"材质与贴图""场景建模""角色建模"和数字媒体技术专业的"平面色彩构成"课程中推广并成功应用,这些课程的教师、学生作业资源形成了资源分享表格,实现了资源的有序和精准共享。在 5 门专业课程的教学推广实践中,师生共建设文本、图片、二维绘画、动画资源 6600 多个,这些资源都实现了唯一性标签并汇总,展示在"职教新干线"云空间平台当中。

职业技术教育对学生实际操作能力要求较高,需要学生反复练习技能。李克强总理在

2016 年政府工作报告中特别提出,要"培育精益求精的工匠精神",为高等职业技术教育指明了人才培养方向。工匠精神非一日之功,是不断练习,不断总结实践经验,从平凡的技能锤炼中走向不平凡的过程。"职教新干线"云空间平台资源命名编码规范利用互联网云平台技术和编码技术,让学生自主的将学习过程进行积累,养成不断学习、积累的习惯,实现终身学习,为将来深入学习奠定坚实的基础,为成就"大国工匠"打好基础。

　　资源命名编码规范仍存在三个方面的不足:第一,局限性,资源命名编码规范基于"职教新干线"云空间平台和"二维场景"等课程进行设计,编码的资源覆盖能力存在一定局限性,例如学校编码位数为两位数,并不能全面覆盖所有的高职院校,再例如缺乏对学生制作的实践项目作业资源优劣评价的编码段,不能体现资源的优劣。第二,不够智能化,教师、学生学习编码规范需要一定的时间,特别是在应用命名编码规范建设资源过程当中,需要教师、学生在上传资源的时候进行手工编码,容易出现重复、遗漏、规则错误等情况,导致资源编码混乱,影响资源的精确分享。第三,不容易记忆,资源编码规范需要书写一长串数字和字幕组合的代码,虽然具有一定的识别性,但是编码段与专业、课程之间的联系需要反复的记忆,并且编码片段又随着课程、实训项目、作业不同而有区别,在实践过程中需要不断的使用才能达到有序整理资源的目的。

五、小　结

　　"职教新干线"云空间平台资源建设是全体师生共同参与的教学活动,只呈现教师、学生的活动成果并不能体现互联网的特性,互联网有利于体现作业、作品的完成过程,有利于追踪溯源,这些特点需要精确的查找作为基础支撑,通过合理的、科学的、便捷的搜索设计,缩短资源搜索的路径,实现更方便的学生学习过程的保留与分享,实现更直观的学生学习成果之间的比较,实现教师教学过程的进展情况。所以应当从盲目上传建设资源、盲目应用"职教新干线"云空间平台当中进行经验总结,探索更多将空间资源条理化、系统化汇总和分享的方法,形成历史性资源积累。有序的、可精准定位分享的资源不但使教师、学生受益,更能立足教学一线,进一步推进教与学双方面良性的互动与发展。

[参考文献]

[1] 周惠,刘宽平."职教新干线"对湖南职业教育影响初探[J].中国职业技术教育,2013(11):5-7.

[2] 刘洪宇.现代互联网条件下高等职业教育教学方式探索[J].求索,2016(1):185-188.

[3] 张家贵,曹哲新.高职院校共享型专业教学资源库建设研究[J].现代教育技术,2010(7):51-54.

[4] 刘锐.高职专业教学资源库研究综述[J].职业技术教育,2013(14):42-46.

[5] 黄君录.高职院校加强"工匠精神"培育的思考[J].教育探索,2016(8):50-54.

2017 年中国高等教育学会职业技术教育分会大事记

3 月

3 月 8—10 日,2017 年职业教育专业教学资源库建设工作研讨会在安徽合肥召开。本次会议由职业技术教育分会与中国教育会计学会高等职业院校分会联合主办。教育部职业教育与成人教育司高职发展处处长林宇出席会议并就职业教育专业教学资源库建设进行工作部署,职业技术教育分会理事长周建松出席会议并致辞,来自全国 300 余所院校和相关单位的 1500 余位代表参加会议。

4 月

出版《高等职业教育创新发展综论 2016》论文集,该文集由浙江工商大学出版社出版。为了巩固职业技术教育分会学术成果,围绕高等职业教育创新发展的理论与实践,从供给侧改革、国际化人才培养等视角,坚持高等职业教育理论与实践融合,坚持高等职业教育需求与供给契合,高等职业教育国内与国际结合的原则,在征文基础上遴选出 58 篇优秀论文结集出版。

4 月 9—11 日,商科工作年会暨现代职业教育研究院研讨会在广东珠海召开。会议由职业技术教育分会与中国职业技术教育学会商科专业委员会联合主办,来自全国各地近 70 所职业院校的 200 多位代表参加会议。

4 月 21—22 日,中国高等教育学会职业技术教育分会理事长工作会议暨优质学校建设研讨会在江苏无锡召开,职业技术教育分会理事长、副理事长、秘书长及特邀专家五十余人参加会议。职业技术教育分会理事长周建松组织与会人员认真学习习近平总书记系列讲话特别是在全国高校思想政治工作会议上的重要讲话精神,随后,总结职业技术教育分会 2016 年的各项工作并布置 2017 年主要工作。职业技术教育分会秘书长郭福春传达了上级学会 2017 年工作会议精神,介绍了职业技术教育分会拟新增副理事长、常务理事、理事单位情况,说明了高职优质校建设征文情况和职业技术教育分会 2017 年度课题申报工作。

4 月 25 日,职业技术教育分会印发《中国高等教育学会职业技术教育分会 2017 年工作计划》。

5 月

5 月 18 日,中国高等教育学会职业技术教育分会理事长周建松在《光明日报》发表《后示范时期,优质高职需要坚持什么》的署名文章。

5 月 19—21 日,高等职业院校素质教育与课程建设发展研讨会在海南海口召开,会议围绕推进高职院校素质教育类课程教学改革,构建国家、省、校三级数字教育教学资源共建共享体系,促进高等职业院校人才培养质量的全面提升进行研讨。

6月

6月7日,职业技术教育分会副理事长、陕西工业职业技术学院党委书记崔岩教授荣获中国高等教育学会优秀学会工作者。

6月16—18日,中国高等教育学会职业技术教育分会常务理事会暨产业升级导向的中高职接续培养创新发展高峰论坛在广州番禺召开。中国高等教育学会会长瞿振元,中国高等教育学会副秘书长、《中国高教研究》主编王小梅,广东省职业技术教育学会会长李小鲁等出席会议并讲话,来自全国的110余名代表参加会议。

7月

7月,职业技术教育分会理事长、浙江金融职业学院党委书记周建松当选中国高等教育学会第七届常务理事,职业技术教育分会秘书长、浙江金融职业学院副院长郭福春当选中国高等教育学会第七届理事。

7月16—18日,中国高等教育学会职业技术教育分会2017年学术年会暨全国高职高专教务处长联盟会议在黑龙江哈尔滨召开,本次会议主题为"高等职业教育优质学校建设"。教育部职业教育与成人教育司副巡视员谢俐、黑龙江省教育厅副厅长王淑云、职业技术教育分会理事长周建松、全国高职高专校长联席会议主席董刚、黑龙江省教育厅职成处处长丁哲学、浙江省教育厅高教处副处长祝鸿平、职业技术教育分会副会长、常务理事、理事、全国高职高专教务处长联盟成员单位代表出席会议,来自全国各省市区260余所高职院校及有关单位的近500名代表参加了会议。同时,会议组织了"'互联网＋'与高等职业教育教学创新"主题征文活动。

8月

8月14—18日,2017年全国互联网金融教学资源建设暨实践教学研修班在重庆召开。会议由职业技术教育分会与全国金融职业教育教学指导委员会联合主办,职业技术教育分会秘书长郭福春出席会议并主持开幕式,来自全国近百所金融相关专业院校的140余名校院领导、专家和专业负责人、骨干教师参加会议。

8月18—20日,2017年度课题申报和2017年度高职院校教学改革优秀案例现场评审会议在浙江杭州召开。职业技术教育分会课题立项227项,其中重点课题30项,一般课题197项;最终评出高职院校教学改革优秀案例一等奖18项,二等奖36项,三等奖54项。

8月25—27日,高校领导力海外研修后续工作研讨会在吉林召开。

9月

9月,职业技术教育分会秘书处围绕"发展历程""学会理念""学术实践"等主题编印《中国高等教育学会职业技术教育分会手册》。

9月16—17日,"一带一路"视域下高等职业教育现代化发展论坛在天津召开。教育部职业教育与成人教育司副司长谢俐，天津市教委副主任吕景泉，职业技术教育分会理事长周建松，天津市社科联党组书记、常务副主席靳方华等出席会议并讲话，来自政府、行业、企业、院校的 400 多名代表参加会议。

9 月 21—24 日，CNKI 全国高职院校长高峰论坛（2017）在湖南长沙召开，会议主题为"拓宽国际化视野，提升人才培养质量"。会议由职业技术教育分会与北京师范大学职业与成人教育研究所、湖南省职业教育与成人教育学会、《中国学术期刊（光盘版）》电子杂志社有限公司联合主办。湖南省教育厅副巡视员郭建国、长沙市人民政府副市长陈中、职业技术教育分会理事长周建松、湖南省职业教育与成人教育学会常务副会长郭荣学、同方知网（北京）技术有限公司副总经理张宏伟等出席会议并讲话，来自各级教育行政部门有关人员、职业院校长及书记、相关研究机构企业、媒体朋友等 500 余人参加会议。同时，会议还组织了主题征文、案例评选活动。

11 月

11 月 3—4 日，职业技术教育分会与有关单位联合承办中国高等教育学会主办的高职高专院校实践实训基地建设论坛。

11 月 8—10 日，高职院校校友工作信息化专题研讨会在江苏南京召开，本次会议主题为"校友工作信息化建设"。江苏省教育厅副厅长袁靖宇、职业技术教育分会理事长周建松等出席会议并讲话，来自全国各地 56 所高职院校的 100 多名校友工作者代表参加会议。

11 月 9—11 日，高职学生思想政治素质教育论坛在山东威海召开。国家教育咨询委员会委员、中国高教学会第六届理事会会长瞿振元，职业技术教育分会理事长周建松等出席会议并讲话，会议就共同学习贯彻全国思想政治工作重要讲话精神，交流高等职业院校深化素质教育的经验和做法进行研讨，来自全 37 所高校 200 余名代表参加会议。

11 月 13—16 日，第五届海峡两岸高等职业教育校长联席会议学术年会在台湾省台北市举行，本次会议主题为"专业技术人才培育之创新模式"。会议由职业技术教育分会与江苏省高等教育学会高职教育研究委员会联合主办。江苏省教育厅副厅长潘漫、职业技术教育分会理事长周建松、台湾私立科技大学校院协进会会长唐彦博等出席会议并讲话，来自海峡两岸的 80 余所院校的 150 余位院校长和学者围绕会议主题展开深入研讨和交流。

11 月 25—26 日，全国优质高等职业院校建设交流研讨会在浙江杭州召开。浙江省教育厅副厅长朱鑫杰、教育部职业教育与成人教育司高职发展处处长林宇、全国高职高专校长联席会议主席董刚、职业技术教育分会理事长周建松等出席会议并讲话。会议由"使命担当建优质、东西南北话优质、光明未来创优质"等三大板块构成，12 所院校或有关单位进行了交流，来自全国的 450 余名专家、高职院校领导与媒体代表参加会议。

11 月 25 日，职业技术教育分会会同浙江金融职业学院、麦可思数据（北京）有限公司发起成立"高等职业教育创新发展协同中心"。

11 月 24—26 日，东中西部商科专业区域合作第十次研讨会在广东惠州召开。国家教育咨询委员会委员、中国职业技术教育学会副会长周稽裘，惠州市委常委、常务副市长胡建斌，中国职业技术教育学会商科专业委员会主任张大成等出席会议并讲话，来自全国各地 40 多所职业院校专家学者、行业企业的 100 多位代表参加会议。

11 月 30 日—12 月 3 日,互联网金融专业教学资源库建设暨互联网金融专业实践教学研修班在海南海口召开。职业技术教育分会秘书长郭福春出席会议并作专题报告,来自全国 30 余所高校的近 90 名代表参加会议。同时,会议还组织了 2017 年互联网金融教学改革与创新征文大奖赛。

12 月

12 月,职业技术教育分会组织专家就 2015 年、2016 年部分立项课题组织结题工作。

12 月 3—4 日,职业技术教育分会理事长周建松受邀出席中国职业技术教育学会 2017 年学术年会。

12 月 9—11 日,2017 年"双证书"工作会议在江苏苏州召开。

后　记

　　为贯彻落实《高等职业教育创新发展行动计划(2015—2018年)》,搭建学术交流平台,促进高职院校理论研究,引领高等职业教育改革,服务高等职业教育实践,中国高等教育学会职业技术教育分会围绕优质高等职业院校建设、产教融合与校企合作、"互联网＋"教学等主题先后组织论文征集活动。论文征集促进了高等职业教育专题研究,提升了高职院校理论研究水平,为了巩固学术成果,编者在征集论文基础上遴选出43篇优秀论文。由于人力、物力及时间的限制,编者在论文汇编过程中,只是对部分文章的个别文字和参考文献进行了修改查核,论文的学术责任由作者本人承担,不当或不妥之处请作者理解和见谅。

　　感谢中国高等教育学会、全国高职高专校长联席会等组织的领导一直以来对职业技术教育分会的关心和支持,在此表示衷心感谢。感谢浙江工商大学出版社刘韵老师为出版此书付出的辛勤劳动。

　　由于时间仓促,疏漏之处在所难免,诚挚希望得到同行和读者的批评和指正。

本书编委会

2018年10月